Ouvrage dirigé par Thierry Carlier

EXERCICES ET CORRIGÉS SUR LA PAIE

Gilles MASSON

SOMMAIRE

PARTIE II

Avant-propos

Tout d'abord, je tiens à préciser que ce livre est le complément de mon autre livre : *La Paie, ça s'apprend*. Ceux qui ont acheté les deux livres sont plus à même de comprendre la logique des exercices. Pour résumer « ma logique », je « descends » tout simplement les lignes du bulletin de paie en m'attardant sur chacune d'elles. Je commence donc par les lignes du brut soumis à cotisations (dans l'ordre, le salaire minimum, la prime d'ancienneté, les avantages en nature et frais professionnels, les absences en général, puis les congés payés). Ensuite vient le plafond de Sécurité sociale avec sa régularisation annuelle progressive, pour finalement arriver à établir les premiers bulletins de paie avec le montant des cotisations. Je commence toujours par des exercices « simples » pour les compliquer par la suite. Pendant qu'on se trouve dans les cotisations, j'en profite pour expliquer la réduction générale des charges patronales et la reconstitution du brut à partir du net à payer. Les bulletins se terminent généralement par les sommes non soumises à cotisations telles que les IJSS (moment où j'aborde la maladie) et les retenues non déductibles du net fiscal (saisie-arrêt). Enfin, j'achève ce livre par quelques cas de rupture de contrat.

Ce préambule étant écrit, je vous avoue que cette sixième édition a été (pour moi) la plus difficile à concevoir. Pourquoi ? Parce que cette année 2019 a été celle de changements majeurs : le prélèvement à la source, l'unification des caisses de retraite, des taux de cotisations fluctuants, une « désocialisation » et une « défiscalisation » des heures supplémentaires (ou complémentaires) et (encore !) un nouveau modèle de bulletin de paie.

Certes, l'année dernière, nous avions déjà eu droit à un bulletin de paie « simplifié » ou « clarifié », mais, comme de nombreux utilisateurs, j'avais apporté un certain nombre de critiques à son encontre. Non seulement il n'était pas plus « clair », mais il devenait pratiquement incompréhensible et surtout invérifiable tel quel, obligeant la plupart des entreprises à éditer deux bulletins de paie ; une ancienne version avec les bases et les taux de cotisations séparés pour le vérifier et le nouveau modèle à donner au salarié. Pour ma part, j'avais aussi jonglé entre l'ancien modèle et le nouveau et donc écrit de nombreuses explications « textes » à la suite des calculs. Le gouvernement actuel nous a sans doute donné raison car, dès le 9 mai 2018, un arrêté modifiait l'arrêté précédant *qui fixait les libellés, l'ordre et le regroupement des informations figurant sur le bulletin de paie mentionnées à l'article R. 3243-2 du Code du travail*. Malheureusement pour moi, l'édition 2018 est sortie des presses de Studyrama quasiment à la même date !

Pour ce bulletin 2019, néanmoins, il m'a été difficile de trouver le bon « modèle » pour réaliser les exercices car les logiciels du marché ont chacun eu une interprétation différente du texte officiel. S'ils ont tous réintégré les bases et les taux salariaux des cotisations, certains ont remis les taux patronaux, d'autres pas, certains regroupent les CSG/CRDS sur une ligne, d'autres sur deux quand d'autres laissent la partie imposable en bas de bulletin et la partie non imposable dans les cotisations. Nous avons perdu au passage la mention « assurance » devant la santé, la vieillesse et le chômage. Est-ce que ce mot « assurance » perturbait vraiment les salariés et était-il nécessaire qu'un ministre se penche sur cette question ? Je vous laisse en juger par vous-même. Le bulletin que j'ai conçu sur Excel n'est donc pas « l'officiel » (si toutefois il existait !), mais c'est celui qui vous permettra de mieux comprendre ses arcanes tout en respectant au plus près la législation actuelle.

L'autre difficulté était bien sûr le prélèvement à la source. Vous lirez plus loin quels sont les trois taux possibles pour le salarié. Pour les bulletins de ces exercices, j'ai choisi systématiquement le taux « neutre », sinon ce serait trop facile si je vous donnais le pourcentage. D'après les différents médias, cette mise en place s'est très bien passée et il n'y a pas eu beaucoup de problèmes entre salariés et employeurs. C'est sans doute vrai. Les problèmes arriveront sans doute au cours de l'année quand des salariés seront malades plus de 60 jours consécutifs. Là aussi, pour trouver la bonne règle à appliquer, j'ai passé pas mal de temps.

L'unification des caisses de retraite Agirc-Arrco n'était pas vraiment une surprise car je l'annonçais depuis plus de dix ans et là, pour le coup, c'est une « vraie » simplification ! Alors où est le problème ? Eh bien, c'est dans l'application de la contribution d'équilibre technique (CET) ! Car si le brut du salarié est en dessous du plafond de la Sécurité sociale, il n'y a pas de CET. En revanche, s'il est au-dessus, il y a CET avec régularisation depuis le début de l'année ! Par ailleurs, si les tranches B et C ont bien été supprimées pour la retraite unifiée, la tranche B existe toujours pour l'assurance chômage (Pôle emploi) et l'Apec. Au passage, la logique de la position « cadre » n'est pas vraiment réglée : s'il n'y a plus de différence de cotisations pour la retraite, l'Apec existe toujours. Je m'attends donc logiquement à ce qu'elle soit supprimée (ou remplacée) bientôt.
Si la suppression du crédit impôt compétitivité emploi a été une bonne nouvelle, il a été remplacé par une fluctuation du taux de la cotisation maladie selon que le brut du salarié est en dessous ou au-dessus de 2,5 Smic. Nous parlons bien sûr du brut cumulé depuis le début de l'année, sinon ce ne serait pas drôle. D'où certaines régularisations difficiles à appréhender. Nous avons aussi un taux variant pour la cotisation Famille mais avec cette fois-ci 3,5 Smic !

Enfin, il a fallu attendre le *Journal officiel* du 25 janvier 2019, relatif au décret n° 2019-40 du 24 janvier pour comprendre le nouveau système d'exonération des heures supplémentaires et complémentaires. Car ce n'est pas la même exonération que celle de la loi TEPA que certains d'entre vous ont connu.

Bref, vous l'aurez compris, ce n'est pas encore demain que nous nous ennuierons à produire un bulletin de paie !
Suite à quelques coquilles dans les éditions précédentes, Studyrama et moi avons engagé une de mes anciennes élèves de l'ENOES, Aurélie Leménager, pour relire (et refaire un à un) tous les exercices présents dans ce livre. Aurélie travaille aujourd'hui dans un cabinet comptable dans la région de Paris qui doit se féliciter tous les jours de l'avoir embauchée car elle a l'œil pour déceler la moindre petite anomalie de paie. J'ai ainsi refait presque tous les bulletins à cause d'une différence de un (1 !) centime due aux arrondis « invisibles » d'Excel ! Elle m'obligea également à réécrire certaines explications qu'elle ne jugeait pas assez détaillées. Si la logique du livre est bien toujours la même (voir le petit préambule), environ 95 % des exercices ont été réécrits et surtout réactualisés en tenant compte des nouvelles valeurs du Smic, des avantages en nature, des titres-restaurants, du plafond, des taux de cotisations, des IJSS, de la saisie-arrêt. Et pour tenir compte de cette actualité débordante, de nouveaux exercices ont été conçus pour cette édition. Son apport a donc été considérable pour moi, pour votre plus grande satisfaction. J'espère qu'Aurélie prendra une place de plus en plus importante dans la rédaction de ce livre et de son petit frère *La Paie, ça s'apprend* et qu'elle me remplacera bientôt. En attendant, je vous souhaite de réussir ces exercices 2019.

Gilles Masson

PS : Ce livre n'aurait pas été le même sans le professionnalisme de Marjorie Champetier qui aura travaillé au sein de Studyrama sur sa réalisation durant ces quatre dernières années. Que mes vœux de réussite pour sa future carrière l'accompagnent.
J'ai une pensée également pour quelques anciens élèves qui m'ont toujours encouragé à écrire ce livre : Stéphanie Reliant-Marotte, Élodie Vidal-Besqueut, Vincent Kiel, Coralie Chavanne, Vanessa Bazoud, Johanna Guerin, Estelle Duclos, FX Cressin, Aurélie Allemand, Christelle Cheruel, Nathalie Balard-Pezzetti (merci pour ton humour !) et tant d'autres que je n'ai pas la place de citer.
Quand des lecteurs (lectrices) m'écrivent ou me téléphonent pour me dire que c'est grâce à ce livre qu'ils ont réussi leurs examens de paie (même si je sais très bien que c'est plutôt grâce à leur travail), je me dis que mon ouvrage n'aura pas été inutile. Je profite donc de cet espace pour remercier chaleureusement Élise Laporte et Anne Boucher.
Certains de ces exercices m'ont été inspirés par ma dernière promotion de l'ENOES et je suis sûr que Siam Prigent, Emmanuel Esnault, Stéphanie Meyrou, Anne Hamadou, Chérine Aïssat, Thierno Ball, Cristina Antonio, Franck Piscart auront une belle carrière dans le métier de la paie.
Enfin, je remercie aussi ceux qui ont pris de leur temps pour laisser des messages sympathiques sur les sites d'Amazon : André Yellen, Delphine, Calvez, Marie29, Pascal D., Car 133, Madi, Philippe Crombecque, Isa, SCL, ou de la FNAC : Claire H., Chantal R., Sébastien D., Jean-Marc A., Emma, Loetitia M., Cindy D., Marie, Christine T., Patrick Raymond, Ivan K., Gilles M., Ludivine C., Salvatore I., Blanche R., Cacahuette, Marie D.

Calendrier 2018

Janvier	Février	Mars	Avril	Mai	Juin	Juillet	Août	Septembre	Octobre	Novembre	Décembre
L 1 *Jour de l'an*	J 1 Ella	J 1 Aubin	D 1 Hugues	M 1 *Fête du Travail*	V 1 Justin	D 1 Thierry	M 1 Alphonse	S 1 Gilles	L 1 Thérèse	J 1 *Toussaint*	S 1 Florence
M 2 Basile	V 2 Présent.	V 2 Charles le bon	L 2 Sandrine *Pâques*	M 2 Boris	S 2 Blandine	L 2 Martinien	J 2 Julien	D 2 Ingrid	M 2 Léger	V 2 Défunts	D 2 Viviane
M 3 Geneviève	S 3 Blaise	S 3 Guénolé	M 3 Richard	J 3 Jacques / Philipp	D 3 Kévin	M 3 Thomas	V 3 Lydie	L 3 Grégoire	M 3 Gérard	S 3 Hubert	L 3 François-Xavier
J 4 Odilon	D 4 Véronique	D 4 Casimir	M 4 Isidore	V 4 Sylvain	L 4 Clotilde	M 4 Florent	S 4 Jean-Marie	M 4 Rosalie	J 4 François d'Assis	D 4 Charles	M 4 Barbara
V 5 Edouard	L 5 Agathe	L 5 Olive	J 5 Irène	S 5 Judith	M 5 Igor	J 5 Antoine-Marie	D 5 Abel	M 5 Raïssa	V 5 Fleur	L 5 Sylvie	M 5 Gérald
S 6 Mélaine	M 6 Gaston	M 6 Colette	V 6 Marcellin	D 6 Prudence	M 6 Norbert	V 6 Mariette	L 6 transfiguration	J 6 Bertrand	S 6 Bruno	M 6 Léonard	J 6 Nicolas
D 7 Raymond	M 7 Eugénie	M 7 Félicité	S 7 J.B. de la Salle	L 7 Gisèle	J 7 Gilbert	S 7 Raoul	M 7 Gaëtan	V 7 Reine	D 7 Serge	M 7 Carine	V 7 Ambroise
L 8 Lucien	J 8 Jacqueline	J 8 Jean de Dieu	D 8 Julie	M 8 *Victoire 1945*	V 8 Médard	D 8 Thibaut	M 8 Dominique	S 8 Nativité	L 8 Pélagie	J 8 Geoffroy	S 8 Imm. Concept;
M 9 Alix	V 9 Apolline	V 9 Françoise	L 9 Gautier	M 9 Pacôme	S 9 Diane	L 9 Amandine	J 9 Amour	D 9 Alain	M 9 Denis	V 9 Théodore	D 9 Pierre Fourier
M 10 Guillaume	S 10 Arnaud	S 10 Vivien	M 10 Fulbert	J 10 Solange *Ascensi*	D 10 Landry	M 10 Ulrich	V 10 Laurent	L 10 Inès	M 10 Ghislain	S 10 Léonard	L 10 Romaric
J 11 Paulin	D 11 N.D.de L.	D 11 Rosine	M 11 Stanislas	V 11 Jeanne d'Arc	L 11 Barnabé	M 11 Benoît	S 11 Claire	M 11 Adelphe	J 11 Firmin	D 11 *Armistice 1918*	M 11 Daniel
V 12 Baptiste	L 12 Félix	L 12 Justine	J 12 Jules	S 12 Achille	M 12 Guy	J 12 Olivier	D 12 Clarisse	M 12 Apollinaire	V 12 Wilfried	L 12 Christian	M 12 Chantal
S 13 Yvette	M 13 Béatrice	M 13 Rodrigue	V 13 Ida	D 13 Rolande	M 13 Antoine	V 13 Henri / Joël	L 13 Hippolyte	J 13 Aimé	S 13 Géraud	M 13 Brice	J 13 Lucie
D 14 Nina	M 14 Valentin	M 14 Mathilde	S 14 Maxime	L 14 Matthias	J 14 Elisée	S 14 *Fête Nationale*	M 14 Evrard	V 14 Croix Glorieuse	D 14 Juste	M 14 Sidoine	V 14 Odile
L 15 Rémi	J 15 Claude	J 15 Louise	D 15 Paterne	M 15 Denise	V 15 Germaine	D 15 Donald	M 15 *Marie/Assomptio*	S 15 Roland	L 15 Thérèse d'Av.	J 15 Albert	S 15 Ninon
M 16 Marcel	V 16 Julienne	V 16 Bénédicte	L 16 Benoît	M 16 Honoré	S 16 Régis	L 16 N.D.	J 16 Armel	D 16 Edith	M 16 Edwige	V 16 Marguerite	D 16 Alice
M 17 Roseline	S 17 Alexis	S 17 Patrick	M 17 Anicet	J 17 Pascal	D 17 Hervé	M 17 Charlotte / Carol	V 17 Hyacinthe	L 17 Renaud	M 17 Baudoin	S 17 Elisabeth	L 17 Judicaël / Gaël
J 18 Prisca	D 18 Bernadette	D 18 Cyrille	M 18 Parfait	V 18 Eric	L 18 Léonce	M 18 Frédéric	S 18 Hélène	M 18 Nadège	J 18 Luc	D 18 Aude	M 18 Gatien
V 19 Marius	L 19 Gabin	L 19 Joseph	J 19 Emma	S 19 Yves	M 19 Romuald	J 19 Arsène	D 19 Jean-Eudes	M 19 Emilie	V 19 René	L 19 Tanguy	M 19 Urbain
S 20 Sébastien	M 20 Aimée	M 20 Herbert	V 20 Odette	D 20 Bernardin	M 20 Silvère	V 20 Marina	L 20 Bernard	J 20 Davy	S 20 Adeline	M 20 Edmond	J 20 Théophile
D 21 Agnès	M 21 Damien	M 21 Clémence	S 21 Anselme	L 21 Constantin Pente	J 21 Rodolphe / Jean	S 21 Victor	M 21 Christophe	V 21 Matthieu	D 21 Céline	M 21 Présentation	V 21 Pierre Canisius
L 22 Vincent	J 22 Isabelle	J 22 Léa	D 22 Alexandre	M 22 Emile	V 22 Alban	D 22 Marie-Madeleine	M 22 Fabrice	S 22 Maurice	L 22 Salomé	J 22 Cécile	S 22 Françoise
M 23 Barnard	V 23 Lazare	V 23 Victorien	L 23 Georges	M 23 Didier	S 23 Audrey	L 23 Brigitte	J 23 Rose	D 23 Constant	M 23 Jean de C.	V 23 Christ-Roi	D 23 Armand
M 24 François Sales	S 24 Modeste	S 24 Cath de Suède	M 24 Fidèle	J 24 Donatien	D 24 Jean-Baptiste	M 24 Christine	V 24 Barthélemy	L 24 Thècle	M 24 Florentin	S 24 Flora	L 24 Adèle
J 25 Paul	D 25 Roméo	D 25 Annonciation	M 25 Marcel	V 25 Sophie	L 25 Prosper	M 25 Jacques	S 25 Louis	M 25 Hermann	J 25 Crépin	D 25 Catherine	M 25 *Noël*
V 26 Paule	L 26 Nestor	L 26 Larissa	J 26 Alida	S 26 Bérenger	M 26 Anthelme	J 26 Anne / Joachim	D 26 Natacha	M 26 Côme / Damien	V 26 Dimitri	L 26 Delphine	M 26 Etienne
S 27 Angèle	M 27 Honorine	M 27 Habib	V 27 Zita	D 27 Augustin	M 27 Fernand	V 27 Nathalie	L 27 Monique	J 27 Vincent de Paul	S 27 Emeline	M 27 Séverin	J 27 Jean l'Apôtre
D 28 Thomas d'Aq.	M 28 Romain	M 28 Gontran	S 28 Valérie	L 28 Germain	J 28 Irénée	S 28 Samson	M 28 Augustin	V 28 Venceslas	D 28 Simon / Jude	M 28 Jacques de la M.	V 28 Sainte famille
L 29 Gildas		J 29 Gwladys	D 29 Cath. De S.	M 29 Aymar	V 29 Pierre / Paul	D 29 Marthe	M 29 Sabine	S 29 Michel / Gabriel	L 29 Narcisse	J 29 Saturnin	S 29 David
M 30 Martine		V 30 Amédée	L 30 Robert	M 30 Ferdinand	S 30 Martial	L 30 Juliette	J 30 Fiacre	D 30 Jérôme	M 30 Bienvenue	V 30 André	D 30 Roger
M 31 Marcelle		S 31 Benjamin		J 31 Visitation		M 31 Ignace	V 31 Aristide		M 31 Quentin		L 31 Sylvestre

Calendrier 2019

Janvier	Février	Mars	Avril	Mai	Juin	Juillet	Août	Septembre	Octobre	Novembre	Décembre
M 1 *Jour de l'an*	V 1 Ella	V 1 Aubin	L 1 Hugues	M 1 *Fête du Travail*	S 1 Justin	L 1 Thierry	J 1 Alphonse	D 1 Gilles	M 1 Thérèse	V 1 *Toussaint*	D 1 Florence
M 2 Basile	S 2 Présent.	S 2 Charles le bon	M 2 Sandrine	J 2 Boris	D 2 Blandine	M 2 Martinien	V 2 Julien	L 2 Ingrid	M 2 Léger	S 2 Défunts	L 2 Viviane
J 3 Geneviève	D 3 Blaise	D 3 Guénolé	M 3 Richard	V 3 Jacques / Philippe	L 3 Kévin	M 3 Thomas	S 3 Lydie	M 3 Grégoire	J 3 Gérard	D 3 Hubert	M 3 François-Xavier
V 4 Odilon	L 4 Véronique	L 4 Casimir	J 4 Isidore	S 4 Sylvain	M 4 Clothilde	J 4 Florent	D 4 Jean-Marie	M 4 Rosalie	V 4 François d'Assise	L 4 Charles	M 4 Barbara
S 5 Edouard	M 5 Agathe	M 5 Olive	V 5 Irène	D 5 Judith	M 5 Igor	V 5 Antoine-Marie	L 5 Abel	J 5 Raïssa	S 5 Fleur	M 5 Sylvie	J 5 Gérald
D 6 Mélaine	M 6 Gaston	M 6 Colette	S 6 Marcellin	L 6 Prudence	J 6 Norbert	S 6 Marietta	M 6 transfiguration	V 6 Bertrand	D 6 Bruno	M 6 Léonard	V 6 Nicolas
L 7 Raymond	J 7 Eugénie	J 7 Félicité	D 7 J.B. de la Salle	M 7 Gisèle	V 7 Gilbert	D 7 Raoul	M 7 Gaëtan	S 7 Reine	L 7 Serge	J 7 Carine	S 7 Ambroise
M 8 Lucien	V 8 Jacqueline	V 8 Jean de Dieu	L 8 Julie	M 8 *Victoire 1945*	S 8 Médard	L 8 Thibaut	J 8 Dominique	D 8 Nativité	M 8 Pélagie	V 8 Geoffroy	D 8 Imm. Concept;
M 9 Alix	S 9 Apolline	S 9 Françoise	M 9 Gautier	J 9 Pacôme	D 9 Diane	M 9 Amandine	V 9 Amour	L 9 Alain	M 9 Denis	S 9 Théodore	L 9 Pierre Fourier
J 10 Guillaume	D 10 Arnaud	D 10 Vivien	M 10 Fulbert	V 10 Solange	L 10 Landry *Ascension*	M 10 Ulrich	S 10 Laurent	M 10 Inès	J 10 Ghislain	D 10 Léonard	M 10 Romaric
V 11 Paulin	L 11 N.D.de L.	L 11 Rosine	J 11 Stanislas	S 11 Jeanne d'Arc	M 11 Barnabé	J 11 Benoît	D 11 Claire	M 11 Adelphe	V 11 Firmin	L 11 *Armistice 1918*	M 11 Daniel
S 12 Baptiste	M 12 Félix	M 12 Justine	V 12 Jules	D 12 Achille	M 12 Guy	V 12 Olivier	L 12 Clarisse	J 12 Apollinaire	S 12 Wilfried	M 12 Christian	J 12 Chantal
D 13 Yvette	M 13 Béatrice	M 13 Rodrigue	S 13 Ida	L 13 Rolande	J 13 Antoine	S 13 Henri / Joël	M 13 Hippolyte	V 13 Aimé	D 13 Géraud	M 13 Brice	V 13 Lucie
L 14 Nina	J 14 Valentin	J 14 Mathilde	D 14 Maxime	M 14 Matthias	V 14 Elisée	D 14 *Fête Nationale*	M 14 Evrard	S 14 Croix Glorieuse	L 14 Juste	J 14 Sidoine	S 14 Odile
M 15 Rémi	V 15 Claude	V 15 Louise	L 15 Paterne	M 15 Denise	S 15 Germaine	L 15 Donald	J 15 *Marie/Assomption*	D 15 Roland	M 15 Thérèse d'Av.	V 15 Albert	D 15 Ninon
M 16 Marcel	S 16 Julienne	S 16 Bénédicte	M 16 Benoît	J 16 Honoré	D 16 Régis	M 16 N.D.	V 16 Armel	L 16 Edith	M 16 Edvige	S 16 Marguerite	L 16 Alice
J 17 Roseline	D 17 Alexis	D 17 Patrick	M 17 Anicet	V 17 Pascal	L 17 Hervé	M 17 Charlotte / Caroline	S 17 Hyacinthe	M 17 Renaud	J 17 Baudoin	D 17 Elisabeth	M 17 Judicaël / Gaël
V 18 Prisca	L 18 Bernadette	L 18 Cyrille	J 18 Parfait	S 18 Eric	M 18 Léonce	J 18 Frédéric	D 18 Hélène	M 18 Nadège	V 18 Luc	L 18 Aude	M 18 Gatien
S 19 Marius	M 19 Gabin	M 19 Joseph	V 19 Emma	D 19 Yves	M 19 Romuald	V 19 Arsène	L 19 Jean-Eudes	J 19 Emilie	S 19 René	M 19 Tanguy	J 19 Urbain
D 20 Sébastien	M 20 Aimée	M 20 Herbert	S 20 Odette	L 20 Bernadin	J 20 Silvère	S 20 Marina	M 20 Bernard	V 20 Davy	D 20 Adeline	M 20 Edmond	V 20 Théophile
L 21 Agnès	J 21 Damien	J 21 Clémence	D 21 Anselme	M 21 Constantin Pentecôte	V 21 Rodolphe / Jean	D 21 Victor	M 21 Christophe	S 21 Matthieu	L 21 Céline	J 21 Présentation	S 21 Pierre Canisius
M 22 Vincent	V 22 Isabelle	V 22 Léa	L 22 Alexandre *Pâques*	M 22 Emile	S 22 Alban	L 22 Marie-Madeleine	J 22 Fabrice	D 22 Maurice	M 22 Salomé	V 22 Cécile	D 22 Françoise
M 23 Barnard	S 23 Lazare	S 23 Victorien	M 23 Georges	J 23 Didier	D 23 Audrey	M 23 Brigitte	V 23 Rose	L 23 Constant	M 23 Jean de C.	S 23 Christ-Roi	L 23 Armand
J 24 François Sales	D 24 Modeste	D 24 Cath de Suède	M 24 Fidèle	V 24 Donatien	L 24 Jean-Baptiste	M 24 Christine	S 24 Barthélemy	M 24 Thècle	J 24 Florentin	D 24 Flora	M 24 Adèle
V 25 Paul	L 25 Roméo	L 25 Annonciation	J 25 Marcel	S 25 Sophie	M 25 Prosper	J 25 Jacques	D 25 Louis	M 25 Hermann	V 25 Crépin	L 25 Catherine	M 25 *Noël*
S 26 Paule	M 26 Nestor	M 26 Larissa	V 26 Alida	D 26 Béranger	M 26 Anthelme	V 26 Anne / Joachim	L 26 Natacha	J 26 Côme / Damien	S 26 Dimitri	M 26 Delphine	J 26 Etienne
D 27 Angèle	M 27 Honorine	M 27 Habib	S 27 Zita	L 27 Augustin	J 27 Fernand	S 27 Nathalie	M 27 Monique	V 27 Vincent de Paul	D 27 Emeline	M 27 Séverin	V 27 Jean l'Apôtre
L 28 Thomas d'Aq.	J 28 Romain	J 28 Gontran/	D 28 Valérie	M 28 Germain	V 28 Irénée	D 28 Samson	M 28 Augustin	S 28 Venceslas	L 28 Simon / Jude	J 28 Jacques de la M.	S 28 Sainte famille
M 29 Gildas		V 29 Gwladys	L 29 Cath. De S.	M 29 Aymar	S 29 Pierre / Paul	L 29 Marthe	J 29 Sabine	D 29 Michel / Gabriel	M 29 Narcisse	V 29 Saturnin	D 29 David
M 30 Martine		S 30 Amédée	M 30 Robert	J 30 Ferdinand	D 30 Martial	M 30 Juliette	V 30 Fiacre	L 30 Jérôme	M 30 Bienvenue	S 30 André	L 30 Roger
J 31 Marcelle		D 31 Benjamin		V 31 Visitation		M 31 Ignace	S 31 Aristide		J 31 Quentin		M 31 Sylvestre

ÉNONCÉS DES EXERCICES

PARTIE I

1. Exercices sur le Smic

Le salaire de base

Par salaire de base, il faut entendre les éléments de rémunération pris en compte lors de chaque paiement du salaire et dont les modalités de calcul auront été fixées par le contrat de travail. C'est la rémunération prévue à l'embauche en contrepartie du travail fourni. Sous réserve de révision, le salaire de base est donc nettement défini par le contrat de travail et présente un caractère de fixité à chaque paie. Il se situe sur **la première ligne du bulletin de paie**, ce qui est évidemment déterminant pour toute la suite du bulletin. Il est décidé librement par l'employeur et le salarié, sous réserve de respecter :

- le principe de la liberté contractuelle ;
- le salaire minimum de croissance avec la garantie minimale de rémunération ;
- le minimum conventionnel ou les recommandations patronales s'ils existent dans l'entreprise ;
- les usages ou les engagements unilatéraux de l'employeur s'ils existent dans l'entreprise ;
- les principes d'ordre public, tels que l'égalité de rémunération entre les hommes et les femmes et l'absence de discrimination (Cass. soc., 20 octobre 1998, n° 95-44.290).

La valeur du Smic aujourd'hui

Montant du Smic : **10,03 € au 1er janvier 2019**.
Le Smic mensuel brut est ainsi porté à 1 521,22 € (calculé sur la base de 35 heures × 52 / 12 et correspondant à la mensualisation de la durée légale hebdomadaire du travail de 35 heures), mais à 1 521,25 € pour 151,67 heures mensuelles.

Le salaire brut

Des compléments de salaire viennent parfois s'ajouter au salaire de base et formeront ce qu'il est convenu d'appeler « le salaire brut » (c'est sur ce salaire brut que viendront se calculer les cotisations).
Ces compléments sont par exemple : la prime d'ancienneté, les primes liées au travail, l'indemnité de transport, les avantages en nature, les frais professionnels, les indemnités de panier.

Les éléments pris en compte pour la détermination du Smic

D'une façon générale, pour la détermination du Smic, il faut tenir compte du salaire horaire qui correspond à une heure de travail effectif à laquelle on rajoutera les avantages en nature logement (valeur 0,02 € par jour depuis 1951 !), les avantages en nature nourriture (valeur d'un minimum garanti pour un repas, soit 3,62 € en 2019), les pourboires et les majorations qui complètent le salaire habituellement (primes ou gratifications contractuelles) à l'exception notable des heures supplémentaires (et complémentaires), des remboursements de frais et des sommes attribuées au titre de la participation ou de l'intéressement (C. trav., art. D. 3231-6).
Ne sont pas prises en compte pour la détermination du Smic, les primes et gratifications variables :

- constituant des libéralités (prime exceptionnelle) ;
- à caractère aléatoire ou imprévisible (prime objectif) ;
- sans rapport avec le travail fourni (prime d'ancienneté, prime de production attribuée collectivement) ;
- qui rémunèrent le temps de pause (Cass. soc. n° 09-42.890 à 892 du 13 juillet 2010).

Le salaire inférieur au Smic

Si le salaire est inférieur au Smic, ramené au temps de travail effectivement réalisé, les salariés concernés doivent recevoir un « complément calculé de façon à porter leur rémunération au montant du Smic » (C. trav., art. D. 3321-5). Ce complément de rémunération s'appelle une « **indemnité différentielle** ».

Exercices

Exercice 1 (Niveau 1)

Un salarié vient d'être embauché ce lundi 1er avril 2019 à temps plein (35 heures par semaine) dans une entreprise de nettoyage.
L'entreprise lui propose :

- de le loger dans un appartement de fonction (un F2), correspondant à un avantage en nature de 75,00 € ;
- avec un salaire mensuel de 1 400 € ;
- une prime mensuelle fixe de production de 100 € ;
- et une indemnité mensuelle de transport de 50 €.

Pour vous, la paie de ce salarié respecte-t-elle le Smic ? Si votre réponse est négative, quel serait le montant de l'indemnité différentielle qui corrigerait cette anomalie ?

Exercice 2 (Niveau 1)

Ce même jour, un autre salarié a été lui aussi embauché à 39 heures par semaine dans cette même entreprise de nettoyage.
L'entreprise lui propose :

- un salaire mensuel de 1 320 € ;
- une indemnité panier quotidienne de 6,60 € ;
- un treizième mois payé par douzième chaque mois (l'accord collectif qui a instauré cette prime prévoit un paiement fractionné mois par mois) ;
- et des heures supplémentaires mensuelles de 17 h 33 (4 HS par semaine × 4,33 semaines).

Pour vous, la paie de ce salarié respecte-t-elle le Smic ? Si votre réponse est négative, quel serait le montant de l'indemnité différentielle qui corrigerait cette anomalie ?

2. Exercices sur la prime d'ancienneté

Page de rappel du livre *La Paie, ça s'apprend*

L'ancienneté commence généralement, sauf dispositions conventionnelles différentes, à courir du jour de la conclusion du contrat de travail. Le tableau ci-après synthétise l'acquisition de l'ancienneté liée aux contrats de travail et aux principaux incidents affectant l'exécution de ces contrats.

Type de contrats et d'incident	Prise en compte dans l'ancienneté	Observations
Contrat à Durée Déterminée	Oui	C. Trav., art. L.1243-11
Contrat à temps partiel	Oui	C. Trav., art. L. 3123-12
Congés payés	Oui	Exécution normale du contrat
Congés parental total	Oui (pour la moitié de sa durée)	C. Trav., art. L.1225-54
Congé individuel de formation	Oui	C. Trav., art. L. 6322-13
Accident du travail	Oui	C. Trav., art. L.1226-7
Maladie	Oui	Sauf précision conventionnelle
Maternité	Oui	C. Trav., art. L.1225-16
Période militaire	Non (suspension)	C. Trav., art. L.3142-71
Changement d'employeur (art. L.1234-7)	Oui	Reprise de l'ancienneté déjà acquise

Deux particularités manquent dans ce tableau :

- lorsque l'entreprise utilisatrice embauche, après une mission, un salarié mis à sa disposition par une entreprise de travail temporaire, la durée des missions accomplies au sein de cette entreprise au cours des 3 mois précédant le recrutement est prise en compte pour le calcul de l'ancienneté du salarié. Cette durée est déduite de la période d'essai éventuellement prévue dans le nouveau contrat de travail (C. trav., art. L. 1251-38) ;
- lorsque le salarié s'absente pour un congé sabbatique, de création d'entreprise ou sans solde, la période d'absence se déduit bien évidemment de son ancienneté.

Calcul de la prime d'ancienneté

Il existe quatre façons de calculer le montant de la prime d'ancienneté. Celui-ci sera toujours composé d'une base et d'un taux. La base peut être :

- le salaire réel du salarié ;
- le salaire minimum de la convention collective correspondant au coefficient du salarié ;
- le salaire minimum de la convention collective correspondant à la classification du salarié ;
- un montant correspondant au produit du coefficient par la valeur du point attribuée par la convention collective.

Quant au taux, il est généralement un pourcentage fixe ou variable qui s'applique soit chaque année, soit par périodicité d'année (exemple : tous les 3 ans).
Lorsque l'horaire de l'entreprise est abaissé en dessous de 35 heures, les primes d'ancienneté doivent être calculées sur la base du nouvel horaire (Cass. soc., 12 janvier 1989, n° 86-40.714). Et la durée de l'ancienneté doit être décomptée pour les employés à temps partiel comme s'ils étaient à temps complet. Le montant de la prime est, par contre, calculé proportionnellement au temps de travail du salarié, suivant le principe de la proportionnalité des salaires des employés à temps partiel par rapport à ceux des employés à temps complet (Cass. soc., 18 février 1988, n° 86-41 980).

De nombreuses conventions collectives ne précisent pas le mode de calcul de la prime d'ancienneté en cas de paiement d'heures supplémentaires. Dans cette hypothèse, que la prime d'ancienneté soit calculée sur un salaire minimum conventionnel ou sur le salaire réel, il convient de tenir compte de l'horaire réellement effectué par le salarié et de calculer la prime en conséquence.

Exercices

Exercice 3 (Niveau 1)

La Convention collective des industries métallurgiques du Rhône (21 mai 1976) énonce dans son article 36 – Primes d'ancienneté :

- les mensuels bénéficient d'une prime d'ancienneté calculée dans les conditions ci-après sur la rémunération minimale hiérarchique :
  - 5 % après 3 ans d'ancienneté,
  - 10 % après 6 ans d'ancienneté,
  - 11 % après 11 ans d'ancienneté,
  - 15 % après 12 ans d'ancienneté ;
- le montant de la prime d'ancienneté est adapté à l'horaire de travail et supporte, de ce fait, les majorations pour heures supplémentaires ;
- la prime d'ancienneté doit figurer à part sur le bulletin de paie.

La définition de la rémunération minimale hiérarchique (RMH) vient de l'article 32 :

Les rémunérations minimales hiérarchiques feront l'objet de l'Annexe I à la présente convention.
Dans le champ d'application de la présente convention collective, les rémunérations minimales hiérarchiques correspondant aux coefficients de la classification découlant de l'accord national du 21 juillet 1975 modifié, feront l'objet d'au moins une négociation annuelle en vue de leur fixation par accord collectif territorial pour la durée légale mensuelle du travail en vigueur lors de la conclusion de cet accord.
Ces rémunérations minimales hiérarchiques, assorties des majorations de 5 % pour les ouvriers et de 7 % pour les agents de maîtrise d'atelier, serviront de base de calcul de la prime d'ancienneté prévue par l'article 36 de la convention collective.

L'annexe I (barème I) donne la rémunération minimale hiérarchique sous forme de tableau, dont la dernière version (accord du 27 mars 2019) applicable à compter du 1er juin 2019 est reproduite ci-après :

Niveau	Échelon	Coefficient	RMH (en euros)
I	1	140	784,00
	2	145	812,00
	3	155	868,00
II	1	170	952,00
	2	180	1 008,00
	3	190	1 064,00
III	1	215	1 204,00
	2	225	1 260,00
	3	240	1 344,00
IV	1	255	1 428,00
	2	270	1 512,00
	3	285	1 596,00
V	1	305	1 708,00
	2	335	1 876,00
	3	365	2 044,00
		395	2 212,00

Calculer le brut d'un technicien dépendant de cette convention collection, dont la date d'entrée est le 15 mai 2008, le salaire de base 2 000 € pour 151,67 heures, le coefficient 270, et qui est présent tout ce mois de juillet 2019.

	Base	Taux	Montant
Salaire de base			
Prime d'ancienneté			
Salaire Brut			

Exercice 4 (Niveau 1)

Toujours en juillet 2019 et dans la même entreprise, il y a un autre salarié qui a effectué 10 heures supplémentaires dont 8 à 25 % et 2 à 50 %. Celui-ci est entré le 16 juillet 2009. Son salaire est de 2 100 € pour 151,67 heures, son coefficient est 305 et il a été présent tout le mois sans aucune absence.
Calculer son salaire brut de juillet 2019.

	Base ou nombre	Taux	Montant
Salaire de base			
Prime d'ancienneté			
H.S. à 125 %			
H.S. à 150 %			
Salaire Brut			

Exercice 5 (Niveau 1)

Toujours en juillet 2019 et dans la même entreprise, il y a encore un autre salarié qui est entré le 3 janvier 2008 en tant qu'intérimaire. L'entreprise l'a embauché en CDI le 1er septembre 2008. Son salaire actuel est de 1 800 € pour 151,67 heures, son coefficient est 215, et il a été présent tout le mois sans aucune absence.
Calculer son salaire brut de juillet 2019.

	Base	Taux	Montant
Salaire de base			
Prime d'ancienneté			
Salaire Brut			

3. Exercices sur les avantages en nature

Les avantages en nature constituent un élément de la rémunération qui, au même titre que le salaire proprement dit, doit donner lieu à cotisation.
Conformément à l'article L. 3241-1 du C. trav., le salaire doit en principe être payé en argent, mais il est admis que le salarié puisse également être rémunéré en nature. Cette rémunération peut couvrir l'intégralité de l'activité du salarié, mais en général elle a le caractère d'accessoire du salaire et constitue un avantage en nature.

L'avantage en nature consiste donc dans la fourniture ou la mise à disposition d'un bien ou service permettant au salarié de faire l'économie de frais qu'il aurait dû normalement supporter.

Les avantages en nature concernent le plus souvent la nourriture, un logement ou un véhicule. Mais ils peuvent aussi être constitués, en vertu d'usages maison, par la fourniture gratuite de produits fabriqués par l'entreprise, ou encore par la vente de produits fabriqués par l'entreprise avec un rabais supérieur à 30 %. Parfois, ils sont constitués de façon ponctuelle en liaison à un événement particulier, tel un cadeau ou un voyage. Leur montant est en général fixé soit par le contrat de travail, soit par la convention collective applicable.

ÉVALUATION

L'arrêté du 10 décembre 2002 prévoit en ses articles 1, 2, 3 et 4, un système de forfaits qui est applicable pour les principaux avantages en nature : nourriture, logement, véhicule et outils issus des nouvelles technologies de l'information et de la communication.
Dans les autres cas, les avantages en nature sont déterminés par rapport à la valeur réelle conformément aux dispositions de l'article 6 dudit arrêté. Leur montant est arrondi à la dizaine de centimes d'euros la plus proche. L'évaluation de l'avantage en nature d'après la valeur réelle est déterminée sur la base de l'économie réalisée par les salariés en bénéficiant.
Désormais, la référence au minimum garanti et la distinction entre rémunération supérieure ou inférieure au plafond sont supprimées.

L'avantage en nature « Nourriture »

Lorsque l'employeur fournit la nourriture, cet avantage est évalué suivant un forfait par jour et la moitié de ce montant pour un repas. Toutefois, lorsque le salarié est en déplacement professionnel et empêché de regagner sa résidence ou son lieu habituel de travail et qu'il est remboursé intégralement de ses frais professionnels ou que l'employeur paie le repas directement au restaurateur, le forfait avantage en nature n'est pas réintégré dans l'assiette de cotisations.

Tableau de synthèse pour l'avantage en nature « Nourriture »
(C. trav., art. D. 3231-9 à D. 3231-14)

Avantages en nature Nourriture	Pour le calcul du SMIC	Pour l'assiette des cotisations sociales	
En 2019		Hôtel, Cafés, Restaurant	Cas général
1 repas par jour	1 M.G. (3,62 €)	1 M.G. (3,62 €)	4,85 €
à la journée	2 M.G. (7,24 €)	2 M.G. (7,24 €)	9,70 €

Le titre-restaurant

Le titre-restaurant a été institué pour permettre aux salariés des entreprises ne disposant pas sur place d'un local de restauration de consommer un repas au restaurant à des conditions financières avantageuses, leur employeur prenant en charge une partie du prix de ces repas.

La part contributive de l'employeur est exonérée :

- des charges fiscales : taxe sur les salaires, participation à la construction, formation continue ;
- des charges sociales : cotisations de Sécurité sociale, d'assurance chômage et de retraite complémentaire, CSG et CRDS (C. Séc. soc., art. L. 131-4).

Pour bénéficier de cette exonération, la participation de l'employeur au coût des titres-restaurants doit remplir deux conditions cumulatives :

- la participation patronale doit être comprise entre 50 et 60 % de la valeur libératoire du titre ;
- la valeur du titre ne doit pas dépasser un prix limité, fixé par arrêté.

Au 1er janvier 2019, la limite d'exonération de cette participation est fixée à 5,52 € par titre. Cette limite d'exonération de 5,52 € porte la valeur du titre-restaurant :

- à 9,20 €, si la participation patronale est de 60 % ;
- à 11,04 €, si la participation patronale est de 50 %.

Si la participation n'excède pas le pourcentage compris entre 50 et 60 % de la valeur du titre, mais dépasse la limite d'exonération (5,52 €), la participation donne lieu à réintégration dans l'assiette des cotisations pour la fraction qui excède la limite d'exonération. Mais lorsque la participation excède 60 % de la valeur du titre-restaurant, c'est la totalité de cette contribution qui doit être réintégrée (Cass. soc., 23 octobre 1997).

L'avantage en nature « Logement »

Lorsque l'employeur fournit le logement, l'estimation de cet avantage est évaluée forfaitairement ou peut être calculée, sur option de l'employeur, d'après la valeur locative servant à l'établissement de la taxe d'habitation dans les conditions prévues aux articles 1496 et 1516 du Code général des impôts et d'après la valeur réelle pour les avantages accessoires.

La valorisation du forfait avantage logement est présentée sous la forme d'un barème de huit tranches. Les avantages accessoires (eau, gaz, électricité, chauffage ou encore garage) sont intégrés dans le forfait.

Tableau de synthèse pour l'avantage en nature « Logement »

Pour le calcul du SMIC	Pour l'assiette des cotisations sociales en 2019				
Cas général et HCR	Rémunération mensuelle (R)	Le logement comporte une seule pièce principale		Le logement comporte plusieurs pièces principales	
Mois		Mois	Semaine	Mois	Semaine
0,02 x 30 = 0,60	R < 1 688,50 € (R < 0,5 Plafond SS)	70,10 €	**17,50 €**	37,50 € (par pièce principale)	**1/4 de l'avantage mensuel** (arrondi à la dizaine d'euros la plus proche)
	1 688,50 € ≤ R < 2 026,20 € (0,5 PSS ≤ R < 0,6 PSS)	81,90 €	**20,50 €**	52,60 € (par pièce principale)	
	2 026,20 € ≤ R < 2 363,90 € (0,6 PSS ≤ R < 0,7 PSS)	93,40 €	**23,40 €**	70,10 € (par pièce principale)	
	2 363,90 € ≤ R < 3 039,30 € (0,7 PSS ≤ R < 0,9 PSS)	105,00 €	**26,30 €**	87,50 € (par pièce principale)	
	3 039,30 € ≤ R < 3 714,70 € (0,9 PSS ≤ R < 1,1 PSS)	128,60 €	**32,20 €**	110,90 € (par pièce principale)	
	3 714,70 € ≤ R < 4 390,10 € (1,1 PSS ≤ R < 1,3 PSS)	151,90 €	**38,00 €**	134,10 € (par pièce principale)	
	4 390,10 € ≤ R < 5 065,50 € (1,3 PSS ≤ R < 1,5 PSS)	175,20 €	**43,80 €**	163,40 € (par pièce principale)	
	5 065,50 € ≤ R (1,5 PSS ≤ R)	198,50 €	**49,60 €**	186,80 € (par pièce principale)	

L'avantage en nature « Véhicule »

Il faut distinguer deux types de véhicule : **la voiture de service** mise temporairement par l'entreprise à la disposition du salarié comme outil de travail, **qui n'est pas un avantage en nature**, et **la voiture de fonction affectée au salarié, qui peut l'utiliser pour ses besoins personnels**, les fins de semaine, voire pendant les vacances. L'utilisation par le salarié, à la fois pour ses besoins personnels et pour ses fonctions professionnelles, d'un véhicule d'entreprise dont celle-ci assure l'entretien constitue un avantage en nature qui s'apprécie en fonction de la valeur réelle qu'il représente pour son bénéficiaire.

L'arrêté du 10 décembre 2002 a fixé de nouvelles règles d'évaluation de l'avantage en nature que constitue la mise à disposition permanente d'un véhicule pour un usage privé ou en partie privé pour le salarié. L'administration considère qu'il y a mise à disposition permanente lorsque le salarié n'est pas tenu de restituer le véhicule en dehors de ses périodes de travail, notamment en fin de semaine (samedi et dimanche) ou pendant ses périodes de congé.

L'employeur a le choix entre une évaluation sur la base des dépenses réelles, évaluation dont les modalités sont précisées, et une évaluation sur la base d'un forfait annuel. Par ailleurs, l'évaluation des dépenses engagées par l'employeur diffère selon que celui-ci est propriétaire ou locataire du véhicule. L'évaluation s'entend toutes taxes comprises. Il n'est désormais plus possible de se référer au barème kilométrique établi par l'administration fiscale.

L'option entre l'évaluation réelle et l'évaluation forfaitaire est laissée à la seule diligence de l'employeur. Celui-ci a la faculté de réviser en fin d'exercice l'option prise en fonction de son choix, pour l'année entière écoulée. Ainsi, l'entreprise qui, au cours de l'année écoulée, a utilisé l'évaluation forfaitaire peut en fin d'année revoir cette option en fonction de la valeur réelle, salarié par salarié ; l'inverse est également possible. L'entreprise prend alors sa décision en fin d'année, lors de l'établissement de la DSN rectificative (régularisation sur le bulletin de mois de décembre = remonte en DSN).

	Evaluation des dépenses sur une base forfaitaire			Evaluation des dépenses réellement engagées
Si le véhicule a été acheté par l'employeur	Le forfait est un pourcentage du coût d'achat du véhicule. Ce pourcentage varie selon différentes situations.			**L'évaluation des dépenses réelles comprend :** - l'amortissement de l'achat du véhicule sur 5 ans (soit 20% par an par rapport au coût d'achat) ; si le véhicule a plus de 5 ans, l'amortissement de l'achat du véhicule est de 10% - l'assurance ; - les frais d'entretien (révision, changements de pneus, vidanges, lavages…) ; - le cas échéant, les frais de carburant l'ensemble au prorata de l'usage privé
		Carburant NON payé par l'employeur	Carburant payé par l'employeur	
	Véhicule < 5 ans	9% du coût d'achat	9% du coût d'achat + dépenses réelles de carburant utilisé pour l'usage privé OU 12% du coût d'achat	
	Véhicule > 5 ans	6% du coût d'achat	6% du coût d'achat + dépenses réelles de carburant utilisé pour l'usage privé OU 9% du coût d'achat	
Si le véhicule est loué par l'employeur ou loué avec option d'achat	Le forfait est un pourcentage du coût global annuel.			**L'évaluation des dépenses réelles comprend :** - le coût annuel de la location ; - l'assurance ; - les frais d'entretien (révision, changements de pneus, vidanges, lavages…) ; - le cas échéant, les frais de carburant l'ensemble au prorata de l'usage privé
	Carburant NON payé par l'employeur	Carburant payé par l'employeur		
	30% du coût global (comprenant la location, l'assurance et l'entretien du véhicule)	30% du coût global (comprenant la location, l'assurance et l'entretien du véhicule) + dépenses réelles de carburant utilisé pour l'usage privé OU 40% du coût global (comprenant la location, l'assurance, l'entretien du véhicule ET le carburant utilisé à titre privé et professionnel)		

Les avantages issus des nouvelles technologies de l'information et de la communication

Il s'agit de la téléphonie mobile, du micro-ordinateur, portable ou non, de progiciels, de modem d'accès à un télécopieur, à l'ordinateur de l'entreprise, à Internet, etc.

L'avantage résultant de l'usage privé est évalué sur option de l'employeur, sur la base de **dépenses réellement engagées** ou sur la base d'**un forfait en pourcentage** du coût d'achat de ces outils ou, le cas échéant, de l'abonnement, toutes taxes comprises.

Lorsque l'employeur opte pour les dépenses réellement engagées, la présentation des justificatifs de facture justifiant le temps passé pour l'utilisation privée suffit (numéro de téléphone, accès Internet, etc.).

Lorsque l'employeur ne peut apporter la preuve des dépenses réellement engagées, l'avantage résultant de l'usage privé doit être effectué d'après les forfaits suivants :

- lorsque l'employeur achète ces outils pour les mettre à la disposition permanente du salarié, l'avantage en nature déterminé par l'usage privé de ces outils est calculé annuellement sur la **base forfaitaire de 10 % de son coût d'achat public**, toutes taxes comprises ;
- lorsque, dans le cadre de l'activité professionnelle du salarié, l'employeur met à la disposition permanente de ce dernier des outils issus des NTIC dont l'usage est en partie privé, et que l'évaluation de l'avantage est effectuée sur la base du forfait, la valeur de l'avantage en nature est déterminée en prenant en compte le rabais dont aurait bénéficié le salarié si l'entreprise lui avait vendu un de ces outils. Le montant de l'avantage en nature est alors calculé en déduisant le niveau du rabais consenti à ses salariés lorsqu'elle leur vend ces outils, dans la limite de 30 % du prix public TTC pratiqué par l'employeur, pour le même produit ou le même service, à un consommateur non salarié de l'entreprise ;
- en cas de mise à disposition en cours d'année, l'évaluation devra être proratisée en fonction du nombre de mois de mise à disposition. Dans le cas de mois incomplets, c'est le mois intégral qui est pris en compte.

Les autres avantages en nature

Les **fournitures de produits et services réalisés par l'entreprise** à des conditions **préférentielles ne constituent pas des avantages en nature dès lors que leurs réductions tarifaires n'excèdent pas 30 % du prix de vente public normal, toutes taxes comprises. Lorsque la fourniture est gratuite ou lorsque la remise dépasse 30 % du prix de vente normal**, il convient de réintégrer la totalité de l'avantage en nature dans l'assiette.

S'agissant des vêtements, lorsque les dépenses d'habillement des salariés se traduisent par un remboursement, elles sont considérées comme des avantages en espèces qui doivent donc être réintégrés dans l'assiette de cotisations. Cependant, la fourniture gratuite aux salariés de vêtements qui répondent aux critères obligatoires de protection individuelle ainsi que leurs frais d'entretien relèvent des frais d'entreprise. Ces vêtements doivent demeurer la propriété de l'employeur.

Les avantages en nature sur le bulletin de paie

Les **avantages en nature doivent figurer sur le bulletin de salaire**. Le Code de la Sécurité sociale précise que les avantages en nature s'ajoutent à la rémunération en espèces des salariés et doivent être soumis à cotisations. Non seulement, ils sont sur le bulletin de paie, mais ils y figurent **deux fois** :

- une première fois dans le haut du bulletin pour entrer dans la base soumise à cotisations (donc en plus) ;
- une deuxième fois, après le calcul des cotisations salariales (et patronales), pour les déduire (donc en moins). En effet, si l'employeur donne déjà un avantage en nature quelconque, il ne faut pas rajouter à la rémunération du salarié sa valeur en euros !

Les frais professionnels

Dans de nombreuses professions, le salarié bénéficie de **sommes allouées à titre de remboursement de frais professionnels**. Ces sommes compensent les **frais inhérents au travail** lui-même ou aux conditions dans lesquelles il s'effectue (dépenses engagées par le salarié pour le compte de l'entreprise et qui lui sont remboursées par celle-ci au titre de ses charges normales d'exploitation). Elles n'ont pas le caractère de salaire dès lors qu'il s'agit réellement du remboursement de frais dont le salarié a fait l'avance ; le remboursement ne sera donc pris en compte ni pour l'application du Smic, ni dans le salaire de base, ni dans l'assiette des cotisations.

En revanche, lorsque les remboursements sont effectués forfaitairement et qu'ils ne correspondent pas à des dépenses réellement faites par le salarié, ils constituent un complément de rémunération (Cass. soc., 15 octobre 1987, n° 85-41.535).

Les remboursements de repas

L'employeur a deux possibilités pour prendre en charge les frais de repas de ses salariés en déplacement :

- remboursement des frais réels sur justificatifs. Ils sont exclus de l'assiette des cotisations dans la mesure où ils ne constituent pas un avantage en nature déguisé ;
- participation forfaitaire de l'employeur. Dans ce cas, l'exclusion de l'assiette de cotisations sociales et fiscales se fait à condition de ne pas dépasser les limites d'exonération sociales et fiscales.

Lorsque le salarié est en **déplacement professionnel** et empêché de regagner sa résidence, il peut percevoir une **indemnité de repas non soumise à cotisations dans la limite de 18,80 € (montant 2019) par repas**.

Lorsque le salarié est contraint de prendre une restauration sur le lieu de travail en raison de conditions particulières d'organisation de travail, l'employeur est autorisé à compenser les dépenses supplémentaires de restauration dans une **limite de 6,60 € (montant 2019)** exonérés de cotisations. C'est le cas des **primes de panier**.

Lorsque le salarié est en déplacement hors des locaux de l'entreprise et lorsque les conditions de travail lui interdisent de regagner sa résidence ou son lieu de travail pour le repas, l'employeur peut compenser les dépenses supplémentaires de repas dans la limite de **9,20 € (montant 2019)** exonérés de cotisations. C'est le cas des **primes de casse-croûte**, ou des **primes de panier déplacement**.

Les grands déplacements

Un salarié empêché de regagner chaque jour sa résidence du fait de ses conditions de travail peut percevoir des allocations forfaitaires destinées à compenser ses dépenses supplémentaires de logement et de nourriture. On considérera que le salarié est empêché de regagner sa résidence lorsqu'il n'a pas la possibilité de regagner chaque jour son domicile et que, d'une part, la distance domicile-travail est au moins égale à 50 km, et d'autre part, les transports en commun ne lui permettent pas de regagner son domicile en moins de 1 h 30.

Ces allocations sont réputées être utilisées conformément à leur objet si :
- elles ne dépassent pas les limites fixées par arrêté ;
- l'employeur justifie que le salarié ne peut regagner chaque jour sa résidence et que, de ce fait, il engage des frais de double résidence.

Concernant les dépenses destinées à compenser les dépenses supplémentaires de logement et de petit déjeuner, l'employeur est autorisé à déduire ces **indemnités dans la limite de 67,40 € (montant 2019) par jour pour le salarié en déplacement à Paris**, dans les Hauts-de-Seine, la Seine-Saint-Denis et le Val-de-Marne, et de **50,00 € (montant 2019) par jour dans les autres départements** métropolitains.

Précision capitale : Tant que nous n'aurons pas étudié les cotisations en détail, nous nous concentrerons sur la partie du bulletin de paie expliquée précédemment. Afin d'avoir un net à payer, nous utiliserons un bulletin de paie « ultra-simplifié » avec un taux de cotisations salariales de 20 % (taux inférieur au réel, mais qui a le mérite de ne pas trop compliquer les calculs).

Exercices

Exercice 6 (Niveau 1)

Ce salarié ouvrier spécialisé travaille dans une petite entreprise familiale pour un salaire de base de 1 800 € brut pour 151,67 heures par mois. Chaque jour, à midi, la femme du patron prépare un repas que tous les salariés partagent. Ce mois d'octobre 2019, il est présent tous les jours du mois.

Calculer sa paie pour le mois d'octobre 2019 (23 jours ouvrés).

Libellés	Calculs intermédiaires	Sommes en -	Sommes en +
Salaire de base			
Av. en Nature "Nourriture"			
Total du Brut			
Montant des cotisations (20%)			
Net fiscal			
Reprise Av. Nat. "Nourriture"			
Net à payer			

Exercice 7 (Niveau 1)

Ce salarié bûcheron travaille dans une petite scierie familiale perdue en pleine forêt pour un salaire de base de 2 000 € brut pour 151,67 heures par mois. Chaque lundi matin, il rejoint la scierie. Il retourne à la ville tous les vendredis à 16 heures, le travail de la semaine terminé. La femme du patron prépare un repas midi et soir. Durant la semaine, il est logé dans un petit F2. Il travaille tous les jours ouvrés de ce mois d'octobre 2019 comportant 4 week-ends.

Calculer sa paie pour le mois d'octobre 2019 (23 jours ouvrés).

Libellés	Calculs intermédiaires	Sommes en -	Sommes en +
Salaire de base			
Av. en Nature "Nourriture"			
Av. en Nature "Logement"			
Total du Brut			
Montant des cotisations (20%)			
Net fiscal			
Reprise Av. Nat. "Nourriture"			
Reprise Av. Nat. "Logement"			
Net à payer			

Exercice 8 (Niveau 1)

Ce salarié de la région de la Loire travaille à temps plein en équipe 2 × 8 (l'équipe du matin faisant 5 heures-midi, l'équipe de l'après-midi ayant un horaire de midi à 19 heures), dans une grande entreprise d'installation de panneaux solaires pour un salaire de base de 2 000 € brut pour 151,67 heures par mois. Il fait partie de l'équipe du matin. Sa convention collective octroie un panier de 10 € par jour travaillé au personnel en équipe, qu'il soit ou pas en déplacement. Ce mois de septembre 2019, pendant une semaine il effectue des allers-retours quotidiens avec la voiture de la société (essence et péage payés par son chef) entre Loire et Rhône, déjeunant sur place.

Calculer sa paie pour le mois de septembre 2019 (21 jours ouvrés).

Libellés	Calculs intermédiaires	Sommes en -	Sommes en +
Salaire de base			
Paniers Soumis (Jour & Nuit)			
Paniers Soumis (Déplacement)			
Total du Brut			
Montant des cotisations (20%)			
Net fiscal			
Paniers Non Soumis (J & N)			
Paniers Non Soumis (Dépl.)			
Net à payer			

Exercice 9 (Niveau 2)

Ce salarié provincial travaille à temps plein dans une grande entreprise pour un salaire de base de 3 000 € brut pour 151,67 heures par mois. L'entreprise lui donne des titres-restaurants (valeur faciale : 9,20 €, participation patronale : 5,52 €) pour tous les jours travaillés au sein de son entreprise. Il est logé dans un grand F4. Ce mois de février 2019, il a suivi trois jours de formation à Paris les lundi 18, mardi 19 et mercredi 20. Ses billets de train (172 €) ainsi que ses tickets de métro (1,90 € × 6 = 11,40 €) après sa remise des justificatifs correspondants lui sont remboursés sur son bulletin de paie. En revanche, pour ses 2 nuits d'hôtel, l'entreprise lui rembourse un forfait de 80 € par nuitée et, pour ses repas au restaurant (3 à midi et 2 le soir), un forfait de 25 € par repas.

Calculer sa paie pour le mois de février 2019 (20 jours ouvrés).

Libellés	Calculs intermédiaires	Sommes en -	Sommes en +
Salaire de base			
Remboursement Repas			
Remboursement Hôtel			
Av. en Nature "Logement"			
Total du Brut			
Montant des cotisations (20%)			
Net fiscal			
Remboursement Repas			
Remboursement Hôtel			
Remboursement Frais de Dépl.			
Reprise Av. Nat. "Logement"			
Retenue Titres-Restaurants			
Net à payer			

Exercice 12 (Niveau 3)

Imaginons que le salarié de l'exercice précédent (exercice 11) ne soit plus parisien mais provincial, et qu'il « monte » à Paris pour rencontrer ses clients. Imaginons aussi que son entreprise lui donne des titres-restaurants (valeur faciale : 11,04 €, participation patronale : 8,00 €) pour tous les jours travaillés au sein de son entreprise. Tout le reste de l'exercice 11 est identique.

Calculer sa paie pour le mois de mars 2019 (21 jours ouvrés).

Libellés	Calculs intermédiaires	Sommes en -	Sommes en +
Salaire de base			
Remboursement Repas			
Remboursement Déplacement			
Av. en Nature "Téléphone"			
Av. en Nature "Ordinateur"			
Av. en Nature "Titres Resto"			
Av. en Nature "Logement"			
Total du Brut			
Montant des cotisations (20%)			
Net fiscal			
Remboursement Repas			
Remboursement Déplacement			
Reprise Av. Nat. "Téléphone"			
Reprise Av. Nat. "Ordinateur"			
Reprise Av. Nat. "Titres Resto"			
Reprise Av. Nat. "Logement"			
Retenue Titres-Restaurants			
Net à payer			

4. Exercices sur les heures supplémentaires

Page de rappel du livre *La Paie, ça s'apprend*

Constituent des heures supplémentaires les **heures effectuées par le salarié à la demande de l'entreprise au-delà de la durée légale hebdomadaire du travail** (C. trav., art. L. 3121-11 et s.), à l'exception des heures d'équivalence (C. trav., art. L. 3121-9) et des heures de récupération (C. trav., art. L. 3121-25).
Elles se décomptent toujours dans le cadre de la semaine civile, sauf dans le cas d'horaires cycliques, modulés ou individualisés. Le cadre commun d'appréciation des heures supplémentaires est la semaine civile, qui débute le lundi à 0 heure et se termine le dimanche à 24 heures.
Selon l'article L. 3121-22 du C. trav., si une convention ou un accord de branche étendu ou une convention ou un accord d'entreprise ou d'établissement ne prévoit pas de taux de majoration différent (taux ne pouvant être inférieur à 10 %), les heures supplémentaires accomplies au-delà de la durée légale hebdomadaire fixée par l'article L. 3121-10, ou de la durée considérée comme équivalente, donnent lieu à une majoration de salaire de 25 % pour chacune des huit premières heures supplémentaires, les heures suivantes donnant lieu à une majoration de 50 %.

Exercices

Exercice 13 (Niveau 1)

Un salarié a effectué les heures suivantes au cours d'une semaine dans l'année 2019. C'est un ouvrier à temps complet mensualisé (151,67 heures) effectuant normalement 7 heures par jour et travaillant dans une entreprise qui paie les heures supplémentaires une première fois au taux horaire normal du salarié et qui applique les majorations à 25 % et 50 % sur 2 lignes différentes.

Jour	*Heures Théoriques*	*Heures Travaillées*
Lundi	7,00	7,00
Mardi	7,00	8,00
Mercredi	7,00	10,00
Jeudi	7,00	10,00
Vendredi	7,00	7,00
Samedi		4,00
Dimanche		
Total	35,00	

➲ Vous devez trouver :

❶ Nb d'HS au taux normal	
❷ Nb d'HS majorées à 25%	
❸ Nb d'HS majorées à 50%	

Le ❶ correspond à l'article L. 3121-11 du C. trav. pour compter les heures supplémentaires.
Les ❷ et ❸ correspondent à l'article L. 3121-22 du C. trav. pour appliquer les taux de majoration applicables au nombre d'heures supplémentaires trouvé au point ❶.

Exercice 14 (Niveau 1)

Un salarié a effectué les heures suivantes au cours d'une semaine dans l'année 2019. C'est un ouvrier à temps complet mensualisé (151,67 heures) effectuant normalement 7 heures par jour et travaillant dans une entreprise qui paie les heures supplémentaires une première fois au taux horaire normal du salarié et qui applique les majorations à 25 % et 50 % sur 2 lignes différentes. Ce jeudi-là, il s'est rendu aux obsèques de sa belle-mère.

Quel est l'impact de cette journée « Événement familial » sur ses heures supplémentaires ?

Jour	***Heures Théoriques***	***Heures Travaillées***	***Raison***
Lundi	7,00	9,00	
Mardi	7,00	8,00	
Mercredi	7,00	9,00	
Jeudi	7,00	0,00	Événement fam.
Vendredi	7,00	9,00	
Samedi			
Dimanche			
Total	35,00		

➲ Vous devez trouver :

❶ Nb d'HS au taux normal	
❷ Nb d'HS majorées à 25%	
❸ Nb d'HS majorées à 50%	

Exercice 15 (Niveau 2)

Un salarié a effectué les heures suivantes au cours d'une semaine dans l'année 2019. C'est un ouvrier à temps complet mensualisé (151,67 heures) effectuant normalement 7 heures par jour et travaillant dans une entreprise qui paie les heures supplémentaires une première fois au taux horaire normal du salarié et qui applique les majorations à 25 % et 50 % sur 2 lignes différentes. Le lundi et le mardi, il était malade. Dès qu'il s'est senti mieux, il a presque rattrapé le retard qui s'était accumulé lors de son absence de l'entreprise.

Quel est l'impact de ces 2 jours de « Maladie » sur ses heures supplémentaires ?

Jour	*Heures Théoriques*	*Heures Travaillées*	*Raison*
Lundi	7,00	0,00	Maladie
Mardi	7,00	0,00	Maladie
Mercredi	7,00	8,00	
Jeudi	7,00	10,00	
Vendredi	7,00	10,00	
Samedi		4,00	
Dimanche			
Total	35,00		

➲ Vous devez trouver :

❶ Nb d'HS au taux normal

❷ Nb d'HS majorées à 25%

❸ Nb d'HS majorées à 50%

Nb d'HS au taux normal	
Nb d'HS majorées à 25%	
Nb d'HS majorées à 50%	

Exercice 16 (Niveau 2)

Un salarié a effectué les heures suivantes au cours d'une semaine dans l'année 2019. C'est un ouvrier à temps complet mensualisé (151,67 heures) effectuant normalement 7 heures par jour et travaillant dans une entreprise qui paie les heures supplémentaires une première fois au taux horaire normal du salarié et qui applique les majorations à 25 % et 50 % sur 2 lignes différentes. C'était la semaine du jeudi de l'Ascension.

Quel est l'impact de ce « Jour férié » sur ses heures supplémentaires ?

Jour	*Heures Théoriques*	*Heures Travaillées*	*Raison*
Lundi	7,00	10,00	
Mardi	7,00	10,00	
Mercredi	7,00	9,00	
Jeudi	7,00	0,00	Jour férié
Vendredi	7,00	8,00	
Samedi			
Dimanche			
Total	35,00		

➲ Vous devez trouver :

❶ Nb d'HS au taux normal	
❷ Nb d'HS majorées à 25%	
❸ Nb d'HS majorées à 50%	

5. Exercices sur les horaires individualisés

Page de rappel du livre *La Paie, ça s'apprend*

L'horaire de travail est, en principe, collectif (C. trav., art. L. 3121-10). L'entreprise peut déroger à la règle générale de l'horaire collectif **en mettant en place des horaires individualisés**, appelés généralement « horaires à la carte », « horaires flexibles », « horaires libres » ou encore « horaires variables » (C. trav., art. L. 3122-23). Pour instituer des horaires individualisés, il faut que le personnel en ait fait la demande, que le CE ou à défaut les DP ne s'y soient pas opposés et que l'inspecteur du travail ait été préalablement informé (C. trav., art. L. 3122-24 et R. 3122-3).
L'entreprise qui pratique un système d'horaire variable met en place un **temps de présence obligatoire** dans le cadre de « plages fixes » et de « plages mobiles », durant lesquelles les salariés choisissent leurs horaires. Les horaires individualisés peuvent entraîner, dans la limite d'un nombre fixé par décret (C. trav., art. R. 3122-2), des reports d'heures d'une semaine à une autre, sans que ces heures ainsi reportées aient d'effet sur le nombre et le paiement des heures supplémentaires, pourvu qu'elles résultent d'un libre choix du salarié concerné. Le report ainsi prévu ne peut excéder 3 heures d'une semaine à une autre et le cumul des heures ainsi reportées ne peut être supérieur à 10 heures.
Pour établir la paie en fonction de la durée du travail, il est souvent indispensable de calculer la durée de travail non pas en minutes mais en centièmes car c'est le seul mode de calcul reconnu par les logiciels.

Pour convertir des minutes en centièmes d'heure, il faut diviser les minutes par 0,6.
Exemple : 45 minutes / 0,6 = 75 centièmes d'heure.

Pour convertir des centièmes d'heure en minutes, il faut multiplier les centièmes d'heure par 0,6.
Exemple : 80 centièmes d'heure × 0,6 = 48 minutes (les 7,80 heures du temps des 39 heures font 7 heures et 48 minutes).

Exercices

Exercice 17 (Niveau 2)

Sachant que dans l'entreprise où travaille ce salarié :

- l'horaire mobile a été institué avec 2 plages mobiles :
  - le matin de 7 heures à 9 heures,
  - l'après-midi de 16 h 30 à 18 h 30 ;
- le déjeuner est fixe de 12 heures à 14 heures ;
- la durée hebdomadaire est de 35 heures sur 5 jours ;
- ce salarié a un crédit de 7 heures au titre du mois précédent.

Calculer le nombre d'heures travaillées par ce salarié et le report d'heures sur le mois suivant à partir de sa feuille de présence.

Jour	Arrivée	(Déjeuner)	Départ
1	8 h 30	(12 h 00)-(14 h 00)	17 h 00
2	8 h 30	(12 h 00)-(14 h 00)	16 h 30
3	8 h 45	(12 h 00)-(14 h 00)	18 h 00
4	8 h 15	(12 h 00)-(14 h 00)	17 h 45
5	9 h 00	(12 h 00)-(14 h 00)	17 h 30
6	8 h 45	(12 h 00)-(14 h 00)	17 h 15
7	8 h 15	(12 h 00)-(14 h 00)	17 h 00
8	7 h 45	(12 h 00)-(14 h 00)	17 h 30
9	Absence pour cause de CP		
10	Absence pour cause de CP		
11	Absence pour cause de CP		
12	Absence pour cause de CP		
13	7 h 45	(12 h 00)-(14 h 00)	17 h 00
14	8 h 45	(12 h 00)-(14 h 00)	17 h 15
15	7 h 45	(12 h 00)-(14 h 00)	17 h 30
16	9 h 00	(12 h 00)-(14 h 00)	17 h 30
17	8 h 00	(12 h 00)-(14 h 00)	18 h 00
18	8 h 00	(12 h 00)-(14 h 00)	18 h 30
19	8 h 45	(12 h 00)-(14 h 00)	17 h 45
20	8 h 00	(12 h 00)-(14 h 00)	17 h 00
21	8 h 00	(12 h 00)-(14 h 00)	16 h 30
22	8 h 00	(12 h 00)-(14 h 00)	17 h 15
23	Absence pour cause de CP		

Exercice 18 (Niveau 2)

Dans cette entreprise, la durée hebdomadaire est de 35 heures sur 5 jours (7 heures théoriques par jour). Il y a 3 plages mobiles :

- matin : 8 h 00-9 h 00 ;
- midi : 12 h 00-14 h 00 (temps de repas mini : une heure) ;
- soir : 17 h 00-18 h 00.

Sachant que :

- dans le mois considéré, il y a 20 jours ouvrés ;
- tout retard entraîne l'arrondi à l'heure suivante, tout départ anticipé entraîne l'arrondi à l'heure précédente ;
- l'arrivée du salarié avant 8 h 00 est ramenée à 8 h 00 et le départ après 18 h 00 est ramené à 18 h 00 ;
- ce salarié a un crédit de 3 heures au titre du mois précédent ;
- dès qu'un crédit de 7 heures est ouvert, le salarié a droit de prendre une journée de récupération (sous réserve d'acceptation de son supérieur hiérarchique).

Quel sera son nouveau report pour le mois suivant ?

Jour	Arrivée	Déjeuner		Départ	*Calculs*	
1	**9h00**	**12h30**	**13h40**	**17h40**		
2	**7h50**	**12h20**	**13h10**	**17h30**		
3	**8h15**	**12h10**	**13h50**	**17h25**		
4	**8h30**	**13h15**	**14h00**	**18h15**		
5	**9h15**	**12h15**	**13h00**	**17h30**		
6	**7h45**	**12h15**	**13h30**	**17h45**		
7	absence	pour	cause	de récup.		
8	**8h15**	**12h45**	**13h35**	**17h30**		
9	**7h55**	**12h15**	**13h45**	**17h00**		
10	**8h15**	**12h00**	**13h15**	**17h30**		
11	**8h15**	**12h15**	**13h00**	**17h30**		
12	**8h55**	**12h10**	**13h20**	**17h20**		
13	**8h00**	**12h10**	**13h50**	**17h40**		
14	**7h45**	**12h15**	**13h05**	**17h15**		
15	**9h00**	**12h00**	**13h45**	**18h15**		
16	**8h30**	**12h30**	**13h45**	**17h00**		
17	**8h15**	**12h00**	**13h15**	**17h15**		
18	absence	pour	cause	de récup.		
19	**7h50**	**12h20**	**13h20**	**16h05**		
20	**8h20**	**12h10**	**13h30**	**17h55**		

6. Exercices sur les absences

Page de rappel du livre *La Paie, ça s'apprend*

Les 8 méthodes de décompte des absences

En principe, le salaire n'est pas dû lorsque le travail n'est pas fourni. Néanmoins, **certaines périodes d'invalidité sont rémunérées**, en application :

- soit de la loi : accidents du travail, congés payés, dispenses de préavis, maladie, congés pour événements familiaux, etc. ;
- soit des conventions collectives, qui peuvent prévoir des indemnisations non prévues par la loi ou une indemnisation plus importante que celle prévue par la loi.

Quelle que soit l'origine du paiement, le calcul de l'absence se fera forcément avec l'une des huit méthodes suivantes.

1. Méthode des jours calendaires réels

Cette méthode consiste à diviser le salaire mensuel par autant de jours calendaires que compte le mois en cours, et à retenir autant de jours qu'il y a de jours calendaires d'absence. Les jours calendaires sont tous les jours du calendrier, soit : lundi, mardi, mercredi, jeudi, vendredi, samedi et dimanche (donc **7 jours calendaires par semaine**). Cette méthode est préconisée pour les absences maladie, maternité, paternité, accidents, puisque le médecin établit son arrêt de travail en jours calendaires réels, la Sécurité sociale indemnise l'absence en jours calendaires réels, la convention collective demande à l'employeur de maintenir le salaire un certain nombre de jours calendaires réels et la prévoyance prendra également le relais en complétant les IJSS en jours calendaires réels.

$$\text{Montant de l'absence} = \frac{\text{salaire} \times \text{nombre de jours } \textbf{calendaires} \text{ d'absence}}{\text{nombre de jours } \textbf{calendaires réels} \text{ du mois en cours}}$$

Le « nombre de jours calendaires réels du mois en cours » peut donc être 28 (février normal), 29 (février bissextile), 30 (avril, juin, septembre, novembre) ou 31 (tous les autres mois).

2. Méthode des jours calendaires moyens (méthode dite « du trentième »)

Cette méthode consiste à **diviser le salaire mensuel par 30 quel que soit le mois en cours** et à retenir autant de trentièmes qu'il y a de jours calendaires d'absence. Nous appliquions cette méthode quand le calcul des IJSS était le salaire des trois derniers mois divisé par 90 (30 × 3 mois). Depuis que la règle a remplacé 90 par 91,25, il convient d'appliquer la règle au réel (91,25 × 4 trimestres = 365 jours calendaires réels de l'année non bissextile).

$$\text{Montant de l'absence} = \frac{\text{salaire} \times \text{nombre de jours } \textbf{calendaires} \text{ d'absence}}{30}$$

3. Méthode des jours ouvrables réels

Cette méthode consiste à diviser le salaire mensuel par autant de jours ouvrables que compte le mois en cours et à retenir autant de jours qu'il y a de jours ouvrables d'absence. Les jours ouvrables sont tous les jours du calendrier sauf le dimanche, jour au cours duquel l'entreprise n'est pas censée être « ouverte », soit : lundi, mardi, mercredi, jeudi, vendredi et samedi (donc **6 jours ouvrables par semaine**).

$$\text{Montant de l'absence} = \frac{\text{salaire} \times \text{nombre de jours } \textbf{ouvrables} \text{ d'absence}}{\text{nombre de jours } \textbf{ouvrables réels} \text{ du mois en cours}}$$

Le « nombre de jours ouvrables réels du mois en cours » peut donc être : 24, 25, 26 ou 27 (selon les mois).

4. Méthode des jours ouvrables moyens (méthode dite « du vingt-sixième »)

Cette méthode consiste à **diviser le salaire mensuel par 26 quel que soit le mois en cours** et à retenir autant de vingt-sixièmes qu'il y a de jours ouvrables d'absence. Elle est préconisée pour les **absences de congés décomptées en jours ouvrables :**
26 = 52 semaines × 6 jours ouvrables/12 mois (exemple : les congés payés en jours ouvrables).

$$\text{Montant de l'absence} = \frac{\text{salaire} \times \text{nombre de jours } \textbf{ouvrables} \text{ d'absence}}{\textbf{26}}$$

5. Méthode des jours ouvrés réels

Cette méthode consiste à diviser le salaire mensuel par autant de jours ouvrés que compte le mois en cours et à retenir autant de jours qu'il y a de jours ouvrés d'absence. Les jours ouvrés sont tous les jours du calendrier sauf le dimanche et le samedi, jours au cours desquels le salarié n'est pas censé aller travailler, soit : lundi, mardi, mercredi, jeudi, vendredi (donc **5 jours ouvrés par semaine**).

$$\text{Montant de l'absence} = \frac{\text{salaire} \times \text{nombre de jours } \textbf{ouvrés} \text{ d'absence}}{\text{nombre de jours } \textbf{ouvrés réels} \text{ du mois en cours}}$$

Le « nombre de jours ouvrés réels du mois en cours » peut donc être 20, 21, 22 ou 23 (selon les mois).

6. Méthode des jours ouvrés moyens (méthode dite « du vingt et un soixante-septième »)

Cette méthode consiste à diviser le salaire mensuel par 21,67 quel que soit le mois et à retenir autant de vingt et un soixante-septième qu'il y a de jours ouvrés d'absence :
21,67 = 52 semaines × 5 jours ouvrés/12 mois.
Attention, certaines entreprises ont « arrondi » 21,67 à 21,75, voire à 22. Bien évidemment, le calcul obtenu se révèle moins juste ! Cette méthode est préconisée pour les **absences décomptées en jours ouvrés** (exemples : RTT, jours fériés, congés payés en jours ouvrés).

$$\text{Montant de l'absence} = \frac{\text{salaire} \times \text{nombre de jours } \textbf{ouvrés} \text{ d'absence}}{\textbf{21,67}}$$

7. Méthode des heures moyennes (151,67 heures)

Cette méthode consiste à **diviser le salaire mensuel par le nombre moyen d'heures mensuelles de travail quel que soit le mois** et à retenir les heures réelles d'absence :
151,67 = 52 semaines × 35 heures/12 mois.

Exercice 22 (Niveau 1)

Un salarié d'une grande entreprise a pris 2 jours de RTT ce mois de septembre 2019. Son salaire est de 2 232 € par mois pour 151,67 heures (7 heures par jour).

Calculer le montant de son absence RTT.

Exercice 23 (Niveau 1)

Un salarié d'une grande entreprise, ayant 10 ans d'ancienneté, a pris une semaine de congé sans solde du 21 au 27 janvier 2019. Son salaire est de 3 220 € par mois pour 151,67 heures (7 heures par jour).

Calculer le montant de son absence congés sans solde.

Exercice 24 (Niveau 1)

Un salarié d'une grande entreprise dont les droits à congés payés sont de 30 jours ouvrables par an part en congés payés du 15 au 28 juillet 2019 inclus. Son salaire est de 2 860 € par mois pour 151,67 heures (7 heures par jour).

Calculer le montant de son absence congés payés.

7. Exercices sur l'acquisition des droits à congés payés

Page de rappel du livre *La Paie, ça s'apprend*

Tout salarié a droit chaque année à un congé payé à la charge de l'employeur (C. trav., art. L. 3141-1). La loi du 22 mars 2012 a modifié l'article L. 3141-3 du Code du travail en supprimant l'exigence d'une période minimale de travail effectif. Cet article est donc ainsi à présent libellé : « Le salarié a droit à un congé de 2,5 jours ouvrables par mois de travail effectif chez le même employeur. La durée totale du congé exigible ne peut excéder 30 jours ouvrables. »

Selon l'article R. 3141-4, « à défaut d'accord prévu à l'article L. 3141-10, le point de départ de la période prise en compte pour le calcul du droit à congé est fixé au 1er juin de chaque année ». On l'appelle aussi **période d'acquisition des droits.** Donc pour des congés payés pris en août 2019, l'année de référence va du 1er juin 2018 au 31 mai 2019. Cette notion d'année de référence joue un double rôle : pendant la première année de référence, le salarié acquiert des droits à congés et c'est pendant la seconde année de référence qu'il peut prendre ses droits à congés. **Dans le cas d'embauche en cours d'année**, il va de soi que **le point de départ de l'année de référence est la date d'embauche** et que le terme sera en principe le 31 mai. **Dans le cas de rupture du contrat de travail, le terme est** obligatoirement **la date de rupture du contrat de travail.**

Selon l'article L.3141-4 du C. trav., « sont assimilés à un mois de travail effectif pour la détermination de la durée du congé les périodes équivalentes à quatre semaines ou vingt-quatre jours de travail ». L'article L. 3141-4 assimile à un mois de travail les périodes équivalentes à 4 semaines ou 24 jours ouvrables si le travail hebdomadaire est réparti sur 6 jours. Ce nombre est ramené à 22 jours pour une semaine répartie sur 5,5 jours, et à 20 jours ouvrés pour une répartition sur 5 jours. Ces équivalences sont à appliquer lorsqu'un salarié n'a pas été occupé sur la totalité de l'année de référence, pour quelque raison que ce soit.

Selon l'article L. 3141-5 du Code du travail : « Sont considérées comme périodes de travail effectif pour la détermination de la durée du congé :

1° les périodes de congé payé ;

2° les périodes de congé maternité, paternité et d'accueil de l'enfant et d'adoption ;

3° les contreparties obligatoires sous forme de repos prévues par les articles L. 3121-30, L. 3121-33 et L. 3121-38 ;

4° les jours de repos accordés au titre de l'accord collectif conclu en application de l'article L. 3121-44 ;

5° les périodes, dans la limite d'une durée ininterrompue d'un an, pendant lesquelles l'exécution du contrat de travail est suspendue pour cause d'accident du travail ou de maladie professionnelle ;

6° les périodes pendant lesquelles un salarié se trouve maintenu ou rappelé au service national à un titre quelconque. »

On **ne peut pas compter comme période de travail effectif celle où le contrat de travail est suspendu**, sans pour autant être rompu. C'est le cas pour les **absences pour convenance personnelle, maladie, grève, et de chômage total** (mais non d'activité partielle, car dans ce cas il n'y a que réduction d'horaire).

La durée des congés payés est déterminée à raison de 2,5 jours ouvrables par mois de travail, sans que la durée totale du congé puisse excéder 30 jours ouvrables (c'est-à-dire 5 semaines).
Lorsque le nombre de jours ouvrables obtenu n'est pas un nombre entier, la durée du congé est portée au nombre entier immédiatement supérieur (C. trav., art. L. 3141-7). Cette règle de l'arrondi se pratique donc sur le nombre de congés obtenu après la déduction proportionnelle aux absences (non assimilées à travail effectif). On peut bien sûr raisonner en jour ouvré et de nombreuses entreprises le font en appliquant la règle suivante : 5 jours ouvrés = 6 jours ouvrables. Le congé de 30 jours ouvrables devient dans ce cas de 25 jours ouvrés (chaque période de 4 semaines donnant droit à 2,08 jours [25 jours ouvrés/12 mois]).

Cas d'un salarié à temps partiel : l'horaire de travail pratiqué chaque mois et sa répartition sur les différents jours de la semaine sont sans incidence sur les droits du salarié en matière de congé annuel. En effet, comme les autres salariés, ceux à temps partiel ont droit à 2,5 jours ouvrables de congés payés par mois de travail effectif, et l'étendue de leurs droits ne doit pas être appréciée en équivalence d'heures de travail (Cass. soc., 10 mai 2001, n° 99-42.566 ; Cass. soc., 13 novembre 2008, n° 07-43.126).

Exercice

Exercice 25 (Niveau 1)

À l'aide du calendrier 2018-2019 représentant la période légale d'acquisition des congés :

2018							2019				
Juin	Juillet	Août	Septembre	Octobre	Novembre	Décembre	Janvier	Février	Mars	Avril	Mai
1 V	1 D	1 M	1 S	1 L	1 J	1 S	1 M	1 V	1 V	1 L	1 M
2 S	2 L	2 J	2 D	2 M	2 V	2 D	2 M	2 S	2 S	2 M	2 J
3 D	3 M	3 V	3 L	3 M	3 S	3 L	3 J	3 D	3 D	3 M	3 V
4 L	4 M	4 S	4 M	4 J	4 D	4 M	4 V	4 L	4 L	4 J	4 S
5 M	5 J	5 D	5 M	5 V	5 L	5 M	5 S	5 M	5 M	5 V	5 D
6 M	6 V	6 L	6 J	6 S	6 M	6 J	6 D	6 M	6 M	6 S	6 L
7 J	7 S	7 M	7 V	7 D	7 M	7 V	7 L	7 J	7 J	7 D	7 M
8 V	8 D	8 M	8 S	8 L	8 J	8 S	8 M	8 V	8 V	8 L	8 M
9 S	9 L	9 J	9 D	9 M	9 V	9 D	9 M	9 S	9 S	9 M	9 J
10 D	10 M	10 V	10 L	10 M	10 S	10 L	10 J	10 D	10 D	10 M	10 V
11 L	11 M	11 S	11 M	11 J	11 D	11 M	11 V	11 L	11 L	11 J	11 S
12 M	12 J	12 D	12 M	12 V	12 L	12 M	12 S	12 M	12 M	12 V	12 D
13 M	13 V	13 L	13 J	13 S	13 M	13 J	13 D	13 M	13 M	13 S	13 L
14 J	14 S	14 M	14 V	14 D	14 M	14 V	14 L	14 J	14 J	14 D	14 M
15 V	15 D	15 M	15 S	15 L	15 J	15 S	15 M	15 V	15 V	15 L	15 M
16 S	16 L	16 J	16 D	16 M	16 V	16 D	16 M	16 S	16 S	16 M	16 J
17 D	17 M	17 V	17 L	17 M	17 S	17 L	17 J	17 D	17 D	17 M	17 V
18 L	18 M	18 S	18 M	18 J	18 D	18 M	18 V	18 L	18 L	18 J	18 S
19 M	19 J	19 D	19 M	19 V	19 L	19 M	19 S	19 M	19 M	19 V	19 D
20 M	20 V	20 L	20 J	20 S	20 M	20 J	20 D	20 M	20 M	20 S	20 L
21 J	21 S	21 M	21 V	21 D	21 M	21 V	21 L	21 J	21 J	21 D	21 M
22 V	22 D	22 M	22 S	22 L	22 J	22 S	22 M	22 V	22 V	22 L	22 M
23 S	23 L	23 J	23 D	23 M	23 V	23 D	23 M	23 S	23 S	23 M	23 J
24 D	24 M	24 V	24 L	24 M	24 S	24 L	24 J	24 D	24 D	24 M	24 V
25 L	25 M	25 S	25 M	25 J	25 D	25 M	25 V	25 L	25 L	25 J	25 S
26 M	26 J	26 D	26 M	26 V	26 L	26 M	26 S	26 M	26 M	26 V	26 D
27 M	27 V	27 L	27 J	27 S	27 M	27 J	27 D	27 M	27 M	27 S	27 L
28 J	28 S	28 M	28 V	28 D	28 M	28 V	28 L	28 J	28 J	28 D	28 M
29 V	29 D	29 M	29 S	29 L	29 J	29 S	29 M		29 V	29 L	29 M
30 S	30 L	30 J	30 D	30 M	30 V	30 D	30 M		30 S	30 M	30 J
	31 M	31 V		31 M		31 L	31 J		31 D		31 V

1. Trouver combien de jours ouvrables a acquis, pour cette année de référence 2018-2019, un salarié au 31 mai 2019, s'il a été embauché dans l'entreprise le lundi 2 juillet 2018.

2. Trouver combien de jours ouvrables a acquis, pour cette année de référence 2018-2019, un salarié présent depuis 10 ans dans l'entreprise s'il la quitte le vendredi 29 mars 2019.

3. Trouver combien de jours ouvrés a acquis, pour cette année de référence 2018-2019, un salarié au 31 mai 2019 s'il a été embauché dans l'entreprise le vendredi 30 novembre 2018.

4. Trouver combien de jours ouvrés a acquis, pour cette année de référence 2018-2019, un salarié au 31 mai 2019 présent à l'effectif toute l'année mais malade du 8 octobre 2018 au 10 mars 2019 inclus.

5. Trouver combien de jours ouvrés a acquis, pour cette année de référence 2018-2019, un salarié qui n'a travaillé que du lundi 11 mars au vendredi 15 mars 2019 (rupture pendant la période d'essai).

6. Trouver combien de jours ouvrés a acquis, pour cette année de référence 2018-2019, un salarié au 31 mai 2019 s'il ne travaille que les lundis et qu'il a été embauché le 19 novembre 2018.

Page de rappel du livre *La Paie, ça s'apprend*

Mais peut-être que votre entreprise a une autre période de référence. En effet, depuis la loi n° 2016-1088 du 8 août 2016, l'article L. 3141-10 a été modifié et dit aujourd'hui : « Sous réserve de modalités particulières fixées en application de l'article L. 3141-32, un accord d'entreprise ou d'établissement ou, à défaut, une convention un accord de branche peut :
1° fixer le début de la période de référence pour l'acquisition des congés ;
2° majorer la durée du congé en raison de l'âge, de l'ancienneté ou du handicap. »
Cette disposition était déjà possible (depuis la loi Aubry sur les 35 heures, 19 janvier 2000) pour harmoniser les périodes d'acquisition de jours de réduction de temps de travail (JRTT) et de congés payés. La loi El Khomri non seulement le confirme, mais souhaite visiblement que le droit privé se rapproche du droit public, voire de tous les autres pays du monde qui ont une période d'acquisition de congés sur une année calendaire.
Ce qui m'incite à penser cela est confirmé par l'article L. 3141-12 : « Les congés peuvent être pris dès l'embauche, sans préjudice des règles de détermination de la période de prise des congés et de l'ordre des départs et des règles de fractionnement du congé fixées dans les conditions prévues à la présente section. » Encore une fois, comme le droit public et tous les autres pays du monde !
C'est pourquoi je vous propose l'exercice suivant sur l'acquisition de congés payés sur une année calendaire, en l'occurrence cette année 2019. Le calendrier se trouve page suivante.

Exercice

Exercice 26 (Niveau 1)

1. Trouver combien de jours ouvrables a acquis, pour cette année de référence 2019, un salarié au 31 décembre 2019 s'il a été embauché le 1er juillet 2019.

2. Trouver combien de jours ouvrables a acquis, pour cette année de référence 2019, un salarié présent depuis longtemps dans l'entreprise mais qui démissionne le 29 avril 2019.

3. Trouver combien de jours ouvrés a acquis, pour cette année de référence 2019, un salarié présent depuis longtemps dans l'entreprise mais qui a pris un congé sans solde du 1er juillet au 29 septembre 2019 mais toujours présent au 31 décembre 2019.

4. Trouver combien de jours ouvrés a acquis, pour cette année de référence 2019, un salarié, s'il a été embauché le 11 février 2019, qui a été en absence maladie du 8 avril au 16 juin, qui a fait grève du 9 au 13 septembre et qui démissionne le 6 décembre 2019.

5. Trouver combien de jours ouvrables a acquis, pour cette année de référence 2019, un salarié au 31 décembre 2019 s'il a été embauché le 1er octobre 2019 pour 24 heures par semaine dans une entreprise travaillant 39 heures par semaine.

Calendrier 2019

Janvier	Février	Mars	Avril	Mai	Juin	Juillet	Août	Septembre	Octobre	Novembre	Décembre
M 1 *Jour de l'an*	V 1 Ella	V 1 Aubin	L 1 Hugues	M 1 *Fête du Travail*	S 1 Justin	L 1 Thierry	J 1 Alphonse	D 1 Gilles	M 1 Thérèse	V 1 *Toussaint*	D 1 Florence
M 2 Basile	S 2 Présent.	S 2 Charles le bon	M 2 Sandrine	J 2 Boris	D 2 Blandine	M 2 Martinien	V 2 Julien	L 2 Ingrid	M 2 Léger	S 2 Défunts	L 2 Viviane
J 3 Geneviève	D 3 Blaise	D 3 Guénolé	M 3 Richard	V 3 Jacques / Philippe	L 3 Kévin	M 3 Thomas	S 3 Lydie	M 3 Grégoire	J 3 Gérard	D 3 Hubert	M 3 François-Xavier
V 4 Odilon	L 4 Véronique	L 4 Casimir	J 4 Isidore	S 4 Sylvain	M 4 Clotilde	J 4 Florent	D 4 Jean-Marie	M 4 Rosalie	V 4 François d'Assise	L 4 Charles	M 4 Barbara
S 5 Edouard	M 5 Agathe	M 5 Olive	V 5 Irène	D 5 Judith	M 5 Igor	V 5 Antoine-Marie	L 5 Abel	J 5 Raïssa	S 5 Fleur	M 5 Sylvie	J 5 Gérald
D 6 Mélaine	M 6 Gaston	M 6 Colette	S 6 Marcellin	L 6 Prudence	J 6 Norbert	S 6 Mariette	M 6 transfiguration	V 6 Bertrand	D 6 Bruno	M 6 Léonard	V 6 Nicolas
L 7 Raymond	J 7 Eugénie	J 7 Félicité	D 7 J.B. de la Salle	M 7 Gisèle	V 7 Gilbert	D 7 Raoul	M 7 Gaëtan	S 7 Reine	L 7 Serge	J 7 Carine	S 7 Ambroise
M 8 Lucien	V 8 Jacqueline	V 8 Jean de Dieu	L 8 Julie	M 8 *Victoire 1945*	S 8 Médard	L 8 Thibaut	J 8 Dominique	D 8 Nativité	M 8 Pélagie	V 8 Geoffroy	D 8 Imm. Concept.
M 9 Alix	S 9 Apolline	S 9 Françoise	M 9 Gautier	J 9 Pacôme	D 9 Diane	M 9 Amandine	V 9 Amour	L 9 Alain	M 9 Denis	S 9 Théodore	L 9 Pierre Fourier
J 10 Guillaume	D 10 Arnaud	D 10 Vivien	M 10 Fulbert	V 10 Solange	L 10 Landry *Ascension*	M 10 Ulrich	S 10 Laurent	M 10 Inès	J 10 Ghislain	D 10 Léonard	M 10 Romaric
V 11 Paulin	L 11 N.D.de L.	L 11 Rosine	J 11 Stanislas	S 11 Jeanne d'Arc	M 11 Barnabé	J 11 Benoît	D 11 Claire	M 11 Adelphe	V 11 Firmin	L 11 *Armistice 1918*	M 11 Daniel
S 12 Baptiste	M 12 Félix	M 12 Justine	V 12 Jules	D 12 Achille	M 12 Guy	V 12 Olivier	L 12 Clarisse	J 12 Apollinaire	S 12 Wilfried	M 12 Christian	J 12 Chantal
D 13 Yvette	M 13 Béatrice	M 13 Rodrigue	S 13 Ida	L 13 Rolande	J 13 Antoine	S 13 Henri / Joël	M 13 Hippolyte	V 13 Aimé	D 13 Géraud	M 13 Brice	V 13 Lucie
L 14 Nina	J 14 Valentin	J 14 Mathilde	D 14 Maxime	M 14 Matthias	V 14 Elisée	D 14 *Fête Nationale*	M 14 Evrard	S 14 Croix Glorieuse	L 14 Juste	J 14 Sidoine	S 14 Odile
M 15 Rémi	V 15 Claude	V 15 Louise	L 15 Paterne	M 15 Denise	S 15 Germaine	L 15 Donald	J 15 *Marie/Assomption*	D 15 Roland	M 15 Thérèse d'Av.	V 15 Albert	D 15 Ninon
M 16 Marcel	S 16 Julienne	S 16 Bénédicte	M 16 Benoît	J 16 Honoré	D 16 Régis	M 16 N.D.	V 16 Armel	L 16 Edith	M 16 Edwige	S 16 Marguerite	L 16 Alice
J 17 Roseline	D 17 Alexis	D 17 Patrick	M 17 Anicet	V 17 Pascal	L 17 Hervé	M 17 Charlotte / Caroline	S 17 Hyacinthe	M 17 Renaud	J 17 Baudoin	D 17 Elisabeth	M 17 Judicaël / Gaël
V 18 Prisca	L 18 Bernadette	L 18 Cyrille	J 18 Parfait	S 18 Eric	M 18 Léonce	J 18 Frédéric	D 18 Hélène	M 18 Nadège	V 18 Luc	L 18 Aude	M 18 Gatien
S 19 Marius	M 19 Gabin	M 19 Joseph	V 19 Emma	D 19 Yves	M 19 Romuald	V 19 Arsène	L 19 Jean-Eudes	J 19 Emilie	S 19 René	M 19 Tanguy	J 19 Urbain
D 20 Sébastien	M 20 Aimée	M 20 Herbert	S 20 Odette	L 20 Bernadin	J 20 Silvère	S 20 Marina	M 20 Bernard	V 20 Davy	D 20 Adeline	M 20 Edmond	V 20 Théophile
L 21 Agnès	J 21 Damien	J 21 Clémence	D 21 Anselme	M 21 Constantin Pentecote	V 21 Rodolphe / Jean	D 21 Victor	M 21 Christophe	S 21 Matthieu	L 21 Céline	J 21 Présentation	S 21 Pierre Canisius
M 22 Vincent	V 22 Isabelle	V 22 Léa	L 22 Alexandre *Pâques*	M 22 Emile	S 22 Alban	L 22 Marie-Madeleine	J 22 Fabrice	D 22 Maurice	M 22 Salomé	V 22 Cécile	D 22 Françoise
M 23 Barnard	S 23 Lazare	S 23 Victorien	M 23 Georges	J 23 Didier	D 23 Audrey	M 23 Brigitte	V 23 Rose	L 23 Constant	M 23 Jean de C.	S 23 Christ-Roi	L 23 Armand
J 24 François Sales	D 24 Modeste	D 24 Cath de Suède	M 24 Fidèle	V 24 Donatien	L 24 Jean-Baptiste	M 24 Christine	S 24 Barthélemy	M 24 Thècle	J 24 Florentin	D 24 Flora	M 24 Adèle
V 25 Paul	L 25 Roméo	L 25 Annonciation	J 25 Marcel	S 25 Sophie	M 25 Prosper	J 25 Jacques	D 25 Louis	M 25 Hermann	V 25 Crépin	L 25 Catherine	M 25 *Noël*
S 26 Paule	M 26 Nestor	M 26 Larissa	V 26 Alida	D 26 Bérenger	M 26 Anthelme	V 26 Anne / Joachim	L 26 Natacha	J 26 Côme / Damien	S 26 Dimitri	M 26 Delphine	J 26 Etienne
D 27 Angèle	M 27 Honorine	M 27 Habib	S 27 Zita	L 27 Augustin	J 27 Fernand	S 27 Nathalie	M 27 Monique	V 27 Vincent de Paul	D 27 Emeline	M 27 Séverin	V 27 Jean l'Apôtre
L 28 Thomas d'Aq.	J 28 Romain	J 28 Gontran	D 28 Valérie	M 28 Germain	V 28 Irénée	D 28 Samson	M 28 Augustin	S 28 Venceslas	L 28 Simon / Jude	J 28 Jacques de la M.	S 28 Sainte famille
M 29 Gildas		V 29 Gwladys	L 29 Cath. De S.	M 29 Aymar	S 29 Pierre / Paul	L 29 Marthe	J 29 Sabine	D 29 Michel / Gabriel	M 29 Narcisse	V 29 Saturnin	D 29 David
M 30 Martine		S 30 Amédée	M 30 Robert	J 30 Ferdinand	D 30 Martial	M 30 Juliette	V 30 Fiacre	L 30 Jérôme	M 30 Bienvenue	S 30 André	L 30 Roger
J 31 Marcelle		D 31 Benjamin		V 31 Visitation		M 31 Ignace	S 31 Aristide		J 31 Quentin		M 31 Sylvestre

8. Exercices sur le décompte des congés payés pris

Page de rappel du livre *La Paie, ça s'apprend*

En jours ouvrables

Lorsque la durée des congés à laquelle a droit le salarié est fixée en jours ouvrables, le décompte de nombre de jours pris s'effectue également en jours ouvrables.

Lorsque, dans une entreprise, l'horaire hebdomadaire est réparti sur cinq jours seulement, le lundi ou le samedi étant chômé, ce lundi ou ce samedi demeure un jour ouvrable, pris en compte pour le calcul de la durée des congés. Le premier jour de congé décompté est le premier jour où le salarié aurait dû normalement travailler. *A contrario*, le dernier jour ouvrable de la période de congés doit être pris en compte pour le calcul des jours ouvrables de congé, même s'il correspond à une journée non travaillée dans l'entreprise.

Quelle est l'incidence d'un jour férié pendant le congé ? Si ce jour férié habituellement chômé dans l'entreprise coïncide avec un jour ouvrable normalement travaillé dans l'entreprise, il ne sera pas décompté en jour de congé.

En jours ouvrés

Lorsque la durée des congés de chaque salarié est fixée en jours ouvrés, le décompte de nombre de jours pris s'effectue également en jours ouvrés. La notion de jours ouvrés doit être définie de la même manière pour la détermination de la durée des congés que pour le décompte des jours de congé pris. Le nombre de jours de congé pris par le salarié est égal au nombre de jours d'ouverture de l'entreprise couvrant sa période de congés. Lorsque l'horaire de travail est réparti sur cinq jours, une semaine de congé du lundi au dimanche comporte cinq jours ouvrés.

Quelle est l'incidence d'un jour férié pendant le congé ?

Nous distinguons trois cas :

1) le jour férié tombe un **dimanche** : aucune incidence ;
2) le jour férié tombe un **jour ouvrable ouvré** (un lundi, mardi, mercredi, jeudi ou vendredi) :
   - si l'entreprise travaille le jour férié, celui-ci reste donc ouvrable ouvré et n'a pas d'incidence sur la durée du congé,
   - si l'entreprise ne travaille pas ce jour férié, celui-ci n'est donc pas ouvrable ni ouvré et n'est pas décompté dans la durée du congé ;
3) le jour férié tombe un **jour ouvrable non ouvré** (le samedi, donc) :
   - si l'entreprise n'accorde pas à ses salariés des congés plus longs que ceux prévus par la loi, l'employeur doit prolonger le congé d'un jour, car le fait de décompter le congé en jours ouvrés ne doit pas être défavorable par rapport à un décompte en jours ouvrables (Cass. soc., 13 février 1991, n° 89-75423),
   - si l'entreprise accorde des congés plus longs que ceux prévus par la loi, le congé annuel n'a pas à être prolongé (Cass. soc., 27 octobre 2004, n° 02-44149).

Cas particulier du « pont »

Un « pont » concerne un jour ouvré coincé entre un week-end et un jour férié. Par exemple, cette année 2019, il y a le pont du 30 mai (jeudi de l'Ascension – jour habituellement férié dans la majorité des entreprises) : jeudi 30 mai, vendredi 31 mai, samedi 1er juin, dimanche 2 juin. Pour que les salariés profitent de quatre jours de repos consécutifs, il faut que ce jour du 31 mai soit un pont. Pour ce faire, il y a plusieurs solutions :

- si vous étiez censé travailler ce jour-là, l'entreprise peut vous « l'offrir ». Généralement, les salariés sont avertis très tôt dans l'année afin de pouvoir prendre des dispositions ;
- mais cette générosité des entreprises a été mise à mal depuis la mise en place des 35 heures. En effet, de nombreux salariés profitent aujourd'hui de « jours de réduction de temps de travail », et les entreprises peuvent, selon les accords collectifs en vigueur, demander que les salariés qui souhaitent faire ce pont posent un jour de RTT (voire également l'imposer à tout le personnel) ;
- les salariés peuvent aussi, avec l'accord de l'entreprise travailler quelques heures de plus par semaine, sans que ce soit des heures supplémentaires, pour se « payer » ce pont (supposons une heure de plus que l'horaire habituel pendant 7 semaines dans l'année).

Mais quelle est l'incidence d'un pont pendant le congé ?

Si, pendant les congés d'un salarié, l'employeur accorde « généreusement » un jour de pont chômé dans l'entreprise, ce jour reste un jour ouvré pour le salarié en congé et il n'a droit à **aucun jour supplémentaire**. En effet, ce pont n'est donné qu'à ceux qui sont censés travailler ce jour-là. Si un salarié est déjà absent pour une autre raison (maladie, maternité, accident, congé création d'entreprise, congé sabbatique, etc.) il n'en profite pas non plus.

En revanche, si le salarié a l'obligation de poser un jour de RTT, cette journée lui sera décomptée en JRTT et non pas en congés payés.

Enfin, s'il a déjà travaillé ses 7 heures de plus pour se payer ce pont, cette journée ne lui sera pas décomptée dans son compteur de jours de congés payés pris.

Cas particulier du salarié à temps partiel

Quand un salarié à temps partiel prend ses congés, il faut raisonner différemment selon le nombre de jours travaillés. S'il ne travaille qu'un jour par semaine, ce jour représente pour lui toute sa semaine de travail et donc, dans ce cas, il faut lui décompter soit cinq jours ouvrés, soit six jours ouvrables (1 jour de travail = 5 jours ouvrés de congés payés, ou = 6 jours ouvrables de congés payés).

Si un salarié travaille habituellement 2 jours par semaine et qu'il part une semaine en congés payés, lui seront décomptés soit 5 jours ouvrés (dans ce cas, 2 jours de travail = 5 jours ouvrés et donc chaque jour de travail = 5/2, soit 2,5 jours ouvrés), soit 6 jours ouvrables (dans ce cas, 2 jours de travail = 6 jours ouvrables et donc chaque jour de travail = 6/2 soit 3 jours ouvrables).

Ce principe d'égalité est bien évidemment à appliquer lorsque le salarié ne prend qu'une seule de ces deux journées habituellement travaillées en congés payés. La pratique de certaines entreprises consistant à vouloir appliquer la règle de décompte des jours ouvrables pour un temps plein (décompter du premier jour de congés payés jusqu'à la veille du retour du salarié en entreprise) n'est pas de bon aloi dans notre cas présent et donne lieu pour celles qui l'appliquent à de sérieuses incohérences, car le décompte serait différent selon la répartition des jours de travail dans la semaine.

Exemple : si un salarié qui travaillerait tous les lundis et mardis ne prenait que le lundi en congé payé, on ne lui décompterait qu'un jour, alors que s'il ne prenait que le mardi on lui décompterait quatre jours ouvrés ou cinq jours ouvrables ! À votre avis, si le salarié n'a besoin que d'un seul jour de congé, quel jour choisira-t-il ? Et s'il travaille tous les lundis et vendredis ? Un lundi pris en congés payés lui vaudrait à présent quatre jours (lundi, mardi, mercredi et jeudi) ?

Je repense à tous ces stagiaires venus me trouver en me demandant s'il était normal que, ne travaillant que les lundis, mardis, jeudis et vendredis, leurs entreprises décomptent trois jours ouvrés si elles ne prenaient que les lundis et mardis d'une semaine, alors que si elles ne prenaient que les jeudis et vendredis, leur entreprise ne décomptaient que deux jours. Je leur explique que dans leur cas, 4 jours de travail = 5 jours ouvrés. Donc chaque jour de travail représente 4/5e de jour de congé, soit 1,25 jour. Si elles ne prennent que les lundis et mardis, il ne faut décompter que 2,5 jours de congé (*sans arrondir !*), je trouverai bien sûr le même résultat si elles prenaient les jeudis et vendredis. Et elles trouvent toutes cette méthode plus juste sous plusieurs angles : justice et égalité entre les salariés à temps plein et temps partiel, d'une logique absolue, mathématiquement inattaquable et par conséquent facile à mettre en œuvre informatiquement (alors que pour un lundi qui vaut parfois un, deux, trois ou quatre jours, comment faire, sinon « à la main » en forçant le logiciel ? – D'ailleurs, si les personnes du service paie forcent leur logiciel, c'est que ce qu'elles font n'est, la plupart du temps, pas « logique »).

Enfin, certains trouvent que décompter un nombre de jours *non arrondi* peut décontenancer les salariés. Et quand on leur attribue 2,08 jours toutes les 4 semaines de travail effectif quel que soit leur temps de travail, ça les décontenance ou pas ?

Exercices

Exercice 27 (Niveau 1 pour les 1, 2, 3 ; Niveau 2 pour les 4, 5, 6 ; Niveau 3 pour les 7, 8, 9)

Période de prise de congés payés de 2018

2018											
Mai		Juin		Juillet		Août		Septembre		Octobre	
1	M	1	V	1	D	1	M	1	S	1	L
2	M	2	S	2	L	2	J	2	D	2	M
3	J	3	D	3	M	3	V	3	L	3	M
4	V	4	L	4	M	4	S	4	M	4	J
5	S	5	M	5	J	5	D	5	M	5	V
6	D	6	M	6	V	6	L	6	J	6	S
7	L	7	J	7	S	7	M	7	V	7	D
8	M	8	V	8	D	8	M	8	S	8	L
9	M	9	S	9	L	9	J	9	D	9	M
10	J	10	D	10	M	10	V	10	L	10	M
11	V	11	L	11	M	11	S	11	M	11	J
12	S	12	M	12	J	12	D	12	M	12	V
13	D	13	M	13	V	13	L	13	J	13	S
14	L	14	J	14	S	14	M	14	V	14	D
15	M	15	V	15	D	15	M	15	S	15	L
16	M	16	S	16	L	16	J	16	D	16	M
17	J	17	D	17	M	17	V	17	L	17	M
18	V	18	L	18	M	18	S	18	M	18	J
19	S	19	M	19	J	19	D	19	M	19	V
20	D	20	M	20	V	20	L	20	J	20	S
21	L	21	J	21	S	21	M	21	V	21	D
22	M	22	V	22	D	22	M	22	S	22	L
23	M	23	S	23	L	23	J	23	D	23	M
24	J	24	D	24	M	24	V	24	L	24	M
25	V	25	L	25	M	25	S	25	M	25	J
26	S	26	M	26	J	26	D	26	M	26	V
27	D	27	M	27	V	27	L	27	J	27	S
28	L	28	J	28	S	28	M	28	V	28	D
29	M	29	V	29	D	29	M	29	S	29	L
30	M	30	S	30	L	30	J	30	D	30	M
31	J			31	M	31	V			31	M

1. Ayant un congé principal de 25 jours ouvrés, ce salarié part en congés payés du lundi 6 au dimanche 26 août 2018 inclus. Combien de jours lui décomptez-vous ?

2. Ayant un congé principal de 30 jours ouvrables, ce salarié part en congés payés du lundi 2 juillet au lundi 30 juillet 2018 inclus. Combien de jours lui décomptez-vous ?

3. Ayant un congé principal de 30 jours ouvrables, ce salarié part en congés payés du mercredi 2 au mardi 29 mai 2018 inclus. Combien de jours lui décomptez-vous ?

4. Ayant un congé principal de 25 jours ouvrés, ce salarié part en congés payés du lundi 2 au dimanche 29 juillet 2018 inclus. Combien de jours lui décomptez-vous ?

5. Ayant un congé principal de 25 jours ouvrés, ce salarié part en congés payés du lundi 7 au jeudi 31 mai 2018 inclus. Sachant que l'entreprise donne le vendredi 11 mai en jour de pont, combien de jours lui décomptez-vous ?

6. Ayant un congé principal de 27 jours ouvrés, ce salarié part en congés payés du lundi 2 au dimanche 29 juillet 2018 inclus. Combien de jours lui décomptez-vous ?

7. Ayant un congé principal de 10 jours ouvrés, l'entreprise de ce salarié ferme du lundi 23 juillet au dimanche 19 août 2018 inclus. Comment passez-vous les jours non acquis sur la paie ?

8. Ayant un congé principal de 25 jours ouvrés, ne travaillant que les lundis, mardis et vendredis, ce salarié part en congés payés du lundi 6 août au lundi 27 août 2018 inclus. Combien de jours lui décomptez-vous ?

9. Question identique au 8 mais s'il ne travaille que les lundis et mercredis ?

Exercice 28 (Niveau 1 pour les 1, 2 ; Niveau 2 pour les 3, 4 ; Niveau 3 pour les 5, 6)

Période légale de prise des congés payés pour 2017

2017

Mai		Juin		Juillet		Août		Septembre		Octobre	
1	L	1	J	1	S	1	M	1	V	1	D
2	M	2	V	2	D	2	M	2	S	2	L
3	M	3	S	3	L	3	J	3	D	3	M
4	J	4	D	4	M	4	V	4	L	4	M
5	V	5	L	5	M	5	S	5	M	5	J
6	S	6	M	6	J	6	D	6	M	6	V
7	D	7	M	7	V	7	L	7	J	7	S
8	L	8	J	8	S	8	M	8	V	8	D
9	M	9	V	9	D	9	M	9	S	9	L
10	M	10	S	10	L	10	J	10	D	10	M
11	J	11	D	11	M	11	V	11	L	11	M
12	V	12	L	12	M	12	S	12	M	12	J
13	S	13	M	13	J	13	D	13	M	13	V
14	D	14	M	14	V	14	L	14	J	14	S
15	L	15	J	15	S	15	M	15	V	15	D
16	M	16	V	16	D	16	M	16	S	16	L
17	M	17	S	17	L	17	J	17	D	17	M
18	J	18	D	18	M	18	V	18	L	18	M
19	V	19	L	19	M	19	S	19	M	19	J
20	S	20	M	20	J	20	D	20	M	20	V
21	D	21	M	21	V	21	L	21	J	21	S
22	L	22	J	22	S	22	M	22	V	22	D
23	M	23	V	23	D	23	M	23	S	23	L
24	M	24	S	24	L	24	J	24	D	24	M
25	J	25	D	25	M	25	V	25	L	25	M
26	V	26	L	26	M	26	S	26	M	26	J
27	S	27	M	27	J	27	D	27	M	27	V
28	D	28	M	28	V	28	L	28	J	28	S
29	L	29	J	29	S	29	M	29	V	29	D
30	M	30	V	30	D	30	M	30	S	30	L
31	M			31	L	31	J			31	M

1. Ayant un congé principal de 25 jours ouvrés, ce salarié part en congés payés du lundi 31 juillet au lundi 21 août 2017 inclus. Combien de jours lui décomptez-vous ?

2. Ayant un congé principal de 30 jours ouvrables, ce salarié part en congés payés du lundi 3 au lundi 24 juillet 2017 inclus. Combien de jours lui décomptez-vous ?

3. Ayant un congé principal de 25 jours ouvrés, ce salarié part en congés payés du mardi 2 au dimanche 28 mai 2017 inclus. Combien de jours lui décomptez-vous ?

4. Ayant un congé principal de 30 jours ouvrables, ce salarié part en congés payés du lundi 22 mai au dimanche 11 juin 2017 inclus. Sachant que l'entreprise donne le vendredi 26 mai en jour de pont, combien de jours lui décomptez-vous ?

5. Ayant un congé principal de 25 jours ouvrés, ne travaillant pas les mercredis, ce salarié part en congés payés du lundi 3 au dimanche 23 juillet 2017 inclus. Combien de jours lui décomptez-vous ?

6. Ayant un congé principal de 30 jours ouvrables, ne travaillant pas les lundis et mardis, ce salarié part en congés payés du mercredi 2 au mardi 22 août 2017 inclus. Combien de jours lui décomptez-vous ?

9. Exercice sur le fractionnement des congés payés

Page de rappel du livre *La Paie, ça s'apprend*

Fractionnement du congé principal (de 24 jours ouvrables)

Selon l'article L. 3141-23 (modifié par la loi n° 2016-1088 du 8 août 2016) du Code du travail :

« À défaut de stipulation dans la convention ou l'accord conclu en application de l'article L. 3141-22 :

1° la fraction continue d'au moins douze jours ouvrables est attribuée pendant la période du 1er mai au 31 octobre de chaque année ;

2° le fractionnement des congés au-delà du douzième jour est effectué dans les conditions suivantes :

a) les jours restant dus en application du second alinéa de l'article L. 3141-19 peuvent être accordés en une ou plusieurs fois en dehors de la période du 1er mai au 31 octobre de chaque année,

b) deux jours ouvrables de congé supplémentaire sont attribués lorsque le nombre de jours de congé pris en dehors de cette période est au moins égal à six et un seul lorsque ce nombre est compris entre trois et cinq jours. Les jours de congé principal dus au-delà de vingt-quatre jours ouvrables ne sont pas pris en compte pour l'ouverture du droit à ce supplément.

Il peut être dérogé au présent article après accord individuel du salarié. »

La durée des congés pouvant être pris en une seule fois ne peut excéder 24 jours ouvrables (sauf exception des salariés qui justifient de contraintes géographiques particulières). Le Code du travail a, depuis l'attribution de la cinquième semaine de congés payés le 19 janvier 1982, introduit une obligation de fractionnement du congé annuel qui doit être pris en, au moins, deux fois. La période de prise de la cinquième semaine n'a pas été fixée par la loi, elle pourra soit être prise pendant la période légale, soit en dehors. De même, la loi ne précise pas si cette cinquième semaine doit être prise en une seule fois ou si elle peut être fractionnée. Là aussi, si tout le monde est d'accord, le fractionnement est possible.

Le fractionnement du congé principal est autorisé sous certaines conditions, pour la partie du congé comprise entre 12 et 24 jours ouvrables. Le congé continu comporte donc une durée minimale de 12 jours et une durée maximale de 24 jours. En cas de fractionnement, le congé doit obligatoirement comprendre une fraction de 12 jours ouvrables continus, attribuée pendant la période légale des congés. La faculté de fractionnement, qu'elle soit mise en œuvre par l'employeur ou demandée par le salarié, implique dans tous les cas l'accord de l'autre partie.

Deux situations doivent être distinguées :

- si le congé est pris par roulement, la décision de fractionner le congé par l'employeur est subordonnée à l'agrément du salarié ;
- si le congé s'accompagne de la fermeture de l'entreprise, le fractionnement peut être effectué par l'employeur, sur avis conforme des délégués du personnel, ou à défaut de délégués, avec l'agrément des salariés.

Sauf dispositions conventionnelles contraires ou renonciation expresse du salarié, les jours de congés payés qui n'ont pas été pris avec le congé principal et qui sont pris en dehors de la période légale (1er mai-31 octobre) donnent droit à des jours de congé supplémentaires.

Si l'entreprise donne des congés payés en jours ouvrables, ce nombre de jours est :

- 1 jour supplémentaire si le reliquat pris hors période légale est compris entre 3 et 5 jours ;
- 2 jours supplémentaires si le reliquat pris hors période légale est au moins égal à 6 jours.

Si on convertit ces jours ouvrables en jours ouvrés, cela donne :

- 1 jour supplémentaire si le reliquat pris hors période légale est compris entre 2 et 4 jours ;
- 2 jours supplémentaires si le reliquat pris hors période légale est au moins égal à 5 jours.

Ces jours sont accordés également aux salariés entrés en cours d'année dès lors qu'ils prennent des congés en dehors de la période légale. La prise de jours de congé par anticipation, en dehors de la période légale, ouvre droit aussi aux jours supplémentaires de fractionnement (Cass. soc., 7 mars 1990, n° 87-40.629). **Le fractionnement est dû non seulement quand l'employeur l'impose aux salariés mais aussi dans le cas où c'est le salarié qui demande à fractionner son reliquat de congé et où il obtient l'accord tacite de son employeur**. Selon la Cour de cassation, le droit aux jours de congé supplémentaires naît du seul fait du fractionnement, que ce soit le salarié lui-même ou l'employeur qui en ait pris l'initiative (Cass. soc., 4 juillet 2001, n° 99-43.494). Cependant, une dérogation peut y être apportée après accord individuel du salarié (renonciation individuelle, annuelle, et écrite). En aucun cas la renonciation résultant d'une note de service, unilatéralement établie par l'employeur, ne saurait être valable.

Exercice

Exercice 29 (Niveau 1 pour les 1, 2, 3 ; Niveau 2 pour les 4, 5, 6 ; Niveau 3 pour les 7, 8, 9)

Période légale de prise des congés payés pour 2010

2010

Mai		Juin		Juillet		Août		Septembre		Octobre	
1	S	1	M	1	J	1	D	1	M	1	V
2	D	2	M	2	V	2	L	2	J	2	S
3	L	3	J	3	S	3	M	3	V	3	D
4	M	4	V	4	D	4	M	4	S	4	L
5	M	5	S	5	L	5	J	5	D	5	M
6	J	6	D	6	M	6	V	6	L	6	M
7	V	7	L	7	M	7	S	7	M	7	J
8	S	8	M	8	J	8	D	8	M	8	V
9	D	9	M	9	V	9	L	9	J	9	S
10	L	10	J	10	S	10	M	10	V	10	D
11	M	11	V	11	D	11	M	11	S	11	L
12	M	12	S	12	L	12	J	12	D	12	M
13	J	13	D	13	M	13	V	13	L	13	M
14	V	14	L	14	M	14	S	14	M	14	J
15	S	15	M	15	J	15	D	15	M	15	V
16	D	16	M	16	V	16	L	16	J	16	S
17	L	17	J	17	S	17	M	17	V	17	D
18	M	18	V	18	D	18	M	18	S	18	L
19	M	19	S	19	L	19	J	19	D	19	M
20	J	20	D	20	M	20	V	20	L	20	M
21	V	21	L	21	M	21	S	21	M	21	J
22	S	22	M	22	J	22	D	22	M	22	V
23	D	23	M	23	V	23	L	23	J	23	S
24	L	24	J	24	S	24	M	24	V	24	D
25	M	25	V	25	D	25	M	25	S	25	L
26	M	26	S	26	L	26	J	26	D	26	M
27	J	27	D	27	M	27	V	27	L	27	M
28	V	28	L	28	M	28	S	28	M	28	J
29	S	29	M	29	J	29	D	29	M	29	V
30	D	30	M	30	V	30	L	30	J	30	S
31	L			31	S	31	M			31	D

1. Ayant un congé principal de 25 jours ouvrés, ce salarié part en congés payés du 21 juin au 18 juillet inclus. Combien de jours de fractionnement lui accordez-vous au 31 octobre ?

2. Ayant un congé principal de 30 jours ouvrables, l'entreprise de ce salarié ferme du 2 au 22 août inclus. Combien de jours de fractionnement lui accordez-vous au 31 octobre ?

3. Ayant un congé principal de 30 jours ouvrables, ce salarié part en congés payés du 7 au 13 juin inclus, puis du 5 au 19 juillet inclus. Combien de jours de fractionnement lui accordez-vous au 31 octobre ?

4. Ayant un congé principal de 25 jours ouvrés, ce salarié part en congés payés du 28 juin au 18 juillet inclus, puis les 30 et 31 août. Combien de jours de fractionnement lui accordez-vous au 31 octobre ?

5. Ayant un congé principal de 25 jours ouvrés, ce salarié part en congés payés du 3 au 9 mai, puis du 16 juillet au 1er août inclus. Combien de jours de fractionnement lui accordez-vous au 31 octobre ?

6. Ayant un congé principal de 28 jours ouvrés, ce salarié part en congés payés du 21 au 31 mai inclus, puis du 9 au 23 août inclus. Combien de jours de fractionnement lui accordez-vous au 31 octobre ?

7. Ayant un congé principal de 15 jours ouvrés, ce salarié part en congés payés du 9 au 22 août inclus. Combien de jours de fractionnement lui accordez-vous au 31 octobre ?

8. Ayant un congé principal de 30 jours ouvrables, ce salarié part en congés payés du 18 octobre au 31 octobre inclus. Combien de jours de fractionnement lui accordez-vous au 31 octobre ?

9. Ayant un congé principal de 30 jours ouvrables, ce salarié part en congés payés du 5 au 18 juillet et du 16 au 22 août inclus. Combien de jours de fractionnement lui accordez-vous au 31 octobre ?

10. Exercices sur l'indemnisation des congés payés

Page de rappel du livre *La Paie, ça s'apprend*

Pour calculer l'indemnisation des congés payés, l'article L. 3141-24 (modifié par la loi n° 2016-1008 du 8 août 2016 et correspondant à l'ancien article L. 3141-22 du Code du travail) nous donne la règle :

« I – Le congé annuel prévu par l'article L. 3141-3 ouvre droit à une indemnité égale au dixième de la rémunération brute totale perçue par le salarié au cours de la période de référence.
Pour la détermination de la rémunération brute totale, il est tenu compte :

1° de l'indemnité de congé de l'année précédente ;

2° des indemnités afférentes à la contrepartie obligatoire sous forme de repos prévues à l'article L. 3121-30, L. 3121-33 et L. 3121-38 ;

3° des périodes assimilées à un temps de travail par les articles L. 3141-4 et L. 3141-5 qui sont considérées comme ayant donné lieu à rémunération en fonction de l'horaire de travail de l'établissement.

Lorsque la durée du congé est différente de celle prévue à l'article L. 3141-3, l'indemnité est calculée selon les règles fixées au présent I et proportionnellement à la durée du congé effectivement dû.

II – Toutefois, l'indemnité prévue au I du présent article ne peut être inférieure au montant de la rémunération qui aurait été perçue pendant la période de congé si le salarié avait continué à travailler.
Cette rémunération, sous réserve du respect des dispositions légales, est calculée en fonction :
1° du salaire gagné dû pour la période précédant le congé ;
2° de la durée du travail effectif de l'établissement.

III – Un arrêté du ministre chargé du travail détermine les modalités d'application du présent article dans les professions mentionnées à l'article L. 3141-32. »

L'article L. 3141-24 prévoit donc deux modes de calcul pour l'indemnité de congés payés :
- la règle du dixième (I) ;
- le maintien du salaire (II).

Ces dispositions sont d'ordre public. Aucun accord d'entreprise ne peut en conséquence contenir des stipulations moins favorables au salarié (Cass. soc., 11 février 1982, n° 80-40.163). Ce mode de calcul s'applique aux jours supplémentaires pour ancienneté prévus par les conventions collectives (Cass. soc., 26 mars 2002, n° 99-46.097).

Pour chaque salarié, il faut donc chercher la règle la plus favorable, celle du dixième ou celle du maintien de salaire.

Règle du dixième

Le premier mode de calcul consiste à déterminer l'indemnité de congé payé par rapport au salaire déterminé en fonction de la rémunération totale perçue par le salarié au cours de la période de référence (1er juin-31 mai). Ainsi, selon la règle du dixième, **l'indemnité de congés payés est égale à un dixième de la rémunération totale brute perçue au cours de la période de référence.**

Le montant obtenu correspond à la totalité des congés acquis par le salarié (soit 30 jours ouvrables pour un salarié ayant travaillé pendant toute la période de référence).

Que comprend la rémunération totale ?

Il s'agit des sommes brutes (avant retenues pour cotisations), présentant un caractère soit réel, soit fictif. Ce sont précisément :

- le salaire de base ou forfaitaire et ses majorations pour heures supplémentaires (Cass. soc., 31 octobre 2012, n° 11-19.170), travail de nuit (Cass. soc., 25 janvier 1968, n° 66-40.557P), et éventuellement travail du dimanche ou du jour férié (Cass. soc., 11 février 1998, n° 93-44.887) ;
- l'indemnité de congés payés de l'année précédente (C. trav., art. L. 3141-22) ;
- les commissions. Les primes et commissions liées à l'activité de l'entreprise ou à la production doivent être incluses, à condition toutefois que ces éléments de rémunération soient réellement liés à l'activité personnelle du salarié (Cass. soc., 3 juin 2009, n° 07-43.798). Attention toutefois : ces commissions sont exclues lorsqu'elles sont calculées sur l'année entière, y compris sur la période de congés payés du salarié ;
- les **primes et indemnités versées en fonction des résultats du salarié**. Selon la jurisprudence, ces primes doivent répondre aux critères suivants :
  - elles doivent être versées en contrepartie du travail du salarié (et non pas de son service ou de son entreprise), et revêtir un caractère de généralité, de fixité et de constance qui les rend obligatoires pour l'employeur,
  - elles ne doivent pas présenter le caractère de remboursements de frais, ni rémunérer un risque exceptionnel,
  - elles ne doivent pas déjà indemniser la période de congé.

  Selon la Cour de cassation, répondent donc à ces critères :
  - les primes de rendement, production, ou productivité liées aux résultats personnels du salarié et non à l'activité globale de l'entreprise, lorsqu'elles sont attribuées de façon régulière depuis plusieurs années (Cass. soc., 20 janvier 2010 n° 08-43.310),
  - les primes d'objectifs attribuées en fonction de résultats personnels (Cass. soc., 30 avril 2003, n° 01-41.884),
  - les primes de performance récompensant l'activité déployée par les salariés personnellement et les objectifs réalisés par l'unité à laquelle appartient le salarié (Cass. soc., 10 octobre 2001, n° 99-44 300) ;
- les **primes liées à l'exécution du travail**. Ce sont :
  - les primes d'ancienneté (Cass. soc., 13 juin 2012, n° 10-30.590), sauf si elles sont versées toute l'année et ont déjà rémunéré une période de congé (Cass. soc., 24 mars 2004, n° 02-41.828),
  - les primes d'assiduité conventionnelles si elles sont versées en contrepartie du travail du salarié et non calculées sur l'année entière (Cass. soc., 26 mai 1999, n° 97-43.681) ;
- les **primes liées à l'organisation du travail**. Ce sont :
  - les primes panier (Cass. soc., 15 janvier 1997, n° 95-43.996),
  - les indemnités de repas forfaitaire versées aux travailleurs de nuit (Cass. soc., 18 décembre 2012, n° 11-13.813),
  - les indemnités de déplacement versées, que le salarié soit ou non en déplacement (Cass. soc., 12 novembre 2008, n° 07-41.348), une prime de transport indemnisant la sujétion liée à l'organisation spécifique de l'entreprise dont l'activité requiert une exploitation en dehors des heures d'activité des transports en commun (Cass. soc., 7 décembre 2011, n° 10-23.686),
  - les primes d'équipe ne représentant ni un remboursement de frais, ni une indemnité d'un risque exceptionnel ;

- les **primes de sujétion** compensant des avantages accessoires **habituellement accordés** (C. trav., art. n° L. 3141-23). Si elles sont bien versées chaque mois, ce sont par exemple les primes d'insalubrité, de salissure, de hauteur, de froid, etc. ;
- les **primes liées à une servitude de l'emploi**. Ce sont :
  – les primes d'astreinte, versées toute l'année, compensant une servitude de l'emploi (Cass. soc., 4 juillet 1983, n° 81-40.819P),
  – les primes de soirée, versées forfaitairement à des visiteurs médicaux (Cass. soc., 16 octobre 2001, n° 99-44.464),
  – les primes pour heures de permanence (Cass. soc., 14 février 1996, n° 92-43.110) ;
- les **primes liées à l'éloignement du salarié**. Ce sont :
  – les primes d'expatriation ou de dépaysement qui constituent en tout ou partie un complément de rémunération destiné à compenser les désagréments de l'éloignement plus qu'un remboursement de frais inhérents au séjour à l'étranger (Cass. soc., 19 décembre 2007, n° 06-44.887),
  – les primes de mission versées aux salariés pendant leur affectation à l'étranger en vue de compenser les principales contraintes provenant du milieu géographique ou des conditions de travail en mer (Cass. soc., 4 février 1993, n° 89-42.464) ;
- les **pourboires** – sur la base des sommes soumises aux cotisations de Sécurité sociale (C. trav., art. n° 3141-24) ;
- les **avantages en nature**. Il doit être tenu compte des avantages accessoires et des prestations en nature dont le salarié ne continuerait pas à jouir pendant la durée de son congé (C. trav. art. n° L. 3141-23 ; Cass. soc., 27 septembre 1989, n° 86-43.169). *A contrario*, les avantages en nature dont le salarié continue à profiter pendant son congé ne sont pas pris en compte (Cass. soc., 7 mars 2007, n° 05-42.826) ;
- les **indemnités perçues en période d'absence de travail**. Sont également inclus les salaires fictifs des absences assimilées à du temps de travail pour le calcul des congés payés par la loi ou une convention collective. Sont concernés :
  – le congé maternité,
  – l'arrêt de travail pour accident de travail ou maladie professionnelle limité à une durée ininterrompue d'un an,
  – la période de maintien ou de rappel sous les drapeaux,
  – l'indemnité afférente à la contrepartie en repos pour heures supplémentaires (C. trav. art. n° L. 3121-11 et n° L. 3121-22 ; Cass. soc., 23 octobre 2001, n° 99-40.879P),
  – le salaire des jours fériés chômés,
  – les indemnités compensant la précarité d'emploi pour les travailleurs temporaires et les CDD (C. trav., art. n° L. 1243-8).

Que faut-il exclure de la rémunération totale ?

- Les **primes** et **gratifications versées globalement couvrant l'ensemble de l'année**, période de travail et période de congés. Les inclure dans le calcul de l'indemnité de congés aboutirait à les faire payer partiellement une seconde fois. C'est notamment le cas pour :
  – les primes de vacances, de type 13e mois payées en une seule fois pour l'ensemble de l'année (Cass. soc., 2 avril 1997, n° 94-41.389 ; Cass. soc., 8 juin 2011, n° 09-71.056P),
  – les primes de récompense ou gratification bénévole – prime exceptionnelle (Cass. soc., 14 octobre 2009, n° 07-45.587P),
  – les pourcentages sur chiffre d'affaires de l'entreprise calculés globalement sur l'année et sans rapport nécessaire avec le travail du salarié (Cass. soc., 30 janvier 1985, n° 81-41.769) ;

- les **primes de sujétion compensant un risque ou un inconvénient qui n'existe pas pendant les congés**, si le risque est exceptionnel et n'est pas lié à l'activité permanente du salarié (Cass. soc., 29 octobre 1980, n° 79-40.840P) ;
- les **remboursements de frais professionnels**. Ceux-ci n'existent pas pendant la période de congés. Ce sont :
  - les primes de panier, subordonnées à des conditions d'octroi, remboursant les frais de repas supplémentaires (Cass. soc., 8 juin 1994, n° 90-43.014),
  - les primes de transport remboursant des frais professionnels forfaitaires (Cass. soc., 22 janvier 1992, n° 90-44.249P),
  - l'indemnité d'expatriation remboursant des frais inhérents au séjour à l'étranger (Cass. soc., 25 mars 1998, n° 96-40.754) ;
- les **primes d'intéressement et de participation**, car elles ne constituent pas une rémunération (C. trav., art. n° L. 3312-4 et n° L. 3325-1).

Lorsque la durée du congé est différente de la durée légale l'indemnité est calculée proportionnellement à la durée du congé effectivement dû.

Formules pour le calcul du dixième

$$\frac{\text{Rémunération brute totale}}{10} = \text{Indemnité totale du congé payé}$$

Lorsque la durée du congé est différente de la durée légale, l'indemnité est calculée proportionnellement à la durée du congé effectivement dû. Donc, si le salarié bénéficie d'un congé d'une durée supérieure à la durée légale, il y a lieu de **corriger proportionnellement l'indemnité** de cette façon :

$$\frac{\text{Rémunération brute totale}}{10} \times \frac{E}{L} = \text{Indemnité totale du congé payé}$$

Pour calculer l'indemnité à chaque prise de congés, on remplacera à chaque fois « E » par le nombre de jours de congé donnés par l'entreprise pour la période, et « L » par le nombre de jours de congé donnés par la loi pour la même période.

Règle du maintien de salaire

Néanmoins, l'article L. 3141-22 du Code du travail nous rappelle que l'indemnité de congés payés ne peut être inférieure au montant de la rémunération qui aurait été perçue pendant la période de congés payés si le salarié avait continué à travailler.

Le salaire maintenu est déterminé en fonction de la durée du travail effectif de l'établissement au cours de la période considérée ainsi que de l'horaire de travail du salarié. Ainsi, si un salarié travaille habituellement et alternativement 40 heures une semaine puis 30 heures la semaine suivante, l'indemnité de congés payés doit être calculée selon l'horaire qui aurait été pratiqué, sauf en cas de lissage de la rémunération.

Formules pour le calcul du maintien de salaire

Plusieurs méthodes de calcul peuvent s'appliquer. Ce sont :

- la méthode du **jour ouvrable moyen.** On retient un vingt-sixième du salaire mensuel par jour ouvrable de congé pris ;

- la méthode du **jour ouvré moyen**. On retient un vingt et un soixante-septième du salaire mensuel par jour ouvré de congé pris ;
- la méthode du **jour ouvrable réel**. On divise le salaire mensuel par le nombre de jours ouvrables du mois en cours et on multiplie le résultat par le nombre de jours ouvrables de congé pris ;
- la méthode du **jour ouvré réel**. On divise le salaire mensuel par le nombre de jours ouvrés du mois en cours et on multiplie le résultat par le nombre de jours ouvrés de congé pris.

La plupart des entreprises optent pour le calcul en jours ouvrables moyens (ou jours ouvrés moyens). C'est la solution la plus logique : pourquoi reviendrait-on en réels alors qu'on cherche à comparer ce montant avec une valeur moyenne calculée sur l'année de référence des congés payés ?

Exercices

Exercice 30 (Niveau 1)

La rémunération de ce salarié pour la période 2018-2019 est la suivante :

Mois	Année	Salaire brut	Brut pour calcul du 10e CP	Particularités
Juin	2018	1 500,00 €		
Juillet	2018	1 900,00 €		dont "prime de vacances" de 400 €
Août	2018	1 500,00 €		dont "congés payés" de 1000 €
Septembre	2018	2 000,00 €		dont "prime de rentrée scolaire" de 500 €
Octobre	2018	1 500,00 €		
Novembre	2018	1 500,00 €		dont "congés payés" de 300 €
Décembre	2018	3 000,00 €		Il y a un "13e mois"
Janvier	2019	1 600,00 €		Le salarié est augmenté
Février	2019	2 000,00 €		dont "prime de froid" de 400 €
Mars	2019	2 300,00 €		dont "prime exceptionnelle" de 700 €
Avril	2019	1 600,00 €		
Mai	2019	1 600,00 €		dont "congés payés" de 300 €
Juin	2019	1 600,00 €		
Juillet	2019	2 000,00 €		dont "prime de vacances" de 400 €

Ce salarié part en congés payés du lundi 5 au lundi 26 août 2019 inclus. La société dans laquelle il travaille raisonne en jours ouvrables.

1. Déterminer la rémunération brute totale (pour le calcul du 10e) 2018-2019.

2. Déterminer le nombre de jours ouvrables d'absence congés payés.

3. Calculer le montant de l'absence de ces jours ouvrables de congés payés.

4. Calculer le montant du paiement de cette absence.
a) Avec la règle du dixième.

b) Avec la règle du maintien de salaire.

5. Calculer son brut du mois d'août 2019 (salaire – abs CP + paiement CP = brut).

Exercice 31 (Niveau 1)

Ce salarié a quitté (démission) l'entreprise le vendredi 5 avril 2019 au soir. Les droits à CP dans cette entreprise sont la durée légale plus 1 jour ouvré (soit 26 jours ouvrés pour une année). Il n'a pas de solde de congé de l'année écoulée.

La rémunération de ce salarié pour la période 2018-2019 est la suivante :

Mois	Année	Salaire brut	Brut pour calcul du 10e CP	Particularités
Juin	2018	2 000,00 €		
Juillet	2018	2 500,00 €		dont "prime de vacances" de 500 €
Août	2018	2 250,00 €		dont "congés payés" de 1 250 €
Septembre	2018	2 000,00 €		
Octobre	2018	2 400,00 €		dont "heures supp." de 400 €
Novembre	2018	2 150,00 €		dont "congés payés" de 950 €
Décembre	2018	4 000,00 €		Il y a un "13e mois"
Janvier	2019	2 200,00 €		Le salarié est augmenté
Février	2019	2 200,00 €		
Mars	2019	2 200,00 €		
Avril	2019			Le salarié part le vendredi 5 avril 2019
Total				

1. Déterminer la rémunération brute totale (pour le calcul du 10e) 2018-2019.

2. Déterminer le nombre de jours ouvrés de droits à congés payés.

3. Calculer le montant de son indemnité compensatrice avec la règle du maintien de salaire.

4. Calculer le montant de son indemnité compensatrice avec la règle du dixième.

5. Calculer son brut du mois d'avril 2019.

Salaire
ICCP __________

Total brut

Exercice 32 (Niveau 2)

Tableau récapitulatif de la rémunération 2018-2019 de cette salariée

Année	2018							2019				
Mois	J	J	A	S	O	N	D	J	F	M	A	M
Salaire de base	1 800,00	1 800,00	1 800,00	1 800,00	1 800,00	1 800,00	1 800,00	1 800,00	1 800,00	1 800,00	1 800,00	1 800,00
Pr. d'ancienneté	180,00	180,00	180,00	180,00	180,00	180,00	180,00	198,00	198,00	198,00	198,00	198,00
Pr. d'assiduité		120,00	120,00	120,00	120,00	120,00	120,00	120,00			120,00	120,00
Pr. d'équipe	32,00	44,00	4,00	40,00	46,00	42,00	40,00	44,00	40,00	42,00	32,00	40,00
Pr. de risque				80,00								
Pr. Excepti onnelle					1 000,00							
Pr. d'objecti f		900,00										
Pr. de vacances		500,00										
Av. Nat. Nourriture	76,80	105,60	9,60	96,00	110,40	9,60				24,25	77,60	97,00
Abs. Congé Ss Solde	-471,43											
Abs. Maternité						-2 142,00	-2 140,00	-2 162,00	-1 475,79			
Abs. Maladie									-291,14	-1 579,35		
Paiem. Maladie									291,14	1 579,35		
Abs. Congés Payés			-1 938,46								-488,77	
Paiem. Congés Payés			1 938,46								815,54	
13ᵉ mois							1 800,00					
Av. Nat. Logement	103,80	264,80	138,40	138,40	219,00	74,00	103,80	75,00	75,00	140,20	175,00	140,20
Ind. de transport	37,60	37,60		37,60	37,60					37,60	37,60	37,60

Son salaire de base est (malheureusement) constant : 1 800 €.

- Sa prime d'ancienneté était de 10 % jusqu'en décembre. Elle a pris 1 % supplémentaire à partir de janvier.
- Si la salariée est présente tout le mois, elle a droit à une prime d'assiduité de 120 €. En cas d'absence, cette prime est supprimée.
- Sa prime d'équipe est de 2 € par jour ouvré travaillé.
- Elle a des avantages en nature nourriture (4,80 € en 2018, 4,85 € en 2019) par jour ouvré travaillé, et comme elle est logée dans un F2 appartenant à l'entreprise, elle a également des avantages en nature logement.
- Elle a pris exceptionnellement une semaine de congé sans solde en juin.
- Ses objectifs personnels ayant été atteints, elle a droit à sa prime d'objectif en juillet.
- En août, elle est partie 4 semaines en congés payés du mercredi 1er au mercredi 29 inclus.
- Sa prime de risque compense des circonstances particulières.
- Son congé maternité a commencé le lundi 5 novembre 2018 pour s'achever 16 semaines plus tard le dimanche 24 février 2019.
- Son médecin lui a accordé 4 semaines de congé pathologiques suite à sa maternité.
- Elle a soldé ses congés payés (la 5e semaine) du lundi 15 au lundi 22 avril 2019. L'entreprise lui a versé son complément dixième à cette occasion.
- Comme son F2 est à huit stations de métro, l'entreprise lui indemnise son Pass Navigo mensuellement.

1. Calculer sa rémunération brute totale (pour le calcul du dixième) 2018-2019.

2. Déterminer le nombre de jours ouvrables auxquels elle aura droit pour la période 2019-2020.

Exercice 33 (Niveau 2)

- Ce salarié est entré dans l'entreprise le 2 janvier 1995.
- Il quitte l'entreprise le vendredi 6 décembre 2019 au soir.
- Son salaire de base (151,67 heures) (inchangé depuis le 1er juin 2018) est de 2 020 €.
- Sa prime d'ancienneté (inchangée depuis le 1er juin 2018) est de 180 €.
- Ses droits aux congés payés sont de 25 jours ouvrés.
- Ses droits aux congés d'ancienneté sont de 2 jours ouvrés.
- Il a droit à un 13e mois (au prorata temporis) avec la paie de novembre.
- Il a droit aussi à une prime de vacances (au prorata temporis) de 450 €.
- Au moment de son départ, il lui reste 4 jours de congés (période 2018-2019).

Quel sera le montant total de ses indemnités de congés payés sur son solde de tout compte ?

1. a) Déterminer sa rémunération brute totale (pour le calcul du dixième) 2018-2019.

b) Déterminer son indemnité compensatrice 2018-2019.
• Avec la règle du dixième.

• Avec la règle du maintien de salaire.

2. a) Déterminer sa rémunération brute totale (pour le calcul du dixième) 2019-2020.

b) Déterminer son nombre de jours de CP 2019-2020 acquis.

c) Déterminer son indemnité compensatrice 2019-2020.
• Avec la règle du dixième.

• Avec la règle du maintien de salaire.

Conclusion indemnités compensatrices CP 2018-2019 =
\+ indemnités compensatrices CP 2019-2020 =

Exercice 34 (Niveau 2)

- Ce salarié est entré dans l'entreprise le 2 juillet 1989.
- Il passe à temps partiel (17,50 heures/semaine, 3,50 heures tous les matins) le 1er juin 2019.
- Sachant :
  - qu'il a 27 jours ouvrés de droit à CP ;
  - qu'il gagnait 2 300 € à temps complet ;
  - qu'il part en congés du lundi 1er au dimanche 21 juillet 2019 inclus,

Établir son brut du mois de juillet, en appliquant la règle la plus favorable.

1. Déterminer sa rémunération brute totale (pour le calcul du dixième) 2018-2019.

2. Déterminer son nombre de jours d'absence CP.

3. Déterminer le montant de l'absence CP.

4. Déterminer le montant de l'indemnité CP.

5. Déterminer le brut du mois de juillet 2019 pour ce salarié.

+ Salaire =
– Absence CP =
+ Paiement CP =

Exercice 35 (Niveau 3)

- Ce salarié est entré dans l'entreprise le 2 juillet 1990.
- Il passe à temps partiel (28 heures/semaine : L., M., M., J. 7 heures/jour) le 1er juin 2018.
- Le 1er février 2019, il change d'horaire en passant à 17,50 heures/semaine : chaque jour 3,50 heures.
- Le 1er juin 2019, il change encore d'horaire en passant à 21 heures/semaine : lundi, jeudi et vendredi, chaque jour 7 heures.
- Sachant :
  - qu'il a 27 jours ouvrés de droit à CP à temps plein ;
  - qu'il gagnait 1 800 € à temps complet ;
  - qu'il part en congés du lundi 5 au lundi 26 août 2019 inclus.

Établir son brut du mois d'août 2019, en appliquant la règle la plus favorable.

1. Déterminer sa rémunération brute totale (pour le calcul du dixième) 2018-2019.

2. Déterminer son nombre de jours d'absence CP.

3. Déterminer le montant de l'absence CP.

4. Déterminer le montant de l'indemnité CP.

5. Déterminer le brut de ce salarié en août 2019.

+ Salaire =
– Absence CP =
+ Paiement CP =

Page de rappel du livre *La Paie, ça s'apprend*

Mais il n'y a aucune obligation à faire à chaque fois les deux calculs puisque la comparaison n'est à établir qu'à la fin de la prise des congés. Dans la pratique, on se contentera de maintenir purement et simplement le salaire pendant les congés et à la fin de la période de référence, on se livrera à la comparaison entre les calculs. Si l'application de la règle du dixième est plus avantageuse, le salarié bénéficiera d'un complément congé, souvent appelé « régul. 10e ».

Exercice

Exercice 36 (Niveau 3)

- Ce salarié est entré dans l'entreprise le 4 septembre 2000.
- L'entreprise indemnise les absences CP au maintien toute l'année et régularise si besoin au dixième sur la paie de mai.
- Son salaire de base (151,67 heures) était de 2 100 € du 1er juin 2017 au 31 décembre 2018, puis est passé à 2 200 € le 1er janvier 2019.
- Ses droits conventionnels à congés payés sont de 28 jours ouvrés au 1er juin 2018.
- Il est parti en congés payés du lundi 6 au lundi 27 août 2018 inclus, puis il est parti du mercredi 26 décembre 2018 au mercredi 2 janvier 2019 inclus, et enfin du lundi 8 au lundi 22 avril 2019 inclus.

Quel est le montant de la rubrique « Régul. 10e » qui se déclenche sur la paie de mai 2019 ?

1. Déterminer sa rémunération brute totale (pour le calcul du dixième) 2017-2018.

2. Déterminer le montant des absences « congés payés » :
a) du 6 au 27 août 2018 ;

b) du 26 décembre 2018 au 2 janvier 2019 ;

c) du 8 au 20 avril 2019.

3. Déterminer l'indemnité dixième totale.

4. Déterminer le montant de la régularisation dixième.

11. Exercices sur la régularisation mensuelle progressive

Page de rappel du livre *La Paie, ça s'apprend*

Les tranches des cotisations (1, 2, autres)

L'assiette de cotisations est la base sur laquelle est calculée une charge. L'assiette peut être soit le **gain total** (on parlera de « salaire brut »), soit une **partie du** gain (on parlera alors de « tranche »). On appelle « **plancher** » la limite **inférieure** d'une tranche. On appelle « **plafond** » la limite **supérieure** d'une tranche. Il est très important de bien faire la différence entre la notion de tranche et la notion de plafond : un plafond est une limite alors qu'une tranche est une partie du salaire délimitée par un plancher et un plafond. Ce plafond peut être celui de la Sécurité sociale, ou le salaire lui-même s'il est inférieur au plafond SS.

Les tranches

Ce sont des parties du salaire que l'on appelle communément tranche 1, tranche 2, tranche 3 (fictive). Nous allons maintenant définir chacune d'elles.

Le plancher de la **tranche 1** est le premier euro, (voire même le premier centime). En pratique, nous prendrons zéro comme valeur. Le plafond de la tranche 1 correspond au plafond de la Sécurité sociale.
La valeur de la tranche 1 est donc au maximum égale au plafond de la Sécurité sociale moins le plancher qui est égal à zéro.

Le plancher de la **tranche 2** correspond au plafond de la tranche 1 (+ 1 centime).
Le plafond de la tranche 2 est égal à huit fois le plafond de la tranche 2.
La tranche 2 a donc pour valeur maximale la différence entre ces deux limites : huit fois le plafond de la tranche 1 (ou le salaire brut si celui-ci est inférieur) moins le plafond de la tranche 1, ce qui nous donne au maximum sept fois la valeur de la tranche 1.

La **tranche 3** est fictive, car d'une part elle correspond à un niveau de salaire très élevé, et d'autre part il n'y a pas de cotisation assise spécifiquement sur cette tranche. Elle représente les sommes qui dépassent le montant maximum de la tranche 2 et qui échappent aux cotisations retraite
Son plancher correspond au plafond de la tranche 2 (+ 1 centime). Il n'existe pas aujourd'hui de plafond à cette tranche. Sa valeur sera donc la différence entre le niveau du salaire et le plafond de la tranche 2.

La valeur du plafond Sécurité sociale au 1er janvier 2019 est de : 3 377 €/mois.

Le principe de la **régularisation mensuelle progressive des cotisations** est de calculer les tranches, non pas en fonction de ce que gagne le salarié chaque mois, mais sur la masse des salaires gagnés depuis le début de l'année. Son principe est de travailler sur les cumuls uniquement. Il ne faut donc plus comparer le brut du mois par rapport au plafond du mois mais comparer le brut cumulé par rapport au plafond cumulé.

Quand on pratique cette régularisation, on doit se poser chaque mois la question suivante : **est-ce que le brut cumulé est supérieur au plafond cumulé de la Sécurité sociale ?**

- Si la réponse est oui, alors la tranche 1 cumulée est égale au plafond cumulé, et la tranche 2 cumulée est égale à la différence entre le brut cumulé et le plafond cumulé.
- Si la réponse est non, alors la tranche 1 cumulée est égale au brut cumulé, et la tranche 2 cumulée est égale à zéro.

Ensuite seulement, on détermine la tranche 1 du mois qui est toujours égale à la différence entre la tranche 1 cumulée de ce mois et la tranche 1 cumulée du mois précédent.

De même, la tranche 2 du mois est toujours égale à la différence entre la tranche 2 cumulée de ce mois et la tranche 2 du mois précédent. C'est ainsi que parfois la tranche 2 du mois peut être négative. Si le mois précédent le salarié avait une tranche 2 cumulée élevée et que ce mois ayant moins gagné il a une tranche 2 cumulée moins élevé, il faut bien lui rembourser ce qu'il a cotisé en trop.

Exercices

Exercice 37 (Niveau 1)

Remplir le tableau de régularisation mensuelle progressive avec les bruts mensuels indiqués.

Plafond 2019 : 3 377

Le brut cumulé est-il > ou < au plafond cumulé ?

Mois	Brut du mois	**Brut cumulé**	**Tranche 1 cumulée**	Tranche 1 du mois	>/<	**Plafond SS cumulé**	**Tranche 2 cumulée**	Tranche 2 du mois
Janvier	**3 300**							
Février	**3 300**							
Mars	**3 300**							
Avril	**3 500**							
Mai	**3 300**							
Juin	**3 300**							
Juillet	**3 300**							
Août	**3 500**							
Septembre	**3 500**							
Octobre	**3 500**							
Novembre	**3 500**							
Décembre	**3 300**							

Le brut cumulé doit sur chaque ligne être égal à la somme Tranche A cumulée + Tranche B cumulée

Le brut du mois doit sur chaque ligne être égal à la somme Tranche A du mois + Tranche B du mois

Exercice 38 (Niveau 1)

Remplir le tableau de régularisation mensuelle progressive avec les bruts mensuels indiqués.

Plafond 2019 : 3 377

Le brut cumulé est-il > ou < au plafond cumulé ? ⇓

Mois	Brut du mois	**Brut cumulé**	**Tranche 1 cumulée**	Tranche 1 du mois	>/<	**Plafond SS cumulé**	**Tranche 2 cumulée**	Tranche 2 du mois
Janvier	**3 400**							
Février	**3 300**							
Mars	**3 400**							
Avril	**3 400**							
Mai	**3 400**							
Juin	**3 400**							
Juillet	**3 300**							
Août	**3 400**							
Septembre	**3 400**							
Octobre	**3 400**							
Novembre	**3 400**							
Décembre	**6 800**							

Le brut cumulé doit sur chaque ligne être égal à la somme Tranche A cumulée + Tranche B cumulée

Le brut du mois doit sur chaque ligne être égal à la somme Tranche A du mois + Tranche B du mois

Exercice 39 (Niveau 1)

Remplir le tableau de régularisation mensuelle progressive avec les bruts mensuels indiqués.

Plafond 2019 : 3 377

Le brut cumulé est-il > ou < au plafond cumulé ? ⇒

Mois	Brut du mois	**Brut cumulé**	**Tranche 1 cumulée**	Tranche 1 du mois	>/<	**Plafond SS cumulé**	**Tranche 2 cumulée**	Tranche 2 du mois
Janvier	**3 300**							
Février	**3 452**							
Mars	**3 614**							
Avril	**3 300**							
Mai	**3 395**							
Juin	**3 451**							
Juillet	**3 326**							
Août	**3 351**							
Septembre	**3 395**							
Octobre	**3 287**							
Novembre	**3 254**							
Décembre	**3 486**							

Le brut cumulé doit sur chaque ligne être égal à la somme Tranche A cumulée + Tranche B cumulée

Le brut du mois doit sur chaque ligne être égal à la somme Tranche A du mois + Tranche B du mois

Page de rappel du livre *La Paie, ça s'apprend*

Il existe quatre cas de réductions de plafond SS, mais les règles ont changé depuis le 1er janvier 2018 (décret n° 2017-858 du 9 mai 2017, paru au JO le 10 mai 2017, textes 37 et 45). L'Agirc et l'Arrco se sont alignés sur les mêmes principes par la circulaire n° 2017-9 DRJ du 27 octobre 2017.

Cas des absences non rémunérées

Avant le 1er janvier 2018

Les absences non rémunérées ne donnaient lieu à réduction du plafond SS que dans la mesure où elles couvraient une période comprise entre deux échéances habituelles de paie.

Si le salarié était payé au mois et s'il bénéficiait d'un congé sans solde d'un mois compris entre deux échéances de paie, le plafond annuel était réduit du plafond mensuel correspondant. Toutes les autres absences non rémunérées plus courtes que la période de paie, qui couvraient donc une période de travail rémunérée et plusieurs périodes d'absence non rémunérées, ne donnaient pas lieu à réduction de plafond.

Par exemple, le salarié qui s'absentait 35 jours, du lundi 11 septembre au dimanche 15 octobre 2017, n'avait aucune réduction de plafond ! En revanche, le salarié qui s'absentait également 35 jours, mais du lundi 31 juillet au dimanche 3 septembre 2017, n'avait pas de plafond en août !

Depuis le 1er janvier 2018

Les absences non rémunérées donnent à présent lieu à réduction de plafond sans exiger que ces absences couvrent l'intégralité de la période de paie. Le plafond du mois comprenant une absence non payée est donc égal à :

$$\frac{\text{Plafond du mois} \times (\text{nombre de jours calendaires du mois} - \text{nombre de jours calendaires d'absence})}{\text{Nombre de jours calendaires du mois}}$$

Par exemple, pour un salarié ayant 2 jours de congé sans solde en janvier 2019, son plafond SS est de :

$$\frac{3\ 377 \times 29\ (\text{31 jours calendaires de janvier} - \text{2 jours d'absences non rémunérées})}{31} = 3\ 159{,}13\ €.$$

Cas des entrées et sorties en cours de mois

Avant le 1er janvier 2018

Pour la Sécurité sociale, et par souci de simplification, tous les mois avaient 30 jours calendaires (principe du trentième de plafond). Il y avait donc deux principes fondamentaux pour le calcul du plafond mensuel :

- en cas de présence du salarié dans l'entreprise l'intégralité du mois, le plafond était entier (30 trentièmes), quel que soit le mois ;
- en cas de mois incomplet, le plafond avait autant de trentièmes que de jours calendaires de présence du salarié dans l'entreprise dans le mois considéré (dans la limite maximale de 30 selon le principe du trentième).

Exemple : Si un salarié était embauché le lundi 27 mars 2017 et que son contrat se terminait le vendredi 19 mai 2017, le plafond à prendre en compte se calculait de la manière suivante :

- du 27 au 31 mars : 5 trentièmes de 3 269 € (le 27 = 1, le 28 = 1, le 29 = 1, le 30 = 1, le 31 = 1) ;
- au mois d'avril : 30 trentièmes de 3 269 € ;
- du 1er au 19 mai : 19 trentièmes de 3 269 €.

Total : 54 trentièmes de 3 269 €, soit : 5 884,20 €.

Depuis le 1er janvier 2018

Il faut maintenant appliquer le même principe que pour les absences non rémunérées, le plafond d'un salarié qui entre ou sort de l'entreprise au cours d'un mois est donc égal à :

$$\frac{\text{Plafond du mois} \times (\text{nombre de jours calendaires du mois} - \text{nombre de jours calendaires d'absence})}{\text{Nombre de jours calendaires du mois}}$$

Exemple : Si un salarié est embauché le mercredi 27 mars 2019 et que son contrat se termine le vendredi 17 mai 2019, le plafond à prendre en compte se calcule désormais de la manière suivante :

- du 27 au 31 mars : 5 / 31e de 3 377 € (le 27 = 1, le 28 = 1, le 29 = 1, le 30 = 1, le 31 = 1) ;
- au mois d'avril : 30 / 30e de 3 377 € ;
- du 1er au 17 mai : 17 / 31e de 3 377 €.

Total : (3 377 × 5 / 31) + 3 377 + (3 377 × 17 / 31) = 544,68 + 3 377 + 1 851,90 = 5 773,58 €.

Cas des salariés à temps partiel

Cette réduction de plafond ne se pratique que pour les salariés à temps partiel qui ont déjà été définis précédemment, uniquement dans la mesure où leur salaire calculé à temps plein est supérieur au plafond Sécurité sociale non seulement sur un mois donné mais également sur l'année entière. Cet abattement n'est pas applicable aux salariés à employeurs multiples qui auraient pu être considérés comme étant à temps partiel chez chacun d'eux (circulaire Acoss n° 86-57 du 16 décembre 1986).

Avant le 1er janvier 2018

La formule appliquée était la suivante :

$$\text{Plafond réduit} = \frac{\text{Salaire à temps partiel} \times \text{Plafond période de paie}}{\text{Salaire à temps plein reconstitué}}$$

Le salaire à temps plein reconstitué était le salaire que le salarié à temps partiel aurait perçu s'il avait travaillé à temps plein [Salaire à temps plein = salaire à temps partiel × durée du travail à temps plein / nombre d'heures rémunérées (C. Séc. soc., art. R. 242-7 en vigueur jusqu'au 31 décembre 2017)].

Exemple : Un salarié à temps plein gagnait 5 250 € pour 35 heures en 2017.
S'il passait à temps partiel à 3 600 € pour 24 heures.
Le calcul de son plafond réduit était :

$$\frac{3\,600 \times 3\,269}{5\,250} = 2\,241{,}60$$

Depuis le 1er janvier 2018

La formule à appliquer dorénavant est la suivante :

$$\text{Plafond réduit} = \frac{\text{Plafond SS} \times \text{Nombre d'heures contractuelles} + \text{Nombre d'heures complémentaires}}{\text{Horaire légal (ou conventionnel)}}$$

Mais attention, l'application de cette formule ne peut pas conduire à ce que le plafond réduit soit supérieur au plafond mensuel en vigueur (3 377 € en 2019) (C. Séc. soc., art. R. 242-2 modifié, I, al. 7).

Exemple : Un salarié à temps plein gagne 5 250 € pour 35 heures en 2019.
S'il passe à temps partiel à 3 600 € pour 24 heures, soit 104 heures mensuellement (24 × 52 / 12), le calcul de son plafond réduit est :

$$\frac{3\,377 \times 104}{151{,}67 \text{ heures}} = 2\,315{,}61\text{ €}$$

Selon le Code de la Sécurité sociale, les salariés à employeurs multiples sont des salariés qui travaillent régulièrement et simultanément pour plusieurs employeurs. La part incombant à chaque employeur est déterminée au prorata des rémunérations que chacun a versées dans la limite du plafond. Cette règle n'est pas cumulable avec celle appliquée aux salariés à temps partiel examinée précédemment.

Exemple : Si un salarié est employé dans trois entreprises : A, B et C. et que ses rémunérations sont respectivement :

• Pour A :	1 000 €
• Pour B :	1 200 €
• Pour C :	1 800 €
Total :	4 000 €

Son gain est donc très nettement supérieur au plafond Sécurité sociale. Pour les cotisations dont l'assiette est limitée à ce plafond, si chaque employeur le fait cotiser sur les sommes réellement perçues, il cotiserait au total sur 4 000 € et non pas sur la valeur du plafond actuel, ce qui n'est intéressant ni pour les employeurs, ni pour le salarié.

Calcul du plafond réduit chez chaque employeur

$$\text{Employeur A : } \frac{1\,000 \times 3\,377}{4\,000} = 844{,}25\text{ €}$$

$$\text{Employeur B : } \frac{1\,200 \times 3\,377}{4\,000} = 1\,013{,}10\text{ €}$$

$$\text{Employeur C : } \frac{1\,800 \times 3\,377}{4\,000} = 1\,519{,}65\text{ €}$$

844,25 + 1 013,10 + 1 519,65 = 3 377 € (ce qui est bien la valeur du plafond de la Sécurité sociale du 1er janvier 2019 au 31 décembre 2019).

Exercices

Exercice 40 (Niveau 2)

1. Un CDI, temps plein, devant percevoir 2 100 € de salaire mensuel, entre dans une entreprise le lundi 4 mars 2019.

Quels sont son brut et son plafond SS de ce mois ?

Calcul du brut	**Calcul du plafond**

2. Un CDI, temps plein, percevant 2 730 € de salaire ayant les 11, 12 et 13 mars 2019 d'absence non rémunérée, quitte l'entreprise le 22 mars.

Quels sont son brut et son plafond SS de ce mois ?

Calcul du brut	**Calcul du plafond**

3. Un CDD, temps partiel à 25 heures par semaine (5 heures par jour), entre dans une entreprise le 11 février 2019 pour un salaire de 1 800 €. Il a effectué 2 heures complémentaires lors de sa première semaine et 1 heure complémentaire lors de sa seconde semaine.

Quels sont son brut et son plafond SS de ce mois ?

Calcul du brut	Calcul du plafond

4. Un CDI, employeurs multiples, entre dans une entreprise le lundi 2 septembre 2019. Il perçoit 1 000 € pour 12 heures. Ses autres emplois lui rapportent 2 000 € pour 23 heures.

Quels sont son brut et son plafond SS de ce mois dans cette entreprise ?

Calcul du brut	Calcul du plafond

Exercice 41 (Niveau 3)

Ce salarié non cadre perçoit 3 210,00 € de salaire pour 151,67 heures par mois.
Nous sommes en l'année **2019** où le plafond du 1er Janvier au 31 Décembre est de 3 377 €
Déterminer en régularisation progressive sa tranche 1 et sa tranche 2.

Le brut cumulé est-il <ou> au plafond cumulé ? ⇓

Mois	Brut du mois	**Brut Cumulé**	>/<	**Plafond Cumulé**	**Tranche 1 Cumulée**	Tranche 1 du mois	**Tranche 2 Cumulée**	Tranche 2 du mois
Janvier **Tps plein**	3 210							
Février **: Congés ss solde à partir du 11**								
Mars **: Congés ss solde**								
Avril **: revient le 8 et demande un tps partiel**								
Mai **: Le temps partiel est accepté à 60%**	1 926							
Juin **: Prime vacances 1000 € (Mt id. tt pers.)**								
Juillet **: Congés Payés de 3 semaines (maintien)**								
Août ***: 6 heures complémentaires (10%)***								
Septembre **: Prime de rentrée (1000 €/tps plein)**								
Octobre **: 1 semaine de convenance personnelle**								
Novembre **: + 4 H.C. (pose démis. le 6 Déc.)**								
Décembre **: + 1200€ ind. CP et + 800€ 13è mois**								

Le Brut Cumulé doit sur chaque ligne être égal à la somme Tr. 1 Cumulée + Tr. 2 Cumulée

Le Brut du mois doit sur chaque ligne être égal à la somme : Tr. 1 du mois + Tr. 2 du mois

Quelques précisions : Les congés sans solde sont une absence autorisée non payée. Quand le salarié revient le lundi 8 avril, il fait une demande de temps partiel (60 %, mais 5 jours travaillés), qui sera acceptée au 1er mai. En juin, l'entreprise donne une prime de vacances de 1 000 € (dont le montant est identique à tout le personnel, même à temps partiel). En juillet, les congés payés sont au maintien de salaire. En août, le salarié effectue 6 heures complémentaires (majorées à 10 %). En septembre, la prime de rentrée scolaire est proratisée en fonction du temps de travail. La convenance personnelle d'une semaine (5 jours ouvrés) est également une absence autorisée non payée mais généralement plus courte que les congés sans solde. Enfin en novembre, notre salarié pose sa démission pour le 6 décembre et réalise 4 heures complémentaires. En décembre, le salarié aura sur son solde de tout compte 1 200 € d'indemnité compensatrice congés payés et 800 € de treizième mois (tous deux déjà calculés au prorata).

Page de rappel du livre *La Paie, ça s'apprend*

Depuis le 1er janvier 2019

Afin de procéder à une régularisation mensuelle progressive complète, il nous faut prendre en compte des notions supplémentaires par rapport aux régularisations précédentes.

Depuis le 1er janvier 2019, les caisses de retraite Agirc et Arrco ont fusionné. De ce fait, il n'existe plus comme auparavant de plafond C, ni de tranche C – qui était égale à la différence entre le plafond B (égal à 4 fois le plafond SS) et le plafond C (égal à 8 fois le plafond SS). Pour faire la régularisation mensuelle progressive complète, il faut donc se poser une question supplémentaire (et initiale par rapport à celle que nous avons vue plus haut et qui était : « Est-ce que le brut cumulé est supérieur au plafond cumulé de la Sécurité sociale ? »).
Cette question est : « **Est-ce que le brut cumulé est supérieur au plafond 2 cumulé de la caisse de retraite unifiée ?** »

1. Si la réponse est **oui**, alors la tranche 1 cumulée est égale au plafond 1 cumulé, la tranche 2 cumulée est égale à la différence entre le plafond 2 cumulé et le plafond 1 cumulé, et il y a donc maintenant une tranche non soumise à cotisations de retraite supplémentaire qui, cumulée, est égale à la différence entre le brut cumulé et le plafond 2 cumulé.

2. Si la réponse est **non**, alors la tranche non soumise cumulée est égale à zéro et on se repose la question précédente (Est-ce que le brut cumulé est supérieur au plafond cumulé de la Sécurité sociale ?) pour connaître les valeurs des tranches 1 et 2 cumulées.

Comme vu précédemment, on détermine seulement après la tranche non soumise du mois qui est toujours égale à la différence entre la tranche non soumise cumulée de ce mois et la tranche non soumise cumulée du mois précédent. La tranche non soumise du mois peut, elle aussi, être négative dans le cas où le salarié avait gagné beaucoup jusqu'à présent et qu'il gagne moins ce mois.

Exercice

Exercice 42 (Niveau 2)

Remplir le tableau de régularisation mensuelle progressive complète avec les bruts mensuels indiqués.

Le brut cumulé est-il > ou < au plafond 2 cumulé ? ⇒ ⇒ ⇒

Le brut cumulé est-il > ou < au plafond cumulé ? ⇒

Mois	Brut du mois	**Brut cumulé**	**Tranche 1 cumulée**	Tranche 1 du mois	>/<	**Plafond SS cumulé**	**Tranche 2 cumulée**	Tranche 2 du mois	>/<	**Plafond SS x 8 cumulé**	**Tranche Non Soumise cumulée**	Tranche Non Soumise du mois
Janvier	**26 000**											
Février	**30 000**											
Mars	**28 000**											
Avril	**26 000**											
Mai	**26 000**											
Juin	**26 000**											
Juillet	**26 000**											
Août	**26 000**											
Septembre	**26 000**											
Octobre	**30 000**											
Novembre	**28 000**											
Décembre	**26 000**											

Le brut cumulé doit sur chaque ligne être égal à la somme Tranche 1 cumulée + Tranche 2 cumulée + Tranche Non Soumise cumulée

Le brut du mois doit sur chaque ligne être égal à la somme Tranche 1 du mois + Tranche 2 du mois + Tranche Non Soumise du mois

Plafond 2019 : 3 377

Page de rappel du livre *La Paie, ça s'apprend*

Depuis le 1er janvier 2019

Les taux de cotisations variables selon la rémunération du salarié pour l'assurance maladie, maternité, invalidité, décès et pour les allocations familiales impliquent de réaliser également une sorte de régularisation mensuelle progressive d'un nouveau genre.

L'assurance maladie

Pour les cotisations assurance maladie, si notre salarié gagne moins de 2,5 Smic, la cotisation a un taux de 7,00 %. Mais s'il gagne plus de 2,5 Smic, le taux passe à 13,00 %. La rémunération en question est bien sûr la rémunération annuelle ! Ce qui signifie que si en janvier, la rémunération était inférieure à 2,5 Smic (taux de 7 %) mais que, cumulée, elle passe en février au-dessus de 2,5 Smic, le taux à appliquer devient 13 % sur janvier + février et qu'il faut rembourser le taux de 7 % de janvier.

À l'inverse, si la rémunération était supérieure à 2,5 Smic en janvier, le taux était de 13 %. Mais si, cumulée, elle passe en février au-dessous de 2,5 Smic, le taux à appliquer devient 7 % sur janvier + février et il faut rembourser le taux de 13 % de janvier.

Les allocations familiales

Pour les cotisations allocations familiales, si notre salarié gagne moins de 3,5 Smic, la cotisation a un taux de 3,45 %. Mais s'il gagne plus de 3,5 Smic, le taux passe à 5,25 %. La rémunération à prendre en considération est, comme pour l'assurance maladie, la rémunération annuelle ! Ce qui signifie que, si en janvier, la rémunération était inférieure à 3,5 Smic (taux de 3,45 %) mais que, cumulée, elle passe en février au-dessus de 3,5 Smic, le taux à appliquer devient 5,25 % sur janvier + février et qu'il faut rembourser le taux de 3,45 % de janvier.

À l'inverse, si la rémunération était supérieure à 3,5 Smic en janvier, le taux était de 5,25 %. Mais si, cumulée, elle passe en février au-dessous de 3,5 Smic, le taux à appliquer devient 3,45 % sur janvier + février et il faut rembourser le taux de 5,25 % de janvier.

Exercice

Exercice 43 (Niveau 2)

Remplir le tableau de régularisation ass. maladie et alloc. fam. avec les bruts mensuels indiqués.

SMIC : 1 521,25 €

			Le brut cumulé est-il < ou > à 3,5 SMIC cumulé ?											
			Le brut cumulé est-il < ou > à 2,5 SMIC cumulé ?		⇓						⇓⇓⇓			
Mois	Brut du mois	Brut Cumulé	Maladie 7% Cumulée	Maladie 7% du mois	>/<	Maladie 13% Cumulée	Maladie 13% du mois	Montant 2,5 SMIC Cumulé	A.F. 3,5% Cumulée	A.F. 3,5% du mois	>/<	A.F. 5,25% Cumulée	A.F. 5,25% du mois	Montant 3,5 SMIC Cumulé
Janvier	3 000 €	3 000 €						3 803,13 €						5 324,38 €
Février	8 000 €	11 000 €						7 606,25 €						10 648,75 €
Mars	3 000 €	14 000 €						11 409,38 €						15 973,13 €
Avril	3 000 €	17 000 €						15 212,50 €						21 297,50 €
Mai	3 000 €	20 000 €						19 015,63 €						26 621,88 €
Juin	3 000 €	23 000 €						22 818,75 €						31 946,25 €
Juillet	3 000 €	26 000 €						26 621,88 €						37 270,63 €
Août	3 000 €	29 000 €						30 425,00 €						42 595,00 €
Septembre	19 000 €	48 000 €						34 228,13 €						47 919,38 €
Octobre	3 000 €	51 000 €						38 031,25 €						53 243,75 €
Novembre	3 000 €	54 000 €						41 834,38 €						58 568,13 €
Décembre	3 000 €	57 000 €						45 637,50 €						63 892,50 €

Pour l'historique, les détails, les raisons d'être, les contreparties des charges, voir le livre *La Paie, ça s'apprend*.

Tableau des charges sociales sur les salaires pour 2019

Charges sociales sur salaires – Année 2019		Précisions	Taux (en %) Salarié	Employeur	Total	Assiette mensuelle Tranche	En Euros
Sécurité Sociale	Mal., Mat., Inv., Déc. (Hors Alsace-Mos.)	Rémunération ≤ 2,5 SMIC	0	7,00	7,00	Brut	
		Rémunération > 2,5 SMIC	0	13,00	13,00	Brut	
	Mal., Mat., Inv., Déc. (Alsace-Moselle)	Rémunération ≤ 2,5 SMIC	*1,50*	*7,00*	*8,50*	*Brut*	
		Rémunération > 2,5 SMIC	*1,50*	*13,00*	*14,50*	*Brut*	
	Contribution Solidarité Autonomie		0	0,30	0,30	Brut	
	Accidents du travail		0	variable	variable	Brut	
	Allocations familiales	Rémunération ≤ 3,5 SMIC	0	3,45	3,45	Brut	
		Rémunération > 3,5 SMIC	0	5,25	5,25	Brut	
	Vieillesse	Plafonnée	6,90	8,55	15,45	A	De 0 à 3 377 €
		Déplafonnée	0,40	1,90	2,30	Brut	
	Fonds **N**ational d'**A**ide au **L**ogement	Effectif < 20 salariés	0	0,10	0,10	A	De 0 à 3 377 €
		Effectif ≥ 20 salariés	0	0,50	0,50	Brut	
	Forfait Social	Effectif ≥ 11 salariés	0	8,00	8,00	Mt des cotis. patr. des Prévoyances	
	Contribution au Dialogue Social		0	0,016	0,016	Brut	
	Versement transport	Effectif ≥ 11 salariés	0	variable	variable	Brut	
	Contribution **S**ociale **G**énéralisée	Déductible du Net Fiscal	6,80	0	6,80	(Brut x 98,25% dans la limite de 13 508 € + brut x 100% au-delà de 13 508 €) + montants des cotisations patronales des prévoyances	
	Contribution **S**ociale **G**énéralisée	Non déductible du Net Fiscal	2,40	0	2,40		
	Contrib. au **Remb.** de la **D**ette **S**ociale	Non déductible du Net Fiscal	0,50	0	0,50		
Chômage	**R**égime **A**ssurance **C**hômage		0	4,05	4,05	A+B	De 0 à 13 508 €
	Association **G**arantie des **S**alaires		0	0,15	0,15	A+B	De 0 à 13 508 €
Retraite Complémentaire	**Retraite complémentaire unifiée** **R**etraite **C**omplémentaire	Tranche 1	3,15	4,72	7,87	1	De 0 à 3 377 €
		Tranche 2	8,64	12,95	21,59	2	De 3 377 à 27 016 €
	Contribution d'**E**quilibre **G**énéral **(CEG)**	Tranche 1	0,86	1,29	2,15	1	De 0 à 3 377 €
		Tranche 2	1,08	1,62	2,70	2	De 3 377 à 27 016 €
	Contribution d'**E**quilibre **T**echnique **(CET)**	Rémunération < plaf. SS	0,00	0,00	0,00		
		Rémunération ≥ plaf. SS	0,14	0,21	0,35	1 + 2	De 0 à 27 016 €
	Association **P**our l'**E**mploi des **C**adres	(si salarié cadre)	0,024	0,036	0,060	A+B	De 0 à 13 508 €
	Prévoyance décès des **cadres**	(Minimum obligatoire)	0	1,50	1,50	A	De 0 à 3 377 €
Taxes Diverses	Taxe d'apprentissage	Tous départements sauf	0	0,68	0,68	Brut	
		Alsace-Moselle	*0*	*0,44*	*0,44*	*Brut*	
	Participation à la construction	Effectif ≥ 20 salariés	0	0,45	0,45	Brut	
	Participation à la formation	Effectif < 11 salariés	0	0,55	0,55	Brut	
		Effectif ≥ 11 salariés	0	1,00	1,00	Brut	
		Supplément si C.D.D.	0	1,00	1,00	Salaire CDD	
	Taxe sur les salaires pour les employeurs non assujettis à la T.V.A.					**Assiette annuelle**	
			0	4,25	4,25	De 0 à 7 924 €	
			0	8,50	8,50	De 7 924 à 15 822 €	
			0	13,60	13,60	Au-delà de 15 822 €	
	Prévoyance Frais de Santé	Obligatoire depuis 01/2016	variable	variable	variable	Dépend de l'accord	

Total des charges sociales		Salarié	Employeur	Total
	Total / **1**	20,840%	40,006%	60,846%
	Total / **2**	19,814%	47,762%	67,576%

Depuis le 1er janvier 2017, dans une entreprise dont l'effectif est supérieur à 300 salariés, il faut appliquer le nouvel article R. 3241-1, soit une nouvelle forme de bulletin de paie, appelé « Bulletin de paie simplifié » ou encore « Bulletin de paie clarifié ». Depuis le 1er janvier 2018, ce bulletin de paie « simplifié » est applicable également dans les entreprises de moins de 300 salariés. Autrement dit, il est applicable dans toutes les entreprises.

Voici le texte de cet article :

Article R. 3243-1 (Modifié par décret n° 2017-1676 du 7 décembre 2017 – art. 6 (V))
Le bulletin de paie prévu à l'article L. 3243-2 comporte :

1° Le nom et l'adresse de l'employeur ainsi que, le cas échéant, la désignation de l'établissement dont dépend le salarié ;

2° Le numéro de la nomenclature d'activité mentionnée au 1 de l'article R. 123-223 du Code de commerce caractérisant l'activité de l'établissement d'emploi (*dénommé « code de l'activité principale exercée », code APE avant le 1er janvier 1993 et nommé « code des nomenclatures des activités françaises », code NAF depuis cette date*), ainsi que, pour les employeurs inscrits au répertoire national des entreprises et des établissements, le numéro d'inscription de l'employeur au répertoire national mentionné à l'article R. 123-220 du même code ;

3° S'il y a lieu, l'intitulé de la convention collective de branche applicable au salarié ou, à défaut, la référence au Code du travail pour les dispositions relatives à la durée des congés payés du salarié et à la durée des délais de préavis en cas de cessation de la relation de travail ;

4° Le nom et l'emploi du salarié ainsi que sa position dans la classification conventionnelle qui lui est applicable. La position du salarié est notamment définie par le niveau ou le coefficient hiérarchique qui lui est attribué ;

5° La période et le nombre d'heures de travail auxquels se rapporte le salaire en distinguant, s'il y a lieu, les heures payées au taux normal et celles qui comportent une majoration pour heures supplémentaires ou pour toute autre cause et en mentionnant le ou les taux appliqués aux heures correspondantes :

a) La nature et le volume du forfait auquel se rapporte le salaire des salariés dont la rémunération est déterminée sur la base d'un forfait hebdomadaire ou mensuel en heures, d'un forfait annuel en heures ou en jours ;

b) L'indication de la nature de la base de calcul du salaire lorsque, par exception, cette base de calcul n'est pas la durée du travail ;

6° La nature et le montant des accessoires de salaire soumis aux cotisations salariales et patronales ;

7° Le montant de la rémunération brute du salarié ;

8° a) Le montant et l'assiette des cotisations et contributions d'origine légale et conventionnelle à la charge de l'employeur et du salarié avant déduction des exonérations et exemptions mentionnées au 12° ainsi que, pour les cotisations et contributions d'origine légale et conventionnelle à la charge du salarié, leurs taux ;

b) La nature et le montant des versements et retenues autres que celles mentionnées au a) effectués sur la période, notamment au titre de la prise en charge des frais de transport public ou de frais de transport personnels ;

9° L'assiette, le taux et le montant de la retenue à la source prévue au 1° du 2 de l'article 204 A du code général des impôts ainsi que la somme qui aurait été versée au salarié en l'absence de retenue à la source ;

10° Le montant de la somme effectivement reçue par le salarié ;

11° La date de paiement de cette somme ;

12° Les dates de congé et le montant de l'indemnité correspondante, lorsqu'une période de congé annuel est comprise dans la période de paie considérée ;
13° Le montant total des exonérations et exemptions de cotisations et contributions sociales qui figurent dans l'annexe mentionnée au 5° du III de l'article LO 111-4 du Code de la Sécurité sociale, appliquées à la rémunération mentionnée au 7° ;
14° Le montant total versé par l'employeur, c'est-à-dire la somme de la rémunération mentionnée au 7° et des cotisations et contributions à la charge de l'employeur mentionnées au a) du 8°, déduction faite des exonérations et exemptions des mêmes cotisations et contributions mentionnées au 13° ;
15° La mention de la rubrique dédiée au bulletin de paie sur le portail www. service-public.fr.

NOTA : Aux termes de l'article 2 du décret n° 2016-190 du 25 février 2016, les dispositions du présent décret sont applicables à compter du 1er janvier 2017 pour les employeurs d'au moins 300 salariés au sens de l'article L. 1111-2 du code du travail, et à compter du 1er janvier 2019 pour les employeurs de moins de 300 salariés au sens de l'article L. 1111-2 du code du travail.

L'**article R. 3243-2** (créé par décret n° 2008-244 du 7 mars 2008 – art. V et modifié par décret n° 2017-858 du 9 mai 2017 – art. 10) précise les modalités de regroupement des cotisations :

Les informations mentionnées aux a) du 8°, 9°, 13° et 14° de l'article R. 3243-1 sont libellées et ordonnées ainsi que, pour les éléments à la charge de l'employeur, regroupées conformément à un modèle défini par arrêté des ministres chargés de la Sécurité sociale et du travail.

La contribution mentionnée à l'article L. 136-3 du code de la sécurité sociale et la contribution prévue à l'article 14 de l'ordonnance n°96-50 du 24 janvier 1996 relative au remboursement de la dette sociale sont agrégées. Les contributions autres que les contributions sociales mentionnées au a) du 8° sont également agrégées dans une seule rubrique, qui donne le montant total de cette contribution.

Puis, nous avons eu l'arrêté du 25 février 2016 qui donnait un modèle de regroupement des cotisations et contributions sans distinction de tranches et sans mention d'aucun taux ni salarial, ni patronal ! Le 13 mai 2018, retour en arrière toute : les bases et les taux de cotisations refaisaient leurs apparitions !
Bref, depuis le 1er janvier 2019, les cotisations sociales doivent désormais apparaître ainsi :

SANTÉ
- Sécurité Sociale (cotisation patronale maladie, maternité, invalidité, décès)
- Incapacité, Invalidité, Capital Décès (toutes les lignes concernant la prévoyance décès)
- Complément santé (toutes les lignes concernant la prévoyance frais de santé)

ACCIDENT DU TRAVAIL, MALADIE PROFESSIONNELLE (la cotisation patronale acc. trav.)

RETRAITE
- Sécurité Sociale (Vieillesse Plafonnée sur la tranche A)
- Sécurité Sociale (Vieillesse Déplafonnée sur le brut)
- Complémentaire (AGIRC-ARRCO et CEG sur la tranche 1)
- Complémentaire (AGIRC-ARRCO et CEG sur la tranche 2)
- Contribution d'Équilibre Technique (sur la tranche 1 + 2)
- Supplémentaire (éventuelles cotisations de retraite supplémentaire)

FAMILLE (Allocations Familiales)

CHÔMAGE
- Chômage (cotisation du régime Assurance Chômage + l'AGS)
- APEC (si le salarié est cadre (sur la tranche A + B))

AUTRES CONTRIBUTIONS DUES PAR L'EMPLOYEUR
Cette rubrique agrège les contributions dues uniquement par l'employeur, notamment le versement transport, la contribution au Fonds national d'aide au logement, la contribution solidarité autonomie, le forfait social, la taxe d'apprentissage et la contribution patronale au Dialogue Social.

CSG NON IMPOSABLE (la CSG à 6,80 % reste seule sur cette ligne)

CSG et CRDS IMPOSABLES (regrouper la CSG à 2,40 % et la CRDS à 0,50 %)

RÉDUCTION GÉNÉRALE DES CHARGES PATRONALES (il est possible de cumuler la réduction générale des cotisations patronales (Ex-Fillon) avec les divers allègements possibles : allocations familiales, ZRR, zone franche, etc…)

EXONÉRATION COTISATIONS SALRIALES sur les Heures Supplémentaires

Depuis le 1er janvier 2019, le bulletin de paie doit mentionner de nouvelles informations :

a – Art. R.3243-1 9) du Code du travail modifié : « *L'assiette, le taux et le montant de la retenue à la source prévue au 1° du 2 de l'article 204 A du code général des impôts ainsi que la somme qui aurait été versée au salarié en l'absence de retenue à la source.* ».
« *Pour la composition de la mention "Net à payer avant impôt sur le revenu" et de la valeur correspondant à cette mention, il est utilisé un corps de caractère dont le nombre de points est au moins égal à une fois et demi le nombre de points du corps de caractère utilisé pour la composition des intitulés des autres lignes.* ».

Il est à noter que malgré ce dernier paragraphe, la plupart des logiciels de paie utilisent la même police de caractère pour le *Net à payer avant impôt* que pour les autres lignes. Sans doute, soit parce que c'est matériellement impossible ou soit parce que ce serait faire croire au salarié qu'il perçoit cette somme alors que la somme réelle serait imprimée en plus petit.

b – L'arrêté du 9 mai 2018 fixe une « nouvelle » mention obligatoire : « *dont évolution de la rémunération liée à la suppression des cotisations chômage et maladie* » dont le montant est égal à la différence entre les réductions de cotisations salariales et l'augmentation de CSG, soit la différence entre :

1) d'une part, la somme des montants correspondant aux exonérations de cotisations salariales en vigueur depuis le 1er janvier 2018, soit :
   - la part de la contribution salariale d'assurance chômage prise en charge par l'Acoss. On rappelle que, pour l'année 2018, cette prise en charge s'élève à 1,45 % au titre des périodes courant entre le 1er janvier et le 30 septembre et 2,40 % au titre des périodes courant à compter du 1er octobre ;
   - et la cotisation d'assurance maladie, maternité, invalidité et décès (0,75 %) qui aurait été mise à la charge du salarié, calculée en application des règles et taux applicables au 31 décembre 2017.

2) d'autre part, le montant correspondant à l'augmentation de la CSG appliquée depuis la même date, égal à l'application d'un taux de 1,7 % à l'assiette de cette contribution.

Exemple : Si un salarié perçoit aujourd'hui une rémunération mensuelle égale à 2.500 €.
Et si l'assiette de la CSG s'élève à 2.506,25 €, soit (2.500 × 98,25 %) + 50 € (exemple de montant de la contribution patronale de prévoyance frais de santé). L'augmentation de la CSG depuis le 1er janvier 2018 s'élève donc à (2.506,25 × 1,7 %) **42,61 €**.
Cette augmentation est alors compensée par la baisse des cotisations maladie (2.500 × 0,75 % = 18,75 €) et chômage (2.500 × 2,40 % = 60 €), soit **78,75 €**.
La valeur inscrite sur le bulletin doit donc être (78,75 € – 42,61 €) **36,14 €**.
Il est à noter que dans l'augmentation des cotisations, il n'est nullement tenu compte des augmentations des cotisations retraite (3,10 % devenu 3,15 % sur T1, 8,10 % devenu 8,84 % sur T2), ni de l'ancienne AGFF rebaptisée CEG (passant de 0,80 % à 0,86 % sur T1 et de 0,90 % à 1,08 % sur T2), ni de la nouvelle CET (pour les salaires supérieurs au plafond, 0,14 %), ni des augmentations des cotisations prévoyances Frais de Santé et Invalidité Décès que la suppression de la cotisation maladie, maternité, invalidité et décès a entrainé, ce qui fausse raisonnablement la valeur obtenue.

Page de rappel du livre *La Paie, ça s'apprend*

Le prélèvement à la source

Il n'a échappé à personne que la grande nouveauté du 1er janvier 2019 est le prélèvement à la source. En effet, jusqu'au 31 décembre 2018, l'impôt sur le revenu était calculé sur les revenus de l'année précédente et payé par les assujettis à leur centre des impôts l'année suivante. Le principe du prélèvement à la source (PAS) est que l'impôt est prélevé directement par l'employeur au moment où le revenu est perçu. Ainsi, le décalage d'une année dans la perception de l'impôt est supprimé.

Pour que cette perception se fasse au plus juste, le taux de prélèvement a été communiqué aux contribuables et à leurs employeurs dans le courant du mois de septembre précédant l'année du PAS. Ce taux a été calculé à partir de la déclaration de revenus (établie au printemps de l'année précédente). Ce taux est appliqué à vos revenus de janvier à août et est révisé à partir de septembre en fonction de la nouvelle déclaration du printemps de l'année en cours.

Ce taux ne tient pas compte des éventuels crédits d'impôt ou réductions diverses. Ce n'est que lors de régularisation de septembre qu'il en sera tenu compte. Par exception, les crédits d'impôt pour frais de garde des jeunes enfants, emploi à domicile, frais d'hébergement en EPHAD, dons aux œuvres, cotisations syndicales et investissement locatif seront remboursés par anticipation dès janvier à hauteur de 60 % et le solde en juillet.

Le taux de prélèvement

Le taux de prélèvement varie de 0 % pour un revenu mensuel ne dépassant pas 1 404 € (2019) et 43 % pour un revenu mensuel supérieur à 47 717 € (2019).

Base mensuelle de prélèvement	Taux
< 1 404 €	0 %
De 1 404 € à 1 457 €	0,5 %
De 1 457 € à 1 551 €	1,5 %
De 1 551 € à 1 656 €	2,5 %
De 1 656 € à 1 769 €	3,5 %
De 1 769 € à 1 864 €	4,5 %
De 1 864 € à 1 988 €	6 %
De 1 988 € à 2 578 €	7,5 %
De 2 578 € à 2 797 €	9 %
De 2 797 € à 3 067 €	10,5 %
De 3 067 € à 3 452 €	12 %
De 3 452 € à 4 029 €	14 %
De 4 029 € à 4 830 €	16 %
De 4 830 € à 6 043 €	18 %
De 6 043 € à 7 780 €	20 %
De 7 780 € à 10 562 €	24 %
De 10 562 € à 14 795 €	28 %
De 14 795 € à 22 620 €	33 %
De 22 620 € à 47 717 €	38 %
> 47 717 €	43 %

Mais, dans le détail, il y en a trois de prévus :

1. Le taux de prélèvement personnalisé non individualisé

C'est le taux du couple (marié ou pacsé) établi en fonction des revenus déclarés en commun lors de la déclaration printanière.

2. Le taux de prélèvement personnalisé individualisé

Le couple (marié ou pacsé) peut opter pour l'application d'un taux individualisé sur ses revenus personnels. Le conjoint moins fortuné profitera alors d'une baisse du taux applicable sur ses revenus quand le plus fortuné subira à l'inverse une hausse du prélèvement sur les siens. Au 31 décembre, le couple aura payé le même montant d'impôt que s'il avait choisi le taux non individualisé mais chacun aura contribué en fonction de ses revenus personnels. Le choix de cette option auprès de l'administration fiscale est possible à tout instant de l'année mais elle ne sera effective au plus tard que le troisième mois suivant la demande.

3. Le taux de prélèvement « neutre » (ou « par défaut » ou non personnalisé)

Si le salarié ne souhaite pas que son employeur connaisse son taux de prélèvement réel, il peut opter pour un taux « neutre ». Celui-ci sera déterminé pour chaque conjoint d'après son seul salaire et sans tenir compte des autres revenus du foyer ou de son quotient familial, comme un célibataire ayant le même salaire. L'intérêt de ce choix est limité car il ne tient pas compte des charges déductibles, crédits ou réductions d'impôt. Le salarié risque de faire une avance de trésorerie à l'administration fiscale. De plus, s'il a d'autres sources de revenus que son salaire, il devra payer directement chaque mois le complément d'impôt.

Cas particuliers

1. Entrée ou sortie en cours de mois

Les limites mensuelles des tranches ne sont **pas proratisées**, même si la période rémunérée est inférieure à un mois.

2. Les contrats courts

CGI art. 204H III, 1, d, al. 2 : pour les CDD et contrats d'intérim conclus pour une durée inférieure ou égale à deux mois (ou CDD et contrats d'intérim à terme imprécis mais assortis d'une durée minimale inférieure ou égale à deux mois) et lorsque l'employeur est contraint d'appliquer un taux neutre (absence de taux de PAS en cours de validité pour le salarié concerné), il doit appliquer à l'assiette du PAS un **abattement égal à 50 % du montant net imposable du Smic** (soit 615 € en 2018, **624 € en 2019**).

3. Les apprentis et stagiaires

Les apprentis et stagiaires ont leurs salaires et indemnités de stage **exonérés d'impôt sur le revenu dans la limite du Smic annuel brut (18 254,64 € en 2019)**.

4. Les IJSS subrogées

En cas de subrogation dans le paiement des IJSS (c'est-à-dire lorsque l'employeur verse lui-même les indemnités journalières pour le compte des organismes de Sécurité sociale ou de la mutualité sociale agricole, et dès lors que l'employeur ignore si les indemnités journalières maladie qu'il verse sont liées à une affection de longue durée ou à une maladie ordinaire), l'employeur doit soumettre au PAS :

- le montant imposable des **IJSS maladie non professionnelle** (montant brut – 3,8 % de CSG déductible), **dans la limite d'une durée de** 2 mois (**60 jours**) à compter du 1er jour de l'arrêt de travail ;
- le montant imposable des **IJSS maternité/paternité/adoption** (montant brut – 3,8 % de CSG déductible), **sans limitation de durée** ;
- le montant imposable des **IJSS accident du travail/maladie professionnelle** (50 % du montant brut – 3,8 % de CSG déductible), **sans limitation de durée.**

En revanche, la part de la rémunération correspondant au maintien du salaire, qui ne bénéficie d'aucune exonération d'impôt sur le revenu, est soumise en totalité à la retenue à la source et ce y compris au-delà du délai de deux mois.

5. Arrêt pour maladie non professionnelle pendant les congés payés

Si l'entreprise n'applique pas la décision de la Cour de justice de l'Union européenne en cas de maladie non professionnelle pendant les congés (à savoir que la maladie interrompt la période de congés payés, puisque selon la CJUE, les congés payés sont un droit inaliénable) en laissant le salarié percevoir lui-même les IJSS versées à l'occasion de sa maladie (pas de possibilité de subrogation faute de maintien de salaire, puisque l'employeur verse déjà l'indemnité de congés payés), **la durée de 2 mois se décompte néanmoins dès le premier jour d'arrêt de travail, bien que ces IJSS ne soient pas subrogées.**

Exemple : un salarié est en congés payés du 15 juillet au 11 août 2019 et a un arrêt de travail pour maladie non professionnelle le 22 juillet. La période de 2 mois (60 jours après le 1er jour d'arrêt de travail) prendra fin le 19 septembre et les IJSS subrogées versées après cette date ne seront plus soumises au PAS.

12. Exercices sur la réduction générale des charges

Page de rappel du livre *La Paie, ça s'apprend*

Maintenant qu'on sait sur quelles bases et à quels taux les cotisations, contributions et taxes sont calculées, il nous reste à voir un des différents dispositifs d'exonération, de réduction ou encore d'allégement des charges patronales.

« Mais pourquoi y a-t-il des réductions de charges ? » vous demandez-vous. Comme vous l'avez constaté sur le tableau des cotisations, les employeurs paient au moins 40 % de charges patronales directes. Si on ajoute une mutuelle par-ci et une prévoyance par-là, les charges atteignent facilement 50 %. Autrement dit, pour qu'un salarié ait 1 500 € nets dans sa poche, il faut un brut de 2 000 et ça coûte 3 000 € à l'entreprise. À peu d'euros près, le double du net à payer ! Pour les gouvernements successifs depuis le début des années 1990, le poids des charges est un frein à l'embauche. Donc, pour que les entreprises engagent de nouveaux salariés, plusieurs systèmes de réduction de charges patronales ont été créés selon les différentes visions politiques.

Après les réductions Bérégovoy (1992), Balladur (1994), Juppé 1 (1995), De Robien (1996), Juppé 2 (1997), Aubry 1 (1998), et Aubry 2 (2000), il ne subsiste plus que la réduction Fillon (2003) devenue la Réduction Générale des Charges Patronales depuis le 1er janvier 2018..

La réduction générale des charges patronales (Ex-« allégement Fillon »)

Ne bénéficient de cette réduction que les salariés qui gagnent moins de 1,6 fois le Smic annuel. Pourquoi 1,6 Smic ? Parce que cette somme correspond plus ou moins au **salaire brut médian** en France (environ 29 208 € annuels) et que le Premier ministre de l'époque souhaitait en faire bénéficier un salarié sur deux. Donc si le salarié perçoit plus que 1,6 Smic, il n'y a pas de réduction des charges. Si, en revanche, il est payé au Smic, la réduction est d'environ 427,67 € par mois (en 2019). Entre ces deux extrêmes, la formule que je vais détailler ci-après vous permettra de calculer le montant exact de la réduction.

Le montant de la réduction Fillon est calculé pour chaque salarié. Il peut être cumulé, le cas échéant, avec d'autres mesures d'exonération, dans la limite du montant des cotisations patronales de Sécurité sociale dues pour l'emploi du salarié.

Le montant de la réduction est obtenu en multipliant la rémunération annuelle brute du salarié par un coefficient déterminé par une formule de calcul. Celle-ci intègre la rémunération annuelle brute (heures supplémentaires ou complémentaires incluses) et le nombre annuel d'heures travaillées (1 820 + les HS ou HC) × Smic horaire. **Le coefficient est décroissant en fonction de la rémunération**. La formule de calcul du coefficient est la suivante :

$$\text{Coefficient} = \left(\frac{T}{0,6}\right) \times \left[\left(1,6 \times \frac{\text{Nombre annuel d'heures travaillées x SMIC horaire}}{\text{Rémunération annuelle brute}}\right) - 1\right]$$

Depuis le 1er janvier 2019, « T » est égal au taux « réel » des cotisations patronales dues à l'Urssaf et aux cotisations de retraite, à savoir : **7,00 %** (assurance maladie) + 10,45 % (assurance vieillesse plafonnée et déplafonnée) + 3,45 % (allocations familiales) + 0,10 % ou 0,50 % (FNAL en fonction de la taille de l'entreprise) + 0,30 % (contribution solidarité autonomie) + 0,84 % (accident du travail) + 6,01 % (4,72 % de retraite + 1,29 % de CEG). Donc, T = 0,2809 pour les entreprises de moins 20 salariés et T = 0,2849 pour les entreprises de 20 salariés et plus.

Le coefficient est arrondi à quatre décimales, au millième le plus proche. Si le résultat obtenu est supérieur à 0,2849 (ou 0,2809 pour les entreprises de moins de 20 salariés), il est pris en compte pour une valeur égale à 0,2849 (ou 0,2809). S'il est égal ou inférieur à zéro, la rémunération brute annuelle n'ouvre pas droit à réduction. Le montant annuel de réduction obtenu est arrondi au centime d'euros le plus proche.

Au 1er octobre 2019, T devrait augmenter pour tenir compte du taux de la cotisation patronale de chômage, (4,05 %) soit : 0,3214 pour les entreprises de moins de 20 salariés et **0,3254** pour les autres.

Enfin, cette réduction générale des charges est depuis le 1er janvier 2019 comptablement divisée en deux réductions générales : Urssaf (avec un taux de 0,2208) et Retraite (avec un taux de 0,0601).

La référence au Smic

Le montant mensuel du Smic à prendre en compte est le Smic calculé sur la base de la durée légale du travail, soit 1 820 fois le Smic horaire (151,667 × 12). Ce montant est corrigé dans différentes situations (temps partiel, absence non rémunérée ou partiellement rémunérée…). Pour déterminer le Smic mensuel à prendre en compte, il faut donc, dans tous les cas, commencer par établir le Smic base 1 820 heures. Ensuite, selon la situation du salarié, on utilisera ce montant entier ou proratisé.

Pour l'année 2019, le Smic annuel devrait être de : 10,03 € × 1 820 heures = 18 254,60 €.

Situations dans lesquelles le SMIC base 1.820 heures est proratisé

- Contrat de travail à temps partiel
  Smic mensuel à prendre en compte : Smic 1 820 heures × durée contractuelle / durée légale
- Durée collective du travail inférieure à la durée légale
  Smic mensuel à prendre en compte : Smic 1 820 heures × durée collective / durée légale
- Embauche ou départ en cours d'année
  Smic mensuel à prendre en compte : Smic 1 820 heures × nombre d'heures payées / 1 820
- Absence non rémunérée
  Smic mensuel à prendre en compte : Smic 1 820 heures × nombre d'heures payées / 1 820
- Absence partiellement rémunérée
  Smic mensuel à prendre en compte : Smic 1 820 heures × rém. brute annuelle / rém. brute théorique

La rémunération brute annuelle

La rémunération à prendre en compte est la **rémunération annuelle brute soumise à cotisations de Sécurité sociale et versée au salarié au cours de l'année civile considérée**. Selon les règles de l'article L. 242-1 du Code de la Sécurité sociale, la **rémunération annuelle brute est l'ensemble des éléments de rémunération**, en espèces ou en nature, attribués en contrepartie ou à l'occasion

du travail, quelle que soit sa dénomination (salaire, prime, gratification, indemnités, notamment de congés payés ou en cas de maladie…).
En cas d'abattement supplémentaire pour frais professionnels, c'est la rémunération après abattement qui est retenue pour le calcul de la réduction. Mais **les sommes représentant les frais professionnels** au sens de l'arrêté du 20 décembre 2002, c'est-à-dire les sommes versées aux salariés pour couvrir des charges de caractère spécial inhérentes à la fonction à l'emploi, **ne sont pas prises en compte dans la rémunération**.

Les **allocations** versées aux salariés poursuivant une activité à temps plein dans le cadre de conventions d'allocations temporaires dégressives ou à temps partiel dans le cadre de conventions de préretraite progressive, d'aide au passage à temps partiel, ou en cas d'activité partielle, **ne sont pas prises en compte** dans le calcul de la réduction.

Depuis le 1er janvier 2012, les heures supplémentaires et complémentaires sont réintroduites dans le brut servant au diviseur de la formule, et **le mode de calcul du Smic annuel tient maintenant compte du nombre d'heures supplémentaires et complémentaires réellement effectuées**.

Salariés relevant du bâtiment, travaux publics (BTP)

Comme nous venons de le voir plus haut, la réduction Fillon se calcule sur la base d'une formule mathématique appliquée sur la rémunération brute annuelle de chaque employé. Or, dans le BTP, cette rémunération ne comprend pas les indemnités de congés payés (ICP), versées par les caisses de congés dans la grande majorité des cas. Pour corriger ce problème, la spécificité des entreprises du BTP est prise en compte par l'application en leur faveur d'une **formule de calcul spéciale pour cette réduction Fillon** qui est maintenant égale à la rémunération annuelle brute soumise à cotisations du salarié (brut – 10 % pour frais professionnels) multipliée par un coefficient. Ce coefficient est obtenu grâce à la formule mathématique suivante : C = (T /0,6) × [(1,6 × Smic annuel/rémunération annuelle brute) -1] × **100/90**.

Avec un plafond égal à C = T × 100/90. Le résultat obtenu doit être arrondi à quatre décimales, comme pour les autres entreprises.

En résumé, je vous propose le modèle de bulletin paie suivant pour réaliser les exercices :

Libellé des Rubriques	Base	Taux	Montant	Commentaires
Salaire				
Total Brut				

Cotisations	Base	Salariales		Patronales	
		Taux	Montant	Taux	Montant
Santé					
Sécurité Sociale (Mal, Mat, Inv, Déc.) (<2,5 SMIC)					
Sécurité Sociale (Mal, Mat, Inv, Déc.) (>2,5 SMIC)					
Incapacité, Invalidité, Capital Décès (Prév. Décès)					
Complémentaire Santé (Prév. Frais de Santé)					
Accident du Travail - Maladie Prof.					
Retraite					
Sécurité Sociale (Vieillesse Plafonnée / TA)					
Sécurité Sociale (Vieillesse Déplafonnée / Brut)					
Complémentaire (AGIRC-ARRCO + CEG /T1)					
Complémentaire (AGIRC-ARRCO + CEG /T2)					
Contribution d'Equilibre Technique (CET T1+T2)					
Famille (< 3,5 SMIC)					
Famille (> 3,5 SMIC)					
Assurance Chômage					
Chômage (Chômage + AGS / TA+TB)					
APEC (Salarié Cadre TA+TB)					
Autres Contributions dues par l'employeur					
C.S.G. Non Imposable					
Réduction générale des charges patronales					
Exonération cotisations salariales / Heures Sup.					
Total des cotisations et contributions					
Net fiscal					
RETENUES ET REMBOURSEMENTS DIVERS					
C.S.G. & C.R.D.S. Imposables					
Total des Retenues et Remboursements					
Net à payer avant prélèvement à la source					
dont évolution de la rémunération liée à la suppression des cotisations salariales chômage et maladie					
Prélèvement à la source					
			Net Payé en euros	Date de paiement	
			Total versé par l'employeur	Allègement de cotisations	

Ce que j'ai rajouté entre parenthèses dans les libellés est pour vous aider à la réalisation des exercices mais est rarement indiqué sur un « vrai » bulletin. J'ai séparé volontairement la CSG non imposable de la CSG imposable afin que le net fiscal soit plus facilement calculé (quoique, mais nous verrons plus tard). Pour les mêmes raisons, j'ai séparé la T1 et la T2 du cumul retraite + CEG, alors que vos logiciels les agrègent peut-être. Il y a bien sûr d'autres lignes sur un « vrai » bulletin : le mode de paiement, le cumul du brut, le cumul du net fiscal, le cumul des heures travaillées, le nombre de jours de droit à congés payés, le nombre de jours pris, le nombre de jours restant (parfois même des deux périodes, en cours et écoulée), le nombre de jours de RTT, le nombre d'heures de contrepartie en repos, et bien sûr, en bas de bulletin, la mention incitative à conserver le bulletin sans limitation de durée et la nouvelle mention « *Pour la définition des termes employés, se reporter au site internet www.service-public.fr rubrique cotisations sociales* ».

Exercices

Exercice 44 (Niveau 1)

Quel est le montant de la réduction générale des charges patronales du mois d'avril 2019 pour un salarié embauché le lundi 1er avril 2019 en CDI à temps complet (151,67 heures) dans une entreprise de 100 salariés, toujours présent en fin de mois et qui a un brut de 2 000 € ?

Exercice 45 (Niveau 2)

Exercice sur 3 mois consécutifs.
Un salarié est embauché le 2 janvier 2019 dans une entreprise de 100 salariés pour un **salaire de base de 1 800 €** à temps plein (151,67 heures). Il n'a ni absence ni heures supplémentaires.

1. Quel est le montant de la réduction générale des charges patronales de janvier 2019 ?

2. Quel est le montant de la réduction générale des charges patronales de février 2019 alors qu'il a 8 HS majorées à 25 % et 4 HS majorées à 50 % ?

3. Quel est le montant de la réduction générale des charges patronales de mars 2019, alors qu'il a une prime trimestrielle d'assiduité de 200 € et une prime sur objectif de 500 € ?

Exercice 46 (Niveau 3)

Puisqu'un lecteur avait trouvé que mes exercices sur l'allégement Fillon étaient « trop faciles », je vous livre un exercice « réel », basé sur un « vrai » salarié, dans une « vraie » entreprise. À toutes fins utiles, je certifie que le résultat final a été validé par un « vrai » contrôleur de l'Urssaf.

Ce salarié travaillait dans une entreprise de BTP (de plus de 100 salariés) au cours de l'année 2015 durant laquelle le Smic horaire était 9,61 € et la formule du coefficient pour calculer l'allégement Fillon était :

$$\text{Coefficient} = \left(\frac{0{,}2835}{0{,}6}\right) \times \left[\left(1{,}6 \times \frac{\text{Nombre annuel d'heures travaillées x SMIC horaire}}{\text{Rémunération annuelle brute}}\right) - 1\right]$$

Bien que ce cas réel date de 2015, le raisonnement était identique à celui de 2019. Il y a juste les valeurs du Smic et le 0,2854 d'aujourd'hui qui était 0,2835.

Voici quels sont les éléments dont vous disposez pour calculer l'allégement Fillon de l'année 2015 pour ce salarié :

	Salaire de base		Heures Supplémentaires		Abs Non Payées		Abs Payées		Abs. C.P.		Primes et Indemnités Diverses (Montant)
	Nb d'heures	Montant	Nb d'heures	Montant	Nb d'heures	Montant	Nb d'heures	Montant	Nb d'heures	Montant	
Janvier	151,67	2 238,65					1,50	22,14	5,50	81,18	333,97
Février	151,67	2 238,65			1,00	14,76					93,43
Mars	151,67	2 238,65									98,38
Avril	151,67	2 238,65							49,00	723,24	51,48
Mai	151,67	2 238,65	2,00	36,90							68,64
Juin	151,67	2 238,65	8,00	147,60							99,78
Juillet	151,67	2 238,65							70,00	1 033,20	49,04
Août	151,67	2 238,65	8,00	147,60					7,00	103,32	101,26
Septembre	151,67	2 238,65	7,00	129,15					28,00	413,28	83,27
Octobre	151,67	2 238,65									95,21
Novembre	151,67	2 238,65			4,00	59,04					104,69
Décembre	151,67	2 238,65							35,00	516,60	76,56

Exercice 47 (Niveau 1)

Ce salarié non cadre est employé en CDI depuis le 1er janvier 2018 à temps plein dans une grande entreprise parisienne (effectif de 150 salariés, taux de versement transport de 2,95 %) pour un salaire de base de 2 000 € brut pour 151,67 heures par mois. Sa rémunération n'a pas varié depuis son entrée. Le taux d'accident du travail pour cette entreprise est de 2,50 %. Le montant des cotisations prévoyance « Frais de santé » est de 100 € (50 % pour le salarié et 50 % pour l'employeur). L'entreprise bénéficie d'une couverture prévoyance incapacité, invalidité, décès dont les taux sont de 1 % pour le salarié et de 2 % pour l'employeur sur la tranche A. Son taux de prélèvement à la source est le taux neutre.

Établir son bulletin de paie d'avril 2019 à l'aide du tableau des charges.

Libellé des Rubriques	Base	Taux	Montant	Commentaires
Salaire				
Total Brut				

Cotisations	Base	Salariales		Patronales	
		Taux	Montant	Taux	Montant
Santé					
Sécurité Sociale (Mal, Mat, Inv, Décès)					
Incapacité, Invalidité, Capital Décès (Prév. Décès)					
Complémentaire Santé (Prév. Frais de Santé)					
Accident du Travail - Maladie Prof.					
Retraite					
Sécurité Sociale (Vieillesse Plafonnée)					
Sécurité Sociale (Vieillesse Déplafonnée)					
Complémentaire (AGIRC-ARRCO + CEG /T1)					
Complémentaire (AGIRC-ARRCO + CEG /T2)					
Contribution d'Equilibre Technique (CET T1+T2)					
Famille					
Assurance Chômage					
Chômage (Chômage + AGS / TA+TB)					
APEC (Salarié Cadre TA+TB)					
Autres Contributions dues par l'employeur					
C.S.G. Non Imposable					
Réduction des charges patronales					
Total des cotisations et contributions					
Net fiscal					
RETENUES ET REMBOURSEMENTS DIVERS					
C.S.G. & C.R.D.S. Imposables					
Total des Retenues et Remboursements					
Net à payer avant prélèvement à la source					
dont évolution de la rémunération liée à la suppression des cotisations salariales chômage et maladie					
Prélèvement à la source					
		Net Payé en euros		Date de paiement	
		Total versé par l'employeur		Allègement de cotisations	

Exercice 48 (Niveau 1)

Ce salarié, CDI, est cadre depuis le 5 octobre 2015 à temps plein dans une grande entreprise parisienne (effectif de 150 salariés, taux de versement transport de 2,95 %) pour un salaire forfaitaire de 6 000 € brut pour 151,67 heures par mois. Sa rémunération n'a pas varié depuis son entrée (6 000 € bruts chaque mois). Le taux d'accident du travail pour cette entreprise est de 2,50 %. Le montant des cotisations prévoyance « Frais de santé » est de 100 € (50 % pour le salarié et 50 % pour l'employeur). L'entreprise n'applique que le minimum de la prévoyance « Décès » obligatoire pour les cadres. Son taux de prélèvement à la source est le taux neutre.

Établir son bulletin de paie d'avril 2019 avec les taux de cotisations minimums de la feuille récapitulative.

Libellé des Rubriques	Base	Taux	Montant	Commentaires
Salaire				
Total Brut				

Cotisations	Base	Salariales Taux	Salariales Montant	Patronales Taux	Patronales Montant
Santé					
Sécurité Sociale (Mal, Mat, Inv, Décès)					
Incapacité, Invalidité, Capital Décès (Prév. Décès)					
Complémentaire Santé (Prév. Frais de Santé)					
Accident du Travail - Maladie Prof.					
Retraite					
Sécurité Sociale (Vieillesse Plafonnée)					
Sécurité Sociale (Vieillesse Déplafonnée)					
Complémentaire (AGIRC-ARRCO + CEG /T1)					
Complémentaire (AGIRC-ARRCO + CEG /T2)					
Contribution d'Equilibre Technique (CET T1+T2)					
Famille					
Assurance Chômage					
Chômage (Chômage + AGS / TA+TB)					
APEC (Salarié Cadre TA+TB)					
Autres Contributions dues par l'employeur					
C.S.G. Non Imposable					
Réduction des charges patronales					
Total des cotisations et contributions					
Net fiscal					
RETENUES ET REMBOURSEMENTS DIVERS					
C.S.G. & C.R.D.S. Imposables					
Total des Retenues et Remboursements					
Net à payer avant prélèvement à la source					
dont évolution de la rémunération liée à la suppression des cotisations salariales chômage et maladie					
Prélèvement à la source					

Net Payé en euros	Date de paiement
Total versé par l'employeur	Allègement de cotisations

Exercice 49 (Niveau 2)

Le salarié de l'exercice précédent a un collègue dans la même entreprise que lui, entré en CDI le même jour que lui, mais ce collègue est cadre supérieur pour un salaire forfaitaire de 30 000 € brut pour 151,67 heures par mois. Sa rémunération n'a pas varié non plus depuis son entrée (30 000 € bruts chaque mois). Le taux d'accident du travail pour cette entreprise est toujours de 2,50 %. Le montant des cotisations prévoyance « Frais de santé » est encore de 100 € (50 % pour le salarié et 50 % pour l'employeur). L'entreprise n'applique que le minimum de la prévoyance « Décès » obligatoire pour les cadres. Son taux de prélèvement à la source est le taux neutre.
Établir son bulletin de paie d'avril 2019 avec les taux de cotisations minimums de la feuille récapitulative.

Libellé des Rubriques	Base	Taux	Montant	Commentaires
Salaire				
Total Brut				

Cotisations	Base	Salariales		Patronales	
		Taux	Montant	Taux	Montant
Santé					
Sécurité Sociale (Mal, Mat, Inv, Décès)					
Incapacité, Invalidité, Capital Décès (Prév. Décès)					
Complémentaire Santé (Prév. Frais de Santé)					
Accident du Travail - Maladie Prof.					
Retraite					
Sécurité Sociale (Vieillesse Plafonnée)					
Sécurité Sociale (Vieillesse Déplafonnée)					
Complémentaire (AGIRC-ARRCO + CEG /T1)					
Complémentaire (AGIRC-ARRCO + CEG /T2)					
Contribution d'Equilibre Technique (CET T1+T2)					
Famille					
Assurance Chômage					
Chômage (Chômage + AGS / TA+TB)					
APEC (Salarié Cadre TA+TB)					
Autres Contributions dues par l'employeur					
C.S.G. Non Imposable					
Réduction des charges patronales					
Total des cotisations et contributions					
Net fiscal					
RETENUES ET REMBOURSEMENTS DIVERS					
C.S.G. & C.R.D.S. Imposables					
Total des Retenues et Remboursements					
Net à payer avant prélèvement à la source					
dont évolution de la rémunération liée à la suppression des cotisations salariales chômage et maladie					
Prélèvement à la source					

	Net Payé en euros	Date de paiement
	Total versé par l'employeur	Allègement de cotisations

Exercice 50 (Niveau 2)

Un salarié (CDI non cadre) entre le lundi 8 avril 2019 pour un salaire mensuel (151,67 heures) de 3 300 € dans une entreprise parisienne (ayant 150 salariés, donnant 27 jours ouvrés par an de congés payés et dont l'horaire de travail est de 7 heures par jour). Au mois de mai, il perçoit une prime exceptionnelle de 3 700 €. Néanmoins, Il rompt son contrat le vendredi 21 juin 2019 au soir avant la fin de sa période d'essai, L'entreprise paye les jours fériés quelle que soit l'ancienneté du salarié. Le taux d'accident du travail pour cette entreprise est toujours de 2,50 %. Le montant des cotisations prévoyance « Frais de santé » est de 100 € (50 % pour le salarié et 50 % pour l'employeur). L'entreprise a institué une prévoyance « Décès » obligatoire dont le taux est de 1 % pour le salarié et de 2 % pour l'employeur à appliquer sur la tranche A. Son taux de prélèvement à la source est le taux neutre.

Établir les bulletins de ces 3 mois en n'oubliant pas de faire la régularisation mensuelle progressive.

Pour vous aider, voici le calendrier 2019 (avril, mai et juin)

Avril			Mai			Juin		
L	1	Hugues	M	1	*Fête du Travail*	S	1	Justin
M	2	Sandrine	J	2	Boris	D	2	Blandine
M	3	Richard	V	3	Jacques / Philippe	L	3	Kévin
J	4	Isidore	S	4	Sylvain	M	4	Clothilde
V	5	Irène	D	5	Judith	M	5	Igor
S	6	Marcellin	L	6	Prudence	J	6	Norbert
D	7	J.B. de la Salle	M	7	Gisèle	V	7	Gilbert
L	8	Julie	M	8	*Victoire 1945*	S	8	Médard
M	9	Gautier	J	9	Pacôme	D	9	Diane
M	10	Fulbert	V	10	Solange	L	10	Landry *Ascension*
J	11	Stanislas	S	11	Jeanne d'Arc	M	11	Barnabé
V	12	Jules	D	12	Achille	M	12	Guy
S	13	Ida	L	13	Rolande	J	13	Antoine
D	14	Maxime	M	14	Matthias	V	14	Elisée
L	15	Paterne	M	15	Denise	S	15	Germaine
M	16	Benoît	J	16	Honoré	D	16	Régis
M	17	Anicet	V	17	Pascal	L	17	Hervé
J	18	Parfait	S	18	Eric	M	18	Léonce
V	19	Emma	D	19	Yves	M	19	Romuald
S	20	Odette	L	20	Bernadin	J	20	Silvère
D	21	Anselme	M	21	Constantin Pentecote	V	21	Rodolphe / Jean
L	22	Alexandre *Pâques*	M	22	Emile	S	22	Alban
M	23	Georges	J	23	Didier	D	23	Audrey
M	24	Fidèle	V	24	Donatien	L	24	Jean-Baptiste
J	25	Marcel	S	25	Sophie	M	25	Prosper
V	26	Alida	D	26	Béranger	M	26	Anthelme
S	27	Zita	L	27	Augustin	J	27	Fernand
D	28	Valérie	M	28	Germain	V	28	Irénée
L	29	Cath. De S.	M	29	Aymar	S	29	Pierre / Paul
M	30	Robert	J	30	Ferdinand	D	30	Martial
			V	31	Visitation			

Le bulletin de paie modèle a été légèrement modifié pour vous permettre de mieux réaliser cet exercice ; j'ai supprimé quelques lignes vierges du brut et des retenues et remboursements divers, ainsi que les lignes Apec et Réduction de charges patronales, inutiles dans cet exercice. Mais, j'ai surtout doublé les lignes Santé Sécurité sociale (en distinguant < et > à 2,5 Smic), ainsi que celles de Famille (en distinguant < et > à 3,5 Smic). À vous d'en comprendre la raison…

Tableau pour la régularisation « Maladie – Allocations familiales »

SMIC : 1 521,25 €

Le brut cumulé est-il < ou > à 3,5 SMIC cumulé ? ⇓

Le brut cumulé est-il < ou > à 2,5 SMIC cumulé ? ⇓

Mois	Brut du mois	Brut Cumulé	Maladie 7% Cumulée	Maladie 7% du mois	>/<	Maladie 13% Cumulée	Maladie 13% du mois	Montant 2,5 SMIC Cumulé	A.F. 3,45% Cumulée	A.F. 3,45% du mois	>/<	A.F. 5,25% Cumulée	A.F. 5,25% du mois	Montant 3,5 SMIC Cumulé
Avril														
Mai														
Juin														

Mois d'avril 2019

Libellé des Rubriques	Base	Taux	Montant	Commentaires
Salaire				
Prime Exceptionnelle				
Total Brut				

Cotisations	Base	Salariales		Patronales	
		Taux	Montant	Taux	Montant
Santé					
Sécurité Sociale (Mal, Mat, Inv, Déc.) (<2,5 SMIC)					
Sécurité Sociale (Mal, Mat, Inv, Déc.) (>2,5 SMIC)					
Incapacité, Invalidité, Capital Décès (Prév. Décès)					
Complémentaire Santé (Prév. Frais de Santé)					
Accident du Travail - Maladie Prof.					
Retraite					
Sécurité Sociale (Vieillesse Plafonnée)					
Sécurité Sociale (Vieillesse Déplafonnée)					
Complémentaire (AGIRC-ARRCO + CEG /T1)					
Complémentaire (AGIRC-ARRCO + CEG /T2)					
Contribution d'Equilibre Technique (CET T1+T2)					
Famille (< 3,5 SMIC)					
Famille (> 3,5 SMIC)					
Assurance Chômage					
Chômage (Chômage + AGS / TA+TB)					
Autres Contributions dues par l'employeur					
C.S.G. Non Imposable					
Total des cotisations et contributions					
Net fiscal					
RETENUES ET REMBOURSEMENTS DIVERS					
C.S.G. & C.R.D.S. Imposables					
Total des Retenues et Remboursements					
Net à payer avant prélèvement à la source					
dont évolution de la rémunération liée à la suppression des cotisations salariales chômage et maladie					
Prélèvement à la source					

	Net Payé en euros	Date de paiement 30 avril 2019
	Total versé par l'employeur	Allègement de cotisations

Mois de mai 2019

Libellé des Rubriques	Base	Taux	Montant	Commentaires
Salaire				
Prime Exceptionnelle				
Total Brut				

Cotisations	Base	Salariales		Patronales	
		Taux	Montant	Taux	Montant
Santé					
Sécurité Sociale (Mal, Mat, Inv, Déc.) (<2,5 SMIC)					
Sécurité Sociale (Mal, Mat, Inv, Déc.) (>2,5 SMIC)					
Incapacité, Invalidité, Capital Décès (Prév. Décès)					
Complémentaire Santé (Prév. Frais de Santé)					
Accident du Travail - Maladie Prof.					
Retraite					
Sécurité Sociale (Vieillesse Plafonnée)					
Sécurité Sociale (Vieillesse Déplafonnée)					
Complémentaire (AGIRC-ARRCO + CEG /T1)					
Complémentaire (AGIRC-ARRCO + CEG /T2)					
Contribution d'Equilibre Technique (CET T1+T2)					
Famille (< 3,5 SMIC)					
Famille (> 3,5 SMIC)					
Assurance Chômage					
Chômage (Chômage + AGS / TA+TB)					
Autres Contributions dues par l'employeur					
C.S.G. Non Imposable					
Total des cotisations et contributions					
Net fiscal					
RETENUES ET REMBOURSEMENTS DIVERS					
C.S.G. & C.R.D.S. Imposables					
Total des Retenues et Remboursements					
Net à payer avant prélèvement à la source					
dont évolution de la rémunération liée à la suppression des cotisations salariales chômage et maladie					
Prélèvement à la source					

Net Payé en euros	Date de paiement 31 mai 2019
Total versé par l'employeur	Allègement de cotisations

Mois de juin 2019

Libellé des Rubriques	Base	Taux	Montant	Commentaires
Salaire				
Prime Exceptionnelle				
Total Brut				

Cotisations	Base	Salariales		Patronales	
		Taux	Montant	Taux	Montant
Santé					
Sécurité Sociale (Mal, Mat, Inv, Déc.) (<2,5 SMIC)					
Sécurité Sociale (Mal, Mat, Inv, Déc.) (>2,5 SMIC)					
Incapacité, Invalidité, Capital Décès (Prév. Décès)					
Complémentaire Santé (Prév. Frais de Santé)					
Accident du Travail - Maladie Prof.					
Retraite					
Sécurité Sociale (Vieillesse Plafonnée)					
Sécurité Sociale (Vieillesse Déplafonnée)					
Complémentaire (AGIRC-ARRCO + CEG /T1)					
Complémentaire (AGIRC-ARRCO + CEG /T2)					
Contribution d'Equilibre Technique (CET T1+T2)					
Famille (< 3,5 SMIC)					
Famille (> 3,5 SMIC)					
Assurance Chômage					
Chômage (Chômage + AGS / TA+TB)					
Autres Contributions dues par l'employeur					
C.S.G. Non Imposable					
Total des cotisations et contributions					
Net fiscal					
RETENUES ET REMBOURSEMENTS DIVERS					
C.S.G. & C.R.D.S. Imposables					
Total des Retenues et Remboursements					
Net à payer avant prélèvement à la source					
dont évolution de la rémunération liée à la suppression des cotisations salariales chômage et maladie					
Prélèvement à la source					

	Net Payé en euros	Date de paiement
		21 juin 2019
	Total versé par l'employeur	Allègement de cotisations

13. Exercice sur l'indemnité de précarité d'emploi (CDD seulement)

Page de rappel du livre *La Paie, ça s'apprend*

À l'issue de son contrat à durée déterminée, le salarié a droit à une indemnité « destinée à compenser la précarité de son contrat » appelée « indemnité de précarité d'emploi » ou encore « indemnité de fin de contrat » (bien que cette dernière dénomination me semble plus appropriée pour l'indemnité versée aux salariés intérimaires).

Toutefois, cette indemnité n'a pas à être versée en cas :

- de rupture anticipée due à l'initiative du salarié, à sa faute grave ou à un cas de force majeure ;
- de refus du salarié d'être embauché sous CDI ;
- de rupture pendant la période d'essai.

Par ailleurs, ne donnent pas droit à cette indemnité les CDD conclus :

- pour pourvoir des emplois de caractère saisonnier ;
- dans les secteurs où il est d'usage de ne pas recourir au CDI pour les emplois temporaires ;
- dans le cadre des dispositions législatives ou réglementaires destinées à favoriser l'embauche ;
- avec l'obligation pour l'employeur d'apporter au salarié un complément de formation ;
- avec des jeunes pendant leurs vacances scolaires ou universitaires.

Pour tous les contrats conclus (ou renouvelés) depuis le 20 janvier 2002, cette indemnité doit être égale à 10 % de la rémunération totale brute (au lieu de 6 % sous le régime antérieur) – mais attention, un taux limité à 6 % peut s'appliquer si une convention ou un accord collectif de branche étendu applicable à l'entreprise ou une convention ou un accord d'entreprise ou d'établissement le prévoit, dès lors que des contreparties telles qu'un accès privilégié à la formation professionnelle des salariés en CDD (actions de développement des compétences, bilan de compétences à suivre en dehors du temps de travail…) sont prévues ; une proposition individuelle d'accès à la formation doit avoir été effectivement faite au salarié, par l'employeur. Enfin, un taux plus élevé peut être imposé par la convention ou l'accord collectif applicable à l'entreprise. Le taux de l'indemnité s'applique à la totalité de la rémunération brute, y compris les majorations, indemnités et primes diverses, telles que primes de vacances, primes de fin d'année, primes de 13e mois perçues par le salarié titulaire d'un CDD (circ. DRT n° 92-14, 29 août 1992).

Elle est donc soumise à toutes les règles concernant les salaires. En particulier, elle doit être incluse dans l'assiette de calcul de l'indemnité compensatrice de congés payés. En revanche, l'indemnité de fin de contrat ne doit pas être prise en compte lorsqu'il s'agit de vérifier que la rémunération des salariés sous contrat à durée déterminée est la même, pour le même emploi, que celle des salariés sous contrat à durée indéterminée. Elle est aussi soumise à l'impôt sur le revenu, aux cotisations de Sécurité sociale, à la CSG et à la CRDS (C. Séc. soc., art. L. 242-1).

L'indemnité de fin de contrat doit être versée « à l'issue » du contrat en même temps que le dernier salaire et doit figurer sur le bulletin de salaire correspondant (C. trav., art. L. 1243-8).

Exercice

Exercice 51 (Niveau 2)

Un salarié non cadre est embauché en CDD pour 2 mois pour surcroît temporaire d'activité dans une entreprise parisienne (ayant 150 salariés un taux de transport de 2,95 %, dont l'horaire collectif est de 151,67 heures par mois et qui compte les congés payés en jours ouvrables) le lundi 14 octobre 2019 pour 21,00 heures par semaine (le salarié travaille 7 heures tous les lundis, mercredis et vendredis). Le salaire mensuel correspondant à un temps plein est de 3 300 €. La date de fin de contrat est le vendredi 13 décembre 2019 au soir. L'entreprise paye les jours fériés quelle que soit l'ancienneté du salarié. Le taux d'accident du travail pour cette entreprise est de 2,50 %. Le taux « Transport » est de 2,95 %. Le montant des cotisations prévoyance « Frais de santé » est de 100 € (50 % pour le salarié et 50 % pour l'employeur). L'entreprise a institué une prévoyance « Décès » obligatoire dont le taux est de 1 % pour le salarié et de 2 % pour l'employeur à appliquer sur la tranche A. Son taux de prélèvement à la source est le taux neutre.

Établir les bulletins de salaire de ces 3 mois (octobre, novembre et décembre) en n'oubliant pas de faire la régularisation mensuelle progressive.

Pour vous aider, voici le calendrier des mois d'octobre à décembre 2019

Octobre			Novembre			Décembre		
M	1	Thérèse	V	1	*Toussaint*	D	1	Florence
M	2	Léger	S	2	Défunts	L	2	Viviane
J	3	Gérard	D	3	Hubert	M	3	François-Xavier
V	4	François d'Assise	L	4	Charles	M	4	Barbara
S	5	Fleur	M	5	Sylvie	J	5	Gérald
D	6	Bruno	M	6	Léonard	V	6	Nicolas
L	7	Serge	J	7	Carine	S	7	Ambroise
M	8	Pélagie	V	8	Geoffroy	D	8	Imm. Concept;
M	9	Denis	S	9	Théodore	L	9	Pierre Fourier
J	10	Ghislain	D	10	Léonard	M	10	Romaric
V	11	Firmin	L	11	*Armistice 1918*	M	11	Daniel
S	12	Wilfried	M	12	Christian	J	12	Chantal
D	13	Géraud	M	13	Brice	V	13	Lucie
L	14	Juste	J	14	Sidoine	S	14	Odile
M	15	Thérèse d'Av.	V	15	Albert	D	15	Ninon
M	16	Edwige	S	16	Marguerite	L	16	Alice
J	17	Baudoin	D	17	Elisabeth	M	17	Judicaël / Gaël
V	18	Luc	L	18	Aude	M	18	Gatien
S	19	René	M	19	Tanguy	J	19	Urbain
D	20	Adeline	M	20	Edmond	V	20	Théophile
L	21	Céline	J	21	Présentation	S	21	Pierre Canisius
M	22	Salomé	V	22	Cécile	D	22	Françoise
M	23	Jean de C.	S	23	Christ-Roi	L	23	Armand
J	24	Florentin	D	24	Flora	M	24	Adèle
V	25	Crépin	L	25	Catherine	M	25	*Noël*
S	26	Dimitri	M	26	Delphine	J	26	Etienne
D	27	Emeline	M	27	Séverin	V	27	Jean l'Apôtre
L	28	Simon / Jude	J	28	Jacques de la M.	S	28	Sainte famille
M	29	Narcisse	V	29	Saturnin	D	29	David
M	30	Bienvenue	S	30	André	L	30	Roger
J	31	Quentin				M	31	Sylvestre

Exercice sur l'indemnité de précarité d'emploi

SMIC : 1 521,25 €

Le brut cumulé est-il < ou > à 3,5 SMIC cumulé ?

Le brut cumulé est-il < ou > à 2,5 SMIC cumulé ?

Mois	Brut du mois	**Brut Cumulé**	**Maladie 7% Cumulée**	Maladie 7% du mois	>/<	**Maladie 13% Cumulée**	Maladie 13% du mois	**Montant 2,5 SMIC Cumulé**	**A.F. 3,45% Cumulée**	A.F. 3,45% du mois	>/<	**A.F. 5,25% Cumulée**	A.F. 5,25% du mois	**Montant 3,5 SMIC Cumulé**
Octobre														
Novembre														
Décembre														

Le brut cumulé est-il <ou> au plafond cumulé ?

Mois	Brut du mois	**Brut Cumulé**	>/<	**Plafond Cumulé**	**Tranche 1 Cumulée**	Tranche 1 du mois	**Tranche 2 Cumulée**	Tranche2 du mois
Octobre								
Novembre								
Décembre								

Mois d'octobre 2019

Libellé des Rubriques	Base	Taux	Montant	Commentaires
Salaire				
Total Brut				

Cotisations	Base	Salariales		Patronales	
		Taux	Montant	Taux	Montant
Santé					
Sécurité Sociale (Mal, Mat, Inv, Déc.) (<2,5 SMIC)					
Sécurité Sociale (Mal, Mat, Inv, Déc.) (>2,5 SMIC)					
Incapacité, Invalidité, Capital Décès (Prév. Décès)					
Complémentaire Santé (Prév. Frais de Santé)					
Accident du Travail - Maladie Prof.					
Retraite					
Sécurité Sociale (Vieillesse Plafonnée)					
Sécurité Sociale (Vieillesse Déplafonnée)					
Complémentaire (AGIRC-ARRCO + CEG /T1)					
Complémentaire (AGIRC-ARRCO + CEG /T2)					
Contribution d'Equilibre Technique (CET T1+T2)					
Famille (< 3,5 SMIC)					
Famille (> 3,5 SMIC)					
Assurance Chômage					
Chômage (Chômage + AGS / TA+TB)					
APEC (Salarié Cadre TA+TB)					
Autres Contributions dues par l'employeur					
C.S.G. Non Imposable					
Réduction des charges patronales					
Total des cotisations et contributions					
Net fiscal					
RETENUES ET REMBOURSEMENTS DIVERS					
C.S.G. & C.R.D.S. Imposables					
Total des Retenues et Remboursements					
Net à payer avant prélèvement à la source					
dont évolution de la rémunération liée à la suppression des cotisations salariales chômage et maladie					
Prélèvement à la source					

	Net Payé en euros	**Date de paiement**
	Total versé par l'employeur	**Allègement de cotisations**

Mois de novembre 2019

Libellé des Rubriques	Base	Taux	Montant	Commentaires
Salaire				
Total Brut				

Cotisations	Base	Salariales		Patronales	
		Taux	Montant	Taux	Montant
Santé					
Sécurité Sociale (Mal, Mat, Inv, Déc.) (<2,5 SMIC)					
Sécurité Sociale (Mal, Mat, Inv, Déc.) (>2,5 SMIC)					
Incapacité, Invalidité, Capital Décès (Prév. Décès)					
Complémentaire Santé (Prév. Frais de Santé)					
Accident du Travail - Maladie Prof.					
Retraite					
Sécurité Sociale (Vieillesse Plafonnée)					
Sécurité Sociale (Vieillesse Déplafonnée)					
Complémentaire (AGIRC-ARRCO + CEG /T1)					
Complémentaire (AGIRC-ARRCO + CEG /T2)					
Contribution d'Equilibre Technique (CET T1+T2)					
Famille (< 3,5 SMIC)					
Famille (> 3,5 SMIC)					
Assurance Chômage					
Chômage (Chômage + AGS / TA+TB)					
APEC (Salarié Cadre TA+TB)					
Autres Contributions dues par l'employeur					
C.S.G. Non Imposable					
Réduction des charges patronales					
Total des cotisations et contributions					
Net fiscal					
RETENUES ET REMBOURSEMENTS DIVERS					
C.S.G. & C.R.D.S. Imposables					
Total des Retenues et Remboursements					
Net à payer avant prélèvement à la source					
dont évolution de la rémunération liée à la suppression des cotisations salariales chômage et maladie					
Prélèvement à la source					

Net Payé en euros	Date de paiement
Total versé par l'employeur	Allègement de cotisations

Mois de décembre 2019

Libellé des Rubriques	Base	Taux	Montant	Commentaires
Salaire				
Total Brut				

Cotisations	Base	Salariales		Patronales	
		Taux	Montant	Taux	Montant
Santé					
Sécurité Sociale (Mal, Mat, Inv, Déc.) (<2,5 SMIC)					
Sécurité Sociale (Mal, Mat, Inv, Déc.) (>2,5 SMIC)					
Incapacité, Invalidité, Capital Décès (Prév. Décès)					
Complémentaire Santé (Prév. Frais de Santé)					
Accident du Travail - Maladie Prof.					
Retraite					
Sécurité Sociale (Vieillesse Plafonnée)					
Sécurité Sociale (Vieillesse Déplafonnée)					
Complémentaire (AGIRC-ARRCO + CEG /T1)					
Complémentaire (AGIRC-ARRCO + CEG /T2)					
Contribution d'Equilibre Technique (CET T1+T2)					
Famille (< 3,5 SMIC)					
Famille (> 3,5 SMIC)					
Assurance Chômage					
Chômage (Chômage + AGS / TA+TB)					
APEC (Salarié Cadre TA+TB)					
Autres Contributions dues par l'employeur					
C.S.G. Non Imposable					
Réduction des charges patronales					
Total des cotisations et contributions					
Net fiscal					
RETENUES ET REMBOURSEMENTS DIVERS					
C.S.G. & C.R.D.S. Imposables					
Total des Retenues et Remboursements					
Net à payer avant prélèvement à la source					
dont évolution de la rémunération liée à la suppression des cotisations salariales chômage et maladie					
Prélèvement à la source					

Net Payé en euros	Date de paiement
Total versé par l'employeur	Allègement de cotisations

14. Exercices sur la reconstitution du salaire brut à partir du salaire net avant PAS

Page de rappel du livre *La Paie, ça s'apprend*

Parfois, lors de l'embauche, un salarié souhaite recevoir « x » euros en net à payer, d'une part parce que les salariés ne s'intéressent qu'à ce montant, et d'autre part parce qu'il veut concrétiser son changement d'entreprise. Voici donc la formule qui vous permettra de passer du net avant le prélèvement à la source au brut. Une précision toutefois : on ne peut utiliser ici que les taux communs à toutes les entreprises, c'est-à-dire sans tenir compte des éventuelles mutuelles et autres prévoyances que vous pourriez avoir dans votre entreprise, qu'il faudra prendre en considération.

Par convention et pour simplifier la formule, nous écrirons que :

- T1 = Somme des taux assis sur le brut, la tranche 1, la tranche A et les CSG & CRDS à 98,25 %
- T2 = Somme des taux assis sur le brut, la tranche 2, la tranche B et les CSG & CRDS à 98,25 %

Démonstration de la formule

Nous savons maintenant que :

Salaire net = salaire brut – les cotisations

Salaire brut = tranche 1 + tranche 2

Les cotisations = (tr. 1 × T1) + (tr. 2 × T2) + Montant Fixe des Prévoyances Salariales + (Prévoyances Patronales × 9,7 %)

Les 9,7% à appliquer aux montants des cotisations patronales de prévoyance résultent de l'addition des CSG et de la CRDS (6,80 % + 2,40 % + 0,50 %)

Salaire net = tr. 1 + tr. 2 – (tr. 1 × T1) – (tr. 2 × T2) – Montant Fixe des Prévoyances Salariales – (Prévoyances Patronales x 9,7 %)

Après cette décomposition de tous les paramètres :

Salaire net = tr. 1 (1 – T1) + tr. 2 (1 – T2) – Prévoyances Salariales – (Prévoyances Patronales × 9,7 %)

Puisque nous connaissons T1, T2, la tranche 1 (qui est égale au plafond SS), les montants des prévoyances salariales et patronales, ainsi que le salaire net (à partir duquel nous partons pour reconstituer le salaire brut), il suffit d'extraire la tranche 2, soit :

$$\text{Tr. 2} = \frac{(\text{Salaire net} + \text{PS} + (\text{PP} \times 9{,}7\ \%)) - \text{tr. 1}\ (1 - \text{T1})}{(1 - \text{T2})}$$

Donc, nous pouvons à présent connaître le **Salaire Brut en cumulant le plafond SS et la tranche 2** en remplaçant « Tr. 2 » par sa formule. Ainsi, on peut reconstituer le salaire brut d'un salarié à partir de son net avant le prélèvement à la source.

Exercices

Exercice 52 (Niveau 3)

Reconstituer, pour ce mois de juin 2019, le salaire brut d'un salarié cadre ayant un salaire net de 6 000 € pour 151,67 heures, avec un montant de prévoyance « Frais de santé » de 50 € pour le salarié et l'employeur, ainsi qu'une prévoyance « Décès » de 2 % sur la tranche 1 pour le salarié et de 3 % sur la tranche 1 pour l'employeur.

Exercice 53 (Niveau 3)

Reconstituer, pour ce mois de juin 2019, le salaire brut d'un salarié non cadre ayant un salaire net de 1 600 € pour 151,67 heures, avec un montant de prévoyance « Frais de santé » de 50 € pour le salarié et l'employeur. Il y a aussi une prévoyance « Décès » de 1 % sur la tranche 1 pour le salarié et l'employeur.

15. Exercice sur le bulletin d'un apprenti

Page de rappel du livre *La Paie, ça s'apprend*

Les apprentis perçoivent un salaire qui ne peut pas être inférieur à un montant déterminé en pourcentage du Smic. Ce pourcentage tient compte de l'âge dès le mois suivant l'anniversaire et de la valeur du Smic en cours de contrat. Pour les apprentis âgés de 21 ans ou plus, le pourcentage s'entend en pourcentage du Smic ou du salaire minimum conventionnel correspondant à l'emploi occupé, s'il est plus favorable.

Attention, ces pourcentages sont modifiés pour les apprentis âgés de 16 à 20 ans ayant signé leur contrat d'apprentissage **à compter du 1er janvier 2019.**

Mais, pour les contrats signés avant le 1er janvier 2019, voici le **tableau de la rémunération minimale due aux apprentis en 2019 :**

Année de contrat	Âge de l'apprenti								
	16 - 17 ans			18 - 20 ans			21 ans et plus		
	En %	Par heure	Par mois	En %	Par heure	Par mois	En %	Par heure	Par mois
1ère année	25%	2,51 €	380,30 €	41%	4,11 €	623,70 €	53%	5,32 €	806,24 €
2ème année	37%	3,71 €	562,85 €	49%	4,91 €	745,39 €	61%	6,12 €	927,94 €
3ème année	53%	5,32 €	806,24 €	65%	6,52 €	988,79 €	78%	7,82 €	1 186,55 €
Formation complémentaire									
Après contrat 1 an	40%	4,01 €	608,48 €	56%	5,62 €	851,88 €	68%	6,82 €	1 034,42 €
Après contrat 2 ans	52%	5,22 €	791,03 €	64%	6,42 €	973,58 €	76%	7,62 €	1 156,12 €
Après contrat 3 ans	68%	6,82 €	1 034,42 €	80%	8,02 €	1 216,97 €	93%	9,33 €	1 414,73 €

La mention complémentaire est un diplôme national qui vise à donner une qualification spécialisée à des candidats déjà titulaires d'un premier diplôme de l'enseignement professionnel ou technologique et, éventuellement, général. Le diplôme est classé : au niveau V (post-CAP) ou IV (post-baccalauréat professionnel) de la nomenclature interministérielle des niveaux de formation ; au niveau III ou IV du cadre européen de certification (CEC).

Pour une année de préparation d'un diplôme connexe ou une année de préparation d'une mention complémentaire, le salaire qui doit être versé à l'apprenti doit être égal à celui de sa dernière année d'apprentissage majoré de 15 points conformément à l'article D. 6222-33 du Code du travail.

Exemple : Un apprenti termine sa formation en apprentissage après deux ans d'étude en CAP de boulangerie. Il a 17 ans, il est titulaire de son CAP de boulangerie, et souhaite maintenant préparer une mention complémentaire en pâtisserie. Il signe un nouveau contrat d'apprentissage pour une mention complémentaire. Il est désormais en première année de contrat pour sa mention complémentaire. Pour établir son salaire on tient compte du salaire qu'il percevait en deuxième de CAP : 37 % du Smic. Puis on majore de 15 % au titre de sa mention complémentaire : 37 % + 15 % = 52 %. L'apprenti devra percevoir 52 % du Smic.

Pour les contrats signés depuis le 1er janvier 2019, voici le tableau de la rémunération minimale due aux apprentis en 2019.

Année de contrat	Âge de l'apprenti											
	16 - 17 ans			18 - 20 ans			21 - 25 ans			26 ans et plus		
	En %	Par heure	Par mois	En %	Par heure	Par mois	En %	Par heure	Par mois	En %	Par heure	Par mois
1ère année	27%	2,71 €	410,73 €	43%	4,31 €	654,12 €	53%	5,32 €	806,24 €	100%	10,03 €	1 521,22 €
2ème année	39%	3,91 €	593,27 €	51%	5,12 €	775,82 €	61%	6,12 €	927,94 €	100%	10,03 €	1 521,22 €
3ème année	55%	5,52 €	836,67 €	67%	6,72 €	1 019,22 €	78%	7,82 €	1 186,55 €	100%	10,03 €	1 521,22 €

- Pour les 21-25 ans, prendre respectivement 53 %, ou 61 %, ou 78 % du minimum conventionnel s'il est plus élevé.
- Pour les 26 ans et plus, prendre respectivement 100 % du minimum conventionnel s'il est plus élevé.

Cotisations des apprentis

Les apprentis sont exonérés de cotisations salariales pour toute la partie des cotisations minimales obligatoires. Ils ne cotisent donc pas à l'Urssaf (maladie, veuvage, vieillesse), ni au Pôle emploi, ni à la retraite complémentaire si celle-ci est appelée au taux minimum obligatoire (6,20 % × taux d'appel). Si la retraite complémentaire est appelée à un taux supérieur au taux minimum, l'apprenti cotisera sur la différence entre ces deux taux. Enfin, les apprentis sont également exonérés de la contribution sociale généralisée et de la contribution au remboursement de la dette sociale (loi n° 90-1168 du 29 décembre 1990, art. 128 et ord. n° 96-50 du 24 janvier 1996).

La loi de financement de la Sécurité sociale 2019 a prévu que cette exonération s'applique sur la part de la rémunération de l'apprenti inférieure ou égale à 79 % du Smic. Cette règle s'applique aux cotisations dues au titre des périodes courant à compter du 1er janvier 2019.

Quant aux cotisations patronales, depuis le 1er janvier 2019, elles se calculent sur le brut réel de l'apprenti (et non plus sur une assiette forfaitaire calculée sur la base de 151,67 fois le Smic connu au 1er janvier de l'année x, le pourcentage d'application en fonction de son âge et de son ancienneté diminué de 11 points, comme jusqu'au 31 décembre 2018). La contrepartie est que les employeurs bénéficient désormais du régime de réduction générale de cotisations patronales (anciennement allégement Fillon).

Exercice

Exercice 54 (Niveau 2)

Établir le bulletin du mois de janvier 2019 d'un apprenti né le 22 février 1999 dont c'est la troisième année d'apprentissage au sein d'une entreprise de la région parisienne qui comporte 100 salariés, taux AT de 2,50 %, « complémentaire santé » de 200 € (50 % salariale et 50 % patronale), à l'aide du bulletin ci-après.

Bulletin de paie de l'apprenti

Libellé des Rubriques	Base	Taux	Montant	Commentaires
Salaire				
Total Brut				

Cotisations	Base	Salariales		Patronales	
		Taux	Montant	Taux	Montant
Santé					
Sécurité Sociale (Mal, Mat, Inv, Déc.) (<2,5 SMIC)					
Incapacité, Invalidité, Capital Décès (Prév. Décès)					
Complémentaire Santé (Prév. Frais de Santé)					
Accident du Travail - Maladie Prof.					
Retraite					
Sécurité Sociale (Vieillesse Plafonnée)					
Sécurité Sociale (Vieillesse Déplafonnée)					
Complémentaire (AGIRC-ARRCO + CEG /T1)					
Famille (< 3,5 SMIC)					
Assurance Chômage					
Chômage (Chômage + AGS / TA+TB)					
Autres Contributions dues par l'employeur					
C.S.G. Non Imposable					
Réduction générale des charges patronales					
Total des cotisations et contributions					
Net fiscal					
RETENUES ET REMBOURSEMENTS DIVERS					
C.S.G. & C.R.D.S. Imposables					
Total des Retenues et Remboursements					
Net à payer avant prélèvement à la source					
dont évolution de la rémunération liée à la suppression des cotisations salariales chômage et maladie					
Prélèvement à la source					

	Net Payé en euros	Date de paiement
	Total versé par l'employeur	Allègement de cotisations

16. Exercice sur le bulletin d'un contrat de professionnalisation

Page de rappel du livre *La Paie, ça s'apprend*

La loi du 5 septembre 2018 pour la liberté de choisir son avenir professionnel aménage le contrat de professionnalisation à compter du 1er janvier 2019. Le contrat de professionnalisation est un contrat ayant désormais pour objectif l'insertion ou le retour à l'emploi de jeunes ou d'adultes par l'acquisition d'une qualification professionnelle reconnue par l'État et/ou la branche professionnelle. Peuvent être embauchés en contrat de professionnalisation :

- les jeunes de 16 à 25 ans révolus pour compléter leur formation initiale ;
- les demandeurs d'emploi d'au moins 26 ans ;
- les bénéficiaires du RSA ;
- les bénéficiaires de l'allocation de solidarité spécifique (ASS) ;
- les bénéficiaires de l'allocation aux adultes handicapés (AAH) ;
- les personnes ayant bénéficié d'un contrat unique d'insertion (CUI).

Le contrat de professionnalisation peut être un CDD d'au moins 6 mois ou un CDI. L'action de professionnalisation est d'une durée minimale comprise entre 6 et 12 mois, portée à 36 mois depuis le 1er janvier 2019 (contre 24 mois auparavant) pour certains bénéficiaires :

- les jeunes de 16 à 25 ans qui n'ont pas validé un 2e cycle de l'enseignement secondaire et qui n'ont pas obtenu de diplôme de l'enseignement technologique ou professionnel ;
- les demandeurs d'emploi inscrits depuis plus d'un an ;
- les bénéficiaires de minima sociaux ;
- les personnes ayant bénéficié d'un CUI.

Depuis le 1er janvier 2019, à titre expérimental et pour 3 ans, le contrat de professionnalisation pourra être conclu en vue d'acquérir non pas une qualification, mais des compétences définies par l'employeur et l'opérateur de compétences (ex-OPCA), en accord avec le salarié.

Paie des salariés en contrat de professionnalisation

Tableau de la rémunération minimale due aux contrats de professionnalisation en 2019

Âge du bénéficiaire	Rém. mini si qualif < bac pro		Rém. mini si qualif ≥ bac pro	
	En % du SMIC	Par mois (151,67 h)	En % du SMIC	Par mois (151,67 h)
âge < 21 ans	55%	836,67 €	65%	988,80 €
21 ans ≤ âge < 26 ans	70%	1 064,86 €	80%	1 216,98 €
âge ≥ 26 ans	100%	1 521,22 €	100%	1 521,22 €

Les demandeurs d'emploi âgés de 26 ans et plus perçoivent, sauf dispositions conventionnelles plus favorables, une rémunération qui ne peut être inférieure au Smic mensuel ni à 85 % du salaire minimum conventionnel.

Cotisations des contrats de professionnalisation

La protection sociale du travailleur salarié est financée par des cotisations et contributions qui sont calculées à partir du salaire brut.

Les cotisations de Sécurité sociale qui couvrent l'assurance vieillesse de base (retraite du régime général) sont à la fois à la charge du salarié (part salariale) et de l'employeur (part patronale).

D'autres cotisations ou contributions sont uniquement à la charge de l'employeur :

- la cotisation maladie ;
- la cotisation d'assurance chômage ;
- les cotisations d'allocations familiales ;
- la contribution solidarité autonomie ;
- les cotisations d'accident du travail ;
- le versement au fonds national d'aide au logement (FNAL) ;
- la cotisation assurance garantie des salaires (AGS) ;
- le forfait social ;
- le versement transport (pour les employeurs de 11 salariés et plus dans un périmètre de transport urbain).

En revanche, la contribution sociale généralisée (CSG) et la contribution au remboursement de la dette sociale (CRDS), destinées au financement de la Sécurité sociale, sont supportées uniquement par le salarié.

Enfin, l'exonération spécifique applicable aux contrats de professionnalisation conclus avec les demandeurs d'emploi âgés de 45 ans et plus ou entre un groupement d'employeurs et un jeune âgé de 16 à 25 ans est supprimée à compter du 1er janvier 2019. En échange, les rémunérations des salariés en contrat de professionnalisation bénéficient dorénavant de la réduction générale de charges dès le 1er janvier 2019.

Exercice

Exercice 55 (Niveau 2)

Établir le bulletin du mois de février 2019 à l'aide du bulletin ci-après pour un salarié en contrat de professionnalisation, né le 18 mai 1988 qui, après son bac pro, prépare un examen supérieur au sein d'une entreprise de la région parisienne, ayant 100 salariés, un taux accident du travail de 1,01 %, une prévoyance « Frais de santé » de 43,64 € (50 % pour le salarié et 50 % pour l'employeur) et une prévoyance « Décès » sur la tranche A avec un taux de 0,95 % pour l'employeur. Le minimum conventionnel applicable dans cette entreprise est de 2 117,65 €.

Bulletin de paie du contrat de professionnalisation

Libellé des Rubriques	Base	Taux	Montant	Commentaires	
Salaire	151,67				
Total Brut					
Cotisations	Base	Salariales		Patronales	
		Taux	Montant	Taux	Montant
Santé					
Sécurité Sociale (Mal, Mat, Inv, Déc.)				7,00	
Incapacité, Invalidité, Capital Décès (Prév. Décès)				0,95	
Complémentaire Santé (Prév. Frais de Santé)		50,00		50,00	
Accident du Travail - Maladie Prof.				1,01	
Retraite					
Sécurité Sociale (Vieillesse Plafonnée)		6,90		8,55	
Sécurité Sociale (Vieillesse Déplafonnée)		0,40		1,90	
Complémentaire (AGIRC-ARRCO + CEG /T1)		4,01		6,01	
Famille (< 3,5 SMIC)				3,45	
Assurance Chômage					
Chômage (Chômage + AGS / TA+TB)				4,20	
Autres Contributions dues par l'employeur					
C.S.G. Non Imposable		6,80			
Réduction générale des charges sociales					
Total des cotisations et contributions					
Net fiscal					
RETENUES ET REMBOURSEMENTS DIVERS					
C.S.G. & C.R.D.S. Imposables		2,90			
Total des Retenues et Remboursements					
Net à payer avant prélèvement à la source					
dont évolution de la rémunération liée à la suppression des cotisations salariales chômage et maladie					
Prélèvement à la source					
Nombre d'heures travaillées :	151,67	Net Payé en euros		Date de paiement 28 février 2019	
		Total versé par l'employeur		Allègement de cotisations	

17. Exercice sur le bulletin d'un stagiaire

Page de rappel du livre *La Paie, ça s'apprend*

Un stage correspond à une période temporaire de mise en situation en milieu professionnel au cours de laquelle l'étudiant acquiert des compétences professionnelles qui mettent en œuvre les acquis de sa formation en vue de l'obtention d'un diplôme ou d'une certification. Le stagiaire se voit confier une ou des missions conformes au projet pédagogique défini par son établissement d'enseignement et approuvées par l'organisme d'accueil.

Un stage dans un même organisme d'accueil de plus de 2 mois consécutifs, ou non consécutifs au cours de la même année scolaire ou universitaire, doit être obligatoirement rémunéré chaque mois, dès le premier jour du stage. Pour calculer cette durée de 2 mois, il faut prendre en compte le temps de présence effective du stagiaire. Un jour correspond à 7 heures de présence effective, et un mois correspond à 22 jours. Le salarié dépasse donc la durée minimum de 2 mois dès lors qu'il est présent plus de 44 jours (2 × 22 jours) ou plus de 308 heures (7 × 22 × 2). Cette obligation s'applique aux entreprises, aux administrations publiques, aux associations ou tout autre organisme d'accueil. *A contrario*, la gratification est facultative pour l'employeur si le stage dure moins de 2 mois.

Bien qu'elle soit versée mensuellement, cette gratification n'a pas le caractère de salaire. Elle est donc soumise à un régime juridique distinct tant en matière de montant minimum que sur le plan fiscal ou social.

Gratification minimale

Le montant de la gratification de stage est librement fixé par les parties, mais cette indemnité ne peut être inférieure à un montant fixé par la convention de branche ou un accord professionnel, ou à défaut, par la loi. Dans ce dernier cas, le montant d'une gratification de stage ne peut pas être inférieur à un seuil minimal calculé non pas en fonction du Smic, mais à partir d'un pourcentage du plafond horaire de la Sécurité sociale. Le montant minimum de la gratification de stage 2019 est fixé à 15 % du plafond horaire de la Sécurité sociale (25 €, montant inchangé par rapport à 2018) multiplié par le nombre d'heures de présence effective du stagiaire dans le mois. Le montant minimum 2019 est donc égal à (25 € × 15 % × 154 heures) **577,50 € jusqu'au 31 décembre 2019**. À noter que le mois comportant en moyenne 22 jours ouvrés, pour un horaire théorique de 7 heures par jour, le nombre d'heures mensuelles est de 154 et non pas 151,67.

À cette somme peuvent également s'ajouter d'éventuels avantages, comme les titres-restaurants dont le stagiaire peut désormais bénéficier. Cette gratification doit être indiquée dans la convention de stage signée par l'entreprise, le stagiaire et l'établissement de formation, ainsi que sur l'attestation de stage obligatoirement remise au stagiaire à l'issue de son stage.

Cotisations et charges sociales

Pour bénéficier de l'exonération de cotisations sur la gratification, le stagiaire doit être élève ou étudiant des établissements privés ou publics d'enseignement technique, secondaire, spécialisé ou supérieur. N'entre pas dans la base de calcul des cotisations, la fraction de la gratification, en espèces ou en nature, versée aux stagiaires qui n'excèdent pas, au titre d'un mois civil, le nombre d'heures de stage effectuées au cours du mois considéré multiplié par 15 % du plafond horaire de la Sécurité sociale. Si le seuil de la franchise de cotisation est dépassé, seule la fraction excédentaire est assujettie aux cotisations de Sécurité sociale, à la CSG et à la CRDS, à la contribution solidarité autonomie, au FNAL et à la taxe Transport. Le stagiaire n'ayant pas le statut de salarié, même dans le cas où la gratification versée dépasse le seuil de franchise, les contributions d'assurance chômage et organisation syndicale ne sont pas dues.

Attention : Le taux de la cotisation patronale Santé SS est de 13 % et non pas de 7 % comme il serait logique (sa rémunération étant inférieure à 2,5 Smic). Le stagiaire n'étant pas un salarié, l'employeur ne bénéficiait pas du CICE et la baisse de 13 % à 7 % ne concerne que les salariés en bénéficiant auparavant. Les indemnités de stage sont désormais (depuis la loi n° 2014-788 du 10 juillet 2014) exonérées d'impôt sur le revenu à hauteur d'un Smic annuel. De ce fait, elles ne sont pas prises en compte dans le calcul des APL dans la limite de leur part imposable. Seule la partie supérieure au Smic annuel est donc prise en compte.

Nota bene : De très nombreuses entreprises n'établissent pas de bulletin de paie pour les stagiaires tant que ceux-ci sont rémunérés avec la gratification minimale. En effet, n'ayant aucune charge, ni salariale ni patronale, le bulletin de paie est inutile. En revanche, dès que la rémunération du stagiaire dépasse cette gratification minimale, un bulletin de paie devient obligatoire.

Exercice

Exercice 56 (Niveau 2)

Établir le bulletin d'avril 2019 pour un stagiaire ingénieur effectuant un stage supérieur à 3 mois au sein d'une entreprise parisienne qui a un taux accident du travail de 2,50 %, un taux de transport de 2,95 %, une prévoyance « Frais de santé » de 50 € (part salariale et part patronale) et une prévoyance « Décès » de 1 % (salarié) et de 2 % (employeur) sur la tranche A. Son indemnité de stage est de 1 980 € par mois (de 22 jours travaillés). Il commence son stage ce lundi 8 avril 2019.

Bulletin de paie du stagiaire

Libellé des Rubriques	Base	Taux	Montant	Commentaires	
Indemnités de Stage					
Total Brut					
Cotisations	Base	Salariales		Patronales	
		Taux	Montant	Taux	Montant
Santé					
Sécurité Sociale (Mal, Mat, Inv, Déc.)					
Incapacité, Invalidité, Capital Décès (Prév. Décès)					
Complémentaire Santé (Prév. Frais de Santé)					
Accident du Travail - Maladie Prof.					
Retraite					
Sécurité Sociale (Vieillesse Plafonnée)					
Sécurité Sociale (Vieillesse Déplafonnée)					
Complémentaire (AGIRC-ARRCO + CEG /T1)					
Famille (< 3,5 SMIC)					
Assurance Chômage					
Chômage (Chômage + AGS / TA+TB)					
Autres Contributions dues par l'employeur					
C.S.G. Non Imposable					
Réduction générale des charges patronales					
Total des cotisations et contributions					
Net fiscal					
RETENUES ET REMBOURSEMENTS DIVERS					
C.S.G. & C.R.D.S. Imposables					
Total des Retenues et Remboursements					
Net à payer avant prélèvement à la source					
dont évolution de la rémunération liée à la suppression des cotisations salariales chômage et maladie					
Prélèvement à la source					
		Net Payé en euros		Date de paiement	
		Total versé par l'employeur		Allègement de cotisations	

18. Exercice sur l'exonération de cotisations salariales des heures supplémentaires et complémentaires

Page de rappel du livre *La Paie, ça s'apprend*

Le décret n° 2019-40 du 24 janvier 2019 (paru au JO le 25 janvier 2019) précise les modalités relatives à cette exonération en modifiant le Code de la Sécurité sociale :

- art. D. 241-21. Le taux de la réduction de cotisations salariales prévue à l'article L. 241-17 est égal à la somme des taux de chacune des cotisations d'assurance vieillesse d'origine légale et conventionnelle rendue obligatoire par la loi effectivement à la charge du salarié, dans la limite de 11,31 % ;
- art. D. 241-22. En cas d'application d'une exonération totale ou partielle de cotisations salariales de Sécurité sociale, de taux réduits, d'assiettes ou de montants forfaitaires de cotisations, la réduction s'applique dans la limite des cotisations effectivement à la charge du salarié ;
- art. D. 711-11. Les salariés relevant de régimes spéciaux de Sécurité sociale mentionnés aux articles R. 711-1 et R. 711-24 bénéficient de la réduction de cotisations prévue à l'article L. 241-17 dans les conditions fixées aux articles D. 241-21 et D. 241-22.

Le présent décret s'applique pour les rémunérations dues pour les périodes courant à compter du 1er janvier 2019. Il est applicable à Mayotte et à Saint-Pierre-et-Miquelon, dans la limite des taux de cotisations en vigueur dans ces territoires.

La réduction de cotisations salariales sur les heures supplémentaires concerne :

- les heures réalisées au-delà de 35 heures par semaine ;
- les heures complémentaires des salariés à temps partiel ;
- les heures supplémentaires incluses dans une convention de forfait ;
- les heures supplémentaires des salariés qui travaillent à temps réduit pour raison personnelle ;
- les heures supplémentaires réalisées dans le cadre d'un dispositif d'aménagement du temps de travail ;
- les jours de travail effectués au-delà de 218 jours dans le cadre d'une convention de forfait annuel en jours.

Le taux maximum de 11,31 % s'explique en additionnant les taux de 6,90 % (Vieillesse plafonnée), 0,40 % (Vieillesse déplafonnée), 3,15 % (Retraite complémentaire T1) et 0,86 % (CEG T1). En revanche, ni la retraite complémentaire tranche 2, ni la CET, ni l'Apec, ni les CSG et la CRDS, ni les cotisations salariales de prévoyance ou de mutuelle ne sont impactées par le taux de l'exonération.

Le salarié imposable ne paiera pas d'impôt sur le revenu sur ces heures supplémentaires « désocialisées » et désormais « défiscalisées » jusqu'à 5 000 € par an (CGI art. 81 quater).

La déduction forfaitaire patronale qui s'applique depuis 2008 (mise en place par la loi TEPA de 2007) subsiste dans les entreprises de moins de 20 salariés et n'est pas impactée par cette nouvelle exonération. Les entreprises de moins de 20 salariés continuent donc à déduire la somme de 1,50 € par heure supplémentaire réalisée.

Avec l'exonération des heures supplémentaires pour les seuls salariés, le bulletin de paie se complexifie un peu. Si les heures supplémentaires apparaissent toujours dans le brut, du fait de leur soumission aux cotisations patronales, deux autres rubriques doivent être renseignées :

- la première pour faire apparaître ce gain pour le salarié ;
- la seconde pour les CSG/CRDS imposables dont la base est le montant des heures supplémentaires (ou complémentaires) et dont le taux est le taux global, soit : 6,8 % + 2,4 % + 0,5 % : 9,7 %.

Exercice

Exercice 57 (Niveau 2)

Établir le bulletin d'avril 2019 pour un salarié non cadre (35 heures par semaine) ayant un salaire de base contractuel de 2 275 € dans une entreprise parisienne (150 salariés, horaire de travail de 7 heures par jour).

- Dans la semaine du lundi 1er au dimanche 7 avril, il a réalisé 41 heures.
- Dans la semaine du lundi 8 au dimanche 14 avril, il a réalisé 45 heures.
- Dans la semaine du lundi 15 au dimanche 21 avril, il a réalisé 37 heures.

Le taux d'accident du travail pour cette entreprise est de 2,50 %. Le taux de transport est de 2,95 %. Le montant des cotisations prévoyance « Frais de santé » est de 100 € (50 % pour le salarié et 50 % pour l'employeur). Son taux de prélèvement à la source est le taux neutre.

Bulletin de paie d'avril 2019

Libellé des Rubriques	Base	Taux	Montant	Commentaires
Salaire				
Total Brut				

Cotisations	Base	Salariales		Patronales	
		Taux	Montant	Taux	Montant
Santé					
Sécurité Sociale (Mal, Mat, Inv, Déc.) (<2,5 SMIC)					
Incapacité, Invalidité, Capital Décès (Prév. Décès)					
Complémentaire Santé (Prév. Frais de Santé)					
Accident du Travail - Maladie Prof.					
Retraite					
Sécurité Sociale (Vieillesse Plafonnée / TA)					
Sécurité Sociale (Vieillesse Déplafonnée / Brut)					
Complémentaire (AGIRC-ARRCO + CEG /T1)					
Famille (< 3,5 SMIC)					
Assurance Chômage					
Chômage (Chômage + AGS / TA+TB)					
Autres Contributions dues par l'employeur					
C.S.G. Non Imposable					
Réduction générale des charges patronales					
Exonération cotisations salariales / Heures Sup.					
Total des cotisations et contributions					
Net fiscal					
RETENUES ET REMBOURSEMENTS DIVERS					
C.S.G. & C.R.D.S. Imposables					
Total des Retenues et Remboursements					
Net à payer avant prélèvement à la source					
dont évolution de la rémunération liée à la suppression des cotisations salariales chômage et maladie					
Prélèvement à la source					

	Net Payé en euros	Date de paiement
	Total versé par l'employeur	Allègement de cotisations

19. Exercice sur le calcul des indemnités journalières de Sécurité sociale (IJSS) pour la maladie

Page de rappel du livre *La Paie, ça s'apprend*

Délai de carence

Tous les assurés sociaux bénéficient de l'indemnité journalière maladie à compter du quatrième jour qui suit le point de départ de l'incapacité de travail (C. Séc. soc., art. L. 323-1 et R. 323-1). Dans le calcul de ce délai de carence, on ne doit pas comprendre la journée au cours de laquelle l'assuré a interrompu son travail (même si ce fait s'est produit en début de travail) lorsque cette journée a donné lieu au paiement d'un salaire total ou partiel.

Le délai de carence est donc de trois jours.

L'indemnité journalière maladie est due pour tous les jours, ouvrables ou non (C. Séc. soc., art. L. 323-1) : ce sont donc des **jours calendaires**.

Montant de l'indemnité journalière maladie

L'indemnité journalière maladie est égale à la moitié du gain journalier de base dans la limite de 1,8 fois le Smic mensuel.

Depuis le 1er janvier 2015, le Smic à prendre est celui du mois qui précède l'arrêt maladie pour la comparaison avec les trois bruts qui précèdent l'arrêt (et non plus le Smic à comparer mois par mois).

Depuis le 1er janvier 2015, pour déterminer le montant de l'indemnité journalière, il n'y a plus que trois possibilités de calcul au lieu de cinq précédemment (les modalités prévues en cas de paiement journalier ou par trimestre ont disparu). En fonction de la périodicité de la paie, l'IJ correspondra donc aux montants suivants :

- 1/91,25 du montant des trois dernières paies des mois civils antérieurs à la date de l'interruption de travail lorsque le salaire est réglé mensuellement ou dans des cas autres que ceux mentionnés ci-après ;
- 1/84 du montant des six ou douze dernières paies des mois civils antérieurs à la date de l'interruption de travail lorsque le salaire est réglé toutes les deux semaines ou chaque semaine ;
- 1/365 du montant du salaire des douze mois civils antérieurs à la date de l'interruption de travail lorsque le travail n'est pas continu ou présente un caractère saisonnier.

Dans le cas le plus fréquent de paie mensuelle, nous pouvons donc écrire la formule suivante :

$$\textbf{Indemnité journalière} = \frac{\textbf{3 derniers bruts (dans la limite de 1,8 Smic apprécié mois par mois)}}{\textbf{91,25 jours}} \times \textbf{50 \%}$$

Pour toute l'année 2019, l'IJ maximum est donc de 45,01 €.

Pour les salariés ayant au moins 3 enfants à charge, les indemnités journalières sont majorées à partir du 31e jour d'arrêt pour atteindre 66,66 %. Dans ce cas, l'IJ maximum est de 60,02 € pour 2019.

L'indemnité journalière est servie nette de CRDS (depuis le 1er février 1996) au taux de 0,50 %, et de CSG au taux de 2,40 % (CSG non déductible) + 3,80 % (CSG déductible sur les revenus de remplacement), précomptée par la Sécurité sociale (soit 6,70 % au total).

Exercice

Exercice 58 (Niveau 1)

1. Un salarié ayant 10 ans d'ancienneté dans une entreprise perçoit un salaire inchangé depuis 1 an de 1 800,00 €.

Calculer le montant de ses IJSS brutes et nettes s'il est malade 15 jours ce mois de juin 2019.

2. Un salarié ayant 10 ans d'ancienneté dans une entreprise perçoit un salaire inchangé depuis 1 an de 3 500,00 €.

Calculer le montant de ses IJSS brutes et nettes s'il est malade 12 jours ce mois de juin 2019.

3. Un salarié ayant 10 ans d'ancienneté dans une entreprise a perçu un salaire de 2 500,00 € en mars et avril et de 3 000 € en mai, suite à une prime trimestrielle. Son médecin lui fait un arrêt de travail pour maladie du 3 au 16 juin 2019 inclus.

Calculer le montant de ses IJSS pour ce mois de juin 2019.

20. Exercice sur le calcul des indemnités journalières de Sécurité sociale pour la maternité

Page de rappel du livre *La Paie, ça s'apprend*

Absence de délai de carence

Contrairement à la maladie, dans le cadre du congé maternité ou d'adoption, il n'y a pas de délai de carence : l'indemnité est versée à compter du premier jour qui suit le point de départ de la maternité, mais pour pouvoir en bénéficier, l'assurée doit cesser toute activité pendant au moins 8 semaines (2 semaines avant l'accouchement et 6 semaines après), durée pendant laquelle le Code du travail interdit à tout employeur de faire travailler une femme en couches (C. trav., art. L. 1225-29).

Quant à la durée de l'indemnisation de la maternité, elle est variable. Elle dépend à la fois de la composition de la famille, du rang de l'enfant et du nombre de naissances (en cas de naissances multiples).

Depuis le 1er janvier 1995		Durée (en semaines entourant la naissance)		
Type de grossesse	**Nombre d'enfants précédents**	**Avant**	**Après**	**Total**
Simple	1	6	10	**16**
	Au moins 2, ou si l'assurée a déjà eu au moins 2 enfants nés viables	8	18	**26**
Gémellaire	#	12	22	**34**
Triplés ou +	#	24	22	**46**

Depuis le 1er juillet 2013, l'indemnité journalière est égale au gain journalier de base calculé (comme pour la maladie) mais dans la limite du plafond SS et diminuée de 21 %. Ce qui donne un montant maximum des IJ maternité pour 2019 de : [(3 377 € × 3 / 91,25) × 79 %] 87,71 €.
Le montant minimum des IJ maternité est de 9,53 € pour 2019.

L'indemnité journalière maternité n'est pas cotisable, mais imposable depuis le 1er janvier 1996 et servie nette de cotisations CSG/CRDS au taux global de 6,70 % (depuis le 1er janvier 1998).

Au moment du départ de la salariée, l'entreprise doit transmettre à l'assurance maladie les informations permettant de calculer les indemnités journalières de congé maternité qui lui sont dues. La transmission des informations se fait désormais par le biais de la déclaration sociale nominative (DSN).

Calcul des indemnités journalières de Sécurité sociale (IJSS) pour la paternité

La loi de financement de la Sécurité sociale pour 2002 a introduit le congé de paternité. Celui-ci est ouvert à tout salarié (homme) à l'occasion de la naissance de son enfant.
Pour la naissance d'un enfant unique, 11 jours calendaires maximum sont accordés. La durée est portée à 18 jours pour les naissances multiples. Ce congé doit être pris dans un délai de 4 mois à compter de la date de naissance. Le congé de paternité est cumulable avec le congé de 3 jours accordé pour la naissance d'un enfant (C. trav., art. L. 1225-35). Le salarié doit avertir l'employeur de son intention de bénéficier du congé de paternité au moins un mois avant la prise effective de celui-ci. L'employeur ne peut le refuser.

L'employeur a pour obligation légale de transmettre ces informations par le biais de la DSN. Pour les entreprises n'ayant pas encore de DSN opérationnelle, elles peuvent encore renseigner le formulaire papier Cerfa n° 11135*04, ou utiliser le site net-entreprises.fr.

Le salarié doit également transmettre le certificat de naissance de son enfant à sa caisse primaire d'assurance maladie (CPAM).

Suivant la même procédure vue précédemment en maternité, il faut donner le net (limité au plafond de la Sécurité sociale – 21 %) des 3 mois précédant l'arrêt. Les montants minimum et maximum sont également les mêmes que pour les IJ maternité.

Exercice

Exercice 59 (Niveau 1)

Une salariée ayant 6 ans d'ancienneté dans une entreprise qui ne pratique pas la subrogation et percevant un salaire inchangé depuis 1 an de 3 800,00 € va s'absenter pour maternité (sachant qu'elle a déjà deux enfants à charge et qu'elle attend des jumeaux pour le 1er juillet 2019).

Avant de partir, elle vous demande de calculer le montant total des IJ maternité qu'elle va percevoir chez elle.

21. Exercices sur la garantie conventionnelle (appelée aussi « régul. sur le net », « garantie du net », « maintien du net »)

Page de rappel du livre *La Paie, ça s'apprend*

Le salarié ne pouvant effectuer aucun travail, aucun salaire n'est en principe dû par l'employeur. Cependant, le salarié malade ou en accident bénéficie le plus souvent du maintien d'une partie ou de la totalité de sa rémunération en application soit de l'accord de mensualisation, soit de la convention collective ou de l'accord d'entreprise applicable. La subrogation de l'employeur dans les droits de l'assuré lui permet de toucher directement les indemnités journalières si le salaire est maintenu au moins partiellement.

La situation telle qu'un salarié absent et bénéficiant du versement d'indemnités journalières de Sécurité sociale puisse percevoir un revenu supérieur à celui qu'il aurait touché s'il avait travaillé normalement est quelque peu choquante, on en conviendra. Cette situation s'explique par le fait que les IJSS sont exonérées de cotisations sociales. Le salarié qui les perçoit se voit donc attribuer un montant net. Or, ce montant net vient en déduction d'une base brute soumise à des cotisations. Les conséquences au niveau de la paie ne sont pas sans effet. Or, votre convention prévoit sans doute que « les garanties conventionnelles accordées aux salariés en termes de maintien de salaire ne doivent pas conduire à leur verser, compte tenu des sommes perçues de toute provenance à l'occasion de la maladie ou de l'accident, un montant supérieur à la rémunération nette qu'ils auraient touché s'ils avaient travaillé normalement ». C'est donc à juste titre qu'un employeur peut modifier la façon dont il détermine le calcul des indemnités reçues de la Sécurité sociale par un salarié.

La solution consiste à déduire une nouvelle rubrique, appelée « Garantie Conventionnelle » ou « Garantie du net » ou encore « Régularisation sur le net » après la rubrique des IJSS. Pour calculer le montant de cette rubrique il faut appliquer une formule parmi les trois ci-dessous car trois formules sont nécessaires aux trois cas possibles :

1. Le salaire brut est inférieur ou égal au plafond de la Sécurité sociale :

$$\text{La garantie conventionnelle} = \text{IJSS brutes} \times \frac{\text{T1 - 0,067}}{\text{1 - T1}}$$

2. Le salaire brut est supérieur au plafond de la Sécurité sociale. Deux cas :
   - le salaire habituel est supérieur au plafond et le salaire diminué des IJSS reste supérieur au plafond :

$$\text{La garantie conventionnelle} = \text{IJSS brutes} \times \frac{\text{T2 - 0,067}}{\text{1 - T2}}$$

   - le salaire habituel est supérieur au plafond et le salaire diminué des IJSS devient inférieur au plafond :

$$\text{La garantie conventionnelle} = \frac{\text{IJSS brutes} \times (\text{T1} - 0{,}067) - \text{Tr. B} \times (\text{T1} - \text{T2})\,) + ([\text{Brut} - \text{IJSS brutes}] \times \text{T} \times \text{CET})}{\text{1 - T1}}$$

T1 = taux de cotisations salariales applicable à la fraction de salaire inférieure au plafond (cotisations salariales **assises sur le brut, sur la tranche 1 et sur la tranche A, CSG et CRDS incluses**).

T2 = taux de cotisations salariales applicable à la fraction de salaire supérieure au plafond (cotisations salariales **assises sur le brut, sur la tranche 2 et sur la tranche B, CSG et CRDS incluses**).

T × CET = taux de la cotisation salariale de la CET. En effet, le problème de cette année est que si le salarié est présent sans maladie, il est en tranche 2 et a donc une CET qui se déclenche sur T1 + T2, alors que s'il est malade et passe en-dessous du plafond, il n'a plus de CET du tout !

Exercices

Exercice 60 (Niveau 2)

Pour ce mois de juin 2019, établir les deux bulletins de salaire d'un salarié ayant une rémunération de 2 400 € mensuelle (constante depuis plusieurs mois) pour 151,67 heures, le premier quand il a un arrêt maladie indemnisé à 100 % de 13 jours avec une garantie conventionnelle (à gauche) et le second quand il travaille normalement (à droite) pour vérifier que vous avez bien le même net à payer avant PAS. La prévoyance « Frais de santé » est de 100 € (50 % pour le salarié et 50 % pour l'employeur). La prévoyance « Décès » est de 1 % (part salariale) et de 2 % (part patronale) sur la tranche A.

Pour faire cet exercice, je vous propose une sorte de bulletin « double » très simplifié : sur la partie gauche, vous ferez le bulletin du salarié en absence maladie et sur la partie droite, le bulletin du même salarié présent sans maladie. Il n'y a sur ce bulletin « double » aucune trace de charges patronales car elles n'influent pas sur le résultat. Le but de ce bulletin « double » est d'obtenir le même résultat sur la ligne « Net à payer avant prélèvement à la source ».

	Salarié en absence maladie			Salarié présent sans maladie		
Libellé des Rubriques	Base	Taux	Montant	Base	Taux	Montant
Salaire	151,67		**2 400,00**	151,67		**2 400,00**
Absence Maladie						
Paiement Maladie						
I.J.S.S. "Brutes"						
Garantie Conventionnelle						
Total Brut						2 400,00
Cotisations	**Base**	**Salariales**		**Base**	**Salariales**	
		Taux	**Montant**		**Taux**	**Montant**
Santé						
Inc., Inv., Capital Décès		1,00			1,00	
Complémentaire Santé			-50,00			-50,00
Retraite						
S.S. (Vieillesse Plaf.)		6,90			6,90	
S.S. (Vieillesse Déplaf.)		0,40			0,40	
Complémentaire (/T1)		4,01			4,01	
C.S.G. Non Imposable		6,80			6,80	
Total des cotisations et contributions						
Net fiscal						
RETENUES ET REMBOURSEMENTS DIVERS						
C.S.G. & C.R.D.S. Imp.		2,90			2,90	
I.J.S.S. "Nettes"						
Total des Retenues et Remboursements						
Net à payer avant prélèvement à la source				=		

Exercice 61 (Niveau 2)

Pour ce mois de juin 2019, établir les deux bulletins de salaire d'un salarié cadre ayant une rémunération de 5 000 € mensuelle (constante depuis plusieurs mois) pour 151,67 heures, le premier quand il a un arrêt maladie indemnisé à 100 % de 15 jours avec une garantie conventionnelle (à gauche) et quand il travaille normalement (à droite) pour vérifier que vous avez bien le même net à payer avant PAS. La prévoyance « Frais de santé » est de 100 € (50 % pour le salarié et 50 % pour l'employeur). La prévoyance « Décès » est au strict minimum légal (1,5 % pour l'employeur sur tranche A).

(Comme pour l'exercice précédent, ce bulletin « double » très simplifié me semble plus adapté à ce type de calculs.)

	Salarié en absence maladie			Salarié présent sans maladie		
Libellé des Rubriques	**Base**	**Taux**	**Montant**	**Base**	**Taux**	**Montant**
Salaire	151,67		**5 000,00**	151,67		**5 000,00**
Absence Maladie						
Paiement Maladie						
I.J.S.S. "Brutes"						
Garantie Conventionnelle						
Total Brut						**5 000,00**
Cotisations	**Base**	**Salariales Taux**	**Salariales Montant**	**Base**	**Salariales Taux**	**Salariales Montant**
Santé						
Complémentaire Santé			-50,00			-50,00
Retraite						
S.S. (Vieillesse Plaf.)		6,90			6,90	
S.S. (Vieillesse Déplaf.)		0,40			0,40	
Complémentaire (/T1)		4,01			4,01	
Complémentaire (/T2)		9,72			9,72	
CET (T1+T2)		0,14			0,14	
APEC (TA+TB)		0,024			0,024	
C.S.G. Non Imposable		6,80			6,80	
Total des cotisations et contributions						
Net fiscal						
RETENUES ET REMBOURSEMENTS DIVERS						
C.S.G. & C.R.D.S. Imp.		2,90			2,90	
I.J.S.S. "Nettes"						
Total des Retenues et Remboursements						
Net à payer avant prélèvement à la source				=		

Exercice 62 (Niveau 3)

Pour ce mois de juin 2019, établir les deux bulletins de salaire d'un salarié cadre ayant une rémunération de 3 600 € mensuelle (constante depuis plusieurs mois) pour 151,67 heures, le premier quand il a un arrêt maladie indemnisé à 100 % de 12 jours avec une garantie conventionnelle (à gauche) et le second quand il travaille normalement (à droite) pour vérifier que vous avez bien le même net à payer avant PAS. La prévoyance « Frais de santé » est de 100 € (50 % pour le salarié et 50 % pour l'employeur). La prévoyance « Décès » est au strict minimum légal (1,5 % pour l'employeur sur tranche A).

	Salarié en absence maladie			Salarié présent sans maladie		
Libellé des Rubriques	**Base**	**Taux**	**Montant**	**Base**	**Taux**	**Montant**
Salaire	151,67		**3 600,00**	151,67		**3 600,00**
Absence Maladie						
Paiement Maladie						
I.J.S.S. "Brutes"						
Garantie Conventionnelle						
Total Brut						**3 600,00**
Cotisations	**Base**	**Salariales**		**Base**	**Salariales**	
		Taux	**Montant**		**Taux**	**Montant**
Santé						
Complémentaire Santé			-50,00			-50,00
Retraite						
S.S. (Vieillesse Plaf.)		6,90			6,90	
S.S. (Vieillesse Déplaf.)		0,40			0,40	
Complémentaire (/T1)		4,01			4,01	
Complémentaire (/T2)		9,72			9,72	
CET (T1+T2)		0,14			0,14	
APEC (TA+TB)		0,024			0,024	
C.S.G. Non Imposable		6,80			6,80	
Total des cotisations et contributions						
Net fiscal						
RETENUES ET REMBOURSEMENTS DIVERS						
C.S.G. & C.R.D.S. Imp.		2,90			2,90	
I.J.S.S. "Nettes"						
Total des Retenues et Remboursements						
Net à payer avant prélèvement à la source				=		

Exercice 63 (Niveau 3)

Ce salarié CDI (non cadre) père de 4 enfants à charge, perçoit un salaire de base de 2 400 € mensuel. Il a droit à un treizième mois chaque année avec sa paie de décembre. Depuis plus d'un an, il n'a eu aucune absence particulière à signaler. Ce mois de février 2019, l'entreprise reçoit un arrêt de travail pour maladie non professionnelle débutant le 11 février. L'entreprise pratique la subrogation pendant 90 jours avant de passer le relais à la prévoyance.

Établir les bulletins de salaire pour les mois de février, mars et avril, sachant que :

- le salarié n'a toujours pas repris son travail au 30 avril ;
- la prévoyance « Frais de santé » est de 100 € (50 % pour le salarié et 50 % pour l'employeur) ;
- la prévoyance « Décès » est de 1 % pour le salarié et de 2 % pour l'employeur, sur tranche A ;
- le taux d'accident du travail est de 2,50 % ;
- le taux de transport est 2,95 % ;
- le taux de prélèvement à la source est le taux neutre.

Bulletin de février 2019

Libellé des Rubriques	Base	Taux	Montant	Commentaires
Salaire	151,67		**2 400,00**	Plafond du mois : 3.377 €
Absence Maladie				
Paiement Maladie				
.I.J.S.S. "Brutes"				
Garantie Conventionnelle				
Total Brut				

Cotisations	Base	Salariales		Patronales	
		Taux	Montant	Taux	Montant
Santé					
Sécurité Sociale (Mal, Mat, Inv, Déc.) (<2,5 SMIC)				7,00	
Sécurité Sociale (Mal, Mat, Inv, Déc.) (>2,5 SMIC)					
Incapacité, Invalidité, Capital Décès (Prév. Décès)		1,00		2,00	
Complémentaire Santé (Prév. Frais de Santé)			-50,00		50,00
Accident du Travail - Maladie Prof.				2,50	
Retraite					
Sécurité Sociale (Vieillesse Plafonnée)		6,90		8,55	
Sécurité Sociale (Vieillesse Déplafonnée)		0,40		1,90	
Complémentaire (AGIRC-ARRCO + CEG /T1)		4,01		6,01	
Complémentaire (AGIRC-ARRCO + CEG /T2)					
Contribution d'Equilibre Technique (CET T1+T2)					
Famille (< 3,5 SMIC)				3,45	
Famille (> 3,5 SMIC)					
Assurance Chômage					
Chômage (Chômage + AGS / TA+TB)				4,20	
Autres Contributions dues par l'employeur					
C.S.G. Non Imposable		6,80			
Réduction Générale des Charges Patronales					
Total des cotisations et contributions					
Net fiscal					
RETENUES ET REMBOURSEMENTS DIVERS					
C.S.G. & C.R.D.S. Imposables		2,90			
I.J.S.S. "Nettes"					
Total des Retenues et Remboursements					
Net à payer avant prélèvement à la source					
dont évolution de la rémunération liée à la suppression des cotisations salariales chômage et maladie					
Prélèvement à la source					

Nombre d'heures travaillées :	**151,67**	**Net Payé en euros**	**Date de paiement** 28 février 2019
		Total versé par l'employeur	**Allègement de cotisations**

Bulletin de mars 2019

Libellé des Rubriques	Base	Taux	Montant	Commentaires
Salaire	151,67		**2 400,00**	Plafond du mois : 3.377 €
Absence Maladie				
Paiement Maladie				
.I.J.S.S. "Brutes"				
Garantie Conventionnelle				
Total Brut				

Cotisations	Base	Salariales		Patronales	
		Taux	Montant	Taux	Montant
Santé					
Sécurité Sociale (Mal, Mat, Inv, Déc.) (<2,5 SMIC)				7,00	
Sécurité Sociale (Mal, Mat, Inv, Déc.) (>2,5 SMIC)					
Incapacité, Invalidité, Capital Décès (Prév. Décès)		1,00		2,00	
Complémentaire Santé (Prév. Frais de Santé)			-50,00		50,00
Accident du Travail - Maladie Prof.				2,50	
Retraite					
Sécurité Sociale (Vieillesse Plafonnée)		6,90		8,55	
Sécurité Sociale (Vieillesse Déplafonnée)		0,40		1,90	
Complémentaire (AGIRC-ARRCO + CEG /T1)		4,01		6,01	
Complémentaire (AGIRC-ARRCO + CEG /T2)					
Contribution d'Equilibre Technique (CET T1+T2)					
Famille (< 3,5 SMIC)				3,45	
Famille (> 3,5 SMIC)					
Assurance Chômage					
Chômage (Chômage + AGS / TA+TB)				4,20	
Autres Contributions dues par l'employeur					
C.S.G. Non Imposable		6,80			
Réduction Générale des Charges Patronales					
Total des cotisations et contributions					
Net fiscal					
RETENUES ET REMBOURSEMENTS DIVERS					
C.S.G. & C.R.D.S. Imposables		2,90			
I.J.S.S. "Nettes"					
Total des Retenues et Remboursements					
Net à payer avant prélèvement à la source					
dont évolution de la rémunération liée à la suppression des cotisations salariales chômage et maladie					
Prélèvement à la source					

Nombre d'heures travaillées :	151,67	**Net Payé en euros**	**Date de paiement** 31 mars 2019
		Total versé par l'employeur	Allègement de cotisations

Bulletin d'avril 2019

Libellé des Rubriques	Base	Taux	Montant	Commentaires	
Salaire	151,67		**2 400,00**	Plafond du mois : 3.377 €	
Absence Maladie					
Paiement Maladie					
.I.J.S.S. "Brutes"					
Garantie Conventionnelle					
Total Brut					
Cotisations	**Base**	**Salariales**		**Patronales**	
		Taux	**Montant**	**Taux**	**Montant**
Santé					
Sécurité Sociale (Mal, Mat, Inv, Déc.) (<2,5 SMIC)				7,00	
Sécurité Sociale (Mal, Mat, Inv, Déc.) (>2,5 SMIC)					
Incapacité, Invalidité, Capital Décès (Prév. Décès)		1,00		2,00	
Complémentaire Santé (Prév. Frais de Santé)			-50,00		50,00
Accident du Travail - Maladie Prof.				2,50	
Retraite					
Sécurité Sociale (Vieillesse Plafonnée)		6,90		8,55	
Sécurité Sociale (Vieillesse Déplafonnée)		0,40		1,90	
Complémentaire (AGIRC-ARRCO + CEG /T1)		4,01		6,01	
Complémentaire (AGIRC-ARRCO + CEG /T2)					
Contribution d'Equilibre Technique (CET T1+T2)					
Famille (< 3,5 SMIC)				3,45	
Famille (> 3,5 SMIC)					
Assurance Chômage					
Chômage (Chômage + AGS / TA+TB)				4,20	
Autres Contributions dues par l'employeur					
C.S.G. Non Imposable		6,80			
Réduction Générale des Charges Patronales					
Total des cotisations et contributions					
Net fiscal					
RETENUES ET REMBOURSEMENTS DIVERS					
C.S.G. & C.R.D.S. Imposables		2,90			
I.J.S.S. "Nettes"					
Total des Retenues et Remboursements					
Net à payer avant prélèvement à la source					
dont évolution de la rémunération liée à la suppression des cotisations salariales chômage et maladie					
Prélèvement à la source					
Nombre d'heures travaillées :	**151,67**	**Net Payé en euros**		**Date de paiement** 30 avril 2019	
		Total versé par l'employeur		**Allègement de cotisations**	

22. Exercice sur le temps partiel thérapeutique

Page de rappel du livre *La Paie, ça s'apprend*

Le temps partiel thérapeutique, notion mal connue des entreprises alors qu'elle concerne pourtant chaque année quelques dizaines de milliers de salariés, constitue une forme particulière de reprise du travail après un congé pour maladie ou accident.

Le temps partiel thérapeutique correspond à un **aménagement de la reprise du travail du salarié destiné à favoriser sa guérison.** Il peut être une solution pour les personnes ayant besoin de soins réguliers et fréquents, ou fatiguées par la maladie, en ce qu'il permet une reprise progressive du travail ou le maintien à un poste, en accord avec le service de médecine du travail et la Sécurité sociale. Le médecin du travail peut diagnostiquer une aptitude « partielle », ou « sous réserve », ce qui signifie que le salarié peut être apte à reprendre le travail moyennant quelques aménagements de poste, le plus souvent de façon temporaire.

Les horaires

Les nouveaux horaires réduits du salarié seront déterminés par l'entreprise qui tiendra compte ce faisant des éventuelles prescriptions médicales particulières, l'employeur appréciant leur compatibilité avec l'organisation du travail. Faut-il alors appliquer la réglementation du travail à temps partiel ? Surtout pas ! En effet, il n'y a « travail à temps partiel » que lorsqu'il y a initiative en ce sens du chef d'entreprise ou demande du salarié (C. trav., art. L. 3123-2). Ici, il n'y a ni l'un ni l'autre. La notion de choix à l'origine du travail à temps partiel est absente. La maladie est tout sauf un choix et le temps partiel thérapeutique ordonné au salarié, s'il se présente en pratique comme une situation de travail à temps partiel, n'a rien à voir avec une organisation du temps de travail librement choisie ou acceptée par les parties. Ce raisonnement ne s'applique que pour la période de temps partiel ordonnée par le médecin. Au-delà de cette période, si le salarié reste à temps partiel, les règles légales relatives au temps partiel retrouveront leur pleine application.

Il faut considérer le temps partiel thérapeutique comme une absence de type « activité partielle », pour plusieurs raisons :

- le temps partiel thérapeutique n'ouvre pas droit à réduction du plafond SS car, comme pour l'activité partielle (ex-chômage partiel), le fait qu'il y ait complément de salaire par un tiers supprime cette possibilité ;
- comme l'entreprise ne rémunère le salarié que sur ses heures réellement travaillées, il convient d'appliquer la méthode d'absence en heures réelles préconisée par la Cour de cassation (méthode de décompte des heures non rémunérées par l'entreprise, vue précédemment au chapitre du décompte des absences). D'ailleurs, conformément à la Cour de cassation, la CPAM demande (sur net-entreprise.fr, cadre 5) chaque mois la période concernée, le salaire brut et le nombre d'heures réellement travaillées à temps partiel par le salarié, et le nombre d'heures et le salaire brut théoriques, pour la même période (autrement dit, ce que le salarié aurait perçu s'il avait travaillé normalement). Il est donc hors de question d'une quelconque mensualisation des heures (comme pour l'activité partielle, la Direccte demande les heures réellement chômées) ;
- tout en étant en temps partiel thérapeutique, le salarié peut bénéficier de jours de congés payés. La CPAM est très ferme sur le sujet (site ameli.fr/fileadmin/userupload/documents/Le temps partiel therapeutique.pdf, p. 13) : « La prise de congés pendant un temps partiel

thérapeutique est considérée comme une reprise à temps complet et met donc fin temporairement au temps partiel thérapeutique » ;

- le salarié peut également tomber malade (voire, selon sa pathologie, rechuter) pendant son temps partiel thérapeutique. Là aussi, et c'est plus que logique, la maladie interrompt le temps partiel thérapeutique, les conditions de reprise d'activité à temps partiel n'étant plus présentes. Sur le site Le temps partiel therapeutique.pdf, p. 10, il est dit : « Pour tout nouvel arrêt de travail au titre de la maladie survenant pendant une période de reprise à temps partiel thérapeutique, il convient d'adresser une nouvelle attestation de salaire. » Le service paie doit donc remplacer l'absence temps partiel thérapeutique et le mettre en absence maladie « normale » et, selon les conventions collectives, l'ancienneté et les droits du salarié, indemniser cette nouvelle absence (avec, selon les cas, subrogation, maintien du net). C'est la seule différence par rapport à l'activité partielle puisque la maladie permettrait « d'échapper » à l'activité partielle et le salaire, étant maintenu en maladie, deviendrait supérieur à ce qu'il aurait perçu s'il avait continué à travailler.

Exercice

Exercice 64 (Niveau 3)

Notre entreprise a un salarié cadre (10 ans d'ancienneté) qui a été absent pour maladie. Début janvier 2019, il est revenu en « temps partiel thérapeutique ». Ses horaires aménagés sont relativement simples : il ne vient travailler que les matins 3 heures et demie du lundi au vendredi. Depuis son retour, il est très assidu et n'a eu aucune absence. Mais ce mois d'avril 2019, il a fait une petite rechute maladie d'une semaine (du lundi 1er au dimanche 7) et il a également pris une semaine de congés payés (du lundi 15 au dimanche 21). Le lundi 22 avril est le lundi de Pâques. Son salaire forfaitaire à temps plein est de 3 520 €. La convention collective lui octroie une prime d'ancienneté de 10 % assise sur sa rémunération. Le taux accident du travail est de 2,50 %. Le taux Transport est de 2,95 %. La prévoyance « Frais de santé » est de 100 € (50 % pour le salarié et 50 % pour l'employeur). La prévoyance « Décès » est de 1 % pour le salarié et de 2 % pour l'employeur, sur la tranche A. L'entreprise maintient le salaire à 100 % sans carence et pratique la subrogation pendant la maladie (pendant 60 jours). Elle calcule les congés payés en jours ouvrés et applique la règle du maintien au moment de l'absence (le dixième étant éventuellement régularisé en fin de période de prise des congés payés). Voici le calendrier de ce mois :

2019	Sem. 10	L	M	M	J	V	S	D
		1	2	3	4	5	6	7
		Mal	Mal	Mal	Mal	Mal	Mal	Mal
	Sem. 11	L	M	M	J	V	S	D
		8	9	10	11	12	13	14
	Sem. 12	L	M	M	J	V	S	D
		15	16	17	18	19	20	21
		CP	CP	CP	CP	CP	CP	CP
	Sem. 13	L	M	M	J	V	S	D
		22	23	24	25	26	27	28
		JF						
	Sem. 14	L	M	M	J	V	S	D
		29	30	1	2	3	4	5

Établir son bulletin de salaire pour ce mois d'avril 2019.

Libellé des Rubriques	Base	Taux	Montant	Commentaires
Salaire Forfaitaire	151,67		**3 520,00**	
Prime d'ancienneté				
Absence Temps Partiel Thérapeutique				
Absence Jour Férié				
Indemnité Jour Férié				
Absence Congés Payés				
Indemnité Congés Payés				
Absence Maladie				
Paiement Maladie				
I.J.S.S. "Brutes"				
Garantie Conventionnelle				
Total Brut				

Cotisations	Base	Salariales		Patronales	
		Taux	Montant	Taux	Montant
Santé					
Sécurité Sociale (Mal, Mat, Inv, Décès)				7,000	
Incapacité, Invalidité, Capital Décès (Prév. Décès)		1,000		2,000	
Complémentaire Santé (Prév. Frais de Santé)			-50,00		50,00
Accident du Travail - Maladie Prof.				2,500	
Retraite					
Sécurité Sociale (Vieillesse Plafonnée)		6,900		8,550	
Sécurité Sociale (Vieillesse Déplafonnée)		0,400		1,900	
Complémentaire (AGIRC-ARRCO + CEG /T1)		4,010		6,010	
Famille				3,450	
Assurance Chômage					
Chômage (Chômage + AGS / TA+TB)				4,200	
APEC (Salarié Cadre TA+TB)		0,024		0,036	
Autres Contributions dues par l'employeur					
C.S.G. Non Imposable		6,800			
Total des cotisations et contributions					
Net fiscal					

RETENUES ET REMBOURSEMENTS DIVERS					
C.S.G. & C.R.D.S. Imposables		2,900			
I.J.S.S. "Nettes"					
Total des Retenues et Remboursements					
Net à payer avant prélèvement à la source					
dont évolution de la rémunération liée à la suppression des cotisations salariales chômage et maladie					
Prélèvement à la source					

Net Payé en euros	Date de paiement 30 avril 2019
Total versé par l'employeur	Allègement de cotisations

23. Exercices sur la saisie-arrêt

Page de rappel du livre *La Paie, ça s'apprend*

La saisie-arrêt, ordonnée par un juge, est l'un des moyens donnés à un créancier pour se faire rembourser les sommes que lui doit un salarié. Elle consiste à **faire pratiquer par l'employeur, lors de chaque paie, une retenue sur les sommes disponibles jusqu'à extinction de la dette du salarié**.

Le principe de la saisie-arrêt est le suivant : jusqu'à une certaine somme, les salaires ne peuvent être saisis que partiellement. La loi établit le barème applicable en fixant, d'une part, les limites de chaque tranche de salaire qui ne peuvent être saisies que partiellement, et d'autre part, le pourcentage disponible dans chacune de ces tranches de salaire. Plus la rémunération augmente, plus la part disponible est importante. Au-delà du plafond de la dernière tranche, les salaires sont entièrement disponibles. En 2019, les tranches annuelles sont à augmenter de 1 470 € (et par conséquent, les tranches mensuelles de 122,50 €) par personne à charge (par « personne à charge », il faut entendre le conjoint, pacsé ou concubin et ascendant dont les ressources personnelles sont inférieures au montant du RSA et enfant au sens de la législation sur les prestations familiales) (C. trav., art. R. 3252-3).

Les seuils des tranches et la majoration pour personne à charge sont révisés annuellement par décret en fonction de l'évolution de l'indice Insee. Dans tous les cas, il est laissé au salarié saisi une somme égale au montant du RSA en n'appliquant pas les correctifs pour charges de famille. Au 1er avril 2019, le montant du RSA (personne seule, sans enfant) est de 559,74 € (C. trav., art. R. 3252-5).

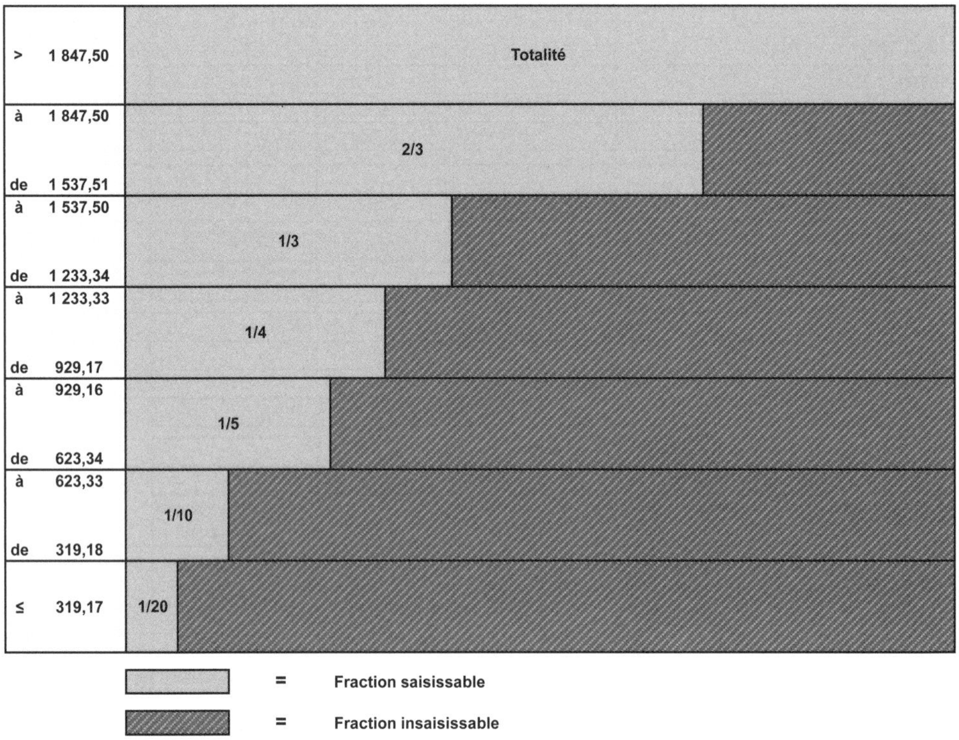

Barème des saisies sur salaires pour l'année 2019

Tranche par an	≤ 3 830,00	de 3 830,01 à 7 480,00	de 7 480,01 à 11 150,00	de 11 150,01 à 14 800,00	de 14 800,01 à 18 450,00	de 18 450,01 à 22 170,00	> 22 170,00
Tranche par mois	≤ 319,17	de 319,18 à 623,33	de 623,34 à 929,16	de 929,17 à 1 233,33	de 1 233,34 à 1 537,50	de 1 537,51 à 1 847,50	> 1 847,50
% de retenue	1/20	1/10	1/5	1/4	1/3	2/3	Totalité

Tableau de simplification du calcul de la saisie-arrêt pour l'année 2019

Sans personne à charge

Salaire mensuel net	Fraction saisissable	Fraction insaisissable
de 559,74 € à 623,33 €	15,96 € + 1/10 au-delà de 319,17 €	559,74 € + de 0 à 17,23 €
de 623,34 € à 929,16 €	46,37 € + 1/5 au-delà de 623,33 €	559,74 € + de 17,23 € à 261,89 €
de 929,17 € à 1 233,33 €	107,54 € + 1/4 au-delà de 929,16 €	559,74 € + de 261,89 € à 490,03 €
de 1 233,34 € à 1 537,50 €	183,58 € + 1/3 au-delà de 1 233,33 €	559,74 € + de 490,03 € à 692,81 €
de 1 537,51 € à 1 847,50 €	284,96 € + 2/3 au-delà de 1 537,50 €	559,74 € + de 692,81 € à 796,14 €
au delà de 1 847,50 €	491,62 € + totalité au-delà de 1 847,50 €	559,74 € + 796,14 €

Avec 1 personne à charge

Salaire mensuel net	Fraction saisissable	Fraction insaisissable
de 559,74 € à 745,83 €	22,08 € + 1/10 au-delà de 441,67 €	559,74 € + de 0 à 133,60 €
de 745,84 € à 1 051,66 €	52,50 € + 1/5 au-delà de 745,84 €	559,74 € + de 133,60 € à 378,27 €
de 1 051,67 € à 1 355,83 €	113,66 € + 1/4 au-delà de 1 051,67 €	559,74 € + de 378,27 € à 606,40 €
de 1 355,84 € à 1 660,00 €	189,70 € + 1/3 au-delà de 1 355,84 €	559,74 € + de 606,40 € à 809,18 €
de 1 660,01 € à 1 970,00 €	291,09 € + 2/3 au-delà de 1 660,01 €	559,74 € + de 809,18 € à 912,51 €
au delà de 1 970,00 €	497,75 € + totalité au-delà de 1 970,00 €	559,74 € + 912,51 €

Avec 2 personnes à charge

Salaire mensuel net	Fraction saisissable	Fraction insaisissable
de 559,74 € à 868,33 €	28,21 € + 1/10 au-delà de 564,17 €	559,74 € + de 0 à 249,98 €
de 868,34 € à 1 174,16 €	58,62 € + 1/5 au-delà de 868,34 €	559,74 € + de 249,98 € à 494,64 €
de 1 174,17 € à 1 478,33 €	119,79 € + 1/4 au-delà de 1 174,17 €	559,74 € + de 494,64 € à 722,77 €
de 1 478,34 € à 1 782,50 €	195,83 € + 1/3 au-delà de 1 478,34 €	559,74 € + de 722,77 € à 925,56 €
de 1 782,51 € à 2 092,50 €	297,21 € + 2/3 au-delà de 1 782,51 €	559,74 € + de 925,56 € à 1 028,89 €
au delà de 2 092,50 €	503,87 € + totalité au-delà de 2 092,50 €	559,74 € + 1 028,89 €

Avec 3 personnes à charge

Salaire mensuel net	Fraction saisissable	Fraction insaisissable
de 559,74 € à 990,83 €	34,33 € + 1/10 au-delà de 686,67 €	559,74 € + de 0 à 366,35 €
de 990,84 € à 1 296,66 €	64,75 € + 1/5 au-delà de 990,84 €	559,74 € + de 366,35 € à 611,02 €
de 1 296,67 € à 1 600,83 €	125,91 € + 1/4 au-delà de 1 296,67 €	559,74 € + de 611,02 € à 839,15 €
de 1 600,84 € à 1 905,00 €	201,95 € + 1/3 au-delà de 1 600,84 €	559,74 € + de 839,15 € à 1 041,93 €
de 1 905,01 € à 2 215,00 €	303,34 € + 2/3 au-delà de 1 905,01 €	559,74 € + de 1 041,93 € à 1 145,26 €
au delà de 2 215,00 €	510,00 € + totalité au-delà de 2 215,00 €	559,74 € + 1 145,26 €

Selon l'art. L. 3252-3, al. 1 du C. trav., « pour la détermination de la fraction insaisissable, il est tenu compte du montant de la rémunération, de ses accessoires ainsi que, le cas échéant, de la valeur des avantages en nature, après déduction des cotisations sociales obligatoires ». L'administration en déduit qu'entrent dans le champ du régime de la saisie et de la cession des rémunérations (circ. 23-12-1992) :

- le salaire de base et les heures supplémentaires ;
- les accessoires et compléments du salaire, avantages en nature, primes ayant le caractère de salaire ;
- les pourboires (dans la mesure où ils sont centralisés par l'employeur) ;
- les indemnités de préavis et de congés payés ou les indemnités compensatrices ;
- les prestations ayant vocation à remplacer le salaire (allocations de chômage, indemnités journalières de maladie et de maternité, indemnités journalières de l'incapacité temporaire due à un accident de travail).

Le tout, après déduction des cotisations et contributions obligatoires.

Il a déjà été jugé, dans le même sens, qu'est saisissable et cessible l'indemnité de départ en retraite versée au salarié quittant volontairement l'entreprise pour bénéficier du droit à une pension de vieillesse dans la mesure où elle n'a pas pour objet de compenser un préjudice (Cass. soc., 30-1-2008, n° 06-17.531RJS 4/08 n° 417). Solution *a priori* également transposable à l'indemnité de non-concurrence, à l'allocation d'activité partielle et à l'indemnité chômage-intempéries.

D'autres sommes perçues par le salarié n'ont pas le caractère de salaire. Elles peuvent donc **faire intégralement l'objet d'une saisie**. Ce sont :

- l'indemnité de licenciement et l'indemnité pour rupture abusive (bien qu'elles aient le caractère de dommages-intérêts) ;
- l'indemnité de clientèle des VRP.

Enfin, certaines sommes ont une destination exclusivement alimentaire et sont donc **totalement protégées**. Il s'agit des :

- sommes allouées à titre de remboursement de frais exposés par le salarié ;
- allocations ou indemnités pour charge de famille versées par l'employeur ;
- prestations familiales ;
- indemnités en capital et rentes d'accident du travail.

En pratique, la fraction insaisissable est déterminée selon la périodicité de la paie, généralement au mois. Toutefois, si la rémunération comprend des variations dues par exemple à des primes dont la périodicité est différente de celle du salaire, on doit procéder, pour rechercher la quotité disponible, à l'étalement des divers éléments de la rémunération sur un cycle de 12 mois (en se servant de la tranche par an) commençant dès réception de la notification à l'employeur de la saisie ; une sorte de régularisation mensuelle progressive (comme pour les cotisations) mais pour les sept tranches du barème !
Les entreprises devraient calculer la saisie-arrêt avec cette règle, notamment quand un salarié qui se situe dans la tranche à 1/3 ou 2/3 la plupart des mois perçoit une prime exceptionnelle (ou un 13e mois ou tout simplement des heures supplémentaires). Si on ne raisonne que mensuellement (selon le barème indiqué au dos de la feuille saisie-arrêt ou de l'avis à tiers détenteur), le salarié se voit prélever la quasi-intégralité de cette somme, alors que si l'entreprise pratique la régularisation annuelle, la prime complète d'abord les mois à 1/3 (ou 2/3) avant de « remplir » la tranche à 100 %.
Malheureusement, ce calcul étant très complexe, même si le logiciel de paie permet de l'effectuer, trop peu d'employés au service paie sont capables de l'expliquer au salarié qui en demanderait la justification.

Exercices

Exercice 65 (Niveau 1)

1. Quel est le montant de la saisie-arrêt pour un salarié ayant 1 personne à charge, une dette de 2 000 € et une somme soumise à saisie-arrêt de 1 500 € ?

2. Quel est le montant de la saisie-arrêt pour un salarié ayant 3 personnes à charge, une dette de 2 000 € et une somme soumise à saisie-arrêt de 2 000 € ?

3. Quel est le montant de la saisie-arrêt pour un salarié sans personne à charge, une dette de 2 000 € et une somme soumise à saisie-arrêt de 2 500 € ?

Exercice 66 (Niveau 3)

Ce mois d'avril 2019, le service paie d'une grande entreprise parisienne vient de sortir les bulletins de paie « 1er jet » (c'est-à-dire : les bulletins à vérifier avant le passage définitif qui éditera les « vrais » bulletins de paie) quand la DRH l'informe qu'une saisie-arrêt d'un montant de 3 000 € concernant un salarié (avec 2 personnes à charge) vient d'arriver.

Bulletin de paie « 1er jet » du salarié concerné

Libellé des Rubriques	Base	Taux	Montant	Commentaires
Salaire	151,67		**3 000,00**	
Prime d'ancienneté	3 000,00	5,00	**150,00**	
Absence Maladie	13,00	105,00	**-1 365,00**	
Paiement Maladie	13,00	105,00	**1 365,00**	
I.J.S.S. "Brutes"	10,00	45,01	**-450,10**	
Garantie sur le net			**-86,78**	
Total Brut			**2 613,12**	

Cotisations	Base	Salariales		Patronales	
		Taux	Montant	Taux	Montant
Santé					
Sécurité Sociale (Mal, Mat, Inv, Décès)	2 613,12			7,00	182,92
Incapacité, Invalidité, Capital Décès (Prév. Décès)	2 613,12	1,00	-26,13	2,00	52,26
Complémentaire Santé (Prév. Frais de Santé)			-50,00		50,00
Accident du Travail - Maladie Prof.	2 613,12			2,50	65,33
Retraite					
Sécurité Sociale (Vieillesse Plafonnée)	2 613,12	6,90	-180,31	8,55	223,42
Sécurité Sociale (Vieillesse Déplafonnée)	2 613,12	0,40	-10,45	1,90	49,65
Complémentaire (AGIRC-ARRCO + CEG /T1)	2 613,12	4,01	-104,79	6,01	157,05
Famille	2 613,12			3,45	90,15
Assurance Chômage					
Chômage (Chômage + AGS / TA+TB)	2 613,12			4,20	109,75
Autres Contributions dues par l'employeur	2 613,12				162,25
C.S.G. Non Imposable	2 669,65	6,80	-181,54		
Réduction générale des charges patronales					
Total des cotisations et contributions			**-553,22**		**1 142,78**
Net fiscal			**2 109,90**		
RETENUES ET REMBOURSEMENTS DIVERS					
C.S.G. & C.R.D.S. Imposables	2 669,65	2,90	-77,42		
I.J.S.S. "Nettes"	10,00	41,994	419,94		
Acompte			-500,00		
Pension Alimentaire			-250,00		
Total des Retenues et Remboursements			**-407,48**		
Net à payer avant prélèvement à la source			**1 652,42**		
dont évolution de la rémunération liée à la suppression des cotisations salariales chômage et maladie			*36,93*		
Prélèvement à la source	**2 109,90**	**7,50%**	**-158,24**		

Net Payé en euros	Date de paiement
1 494,18 €	**30 avril 2019**
Total versé par l'employeur	**Allègement de cotisations**
3 755,90 €	**0,00 €**

Déterminer la somme soumise à saisie-arrêt et le montant de sa saisie-arrêt pour ce mois d'avril 2019.

24. Exercice sur le solde de tout compte d'un CDD

Exercice 67 (Niveau 3)

Un salarié non cadre âgé de 30 ans est embauché en CDD pour surcroît temporaire d'activité le lundi 4 mars 2019 dans une entreprise parisienne (taux de transport : 2,95 %) de 100 salariés. Son salaire de base mensuel est de 2 730 € pour 151,67 heures (7 heures par jour). Ses droits à congés payés sont de 27 jours ouvrés par année civile. Il acquiert 0,5 jour de RTT toutes les 4 semaines. Il a droit à des titres-restaurants d'une valeur faciale de 10 € pour une participation salariale de 3,00 €. Les jours fériés sont non travaillés mais lui sont payés normalement. L'entreprise a un taux accident du travail de 2,50 %, une prévoyance mensuelle « Frais de santé » de 100 € (50 % en part salariale et 50 % en part patronale) ainsi qu'une prévoyance « Décès » basée sur la tranche A au taux de 1 % pour le salarié et de 2 % pour l'employeur. Son contrat se termine le soir du vendredi 26 avril 2019. Le taux du PAS est le taux neutre.

Faire les deux bulletins de paie avec les modèles suivants.

Bulletin de paie de mars 2019

Libellé des Rubriques	Base	Taux	Montant	Commentaires
Salaire				
Total Brut				

Cotisations	Base	Salariales		Patronales	
		Taux	Montant	Taux	Montant
Santé					
Sécurité Sociale (Mal, Mat, Inv, Déc.) (<2,5 SMIC)					
Sécurité Sociale (Mal, Mat, Inv, Déc.) (>2,5 SMIC)					
Incapacité, Invalidité, Capital Décès (Prév. Décès)					
Complémentaire Santé (Prév. Frais de Santé)					
Accident du Travail - Maladie Prof.					
Retraite					
Sécurité Sociale (Vieillesse Plafonnée / TA)					
Sécurité Sociale (Vieillesse Déplafonnée / Brut)					
Complémentaire (AGIRC-ARRCO + CEG /T1)					
Complémentaire (AGIRC-ARRCO + CEG /T2)					
Contribution d'Equilibre Technique (CET T1+T2)					
Famille (< 3,5 SMIC)					
Famille (> 3,5 SMIC)					
Assurance Chômage					
Chômage (Chômage + AGS / TA+TB)					
Autres Contributions dues par l'employeur					
C.S.G. Non Imposable					
Réduction générale des charges patronales					
Total des cotisations et contributions					
Net fiscal					
RETENUES ET REMBOURSEMENTS DIVERS					
C.S.G. & C.R.D.S. Imposables					
Total des Retenues et Remboursements					
Net à payer avant prélèvement à la source					
dont évolution de la rémunération liée à la suppression des cotisations salariales chômage et maladie					
Prélèvement à la source					

	Net Payé en euros	Date de paiement
	Total versé par l'employeur	Allègement de cotisations

Bulletin de paie d'avril 2019

Libellé des Rubriques	Base	Taux	Montant	Commentaires	
Salaire					
Total Brut					
Cotisations	Base	Salariales		Patronales	
		Taux	Montant	Taux	Montant
Santé					
Sécurité Sociale (Mal, Mat, Inv, Déc.) (<2,5 SMIC)					
Sécurité Sociale (Mal, Mat, Inv, Déc.) (>2,5 SMIC)					
Incapacité, Invalidité, Capital Décès (Prév. Décès)					
Complémentaire Santé (Prév. Frais de Santé)					
Accident du Travail - Maladie Prof.					
Retraite					
Sécurité Sociale (Vieillesse Plafonnée / TA)					
Sécurité Sociale (Vieillesse Déplafonnée / Brut)					
Complémentaire (AGIRC-ARRCO + CEG /T1)					
Complémentaire (AGIRC-ARRCO + CEG /T2)					
Contribution d'Equilibre Technique (CET T1+T2)					
Famille (< 3,5 SMIC)					
Famille (> 3,5 SMIC)					
Assurance Chômage					
Chômage (Chômage + AGS / TA+TB)					
Autres Contributions dues par l'employeur					
C.S.G. Non Imposable					
Réduction générale des charges patronales					
Total des cotisations et contributions					
Net fiscal					
RETENUES ET REMBOURSEMENTS DIVERS					
C.S.G. & C.R.D.S. Imposables					
Total des Retenues et Remboursements					
Net à payer avant prélèvement à la source					
dont évolution de la rémunération liée à la suppression des cotisations salariales chômage et maladie					
Prélèvement à la source					
		Net Payé en euros		Date de paiement	
		Total versé par l'employeur		Allègement de cotisations	

25. Exercice sur le solde de tout compte d'un CDI

Page de rappel du livre *La Paie, ça s'apprend*

L'indemnité légale de licenciement est le **minimum** que peut toucher un salarié en cas de licenciement. Elle est due s'il n'y a pas de convention collective ou dans le cas où l'application de la convention collective en vigueur est moins favorable pour le salarié. Pour pouvoir en bénéficier, il faut avoir une **ancienneté minimum de 8 mois** en continu (12 mois avant le 25 septembre 2017 et 24 mois avant le 1er mai 2008) et bien sûr ne pas être licencié à la suite d'une faute grave (l'ancienneté est appréciée à la date de notification du licenciement). Mais elle n'est pas due au terme d'un CDD, ni à la fin d'un contrat d'apprentissage, ni dans certains cas de force majeure (incarcération de longue durée, destruction totale de l'entreprise à la suite d'un incendie), ni en cas d'inaptitude du salarié, à condition qu'elle ne soit pas consécutive à un accident du travail ou à une maladie professionnelle.

Le montant de l'indemnité légale de licenciement (motif personnel ou économique)

L'indemnité est calculée sur la base du salaire brut perçu juste avant la rupture du contrat de travail. En prenant le calcul le plus avantageux pour le salarié, on se basera :

- soit sur la moyenne des trois derniers mois qui précèdent le départ du salarié. Dans ce cas, toute prime ou gratification de caractère annuel ou exceptionnel, versée au salarié pendant cette période, n'est prise en compte que dans la limite d'un montant calculé à due proportion ;
- soit sur la moyenne des douze derniers bruts (salaires et primes ou indemnités soumises diverses) qui précèdent la notification au salarié.

Depuis l'ordonnance n° 2017-1387 (du 22 septembre 2017, relative à la prévisibilité et la sécurisation des relations de travail, appelée familièrement ordonnance Macron) et son décret d'application (n° 2017-1398 du 25 septembre 2017 portant revalorisation de l'indemnité légale de licenciement), si le salarié est mensualisé, le montant de l'indemnité légale de licenciement est d'un quart de mois par année jusqu'à 10 ans, auquel s'ajoute un tiers de mois par année d'ancienneté au-delà de 10 ans d'ancienneté.

Il est désormais expressément précisé qu'en cas d'année incomplète, l'indemnité est calculée proportionnellement au nombre de mois « complets » (art. R. 1234-1 du C. trav. modifié).

Exemple : Pour 16 ans et 3 mois d'ancienneté, l'indemnité sera de [(10 × ¼) + (6,25 × 1/3)], soit un total de 4,583 mois de salaire.

Quant à la valeur du « mois », selon l'article R. 1234-4 du Code du travail (modifié) :
« Le salaire à prendre en considération pour le calcul de l'indemnité de licenciement est, selon la formule la plus avantageuse pour le salarié :

- soit le douzième de la rémunération des douze derniers mois précédant le licenciement ou, si la durée de service est inférieure à 12 mois, la moyenne mensuelle de la rémunération de l'ensemble des mois précédant le licenciement ;
- soit le tiers des trois derniers mois. Dans ce cas, toute prime ou gratification de caractère annuel ou exceptionnel, versée au salarié pendant cette période, n'est prise en compte que dans la limite d'un montant calculé à due proportion. »

Exercice

Exercice 68 (Niveau 3)

Un salarié non cadre a été embauché en CDI le 1er octobre 2003 dans une entreprise parisienne de 100 salariés. Son licenciement pour motif économique lui a été notifié le 1er juillet 2019. Il doit bénéficier de 3 mois de préavis mais il est dispensé par son employeur de l'effectuer à partir du 1er août. Son salaire de base depuis le 1er janvier 2018 est de 2 300 €. Depuis cette date, il n'a eu aucune absence et hormis la prime de vacances (équivalente à salaire de base) habituellement versée fin juillet, il n'a bénéficié d'aucune autre prime. Au 1er juillet 2019, suite à des négociations salariales signées en avril, son salaire de base passe à 2 400 €. Son entreprise donne 2 jours ouvrés de plus que la loi. Au moment de son départ (le 31 juillet), ses droits aux congés payés 2018-2019, calculés en jours ouvrés, n'étaient pas consommés. Le taux AT est de 2,50 %. Le taux Transport est de 2,95 %. La prévoyance « Frais de santé » est de 100 € par mois (50 % pour le salarié et 50 % pour l'entreprise). La prévoyance Décès est de 1 % pour le salarié et de 2 % pour l'employeur sur la tranche 1). Le taux du PAS est le taux neutre.

Calculer son indemnité de licenciement et faire son bulletin de paie « solde de tout compte » de juillet 2019 à l'aide du modèle suivant.

Bulletin de paie « solde de tout compte » de juillet 2019

Libellé des Rubriques	Base	Taux	Montant	Commentaires
Salaire	151,67			
Total Brut				

Cotisations	Base	Salariales		Patronales	
		Taux	Montant	Taux	Montant
Santé					
Sécurité Sociale (Mal, Mat, Inv, Décès)					
Incapacité, Invalidité, Capital Décès (Prév. Décès)		1,00		2,00	
Complémentaire Santé (Prév. Frais de Santé)					
Accident du Travail - Maladie Prof.				2,50	
Retraite					
Sécurité Sociale (Vieillesse Plafonnée)		6,90		8,55	
Sécurité Sociale (Vieillesse Déplafonnée)		0,40		1,90	
Complémentaire (AGIRC-ARRCO + CEG /T1)		4,01		6,01	
Complémentaire (AGIRC-ARRCO + CEG /T2)		9,72		14,57	
Contribution d'Equilibre Technique (CET T1+T2)		0,14		0,21	
Famille					
Assurance Chômage					
Chômage (Chômage + AGS / TA+TB)				4,20	
Autres Contributions dues par l'employeur					
C.S.G. Non Imposable		6,80			
Réduction générale des charges patronales					
Total des cotisations et contributions					
Net fiscal					
RETENUES ET REMBOURSEMENTS DIVERS					
C.S.G. & C.R.D.S. Imposables		2,90			
Total des Retenues et Remboursements					
Net à payer avant prélèvement à la source					
dont évolution de la rémunération liée à la suppression des cotisations salariales chômage et maladie					
Prélèvement à la source					

Net Payé en euros	Date de paiement
	31 juillet 2019
Total versé par l'employeur	Allègement de cotisations

26. Exercice sur l'indemnité contractuelle de licenciement

Page de rappel du livre *La Paie, ça s'apprend*

L'indemnité contractuelle de licenciement, dans la mesure où elle a bien le caractère de dommages et intérêts, échappe à l'impôt sur le revenu et aux cotisations sociales.

Limite fiscale

Cependant, il faut tenir compte de l'article 80 duodecies 1, 3, instauré depuis la loi de finances pour l'an 2000. Cet article pose en principe que toute indemnité versée à l'occasion de la rupture du contrat de travail constitue une rémunération imposable. Toutefois, l'article atténue le dispositif puisque l'indemnité de licenciement (versée hors plan de sauvegarde) est exonérée à hauteur du montant le plus élevé entre :

- soit 50 % du montant de l'indemnité versée au salarié ou deux fois la rémunération annuelle brute perçue par le salarié durant l'année civile précédant la rupture. La fraction exonérée au titre de ces deux critères ne pouvant pas excéder six plafonds annuels de Sécurité sociale en vigueur à la date de versement de l'indemnité (soit 243 144 € en 2019) ;
- soit le montant légal ou conventionnel de l'indemnité de licenciement (sans limite de montant).

Les indemnités de clientèle, de rupture conventionnelle (d'un salarié n'étant pas en droit de bénéficier d'une pension de vieillesse) ou transactionnelle sont également exonérées d'impôt dans les mêmes limites que l'indemnité de licenciement.

Limite sociale

La fraction des indemnités de licenciement exonérée d'impôts sur le revenu est également exonérée de cotisations de Sécurité sociale et des charges ayant la même assiette, mais dans une certaine limite. La partie d'indemnité excédant cette limite est assujettie à cotisations, même si elle est exonérée d'impôts. La fraction exonérée de cotisations est le plus petit des deux montants suivants (circ. DSS/SD5B 2011-145 du 14 avril 2011) :

- la part qui est exonérée d'impôt sur le revenu ;
- la limite de deux plafonds annuels de Sécurité sociale (81 048 € en 2019).

Autrement dit : la fraction des indemnités de rupture imposable est forcément soumise à cotisations. Mais si elle est exonérée d'impôt, elle n'échappe pas pour autant aux cotisations.

Limite des CSG/CRDS

Les indemnités de rupture du contrat de travail sont soumises aux CSG et à la CRDS au-delà de leur montant légal ou conventionnel et, en tout état de cause, pour la fraction soumise aux cotisations (Code Séc. soc., art. L. 132-2, II, 5°). La fraction exonérée de CSG/CRDS est la plus petite des deux limites suivantes :

- la part correspondant au montant légal ou conventionnel de l'indemnité de rupture ;
- la part exclue de l'assiette des cotisations.

Ces CSG/CRDS se calculent sans abattement de frais professionnels (Code Séc. soc., art. L. 136-2, I).

Nota Bene : La CSG calculée sur les sommes exonérées à la fois d'impôt et de cotisations est intégralement non déductible, même pour la part qui l'est habituellement. En revanche, elle reste déductible pour 6,80 % lorsqu'elle porte sur la fraction imposable et/ou assujettie à cotisations.

Exercice

Exercice 69 (Niveau 9)

Un salarié cadre, embauché le 1er septembre 2008 dans une entreprise parisienne (taux de transport : 2,95 %, taux de prévoyance « Décès » de 5 % réparti en 40 % pour le salarié, 60 % pour l'employeur, montant de prévoyance « Frais de santé » de 100 € réparti en 50 % pour le salarié et 50 % pour l'employeur, taux accident du travail : 2,50 %), a été licencié le 30 octobre 2018. Suite à un accord, il a soldé tous ses congés payés à prendre au cours des deux premiers mois de préavis effectués du 1er novembre au 31 décembre 2018. En janvier 2019, il effectue son dernier mois de préavis. Son salaire forfaitaire est de 3 600 € par mois depuis le 1er janvier 2017. Il n'a bénéficié d'aucune prime. Son indemnité de licenciement conventionnelle est d'un mois de salaire par année complète d'ancienneté. Une indemnité transactionnelle lui a été accordée en supplément pour un montant de 45 800 €.

Établir son bulletin de paie « solde de tout compte » de janvier 2019 à l'aide du modèle suivant.

Libellé des Rubriques	Base	Taux	Montant	Commentaires	
Salaire Frofaitaire	151,67		**3 600,00**		
Indemnités de rupture soumises à cotisations					
Total Brut					
Cotisations	**Base**	**Salariales**		**Patronales**	
		Taux	**Montant**	**Taux**	**Montant**
Santé					
Sécurité Sociale (Mal, Mat, Inv, Décès)					
Incapacité, Invalidité, Capital Décès (Prév. Décès)		2,00		3,00	
Complémentaire Santé (Prév. Frais de Santé)			-50,00		50,00
Accident du Travail - Maladie Prof.				2,50	
Retraite					
Sécurité Sociale (Vieillesse Plafonnée)		6,90		8,55	
Sécurité Sociale (Vieillesse Déplafonnée)		0,40		1,90	
Complémentaire (AGIRC-ARRCO + CEG /T1)		4,01		6,01	
Complémentaire (AGIRC-ARRCO + CEG /T2)		9,72		14,57	
Contribution d'Equilibre Technique (CET T1+T2)		0,14		0,21	
Famille					
Assurance Chômage					
Chômage (Chômage + AGS / TA+TB)				4,20	
APEC (Salarié Cadre TA+TB)		0,024		0,036	
Autres Contributions dues par l'employeur					
C.S.G. Non Imposable (sur salaire)		6,80			
C.S.G. Non Imposable (sur Ind. Rupture)		6,80			
Total des cotisations et contributions					
Reprise Ind. de rupture soumises à cotisations					
Net fiscal					
RETENUES ET REMBOURSEMENTS DIVERS					
C.S.G. & C.R.D.S. Imposables (sur salaire)		2,90			
C.S.G. & C.R.D.S. Imposables (sur Ind. Rupture)		2,90			
C.S.G. & C.R.D.S. Imposables (sur Ind. Rupture)		9,70			
Indemnités de rupture (soumises à cotisations)					
Indemnités de rupture (non soumises à cotisations)					
Total des Retenues et Remboursements					
Net à payer avant prélèvement à la source					
dont évolution de la rémunération liée à la suppression des cotisations salariales chômage et maladie					
Prélèvement à la source					
		Net Payé en euros		**Date de paiement** 31 janvier 2019	
		Total versé par l'employeur		**Allègement de cotisations**	

27. Jeu des 15 erreurs sur un bulletin

Exercice 70 (Niveau 1, ou 2, ou 3, ou 9)

Dernier exercice correspondant au travail du personnel du service paie avant l'édition des bulletins définitifs. M. Marcel Dupont, sans personne à charge, non cadre, comptable dans l'entreprise STEC (Profilage à froid par formage ou pliage de l'acier, comportant 120 salariés et calculant les congés payés en jours ouvrés) a un salaire de base de 3 300 €, une prime d'ancienneté de 10 % de son salaire depuis ses 10 ans d'ancienneté, des titres-restaurants (valeur faciale de 8,00 €, participation patronale de 5,52 €). Ce mois de mars 2019, il a pris une semaine de congés payés la semaine du lundi 11 au dimanche 17 et fait une journée de grève le vendredi 22. Voici le bulletin qu'il a reçu :

BULLETIN DE PAIE

Période du 1er mars 2019 au 31 mars 2019

Employeur	Salarié
Raison Sociale : STEC Provence	**Nom** : DUPONT **Prénom** : Marcel
Adresse : ZAC Les Rives Bleues, 130015 Marseille	**Adresse** : 12 allée des cerisiers, 13001 Marseille
N° SIRET : 381 524 629 00020 **Code NAF** : 2423Z	**N° SS** : 1690513356589
URSSAF : 20 av. Viton, 13009 Marseille **N° de cotisant** : 130015879123	**Emploi** : Agent Administratif **Classif.** : N2E2
Convention collective : Industries métallurgiques des Bouches du Rhône	**Date d'ancienneté** : 01/06/2008

Libellé des Rubriques	Base	Taux	Montant	Commentaires
Salaire	151,67		**3 300,00**	
Prime d'ancienneté	3 300,00	10,000	**330,00**	
Absence Grève	7,00	23,934	**-167,53**	
Absence Congés Payés	5,00	121,000	**-605,00**	
Paiement Congés Payés	5,00	121,000	**605,00**	
Total Brut			**3 462,47**	

Cotisations	Base	Salariales Taux	Salariales Montant	Patronales Taux	Patronales Montant
Santé					
Sécurité Sociale (Mal, Mat, Inv, Décès)	3 462,47			13,00	450,12
Incapacité, Invalidité, Capital Décès (Prév. Décès)	3 377,00	1,00	-33,77	2,00	67,54
Complémentaire Santé (Prév. Frais de Santé)			-50,00		50,00
Accident du Travail - Maladie Prof.	3 462,47			2,50	86,56
Retraite					
Sécurité Sociale (Vieillesse Plafonnée)	3 377,00	6,90	-233,01	8,55	288,73
Sécurité Sociale (Vieillesse Déplafonnée)	3 462,47	0,40	-13,85	1,90	65,79
Complémentaire (AGIRC-ARRCO + CEG /T1)	3 377,00	4,01	-135,42	6,01	202,96
Complémentaire (AGIRC-ARRCO + CEG /T2)	85,47	9,72	-8,31	14,57	12,45
Contribution d'Equilibre Technique (CET T1+T2)	3 462,47	0,14	-4,85	0,21	7,27
Famille	3 462,47			3,45	119,46
Assurance Chômage					
Chômage (Chômage + AGS / TA+TB)	3 462,47			4,20	145,42
Autres Contributions dues par l'employeur	3 462,47				213,55
C.S.G. Non Imposable	3 451,88	6,80	-234,73		
Réduction générale des charges patronales					
Total des cotisations et contributions			-713,94		**1 709,85**
Net fiscal			**2 748,53**		
RETENUES ET REMBOURSEMENTS DIVERS					
C.S.G. & C.R.D.S. Imposables	3 451,88	2,90	-100,10		
Retenue Titres-Restaurant	21,00	2,48	-52,08	5,52	115,92
Indemnités de Transport			55,00		55,00
Saisie-Arrêt			-281,18		
Total des Retenues et Remboursements			-378,36		**170,92**
Net à payer avant prélèvement à la source			**2 320,17**		
dont évolution de la rémunération liée à la suppression des cotisations salariales chômage et maladie			*50,39*		
Prélèvement à la source	**2 748,53**	**9,00%**	-247,37		

Net Payé en euros	Date de paiement
2 072,80 €	**31 mars 2019**
Total versé par l'employeur	**Allègement de cotisations**
5 172,32 €	**0.00 €**

CUMULS depuis le 1er Janvier 2019

Heures : 455 — Brut S.S. : 10.219,61 € — Net Fiscal : 8,814,81 €

Niveau 1 : Trouvez 7 erreurs dans ce bulletin.
Niveau 2 : Trouvez 10 erreurs dans ce bulletin.
Niveau 3 : Trouvez 13 erreurs dans ce bulletin.
Niveau 9 : Trouvez 15 erreurs dans ce bulletin.

Établir à l'aide du bulletin vierge suivant, le bulletin tel qu'il aurait dû être.

BULLETIN DE PAIE

Période du 1er mars 2019 au 31 mars 2019

Employeur	Salarié
Raison Sociale : STEC Provence	**Nom** : DUPONT **Prénom** : Marcel
Adresse : ZAC Les Rives Bleues, 130015 Marseille	**Adresse** : 12 allée des cerisiers, 13001 Marseille
N° SIRET : 381 524 629 00020 **Code NAF** : 2423Z	**N° SS** : 1690513356589
URSSAF : 20 av. Viton, 13009 Marseille **N° de cotisant** : 130015879123	**Emploi** : **Classif.** : N2E2
Convention collective : Industries métallurgiques des Bouches du Rhône	**Date d'ancienneté** : 01/06/2008

Libellé des Rubriques	Base	Taux	Montant	Commentaires
Salaire	151,67		**3 300,00**	
Prime d'ancienneté				
Absence Congés Payés				
Paiement Congés Payés				
Total Brut				

Cotisations	Base	Salariales		Patronales	
		Taux	Montant	Taux	Montant
Santé					
Sécurité Sociale (Mal, Mat, Inv, Décès)					
Incapacité, Invalidité, Capital Décès (Prév. Décès)					
Complémentaire Santé (Prév. Frais de Santé)					
Accident du Travail - Maladie Prof.					
Retraite					
Sécurité Sociale (Vieillesse Plafonnée)					
Sécurité Sociale (Vieillesse Déplafonnée)					
Complémentaire (AGIRC-ARRCO + CEG /T1)					
Complémentaire (AGIRC-ARRCO + CEG /T2)					
Contribution d'Equilibre Technique (CET T1+T2)					
Famille					
Assurance Chômage					
Chômage (Chômage + AGS / TA+TB)					
Autres Contributions dues par l'employeur					
C.S.G. Non Imposable					
Réduction générale des charges patronales					
Total des cotisations et contributions					
Net fiscal					
RETENUES ET REMBOURSEMENTS DIVERS					
C.S.G. & C.R.D.S. Imposables					
Retenue Titres-Restaurant					
Indemnités de Transport					
Saisie-Arrêt					
Total des Retenues et Remboursements					
Net à payer avant prélèvement à la source					
dont évolution de la rémunération liée à la suppression des cotisations salariales chômage et maladie					
Prélèvement à la source					

	Net Payé en euros	Date de paiement
	Total versé par l'employeur	Allègement de cotisations

CUMULS depuis le 1er Janvier 2019		
Heures :	Brut S.S. :	Net Fiscal :

CORRIGÉS DES EXERCICES

PARTIE II

1. Corrigés des exercices sur le Smic

Corrigé 1 (Niveau 1)

Un salarié vient d'être embauché ce lundi 1er avril 2019 à temps plein (35 heures par semaine) dans une entreprise de nettoyage.
L'entreprise lui propose :

- de le loger dans un appartement de fonction (un F2), correspondant à un avantage en nature de 75,00 € ;
- avec un salaire mensuel de 1 400 € ;
- une prime mensuelle fixe de production de 100 € ;
- et une indemnité mensuelle de transport de 50 €.

Pour vous, la paie de ce salarié respecte-t-elle le Smic ? Si votre réponse est négative, quel serait le montant de l'indemnité différentielle qui corrigerait cette anomalie ?

Salaire de base :	1 400,00 €	
+ Avantage en nature :	0,60 €	(0,02 € × 30 jours)
+ Prime de production :	100,00 €	
=	**1 500,60 €**	

Si la prime mensuelle fixe de production fait bien partie des gratifications contractuelles, en revanche, ce n'est pas le cas pour l'indemnité de transport. Puisque l'avantage en nature Logement ne vaut que 0,60 € pour l'évaluation du Smic, le Smic n'est pas respecté. L'indemnité différentielle est donc de : 1 521,25 – 1 500,60 = 50,65 €.

Corrigé 2 (Niveau 1)

Ce même jour, un autre salarié a été lui aussi embauché à 39 heures par semaine dans cette même entreprise de nettoyage.
L'entreprise lui propose :

- un salaire mensuel de 1 320 € ;
- une indemnité panier quotidienne de 6,60 € ;
- un treizième mois payé par douzième chaque mois (l'accord collectif qui a instauré cette prime prévoit un paiement fractionné mois par mois) ;
- et des heures supplémentaires mensuelles de 17 h 33 (4 HS par semaine × 4,33 semaines).

Pour vous, la paie de ce salarié respecte-t-elle le Smic ? Si votre réponse est négative, quel serait le montant de l'indemnité différentielle qui corrigerait cette anomalie ?

L'indemnité panier correspondant au montant maximum non soumis à cotisations ne rentre pas dans le calcul du Smic. Une prime de fin d'année ne peut pas en principe être fractionnée afin de remédier à l'insuffisance de salaire les autres mois (Cass. Crim. 29 novembre 1988, n° 86-92449), sauf si l'accord collectif qui a instauré cette prime prévoit un paiement fractionné mois par mois, et dans ce cas, l'employeur peut inclure cette fraction dans l'assiette de salaire à comparer au Smic (Cass. soc. 11 mars 1998, n° 96-40195 D). Donc, il faut tenir compte de 1 320 € / 12, soit 110 € chaque mois. Enfin, on ne doit pas tenir compte des heures supplémentaires pour l'appréciation du Smic (C. trav., art. D. 3231-6).

Pour ce deuxième salarié, le **Smic n'est pas respecté**.

Salaire de base :	1 320,00 €
+ Treizième mois :	110,00 €
=	1 430,00 €

L'indemnité différentielle sera de 1 521,25 – 1 430 = 91,25 €.
Et les HS seront calculées ensuite sur (1 521,25 / 151,67) × 125 % × 17 h 33, soit 217,27 €.
Le brut total du salarié sera donc en définitive de :

Salaire de base :	1 320,00 €
+ Treizième mois :	110,00 €
+ Ind. différentielle :	91,25 €
+ Heures supplém. :	217,27 €
=	1 738,52 €

2. Corrigés des exercices sur la prime d'ancienneté

Corrigé 3 (Niveau 1)

Calculer le brut d'un technicien dépendant de cette convention collection, dont la date d'entrée est le 15 mai 2008, le salaire de base 2 000 € pour 151,67 heures, le coefficient 270, et qui est présent tout ce mois de juillet 2019.

	Base	Taux	Montant
Salaire de base	151,67		2 000,00 €
Prime d'ancienneté	1 000,41	11%	110,05 €
Salaire Brut			2 110,05 €

Si ce salarié est bien entré dans l'entreprise le 15 mai 2008, il a 11 ans et un mois et demi d'ancienneté pour la paie de juillet 2019, soit un pourcentage de 11 %.
Quant à la base de la prime d'ancienneté, il suffisait de chercher la RMH dans le tableau au coefficient 270.

Corrigé 4 (Niveau 1)

Toujours en juillet 2019 et dans la même entreprise, il y a un autre salarié qui a effectué 10 heures supplémentaires dont 8 à 25 % et 2 à 50 %. Celui-ci est entré le 16 juillet 2009. Son salaire est de 2 100 € pour 151,67 heures, son coefficient est 305 et il a été présent tout le mois sans aucune absence.

Calculer son salaire brut de juillet 2019.

	Base ou nombre	Taux	Montant
Salaire de base	151,67		2 100,00 €
Prime d'ancienneté	1 136,87	10%	113,69 €
H.S. à 125 %	8,00	18,244	145,95 €
H.S. à 150 %	2,00	21,893	43,79 €
Salaire Brut			2 403,43 €

Pour cet exercice, je souhaitais que vous pensiez bien à prendre en compte le montant de la prime d'ancienneté dans le calcul des majorations des heures supplémentaires (même si le deuxième paragraphe de l'article 36 de la convention collective le précisait bien).

Corrigé 5 (Niveau 1)

Toujours en juillet 2019 et dans la même entreprise, il y a encore un autre salarié qui est entré le 3 janvier 2008 en tant qu'intérimaire. L'entreprise l'a embauché en CDI le 1er septembre 2008. Son salaire actuel est de 1 800 € pour 151,67 heures, son coefficient est 215, et il a été présent tout le mois sans aucune absence.

Calculer son salaire brut de juillet 2019.

	Base	Taux	Montant
Salaire de base	151,67		1 800,00 €
Prime d'ancienneté	801,39	11%	88,15 €
Salaire Brut			1 888,15 €

Le petit piège de cet exercice est que « lorsque l'entreprise utilisatrice embauche, après une mission, un salarié mis à sa disposition par une entreprise de travail temporaire, la durée des missions accomplies au sein de cette entreprise au cours des trois mois précédant le recrutement est prise en compte pour le calcul de l'ancienneté du salarié » (article L. 1251-38 du C. trav.). Sa « vraie » date d'ancienneté est donc le 1er juin 2008 et notre salarié a bien 11 ans d'ancienneté en juillet 2019. Sa prime d'ancienneté est donc calculée avec un taux de 11 % (et non pas de 10 %).

3. Corrigés des exercices sur les avantages en nature

Corrigé 6 (Niveau 1)

Ce salarié ouvrier spécialisé travaille dans une petite entreprise familiale pour un salaire de base de 1 800 € brut pour 151,67 heures par mois. Chaque jour, à midi, la femme du patron prépare un repas que tous les salariés partagent. Ce mois d'octobre 2019, il est présent tous les jours du mois.

Calculer sa paie pour le mois d'octobre 2019 (23 jours ouvrés).

Bulletin de paie (simplifié) d'octobre 2019

Libellés	Calculs intermédiaires	Sommes en -	Sommes en +
Salaire de base			**1 800,00**
Av. en Nature "Nourriture"	4,85 € X 23 (23 = Nombre de jours ouvrés)		**111,55**
Total du Brut	1800 + 111,55		**1 911,55**
Montant des cotisations (20%)	1911,55 X 20%	**382,31**	
Net fiscal	1911,55 - 382,31		**1 529,24**
Reprise Av. Nat. "Nourriture"	Il faut déduire le montant ajouté au brut	**111,55**	
Net à payer	1529,24 - 111,55		**1 417,69**

Le repas préparé par la femme du patron est assimilé à du salaire par le C. trav. (art. L. 3221-3 : « Constituent une rémunération le salaire ou traitement ordinaire de base ou minimum et tous les autres avantages et accessoires payés directement ou indirectement, en espèces ou en nature, par l'employeur au salarié en raison de l'emploi de ce dernier »). Il constitue donc un avantage en nature, qualifié « en nourriture », considéré comme étant un élément de rémunération et qui doit donc donner lieu à cotisations. Le repas préparé par la femme du patron n'ayant pas de facture, il faut l'évaluer forfaitairement. La Sécurité sociale donne tous les ans la valeur de l'avantage en nature « nourriture ». Cette année 2019, chaque repas fourni par l'employeur est évalué à 4,85 €. Ces 4,85 € sont multipliés par le nombre de repas pris dans le mois (23 jours ouvrés ce mois d'octobre 2019) et le montant obtenu est rajouté au salaire de base pour donner le total brut. Sur ce brut, on prélève les cotisations (20 %, tant qu'on n'aura pas étudié cette partie du bulletin) pour fournir le net fiscal (la somme à déclarer pour les impôts sur le revenu). L'employeur n'allant pas nourrir son salarié et lui donner en plus une somme d'argent, il faut retirer le même montant pour avoir la somme à payer en fin de mois au salarié.

Corrigé 7 (Niveau 1)

Ce salarié bûcheron travaille dans une petite scierie familiale perdue en pleine forêt pour un salaire de base de 2 000 € brut pour 151,67 heures par mois. Chaque lundi matin, il rejoint la scierie. Il retourne à la ville tous les vendredis à 16 heures, le travail de la semaine terminé. La femme du patron prépare un repas midi et soir. Durant la semaine, il est logé dans un petit F2. Il travaille tous les jours ouvrés de ce mois d'octobre 2019 comportant 4 week-ends.

Calculer sa paie pour le mois d'octobre 2019 (23 jours ouvrés).

Bulletin de paie (simplifié) d'octobre 2019

Libellés	Calculs intermédiaires	Sommes en -	Sommes en +
Salaire de base			**2 000,00**
Av. en Nature "Nourriture"	4,85 € X 42 (42 = Nombre de repas)		**203,70**
Av. en Nature "Logement"	70,1 € X 2 pièces		**140,20**
Total du Brut	2000 + 203,7 + 140,2		2 343,90
Montant des cotisations (20%)	2343,9 X 20%	**468,78**	
Net fiscal	2343,9 - 468,78		1 875,12
Reprise Av. Nat. "Nourriture"	Il faut déduire le Mt ajouté au brut	**203,70**	
Reprise Av. Nat. "Logement"	Il faut déduire le Mt ajouté au brut	**140,20**	
Net à payer	1875,12 - 203,7 - 140,2		1 531,22

Les repas préparés par la femme du patron sont assimilés à du salaire comme vu dans l'exercice précédent. Le mois ayant 23 jours ouvrés et notre salarié prenant son repas midi et soir, on pense qu'il y aura 46 repas de comptés. Mais s'il rentre chez lui le vendredi à 16 heures, il faut lui enlever les repas qu'il aurait pris les 4 vendredi soir. Soit 46 – 4 = 42 repas. Ces 42 repas étant évalués forfaitairement à 4,85 € chacun, l'avantage en nature « Nourriture » = (42 × 4,85 €) = 203,70 €.

Il est également logé. Pour la Sécurité sociale, lorsqu'un employeur, propriétaire ou locataire d'une habitation, la met à disposition d'un salarié gratuitement, il doit évaluer un avantage en nature logement et le soumettre au paiement des cotisations. L'avantage en nature logement est calculé au mois le mois en fonction de la rémunération brute mensuelle. La rémunération à prendre en compte s'entend du salaire brut mensuel soumis à cotisations (rémunération principale, primes, gratifications, indemnités en espèces entrant normalement dans la base de cotisations sociales), avant incorporation de l'avantage en nature (l'avantage en nature dont il est question est bien sûr le logement). Dans l'hypothèse où un salarié perçoit des rémunérations inégales en cours d'année, l'évaluation ne peut pas se faire annuellement par calcul d'une rémunération mensuelle moyenne, mais doit se faire mensuellement sur la paie du mois en cours. Autrement dit, en fonction du brut, il faut calculer cet avantage tous les mois. Et selon qu'il y ait des heures supplémentaires, un treizième mois, des primes, ou a contrario des absences non payées, la valeur de l'avantage en nature « logement » peut varier considérablement d'un mois à l'autre.

Certaines personnes pensent qu'on ne doit pas intégrer les avantages en nature « Nourriture » dans la rémunération mensuelle brute. Mais, d'une part ils ont soumis à cotisations (et par conséquent cela serait contraire à l'expression « salaire brut soumis à cotisations ») et d'autre part l'Urssaf précise sur son site Internet que « lorsque le salarié se trouve en suspension de contrat sans maintien de salaire, il faut considérer que ce salarié est rémunéré exclusivement par des avantages en nature. En conséquence, l'avantage logement doit être évalué sur la base de la première tranche du barème. ». Donc, non seulement, les avantages en nature « Nourriture » font partie de la rémunération mensuelle brute, mais même si le brut est à zéro, il faut faire comme s'il y avait des avantages en nature et donc prendre la première tranche du barème.

Pour cet exercice, pour évaluer l'avantage en nature « logement », la rémunération de référence est donc (2 000 + 203,70) = 2 203,70 €. Ce qui nous amène à la troisième tranche du barème (Rémunération comprise entre 2 026,90 € et 2 363,90 €), selon laquelle, chaque pièce du logement est évaluée à 70,10 €. Le logement de notre salarié en ayant deux, la valeur de l'avantage en nature « Logement » est donc de (70,10 € × 2) = 140,20 €. Le brut est donc (2 000 + 203,70 + 140,20) de 2 343,90 €.

Le net à payer (selon le raisonnement suivi à l'exercice précédent) est (2 343,90 – les cotisations à 20 % – la reprise des deux avantages en nature) de 1 531,22 €.

Nota Bene : Le but de cet exercice est de vous familiariser avec la logique des avantages en nature. Les plus avisés d'entre vous, connaissant le Code Général des Impôts, peuvent appliquer un abattement de sujétion de 30 % sur la valeur du logement, « le salarié étant contraint de demeurer sur place pour effectuer son travail ». Ce qui ramènerait l'avantage en nature logement à (140,20 € – 30 %) = **98,14 €.**

Corrigé 8 (Niveau 1)

Ce salarié de la région de la Loire travaille à temps plein en équipe 2 × 8 (l'équipe du matin faisant 5 heures-midi, l'équipe de l'après-midi ayant un horaire de midi à 19 heures), dans une grande entreprise d'installation de panneaux solaires pour un salaire de base de 2 000 € brut pour 151,67 heures par mois. Il fait partie de l'équipe du matin. Sa convention collective octroie un panier de 10 € par jour travaillé au personnel en équipe, qu'il soit ou pas en déplacement. Ce mois de septembre 2019, pendant une semaine il effectue des allers-retours quotidiens avec la voiture de la société (essence et péage payés par son chef) entre Loire et Rhône, déjeunant sur place.

Calculer sa paie pour le mois de septembre 2019 (21 jours ouvrés).

Bulletin de paie (simplifié) de septembre 2019 (21 jours ouvrés)

Libellés	Calculs intermédiaires	Sommes en -	Sommes en +
Salaire de base			**2 000,00**
Paniers Soumis (Jour & Nuit)	(10 (mt conv.) - 6,60 (limite d'exo)) X 16		**54,40**
Paniers Soumis (Déplacement)	(10 (mt conv.) - 9,20 (limite d'exo)) X 5		**4,00**
Total du Brut	2000 + 54,4 + 4		2 058,40
Montant des cotisations (20 %)	2058,4 X 20%	**411,68**	
Net fiscal	2058,4 - 411,68		1 646,72
Paniers Non Soumis (J & N)	6,60 (Montant exonéré/panier) X 16		**105,60**
Paniers Non Soumis (Dépl.)	9,20 (Montant exonéré/panier) X 5		**46,00**
Net à payer	1646,72 + 105,6 + 46		1 798,32

Avec cet exercice, nous abordons tranquillement les limites d'exonération des frais professionnels. La convention collective du salarié indemnise les paniers à hauteur de 10 €, qu'il soit ou pas en déplacement. Le mois de septembre 2019 ayant 21 jours ouvrés, selon l'énoncé, s'il est une semaine en déplacement, notre salarié bénéficiera donc de 16 paniers (jour et nuit) et de 5 paniers (déplacement).

La limite d'exonération pour cette année 2019 est de 6,60 € pour les paniers (jour et nuit) et de 9,20 € pour les paniers (déplacement). Ces montants sont donc exonérés de cotisations et d'impôts multipliés par le nombre de jours correspondants.

C'est ce nous retrouvons en bas de bulletin : paniers (jour et nuit) = 16 × 6,60 € = 105,60 €, et paniers (déplacement) = 5 × 9,20 € = 46,00 €.

En revanche, les parties qui dépassent ces limites doivent être soumises à cotisations et impôts. Il faut donc mettre dans le brut : 16 paniers (jour et nuit) pour un montant de 10 € – 6,60, soit 3,40 € × 16 = 54,40 € et 5 paniers (déplacement) pour un montant de 10 € – 9,20 €, soit 0,80 € × 5 = 4,00 €.

Corrigé 9 (Niveau 2)

Ce salarié provincial travaille à temps plein dans une grande entreprise pour un salaire de base de 3 000 € brut pour 151,67 heures par mois. L'entreprise lui donne des titres-restaurants (valeur faciale : 9,20 €, participation patronale : 5,52 €) pour tous les jours travaillés au sein de son entreprise. Il est logé dans un grand F4. Ce mois de février 2019, il a suivi trois jours de formation à Paris les lundi 18, mardi 19 et mercredi 20. Ses billets de train (172 €) ainsi que ses tickets de métro (1,90 € × 6 = 11,40 €) après sa remise des justificatifs correspondants lui sont remboursés sur son bulletin de paie. En revanche, pour ses 2 nuits d'hôtel, l'entreprise lui rembourse un forfait de 80 € par nuitée et, pour ses repas au restaurant (3 à midi et 2 le soir), un forfait de 25 € par repas.

Calculer sa paie pour le mois de février 2019 (20 jours ouvrés).

Bulletin de paie (simplifié) de février 2019 (20 jours ouvrés)

Libellés	Calculs intermédiaires	Sommes en -	Sommes en +
Salaire de base			**3 000,00**
Remboursement Repas	[25 (mt forfait) - 18,8 (limite d'exo)] X 5		**31,00**
Remboursement Hôtel	[80(mt forf) - 67,40(limite d'exo à Paris)] X 2		**25,20**
Av. en Nature "Logement"	110,90 € (0,9 PSS < R < 1,1 PSS) X 4		**443,60**
Total du Brut	3000 + 31 + 25,2 + 443,6		**3 499,80**
Montant des cotisations (20 %)	3499,8 X 20%	**699,96**	
Net fiscal	3499,8 - 699,96		**2 799,84**
Remboursement Repas	18,80 (Montant exonéré/repas) X 5		**94,00**
Remboursement Hôtel	67,40 (Montant exonéré / déplacement) X 2		**134,80**
Remboursement Frais de Dépl.	172 + 11,40		**183,40**
Reprise Av. Nat. "Logement"	Il faut déduire le montant ajouté au brut	**443,60**	
Retenue Titres-Restaurants	9,2 (Mt TR) - 5,52 (part Pat.) X (20-3)	**62,56**	
Net à payer	2799,84 + 94 + 134,8 - 443,6 - 62,56		**2 705,88**

Cet exercice est un petit peu plus difficile puisque cet autre salarié a des avantages en nature logement et des remboursements de frais professionnels au forfait. Or, il y a des limites d'exonération aux remboursements de frais professionnels. Bien sûr, la première ligne est toujours le salaire mensuel contractuel, ici 3 000,00 €. Ensuite, il faut passer les montants des remboursements de frais qui dépassent les limites d'exonération, qui entrent dans le brut de cotisations et qui seront soumis à impôts :

- les repas : en 2019, la limite d'exonération est de 18,80 € par repas. Notre salarié a 5 repas remboursés forfaitairement à 25 €. Il faut donc intégrer (25 – 18,80) 6,20 € par repas, soit 6,20 € × 5 repas = 31,00 € ;
- les déplacements (hébergement) : en 2019, la limite d'exonération est de 67,40 € par nuitée sur Paris. Les nuits d'hôtel étant indemnisées forfaitairement à 80 €, il faut réintégrer la différence au brut, soit (80 – 67,40) 12,60 € × 2 nuits = 25,20 €.

Le montant des avantages en nature logement dépendant du brut mensuel du salarié, il faut additionner son salaire et ses remboursements de frais, soit : 3 000 + 31,00 + 25,20 = 3 056,20 €. Ce dernier montant étant compris entre 0,9 et 1,1 plafond mensuel de la Sécurité sociale, il faut prendre la valeur de 110,90 € par pièces principales, soit 110,90 € × 4 = 443,60 €.

Le calcul du brut, des cotisations et du net fiscal sont identiques à l'exercice précédent. Après le net fiscal, il faut indemniser les repas et les déplacements dans les limites des exonérations. Pour les repas, 18,80 € × 5 = 94,00 €. Pour les déplacements (hébergement), 67,40 € × 2 = 134,80 €. Pour les frais de déplacement (train + métro) 172,00 € + 11,40 € = 183,40 €. Sans oublier de reprendre les avantages en nature logement : 443,60 €.

Quant aux titres-restaurants, il faut retenir la part salariale puisque le salarié aura des titres-restaurants d'une valeur de 9,20 € payés en partie (60 % et dans la limite d'exonération 5,52 € en 2019) par l'employeur : 9,20 – 5,52 = 3,68 € × 17 jours = 62,56 €. Certes, l'énoncé précisait qu'il y avait 20 jours ouvrés, mais puisque l'entreprise lui rembourse déjà 3 jours (en déplacement), il n'en reste donc que 17 à indemniser.

Corrigé 10 (Niveau 2)

Ce salarié cadre travaille à temps plein dans une grande entreprise pour un salaire de base de 4 000 € brut par mois. L'entreprise lui a mis à disposition le 2 janvier 2019 et pour une durée indéterminée, une voiture (Renault Mégane Intens TCe140 EDC FAP, 5 portes) achetée 29 100 € (prix de la voiture neuve au 1er janvier 2019). L'entreprise a pris également en charge l'assurance (1 800 €), tous les entretiens (1 500 €) et le carburant (2 400 €). Au 31 décembre 2019, le salarié a parcouru 50 000 km dont 20 000 à titre privé.

Calculer le montant de l'avantage en nature « Véhicule » selon les deux possibilités (au forfait et au réel) et quel sera le montant à passer dans la rubrique « Avantage en nature "Véhicule" » en décembre 2019.

1. Calcul au forfait

Pour un véhicule neuf (moins de 5 ans) dont le carburant est pris en charge par l'entreprise, le forfait annuel est de soit de 9 % du coût d'achat augmenté des dépenses de carburant utilisé à l'usage privé ou de 12 % du seul coût d'achat.

a) 9 %

Le prix d'achat (29 100 €) est multiplié par 9 % = 2 619 €

Auquel on rajoute les dépenses de carburant utilisé à l'usage privé : 2 400 € × 20 000 / 50 000 = 960 €.

Soit un total de 2 619 €+ 960 € = 3 579 €.

b) 12 %

Le prix d'achat (29 100 €) est multiplié par 12 % = **3 492 €**.

2. Calcul au réel

Pour un véhicule acheté neuf (et par conséquent de moins de 5 ans) par l'entreprise, il faut prendre en compte :

- l'amortissement du véhicule sur 5 ans (20 % par an du coût d'achat) soit 5 820 € ;
- l'assurance : 1 800 € ;
- les frais d'entretien : 1 500 € ;
- le carburant : 2 400 €.

Soit un total de (5 820 + 1 800 + 1 500 + 2 400) : 11 520 €.

Ensuite, on proratise le total obtenu par le nombre de kilomètres parcourus à titre privé par rapport au total de kilomètres effectués, soit 11 520 × 20 000 / 50 000 = **4 608 €**.

Conclusion : c'est le forfait à 12 % qui s'avère le plus avantageux (3 492 €). La première année, on passe la valeur globale de cet avantage en nature en une seule fois sur le bulletin de décembre (en espérant qu'il y ait une prime de fin d'année qui compense la perte pour le salarié). L'année suivante, on peut prendre le 12e de cette somme (384 €) tous les mois de janvier à novembre, quitte à réactualiser les données à fin décembre pour tenir compte du nombre de kilomètres parcourus au titre de cette nouvelle année.

Corrigé 11 (Niveau 3)

Ce salarié parisien travaille à temps plein dans une grande entreprise pour un salaire de base de 3 500 € brut pour 151,67 heures par mois. L'entreprise lui donne des titres-restaurants (valeur faciale : 11,04 €, participation patronale : 6,52 €) pour tous les jours travaillés au sein de son entreprise. Il est logé dans un grand F3. Son entreprise lui fournit un téléphone portable (un S9 dont le prix public est de 299,90 € assorti d'un forfait 24/24 5 Go pour 33,99 € par mois) et un ordinateur portable (d'une valeur de 899,90 €). La durée d'amortissement du téléphone est de un an. Si l'entreprise lui vendait cet ordinateur, le salarié bénéficierait d'un rabais de 30 %. Ce mois de mars 2019, il est allé par trois fois rencontrer ses clients en province, nécessitant à chaque fois une nuit d'hôtel et un repas à midi et un autre le soir. Pour se déplacer, il a utilisé un des véhicules de service appartenant à l'entreprise. Pour ses nuits d'hôtel, l'entreprise lui rembourse un forfait de 100 € par nuitée et pour ses repas au restaurant un forfait de 20 € par repas.

Calculer sa paie pour le mois de mars 2019 (21 jours ouvrés).

Bulletin de paie (simplifié) pour le mois de mars 2019 (21 jours ouvrés)

Libellés	Calculs intermédiaires	Sommes en -	Sommes en +
Salaire de base			**3 500,00**
Remboursement Repas	20 - 18,8 (limite d'exo) X 6		**7,20**
Remboursement Déplacement	100 - 50 (limite d'exo en province) X 3		**150,00**
Av. en Nature "Téléphone"	(299,90 /12 + 33,99) X 10%		**5,90**
Av. en Nature "Ordinateur"	[(899,90 - 30%] x 10%) / 12		**5,25**
Av. en Nature "Titres Resto"	(6,52 - 5,52 (maxi)) X (21 jrs ouvrés - 3 dépl.)		**18,00**
Av. en Nature "Logement"	110,90 (0,9 PSS < R < 1,1 PSS) X 3 pièces		**332,70**
Total du Brut	3500 + 7,2 + 150 + 5,9 + 5,25 + 18 + 332,7		**4 019,05**
Montant des cotisations (20 %)	4019,05 X 20%	**803,81**	
Net fiscal	4019,05 - 803,81		**3 215,24**
Remboursement Repas	18,80 (Montant exonéré/repas) X 6		**112,80**
Remboursement Déplacement	50 (Montant exonéré/déplacement) X 3		**150,00**
Reprise Av. Nat. "Téléphone"	Il faut déduire le montant ajouté au brut	**5,90**	
Reprise Av. Nat. "Ordinateur"	Il faut déduire le montant ajouté au brut	**5,25**	
Reprise Av. Nat. "Titres Resto"	Il faut déduire le montant ajouté au brut	**18,00**	
Reprise Av. Nat. "Logement"	Il faut déduire le montant ajouté au brut	**332,70**	
Retenue Titres-Restaurants	11,04 (Mt TR) - 6,52 (part Pat.) X (21-3)	**81,36**	
Net à payer	3215,24+112,8+150-5,9-5,25-18-332,7-81,36		**3 034,83**

Cet exercice 11 est encore plus difficile puisque ce nouveau salarié a non seulement des avantages en nature (téléphone, ordinateur, logement) et des remboursements de frais professionnels au forfait, mais l'entreprise dépasse aussi une des deux limites d'exonération des titres-restaurants.

La première ligne est le salaire mensuel contractuel, ici 3 500,00 €.
Le montant des remboursements de frais dépassant les limites d'exonération suit la même logique que pour l'exercice précédent :

- **pour les repas**, 20 € – 18,80 € = 1,20 € × 6 repas = 7,20 € ;
- **pour les déplacements**, 100 € – 50 € = 50 € × 3 déplacements = 150 € (attention le salarié est parisien et la limite d'exonération ne serait pas la même dans le cas d'un salarié habitant en province se déplaçant à Paris) ;
- le montant de **l'avantage en nature « téléphone »** se calcule en prenant la valeur du téléphone divisé par 12 mois (puisque l'amortissement se fait sur 1 an) augmenté de la valeur du forfait mensuel, le tout à 10 % (arrêté 10-12-2002 art. 4 et 7). En effet, lorsque la formule commerciale ne distingue pas l'achat et l'abonnement, le taux de 10 % s'applique au coût total prévu par le contrat (Circ. DSS 7-1-2003 : BOSS 4-03). Soit : (299,90 € / 12) 24,99 € + 33,99 = 58,98 €. 10 % de 58,98 € = 5,90 € ;
- le montant de **l'avantage en nature « ordinateur »** se calcule en prenant 10 % de la valeur de l'ordinateur – 30 % (Circ. DSS 19-8-2005 : BOSS 9-05), le tout divisé par 12 mois. Soit (899,90 € – 30 %) 629,93 €. 10 % de 629,93 € = 62,99 €. Et 62,99 € / 12 = 5,25 € ;
- ensuite les **titres-restaurants** : comme la part patronale dépasse les 5,52 € mais reste dans les 60 % autorisés pour l'exonération, seule la partie dépassant 5,52 € est à réintégrer dans le brut, soit 6,52 €- 5,52 € = 1,00 € × 18 jours = 18,00 € (18 jours seulement puisque sur les 21 jours ouvrés il faut enlever les 3 jours de déplacement pour lesquels l'entreprise indemnise déjà les repas forfaitairement) ;
- **l'avantage en nature logement** se détermine en fonction du brut du salarié : 3 500 € + 7,20 € + 150 € + 5,90 € + 5,25 € + 18 = 3 686,35 €. Ce montant est compris entre 0,9 et 1,1 plafond de Sécurité sociale, ce qui donne 110,90 € par pièce principale en 2019. 110,90 € × 3 pièces = 332,70 €.

La suite du bulletin devient classique : 3 686,35 € + 332,70 € = 4 019,05 € de brut, soumis à cotisations, qui enlevées du brut donne un net fiscal de 3 215,24 €.
Il faut ensuite indemniser les remboursements repas aux limites d'exonération (18,80 € × 6) = 112,80 € et les remboursements déplacement aux limites d'exonération « province » (50 € × 3) = 150,00 €.

Il faut bien sûr reprendre les quatre avantages en nature (téléphone, ordinateur, titres-restaurants et logement) pour les mêmes valeurs (5,90 €, 5,25 €, 18 € et 332,70 €).
Et enfin retenir la part salariale des titres-restaurants : 11,04 € – 6,52 € = 4,52 € × 18 jours = 81,36 €.
Le salarié perçoit donc un **net à payer de 3 034,83 €.**

Corrigé 12 (Niveau 3)

Imaginons que le salarié de l'exercice précédent (exercice 11) ne soit plus parisien mais provincial, et qu'il « monte » à Paris pour rencontrer ses clients. Imaginons aussi que son entreprise lui donne des titres-restaurants (valeur faciale : 11,04 €, participation patronale : 8,00 €) pour tous les jours travaillés au sein de son entreprise. Tout le reste de l'exercice 11 est identique.

Calculer sa paie pour le mois de mars 2019 (21 jours ouvrés).

Bulletin de paie (simplifié) pour le mois de mats 2019 (21 jours ouvrés)

Libellés	Calculs intermédiaires	Sommes en -	Sommes en +
Salaire de base			**3 500,00**
Remboursement Repas	20,00 - 18,80 (limite d'exo) X 6		**7,20**
Remboursement Déplacement	100,00 - 67,40 (limite d'exo en province) X 3		**97,80**
Av. en Nature "Téléphone"	(299,90 /12 + 33,99) X 10%		**5,90**
Av. en Nature "Ordinateur"	[(899,90 - 30%) x 10%] / 12		**5,25**
Av. en Nature "Titres Resto"	(8€ car > aux 2 limites) X (21 jrs ouvrés - 3 dépl.)		**144,00**
Av. en Nature "Logement"	134,10 (1,1 PSS < R < 1,3 PSS) X 3 pièces		**402,30**
Total du Brut	3500 + 7,2 + 97,8 + 5,9 + 5,25 + 144 + 402,3		4 162,45
Montant des cotisations (20 %)	4162,45 X 20%	**832,49**	
Net fiscal	4162,45 - 832,49		3 329,96
Remboursement Repas	18,80 (Montant exonéré/repas) X 6		**112,80**
Remboursement Déplacement	67,40 (Montant exonéré/déplacement) X 3		**202,20**
Reprise Av. Nat. "Téléphone"	Il faut déduire le montant ajouté au brut	**5,90**	
Reprise Av. Nat. "Ordinateur"	Il faut déduire le montant ajouté au brut	**5,25**	
Reprise Av. Nat. "Titres Resto"	Il faut déduire le montant ajouté au brut	**144,00**	
Reprise Av. Nat. "Logement"	Il faut déduire le montant ajouté au brut	**402,30**	
Retenue Titres-Restaurants	11,04 (Mt TR) - 8,00 (part Pat.) X (21-3)	**54,72**	
Net à payer	3329,96+112,8+202,2-5,9-5,25-144-402,3-54,72		3 032,79

Cet exercice ressemble au précédent, avec deux petites différences : le salarié cette fois est provincial et se déplace à Paris (penser aux limites d'exonération déplacement) et l'entreprise dépasse les deux limites d'exonération des titres-restaurants.

Le montant du remboursement déplacement à réintégrer dans le brut est donc différent : ici c'est 100 € – 67,40 = 32,60 € × 3 déplacements = 97,80 €.

Le montant des avantages en nature des titres-restaurants est également différent. Puisque l'entreprise dépasse les deux limites d'exonération (5,52 € et 60 % de la valeur faciale), c'est l'intégralité de la part patronale qui devient le montant de l'avantage en nature : 8,00 € × 18 jours = 144,00 €.

Ce qui change le brut avant le calcul de l'avantage en nature logement : (3 500 + 7,20 + 97,80 + 5,90 + 5,25 + 144,00) = 3 760,15 €. Le brut se trouve donc ente 1,1 et 1,3 plafond SS et sa valeur est de 134,10 € par pièce principale, soit un avantage en nature logement de : 134,10 × 3 = 402,30 €.
Le reste du bulletin suit la même logique que pour l'exercice précédent.

4. Corrigés des exercices sur les heures supplémentaires

Corrigé 13 (Niveau 1)

Un salarié a effectué les heures suivantes au cours d'une semaine dans l'année 2019. C'est un ouvrier à temps complet mensualisé (151,67 heures) effectuant normalement 7 heures par jour et travaillant dans une entreprise qui paie les heures supplémentaires une première fois au taux horaire normal du salarié et qui applique les majorations à 25 % et 50 % sur 2 lignes différentes.

Jour	Heures Théoriques	Heures Travaillées	Raison
Lundi	7,00	7,00	
Mardi	7,00	8,00	
Mercredi	7,00	10,00	
Jeudi	7,00	10,00	
Vendredi	7,00	7,00	
Samedi		4,00	
Dimanche			
Total	35,00	46,00	

➲ Vous devez trouver :

❶ Nb d'HS au taux normal	11	(de 35 à 46)
❷ Nb d'HS majorées à 25%	8	(de 35 à 43)
❸ Nb d'HS majorées à 50%	3	(de 43 à 46)

Ce premier exercice sur les heures supplémentaires est très facile : il suffit de compter les heures travaillées du salarié. On en trouve 46. Donc par rapport à l'horaire légal il a 11 heures supplémentaires. Selon l'article L. 3121-22 du C. trav., si une convention ou un accord de branche étendu ou une convention ou un accord d'entreprise ou d'établissement ne prévoit pas de taux de majoration différent (taux ne pouvant être inférieur à 10 %), les heures supplémentaires accomplies au-delà de la durée légale hebdomadaire fixée par l'article L. 3121-10, ou de la durée considérée comme équivalente, donnent lieu à une majoration de salaire de 25 % pour chacune des huit premières heures supplémentaires, les heures suivantes donnant lieu à une majoration de 50 %. Donc, parmi les 11 heures supplémentaires effectuées par le salarié, 8 sont majorées à 25 % et 3 le sont à 50 %.

Peut-être avez-vous été trompé par les 4 heures du samedi. Si la convention collective de l'entreprise ou un accord ne prévoit pas de majoration spécifique pour le travail de week-end, ces 4 heures sont bien à ajouter au total des heures de la semaine. En effet, selon l'article L. 3121-20, les heures supplémentaires se décomptent toujours dans le cadre de la semaine civile, sauf dans le cas d'horaires cycliques, modulés ou individualisés. Le cadre commun d'appréciation des heures supplémentaires est la semaine civile, qui débute le lundi à 0 heure et se termine le dimanche à 24 heures.

Il n'est possible de déroger au cadre de référence hebdomadaire pour le calcul des heures supplémentaires qu'en application d'un accord collectif prévoyant le recours à une forme d'annualisation du temps de travail, voire de pluri-annualisation (modulation, RTT sous forme de jours de congé, compte épargne-temps, etc.) ou lorsque l'employeur a recours à une réduction du temps de travail sous forme de jours de congé donnés par période de 4 semaines (C. trav., art. L.3122-6).

Corrigé 14 (Niveau 1)

Un salarié a effectué les heures suivantes au cours d'une semaine dans l'année 2019. C'est un ouvrier à temps complet mensualisé (151,67 heures) effectuant normalement 7 heures par jour et travaillant dans une entreprise qui paie les heures supplémentaires une première fois au taux horaire normal du salarié et qui applique les majorations à 25 % et 50 % sur 2 lignes différentes. Ce jeudi-là, il s'est rendu aux obsèques de sa belle-mère.

Quel est l'impact de cette journée « Événement familial » sur ses heures supplémentaires ?

Jour	***Heures Théoriques***	***Heures Travaillées***	***Raison***
Lundi	7,00	9,00	
Mardi	7,00	8,00	
Mercredi	7,00	9,00	
Jeudi	7,00	0,00	Événement fam.
Vendredi	7,00	9,00	
Samedi			
Dimanche			
Total	35,00	35,00	42,00

➲ Vous devez trouver :

❶ Nb d'HS au taux normal	7	(de 35 à 42)
❷ Nb d'HS majorées à 25%	7	(de 35 à 42)
❸ Nb d'HS majorées à 50%	0	

Les absences pour événements familiaux (mariage du salarié, naissance d'un enfant pour le père, mariage de l'enfant du salarié, décès du conjoint, décès des parents, décès des beaux-parents, décès de l'enfant du salarié) sont expressément assimilées à du travail effectif pour la détermination des heures supplémentaires.

Dans notre exercice, bien que le salarié n'ait travaillé « réellement » que 35 heures, les heures d'absence événement familial lui donnent 7 heures supplémentaires majorées à 25 %.
En revanche, ces heures n'étant pas vraiment travaillées n'ouvrent pas droit à contrepartie à repos et ne s'imputent pas sur le contingent.

Corrigé 15 (Niveau 2)

Un salarié a effectué les heures suivantes au cours d'une semaine dans l'année 2019. C'est un ouvrier à temps complet mensualisé (151,67 heures) effectuant normalement 7 heures par jour et travaillant dans une entreprise qui paie les heures supplémentaires une première fois au taux horaire normal du salarié et qui applique les majorations à 25 % et 50 % sur 2 lignes différentes. Le lundi et le mardi, il était malade. Dès qu'il s'est senti mieux, il a presque rattrapé le retard qui s'était accumulé lors de son absence de l'entreprise.

Quel est l'impact de ces 2 jours de « Maladie » sur ses heures supplémentaires ?

Jour	*Heures Théoriques*	*Heures Travaillées*	*Raison*
Lundi	7,00	0,00	Maladie
Mardi	7,00	0,00	Maladie
Mercredi	7,00	8,00	
Jeudi	7,00	10,00	
Vendredi	7,00	10,00	
Samedi		4,00	
Dimanche			
Total	35,00	32,00	46,00

➲ Vous devez trouver :

❶ Nb d'HS au taux normal	11	La maladie n'est jamais du travail effectif !
❷ Nb d'HS majorées à 25%	0	
❸ Nb d'HS majorées à 50%	0	

Ce troisième exercice sur les heures supplémentaires est assez difficile à comprendre. Dans le cas présent, notre salarié a été malade 2 jours (le lundi 7 heures et le mardi 7 heures également, soit 14 heures au total). Dès qu'il s'est senti mieux (surtout si son travail s'est accumulé sur son bureau), il a commencé à travailler plus que ses collègues de travail (1 heure le mercredi, 3 heures le jeudi, 3 heures aussi le vendredi et est même venu travailler le samedi 4 heures, soit 11 heures de plus que ses collègues).

Bien qu'il n'ait travaillé que 32 heures, ces 11 heures supplémentaires lui seront payées au taux normal, car comme il n'a pas dépassé les 35 heures aucune de ces heures ne sera majorée.
Son bulletin (très simplifié !) pourrait se présenter comme suit :

Salaire :	35 heures
Abs. mal.	- 14 heures
HS tx normal +	11 heures
Brut =	32 heures (ce qui correspond bien aux heures réellement travaillées).

Si la convention collective impose à l'employeur le maintien du salaire en cas de maladie, il sera payé en plus 14 heures, mais ce paiement supplémentaire ne doit pas entraîner de majoration de ces heures supplémentaires (ce qui serait un comble pour l'employeur !).

Enfin, si notre salarié avait été « annualisé » la réponse aurait été identique.

Corrigé 16 (Niveau 2)

Un salarié a effectué les heures suivantes au cours d'une semaine dans l'année 2019. C'est un ouvrier à temps complet mensualisé (151,67 heures) effectuant normalement 7 heures par jour et travaillant dans une entreprise qui paie les heures supplémentaires une première fois au taux horaire normal du salarié et qui applique les majorations à 25 % et 50 % sur 2 lignes différentes. C'était la semaine du jeudi de l'Ascension.

Quel est l'impact de ce « Jour férié » sur ses heures supplémentaires ?

Jour	Heures Théoriques	Heures Travaillées	Raison
Lundi	7,00	10,00	
Mardi	7,00	10,00	
Mercredi	7,00	9,00	
Jeudi	7,00	0,00	Jour férié
Vendredi	7,00	8,00	
Samedi			
Dimanche			
Total	35,00	37,00	44,00

➲ Vous devez trouver :

❶ Nb d'HS au taux normal	9	(de 35 à 44)
❷ Nb d'HS majorées à 25%	8	(de 35 à 43)
❸ Nb d'HS majorées à 50%	1	(de 43 à 44)

Ce dernier exercice sur les heures supplémentaires est litigieux. En effet, si on se reporte à la jurisprudence de la Cour de cassation du 4 avril 2012 (Cass. soc. 4 avril 2012 n° 10-10.701, n° 963 FS-PB, Sté TCMG c/ Gaufichon), en matière d'heures supplémentaires, les jours fériés chômés ne sont pas assimilés à du temps de travail effectif, en l'absence de dispositions légales ou conventionnelles contraires. Ce qui explique pourquoi certains d'entre vous ont peut-être trouvé 2-2-0. D'autres pensent que comme le salarié a quand même travaillé 9 heures de plus que l'horaire normal, il serait plus juste qu'elles soient payées au taux normal et que seules 2 heures soient majorées à 25 %, ce qui donnerait 9-2-0. Mais, la Cour dit aussi que lorsque la durée du travail habituelle du salarié inclut des heures supplémentaires (ex. : 39 heures hebdomadaires, réparties à raison de 7,80 h / jour), le chômage du jour férié ne doit entraîner aucune diminution de salaire. Le salarié ne doit donc pas perdre les majorations de salaire incluses dans sa rémunération habituelle.

D'autre part, si notre salarié avait été forfaitisé en heures annuelles, les heures effectuées au-delà de 1 607 heures auraient bien été majorées (l'annualisation à 1 607 heures est le résultat de 35 heures × 45,67 semaines (52 semaines annuelles – 5 semaines de congés payés – 1,33 semaine de jours fériés) arrondis à 1 600 (calcul loi Aubry II) + 7 heures pour la journée de solidarité). Et surtout, il ne faut pas oublier que l'Administration considère qu'il faut tenir compte des jours fériés chômés pour déterminer les droits à majoration pour heures supplémentaires (circ. DRT 2000-7 du 6 décembre 2000). Nous vous conseillons donc d'appliquer plutôt cette dernière solution, car si le salarié a le sentiment d'être lésé, il refusera d'effectuer des heures supplémentaires la prochaine fois qu'il y aura un jour férié dans la semaine (ce qui pourrait porter préjudice à l'entreprise). En revanche, la Cour de cassation et l'Administration conviennent qu'il faut bien sûr ignorer les jours fériés chômés pour déterminer les droits à contrepartie obligatoire à repos, le nombre d'heures supplémentaires à imputer sur le contingent annuel ou encore le respect des seuils de durée maximale du travail.

5. Corrigés des exercices sur les horaires individualisés

Corrigé 17 (Niveau 2)

Sachant que dans l'entreprise où travaille ce salarié :

- l'horaire mobile a été institué avec 2 plages mobiles :
  - le matin de 7 heures à 9 heures,
  - l'après-midi de 16 h 30 à 18 h 30 ;
- le déjeuner est fixe de 12 heures à 14 heures ;
- la durée hebdomadaire est de 35 heures sur 5 jours ;
- ce salarié a un crédit de 7 heures au titre du mois précédent.

Calculer le nombre d'heures travaillées par ce salarié et le report d'heures sur le mois suivant à partir de sa feuille de présence.

Voici le nombre d'heures travaillées par ce salarié et le report d'heures sur le mois suivant à partir de sa feuille de présence.

Jour	Arrivée	(Déjeuner)	Départ	Heures travaillées
1	8 h 30	(12 h 00)-(14 h 00)	17 h 00	6,50 h
2	8 h 30	(12 h 00)-(14 h 00)	16 h 30	6,00 h
3	8 h 45	(12 h 00)-(14 h 00)	18 h 00	7,25 h
4	8 h 15	(12 h 00)-(14 h 00)	17 h 45	7,50 h
5	9 h 00	(12 h 00)-(14 h 00)	17 h 30	6,50 h
6	8 h 45	(12 h 00)-(14 h 00)	17 h 15	6,50 h
7	8 h 15	(12 h 00)-(14 h 00)	17 h 00	6,75 h
8	7 h 45	(12 h 00)-(14 h 00)	17 h 30	7,75 h
9	Absence pour cause de CP			7,00 h
10	Absence pour cause de CP			7,00 h
11	Absence pour cause de CP			7,00 h
12	Absence pour cause de CP			7,00 h
13	7 h 45	(12 h 00)-(14 h 00)	17 h 00	7,25 h
14	8 h 45	(12 h 00)-(14 h 00)	17 h 15	6,50 h
15	7 h 45	(12 h 00)-(14 h 00)	17 h 30	7,75 h
16	9 h 00	(12 h 00)-(14 h 00)	17 h 30	6,50 h
17	8 h 00	(12 h 00)-(14 h 00)	18 h 00	8,00 h
18	8 h 00	(12 h 00)-(14 h 00)	18 h 30	8,50 h
19	8 h 45	(12 h 00)-(14 h 00)	17 h 45	7,00 h
20	8 h 00	(12 h 00)-(14 h 00)	17 h 00	7,00 h
21	8 h 00	(12 h 00)-(14 h 00)	16 h 30	6,50 h
22	8 h 00	(12 h 00)-(14 h 00)	17 h 15	7,25 h
23	Absence pour cause de CP			7,00 h

Ce salarié aurait dû travailler : 23 j × 7,00 h = 161,00 heures. Or, il a travaillé **162,00 heures.**

Il a donc travaillé (162,00 h – 161,00 h) **1,00 heure de plus.**

Son nouveau report sera donc : (7,00 h + 1,00 h) de **8,00 heures.**

Corrigé 18 (Niveau 2)

Dans cette entreprise, la durée hebdomadaire est de 35 heures sur 5 jours (7 heures théoriques par jour). Il y a 3 plages mobiles :

- matin : 8 h 00-9 h 00 ;
- midi : 12 h 00-14 h 00 (temps de repas mini : une heure) ;
- soir : 17 h 00-18 h 00.

Sachant que :

- dans le mois considéré, il y a 20 jours ouvrés ;
- tout retard entraîne l'arrondi à l'heure suivante, tout départ anticipé entraîne l'arrondi à l'heure précédente ;
- l'arrivée du salarié avant 8 h 00 est ramenée à 8 h 00 et le départ après 18 h 00 est ramené à 18 h 00 ;
- ce salarié a un crédit de 3 heures au titre du mois précédent ;
- dès qu'un crédit de 7 heures est ouvert, le salarié a droit de prendre une journée de récupération (sous réserve d'acceptation de son supérieur hiérarchique).

Quel sera son nouveau report pour le mois suivant ?

Nouveau report pour le mois suivant

Jour	Arrivée	(Déjeuner)	Départ	Heures travaillées	Heures théoriques
1	9 h 00	(12 h 30-13 h 40)	17 h 40	7,50 h	7 h
2	7 h 50	(12 h 20-13 h 10)	17 h 30	8,50 h	7 h
3	8 h 15	(12 h 10-13 h 50)	17 h 25	7,50 h	7 h
4	8 h 30	(13 h 15-14 h 00)	18 h 15	8,50 h	7 h
5	9 h 15	(12 h 15-13 h 00)	17 h 15	6,50 h	7 h
6	7 h 45	(12 h 15-13 h 30)	17 h 45	8,50 h	7 h
7	Absence pour cause de récupération			0,00 h	7 h
8	8 h 15	(12 h 45-13 h 35)	17 h 30	8,25 h	7 h
9	7 h 55	(12 h 15-13 h 45)	17 h 00	7,50 h	7 h
10	8 h 15	(12 h 00-13 h 15)	17 h 30	8,00 h	7 h
11	8 h 15	(12 h 15-13 h 00)	17 h 30	8,25 h	7 h
12	8 h 55	(12 h 10-13 h 20)	17 h 20	7,25 h	7 h
13	8 h 00	(12 h 10-13 h 50)	17 h 40	8,00 h	7 h
14	7 h 45	(12 h 15-13 h 05)	17 h 05	8,25 h	7 h
15	9 h 30	(12 h 00-13 h 45)	18 h 15	7,25 h	7 h
16	8 h 30	(12 h 30-13 h 45)	17 h 00	7,25 h	7 h
17	8 h 15	(12 h 00-13 h 15)	17 h 15	7,75 h	7 h
18	Absence pour cause de récupération			0,00 h	7 h
19	7 h 50	(12 h 20-13 h 20)	16 h 05	7,00 h	7 h
20	8 h 20	(12 h 10-13 h 30)	17 h 55	8,25 h	7 h

Si on fait l'addition des heures travaillées, jour par jour, nous trouvons : 140 heures.

Or ce salarié devait faire exactement 140 heures (7 heures par jour × 20 jours ouvrés).

Donc **son report sur le mois suivant est** le même que ce mois-ci, soit **3 heures** à son crédit !

6. Corrigés des exercices sur le décompte des absences

Corrigé 19 (Niveau 1)

Un salarié d'une grande entreprise a une absence maladie du 7 au 13 octobre 2019. Son salaire est de 2 170 € par mois pour 151,67 heures (7 heures par jour).

Calculer le montant de son absence maladie.

L'arrêt de travail du médecin est en jours calendaires. L'indemnité journalière de la Sécurité sociale sera calculée en jours calendaires. La convention collective garantira tout ou partie de la perte du salaire (si le salarié a l'ancienneté minimale requise) en jours calendaires. S'il y a une prévoyance qui complète le salaire, elle le fera en jours calendaires. Donc l'absence pour maladie doit se calculer en jours calendaires. Deux possibilités : en jours calendaires réels ou en jours calendaires moyens. Si on prend l'option des jours calendaires moyens (30e) et que le mois de l'absence n'a pas 30 jours calendaires, il y aurait en cas d'absence maladie du mois entier, soit un paiement de deux jours calendaires si le mois comporte 28 jours calendaires, soit un brut négatif correspondant à un jour calendaire si le mois comporte 31 jours calendaires. Donc la bonne solution est de prendre des jours calendaires réels.

Le montant de son absence maladie est donc : le montant de son salaire / le nombre de jours calendaires réels du mois d'octobre × le nombre de jours calendaires de son absence, soit :
2 170 € / 31 jours × 7 jours = **490,00 €.**

Corrigé 20 (Niveau 1)

Un salarié a été embauché dans une grande entreprise le lundi 11 mars 2019. Son salaire est de 2 520 € par mois pour 151,67 heures (7 heures par jour).

Calculer le montant de sa retenue Entrée/Sortie.

La Cour de cassation (depuis 1974) édicte que « la retenue par heure d'absence d'un salarié payé au mois doit être en principe égale au quotient du salaire mensuel par le nombre d'heures de travail dans l'entreprise pour le mois considéré ». Si vous prenez une autre méthode que celle des heures réelles et que le salarié conteste votre méthode, c'est lui qui gagnera devant la cour.

Le montant de sa retenue Entrée/Sortie est donc : le montant de son salaire / le nombre d'heures théoriquement travaillées le mois de son absence × le nombre d'heures réelles de son absence, soit :
2 520 € / 147 heures × 42 heures = **720,00 €**

Pour simplifier, et si (et seulement si) le salarié travaille bien 7 heures tous les jours, on peut également prendre la méthode des jours ouvrés réels, ce qui revient strictement au même :
2 520 € / 21 jours × 6 jours = 720,00 €.

Corrigé 21 (Niveau 1)

Un salarié d'une grande entreprise a été en délégation 10 heures ce mois de mai 2019. Son salaire étant de 2 730 € par mois pour 151,67 heures (7 heures par jour).

Calculer la valeur de son absence délégation.

Les entreprises aiment bien savoir combien leur coûtent la délégation (que ce soit pour les anciens délégués syndicaux, les délégués du personnel, les comités d'entreprise, les membres du CHSCT, les délégués uniques du personnel ou aujourd'hui pour les membres du comité social et économique). Parfois, selon les entreprises, ce type d'absence passe sur le bulletin de paie sous le libellé « Absence Autorisée Payée ». En aucun cas, la mention d'une quelconque délégation est autorisée à figurer sur le bulletin de paie ! Le plus souvent, cette information passe sur un bulletin de paie « Annexe » afin que les délégués puissent connaître leur crédit d'heures.

Quoi qu'il en soit, le calcul de cette absence doit être « lissé » d'un mois sur l'autre ; une heure de délégation, puisqu'elle est indemnisée, doit avoir la même valeur chaque mois. Donc la seule bonne logique est de prendre la méthode des heures moyennes et **la valeur de son absence délégation est** donc : le montant de son salaire / le nombre d'heures moyennes × le nombre d'heures de délégation, soit :

2 730 € / 151,67 heures × 10 heures = **180,00 €**

Corrigé 22 (Niveau 1)

Un salarié d'une grande entreprise a pris 2 jours de RTT ce mois de septembre 2019. Son salaire est de 2 232 € par mois pour 151,67 heures (7 heures par jour).

Calculer le montant de son absence RTT.

Il paraît évident qu'un salarié ne peut prendre des jours de RTT qu'un jour ouvré de semaine. La bonne méthode est donc de raisonner en jours ouvrés. Serait-il logique que la valeur d'un jour de RTT varie d'un mois à l'autre alors que le nombre de jours est décidé par an ? Bien sûr que non ! Donc il faut prendre la méthode des jours ouvrés moyens.

Le montant de son absence RTT est donc : le montant de son salaire / le nombre de jours ouvrés moyens × le nombre de jours ouvrés de son absence RTT, soit :

2 232 € / 21,67 jours ouvrés moyens × 2 jours ouvrés d'absence RTT = **206,00 €**

Le nombre de jours ouvrés moyens s'obtient en multipliant le nombre de jours ouvrés par semaine par 52 semaines et en divisant le résultat par 12 mois, soit : 5 × 52 / 12 = 21,67.

Corrigé 23 (Niveau 1)

Un salarié d'une grande entreprise, ayant 10 ans d'ancienneté, a pris une semaine de congé sans solde du 21 au 27 janvier 2019. Son salaire est de 3 220 € par mois pour 151,67 heures (7 heures par jour).

Calculer le montant de son absence congés sans solde.

Des congés sans solde sont, comme leur nom l'indique, des absences non payées par l'entreprise. Selon la Jurisprudence en vigueur, il convient donc de prendre la méthode des heures réelles. Il y 23 jours théoriquement travaillés en janvier 2019 (il faut compter le jour férié car si le salarié a 10 d'ancienneté, le 1er janvier lui sera payé), soit 161 heures, et notre salarié a été absent 5 jours (le lundi 21, le mardi 22, le mercredi 23, le jeudi 24 et le vendredi 25), soit 35 heures.

Le montant de son absence congés sans solde est donc : le montant de son salaire / le nombre d'heures théoriquement travaillées × le nombre d'heures de son absence congés sans solde, soit :

3 220 € / 161 heures × 35 heures = **700,00 €**

Pour simplifier, et si (et seulement si) le salarié travaille bien 7 heures tous les jours, on peut également prendre la méthode des jours ouvrés réels, ce qui revient strictement au même (voir le corrigé 20).

Corrigé 24 (Niveau 1)

Un salarié d'une grande entreprise dont les droits à congés payés sont de 30 jours ouvrables par an part en congés payés du 15 au 28 juillet 2019 inclus. Son salaire est de 2 860 € par mois pour 151,67 heures (7 heures par jour).

Calculer le montant de son absence congés payés.

Si l'entreprise raisonne en matière de congés payés en jours ouvrables (comme le C. trav.), son absence congés payés doit être déterminée en jours ouvrables. Puisque pour le paiement de ces congés payés, il y aura deux règles à comparer dont l'une est par rapport à ce que le salarié a gagné tout au long de l'année d'acquisition de ses congés, il convient de prendre la méthode des jours ouvrables moyens.

Le montant de son absence congés payés est donc : le montant de son salaire / le nombre de jours ouvrables moyens × le nombre de jours ouvrables de son absence, soit :

2 860 € / 26 × 12 = **1 320,00 €**

Le nombre de jours ouvrables moyens s'obtient en multipliant le nombre de jours ouvrables par semaine par 52 semaines et en divisant le résultat par 12 mois, soit : 6 × 52 / 12 = 26. Quant au calcul du nombre de jours d'absence congés payés, il est temps de passer aux exercices concernant cette absence.

7. Corrigés des exercices sur l'acquisition des congés payés

Corrigé 25 (Niveau 1)

1. Trouver combien de jours ouvrables a acquis, pour cette année de référence 2018-2019, un salarié au 31 mai 2019, s'il a été embauché dans l'entreprise le lundi 2 juillet 2018.

Je donne cet énoncé car il y a encore trop d'erreurs dans les entreprises ! La plupart des logiciels décomptent « un mois d'absence » (le mois de juin), puisque le salarié n'est entré dans l'entreprise que le 3 juillet et donnent comme réponse : 11 mois × 2,5 jours ouvrables = 27,5 jours ouvrables arrondis à 28 jours ouvrables.

Or, selon l'article L. 3141-4 du C. trav., sont assimilées à un mois de travail les périodes équivalentes à 4 semaines ou 24 jours si le travail hebdomadaire est réparti sur 6 jours. Ce nombre est ramené à 22 jours pour une semaine répartie sur 5,5 jours, et à 20 jours pour une répartition sur 5 jours. Ces équivalences sont à appliquer lorsqu'un salarié n'a pas été occupé sur la totalité de l'année de référence, pour quelque raison que ce soit.

Un salarié présent 48 semaines a donc droit à l'intégralité de ses congés payés (4 semaines × 12 mois = 48 semaines).

Dans cet énoncé, notre salarié a été **présent exactement 48 semaines** (il ne lui « manque » que le mois de juin). Donc il a droit à **30 jours ouvrables**, soit à l'intégralité de ses congés payés !

2. Trouver combien de jours ouvrables a acquis, pour cette année de référence 2018-2019, un salarié présent depuis 10 ans dans l'entreprise s'il la quitte le vendredi 29 mars 2019.

Pour répondre à cette question, il faut compter le nombre de jours de travail effectué par ce salarié. Il y a 3 types de jours : ouvrés, ouvrables ou calendaires.
Si on compte les jours en ouvrés sur le calendrier, il y a du 1er juin 2018 au 31 mars 2019 216 jours ouvrés. Ces 216 jours ouvrés sont à diviser par 20 (20 jours ouvrés sont équivalents à un mois de travail effectif) et à multiplier par 2,5 (puisqu'on souhaite la réponse en jours ouvrables). Ce qui donne **27 jours ouvrables.**

Si on compte les jours en ouvrables, il y a 259 jours ouvrables. Ces 259 jours ouvrables sont à diviser par 24 (24 jours ouvrables sont équivalents à un mois de travail effectif) et à multiplier par 2,5 (puisqu'on souhaite la réponse en jours ouvrables). Ce qui donne 26,98 jours ouvrables, arrondis obligatoirement à **27 jours ouvrables.**

Si on compte les jours en calendaires, il y a 302 jours calendaires (30 de juin + 31 de juillet + 31 d'août + 30 de septembre + 31 d'octobre + 30 de novembre + 31 de décembre + 31 de janvier + 28 de février + 29 de mars). Ces 302 jours calendaires sont à diviser par 28 (28 jours calendaires sont équivalents à un mois de travail effectif) et à multiplier par 2,5 (puisqu'on souhaite la réponse en jours ouvrables). Ce qui donne 26,96 jours ouvrables, arrondis obligatoirement à **27 jours ouvrables.**

Sur cet exercice, quelle que soit la méthode de calcul (en jours ouvrés, ouvrables ou calendaires), le résultat est identique. S'il y a des différences, il faut évidemment prendre le plus avantageux pour le salarié.

Attention : De très (trop ?) nombreux logiciels de paie font « simplement » 10 mois de présence du salarié, donc 10 × 2,5 = 25 jours ouvrables. J'insiste « lourdement » mais cette réponse est fausse ! Il faut que les logiciels calculent la présence du salarié en jours calendaires, ce qui est le plus simple pour eux puisqu'ils doivent avoir accès au nombre de jours du calendrier.

3. Trouver combien de jours ouvrés a acquis, pour cette année de référence 2018-2019, un salarié au 31 mai 2019 s'il a été embauché dans l'entreprise le vendredi 30 novembre 2018.

Selon le procédé vu à la question précédente, nous pouvons compter 183 jours calendaires. Ces 183 jours calendaires divisés par 28 et multipliés par 2,08 (puisqu'on souhaite la réponse en jours ouvrés – 25 jours annuels / 12 mois = 2,08 jours) donnent droit à 13,62 jours ouvrés qui seront obligatoirement arrondis à **14 jours ouvrés**. Le résultat est rigoureusement le même que l'on compte en jours ouvrés (131 / 20 × 2,08) = 13,62 ou en jours ouvrables (157 / 24 × 2,08) = 13,61, toujours arrondis à **14 jours ouvrés**.

Attention : Comme précédemment, ne pas faire 6 mois de présence du salarié × 2,08 = 12,48 jours ouvrés arrondis à 13 ! Cette réponse est fausse !

4. Trouver combien de jours ouvrés a acquis, pour cette année de référence 2018-2019, un salarié au 31 mai 2019 présent à l'effectif toute l'année mais malade du 8 octobre 2018 au 10 mars 2019 inclus.

La maladie n'étant pas assimilée à du travail effectif pour les droits à congés payés (sauf indication contraire de la convention collective), selon les méthodes vues au 2) nous comptons 211 jours calendaires de présence effective du salarié. Ces 211 jours calendaires divisés par 28 et multipliés par 2,08 donnent droit à 15,67 jours ouvrés qui seront obligatoirement arrondis à **16 jours ouvrés**.

J'ai pris la méthode des jours calendaires réels pour expliquer le résultat car c'est la méthode la plus « logique » : la maladie doit être décomptée du salaire en jours calendaires (comme l'arrêt de travail ordonné par le médecin, comme l'indemnisation de la Sécurité sociale et des prévoyances) et comme je l'ai déjà dit au 2) les logiciels « simples » utilisent cette méthode.

Néanmoins, si vous avez pratiqué en jours ouvrés ou en jours ouvrables, le résultat doit au final être strictement identique, c'est-à-dire que ce salarié malgré ses 5 mois de maladie a droit à 16 jours ouvrés de congés payés.

5. Trouver combien de jours ouvrés a acquis, pour cette année de référence 2018-2019, un salarié qui n'a travaillé que du lundi 11 mars au vendredi 15 mars 2019 (rupture pendant la période d'essai).

Avant le 1er juin 2012, si le salarié était en CDI, la réponse aurait été : aucun ! En effet, avant cette date, il fallait qu'il ait au moins 10 jours de travail effectif pour acquérir des jours de congés payés. Avant le 20 août 2008, c'était même un mois de travail effectif qu'il fallait.

Si d'après le Code d'aujourd'hui, un mois de travail effectif ouvre droit à 2,08 jours ouvrés, à combien de jours de congés payés une semaine de travail ouvre-t-elle droit ? La réponse est simple : si 4 semaines de travail = 2,08, une semaine = 2,08 / 4, soit : 0,52 jour arrondi à **1 jour ouvré**.

Dans ce cas précis, demeure toutefois une inconnue : comment indemniser ces droits ?

Prenons des chiffres qui nous « arrangent » : si ce salarié a été embauché pour un salaire de 2 100 € mensuel, une semaine de travail dans son cas aurait été payée (2 100 € / 21 jours ouvrés en mars 2019 × 5 jours travaillés) 500 €. Le calcul avec la règle du dixième donnerait donc une indemnité compensatrice de congés payés à (500 € / 10) 50 €. Mais avec la règle du maintien, cela donnerait (2 100 / 21,67 × 1) 96,91 €, soit presque le double ! En l'absence d'une jurisprudence claire et précise dans ce cas, on se demande bien quelle solution adopter !

6. Trouver combien de jours ouvrés a acquis, pour cette année de référence 2018-2019, un salarié au 31 mai 2019 s'il ne travaille que les lundis et qu'il a été embauché le 19 novembre 2018.

Un cas de temps partiel, peut-être un peu extrême pour finir ces acquisitions de congés payés car il y a, là aussi, beaucoup d'erreurs dans les services de paie. C'est le moment de rappeler que les salariés à temps partiel bénéficient des mêmes droits que les salariés à temps plein (C. trav., art. L. 3123-11 : le salarié à temps partiel bénéficie des droits reconnus au salarié à temps complet par la loi, les conventions et les accords collectifs d'entreprise ou d'établissement sous réserve, en ce qui concerne les droits conventionnels, de modalités spécifiques prévues par une convention ou un accord collectif de travail.).

Donc, bien qu'il ne travaille que les lundis, ce salarié a les mêmes droits qu'un salarié à temps plein, et selon les méthodes déjà utilisées en 2) et 3), le bon nombre de jours à lui attribuer est **15 jours ouvrés** ! (140 jours ouvrés ou 167 ouvrables ou 194 jours calendaires divisés respectivement par 20, 24, 28 et multipliés par 2,08 donnent dans les trois cas 14,58 ou 14,47 ou 14,41)

En revanche, quand il prendra un lundi en congé payé il faudra bien sûr lui décompter 5 jours ouvrés d'absence. Mais n'anticipons pas les exercices qui suivent sur la prise des congés.

Corrigé 26 (Niveau 1)

1. Trouver combien de jours ouvrables a acquis, pour cette année de référence 2019, un salarié au 31 décembre 2019 s'il a été embauché le 1er juillet 2019.

Comme pour une année de référence « 1er juin-31 mai », il suffit de compter les cycles de 4 semaines, que ce soit en jours calendaires, ouvrables ou ouvrés. Nous trouvons donc, soit 184 jours calendaires, 158 jours ouvrables ou 132 jours ouvrés de présence effective du 1er juillet au 31 décembre 2019.
Si on raisonne en jours calendaires, on a : 184 / 28 × 2,5 = 16,43 arrondis à **17**.
De même, si on raisonne en jours ouvrables : 158 / 24 × 2,5 = 16,46 arrondis à **17**.
Idem, pour un raisonnement en jours ouvrés : 132 / 20 × 2,5 = 16,50 arrondis à **17 jours ouvrables.**

2. Trouver combien de jours ouvrables a acquis, pour cette année de référence 2019, un salarié présent depuis longtemps dans l'entreprise mais qui démissionne le 29 avril 2019.

Les plus rapides d'entre vous auront dit : « Facile ! Le salarié est présent 4 mois, donc 4 × 2,5 jours = 10 jours ouvrables ! ». Malheureusement pour eux, ce résultat est faux ! Il faut (comme d'habitude) compter en cycles de 4 semaines ! Et le résultat est différent puisque le salarié est présent 17 semaines. Ces 17 semaines divisées par 4 donnent 4,25 cycles. Multipliés par 2,5, le résultat est 10,625, soit **11 jours ouvrables.** Bien évidemment le résultat est identique si on raisonne comme pour l'exercice 1) en jours calendaires, ouvrables ou ouvrés !

3. Trouver combien de jours ouvrés a acquis, pour cette année de référence 2019, un salarié présent depuis longtemps dans l'entreprise mais qui a pris un congé sans solde du 1er juillet au 29 septembre 2019 mais toujours présent au 31 décembre 2019.

Là encore, ne pas faire 9 mois × 2,08 = 18,72 arrondis à 19 jours ouvrés !
Mais calculer en cycles de 4 semaines de présence, soit 39 semaines (ou 274 jours calendaires, ou 234 jours ouvrables, ou 195 jours ouvrés), et le résultat sera :

- soit : 39 / 4 × 2,08 = 20,28 ;
- soit : 274 / 28 × 2,08 = 20,35 ;
- soit : 234 / 24 × 2,08 = 20,28 ;
- soit : 195 / 20 × 2,08 = 20,28.

Selon les 4 méthodes de calcul, le résultat est **21 jours ouvrés** (après arrondi).

4. Trouver combien de jours ouvrés a acquis, pour cette année de référence 2019, un salarié, s'il a été embauché le 11 février 2019, qui a été en absence maladie du 8 avril au 16 juin, qui a fait grève du 9 au 13 septembre et qui démissionne le 6 décembre 2019.

Le salarié étant présent 18 jours calendaires en février + 31 en mars + 7 en avril + 14 en juin + 31 en juillet + 31 en août + 25 en septembre + 31 en octobre + 30 en novembre + 6 en décembre, soit 224 jours calendaires, il a droit à (224 / 28 × 2,08 = 16,64) **17 jours ouvrés.**

5. Trouver combien de jours ouvrables a acquis, pour cette année de référence 2019, un salarié au 31 décembre 2019 s'il a été embauché le 1er octobre 2019 pour 24 heures par semaine dans une entreprise travaillant 39 heures par semaine.

Les salariés à temps partiel bénéficiant du même nombre de jours de congés payés que les salariés à temps plein, celui-ci étant présent 92 jours calendaires a droit à (92 / 28 × 2,5 = 8,21) **9 jours ouvrables.**
Comme vu précédemment, ne pas faire 3 mois × 2,5 = 7,5, soit 8 jours ouvrables. Je sais bien que de très nombreuses entreprises auront ce résultat, mais encore une fois, ce résultat n'est pas ce que souhaite la loi.

8. Corrigés des exercices sur le décompte des congés payés pris

Corrigé 27 (Niveau 1 pour les 1) 2) 3) Niveau 2 pour les 4) 5) 6) Niveau 3 pour les 7) 8) 9))

1. Ayant un congé principal de 25 jours ouvrés, ce salarié part en congés payés du lundi 6 au dimanche 26 août 2018 inclus. Combien de jours lui décomptez-vous ?

Ce salarié a pris 3 semaines ce qui représente 15 jours ouvrés. Mais, le jour férié du 15 août tombant un mercredi, ce salarié se verra simplement décompter **14 jours ouvrés** sur ses 25 jours de droit principal.

2. Ayant un congé principal de 30 jours ouvrables, ce salarié part en congés payés du lundi 2 juillet au lundi 30 juillet 2018 inclus. Combien de jours lui décomptez-vous ?

Ce salarié s'est donc absenté 4 semaines et un jour (le lundi 30 juillet). On devrait donc lui décompter 4 × 6 jours ouvrables + 1. Mais, il « gagne » le samedi 14 juillet, Donc, on ne lui décompte que **24 jours ouvrables.**

3. Ayant un congé principal de 30 jours ouvrables, ce salarié part en congés payés du mercredi 2 au mardi 29 mai 2018 inclus. Combien de jours lui décomptez-vous ?

Ce salarié s'absente également 4 semaines. Cette année 2018, dans cette période (2 au 29 mai) il y a 3 jours fériés (le mardi 8, le jeudi 10 et le lundi 21). Donc, on va lui décompter tout simplement : 4 × 6 jours ouvrables – 3 = **21 jours ouvrables**.

4. Ayant un congé principal de 25 jours ouvrés, ce salarié part en congés payés du lundi 2 au dimanche 29 juillet 2018 inclus. Combien de jours lui décomptez-vous ?

Ce salarié s'est absenté 4 semaines, selon le principe 6 jours ouvrables = 5 jours ouvrés, on devrait lui décompter 5 × 4 jours, soit 20 jours. Le 14 juillet tombant un samedi ne devrait avoir aucune incidence. Sauf qu'ici, n'ayant que 25 jours ouvrés (soit la loi), il faut lui rendre un jour pour respecter l'égalité entre les salariés puisque celui qui est compté en jours ouvrables aurait un jour de moins. Donc, il ne faut lui décompter que (20 – 1) **19 jours ouvrés**.

5. Ayant un congé principal de 25 jours ouvrés, ce salarié part en congés payés du lundi 7 au jeudi 31 mai 2018 inclus. Sachant que l'entreprise donne le vendredi 11 mai en jour de pont, combien de jours lui décomptez-vous ?

Le salarié aurait dû le savoir : le pont n'est donné qu'à ceux qui sont censés travailler ce jour-là. Donc pour lui qui est déjà absent en congés payés, ça ne change rien ! Réponse = **16 jours ouvrés**.

6. Ayant un congé principal de 27 jours ouvrés, ce salarié part en congés payés du lundi 2 au dimanche 29 juillet 2018 inclus. Combien de jours lui décomptez-vous ?

La durée de l'absence est la même qu'à la question 4), mais le salarié a droit, cette fois, à 27 jours ouvrés de congés. Or la jurisprudence dit que les jours supplémentaires donnés aux salariés sont censés compenser le « risque » du samedi jour férié. Dans ce cas-là, il n'y a donc pas lieu de lui « rendre » son samedi 14 juillet et par conséquent on va lui décompter **20 jours ouvrés**.

7. Ayant un congé principal de 10 jours ouvrés, l'entreprise de ce salarié ferme du lundi 23 juillet au dimanche 19 août 2018 inclus. Comment passez-vous les jours non acquis sur la paie ?

Certains stagiaires se demandent pourquoi dans cet énoncé un salarié n'aurait que 10 jours ouvrés. Tout simplement parce que ce salarié a été embauché sans doute fin janvier. Alors qu'on devrait bien sûr lui décompter 19 jours ouvrés, comme ce salarié ne les a pas, on ne peut que lui décompter ses 10 jours de congé principal.
Je rappelle que la question est : Comment passez-vous les jours non acquis sur la paie ?
Il y a (ou avait) 4 réponses possibles :

- certains voudraient lui en faire « cadeau » ! Il ne faut JAMAIS faire de cadeau à un salarié, ça serait injuste pour les salariés à qui on décompte les 19 jours ouvrés et qui ne manqueraient pas de vous le faire remarquer !
- certains décomptent ces 9 jours en congés payés anticipés. La nouvelle règle (l'article L. 3141-12 dit : « **Les congés peuvent être pris dès l'embauche**... », bien que notre salarié n'en ait acquis que 5 on peut aujourd'hui anticiper les 4 jours restants. C'est donc une bonne réponse, même si l'entreprise fermant tous les ans 4 semaines l'été et 1 semaine l'hiver, notre salarié n'arrivera jamais à acquérir une période complète ;
- l'autre bonne réponse est que **les 9 jours restants lui soient retenus sur sa paye suivante en jours non travaillés** (congés sans solde ou absence autorisée). Rappelons que si notre salarié est arrivé dans l'entreprise fin janvier, il a dû percevoir de la part de son entreprise précédente une indemnité compensatrice de congés payés qui devrait peu ou prou compenser cette perte financière de ce mois d'août ;
- enfin, pour être complet, avant la loi du 22 mars 2013, il était possible dans notre cas de figure de passer ces 9 jours d'absence en « chômage partiel ». Le salarié ne perdait ainsi pas trop de salaire s'il venait d'une période de chômage plus longue qu'une année ou si c'était son premier travail. Depuis la refonte du chômage partiel et de l'APLD en « activité partielle », ce n'est plus possible.

8. Ayant un congé principal de 25 jours ouvrés, ne travaillant que les lundis, mardis et vendredis, ce salarié part en congés payés du lundi 6 août au lundi 27 août 2018 inclus. Combien de jours lui décomptez-vous ?

Avec cet exercice, nous abordons le sujet du salarié à temps partiel qui est en congés payés. Sujet très délicat et source de nombreux conflits, car les entreprises n'ont jamais vraiment pris le temps de réfléchir correctement à ce problème. Afin de bien comprendre l'étendue du problème, commençons tout simplement par un salarié qui travaille un jour par semaine et supposons qu'il prenne cette journée en congé payé. Quel que soit le raisonnement, si l'entreprise lui a bien donné 25 jours ouvrés pour une année entière de présence, tout le monde lui décomptera 5 jours ouvrés de son total de jours (ou 6 jours ouvrables) car un salarié à temps partiel ne doit avoir au final que 5 semaines comme un salarié à temps plein. 1 jour de travail = 5 jours ouvrés de congé. Quand un salarié travaille 2 jours par semaine et qu'il prend ces 2 jours en congés, même logique : il faut lui décompter soit 5 jours ouvrés, soit 6 jours ouvrables. Le « petit » problème c'est quand il n'en prend qu'un sur les 2 travaillés en congé.

Comment lui décompter ce jour ? Certaines entreprises appliquent la règle du décompte de jours ouvrables pour un temps plein et l'adaptent pour un salarié en jours ouvrés à temps partiel. Ça donne des résultats abracadabrantesques ! En effet, selon le positionnement de ce jour de travail dans la semaine, le résultat est différent ! Comment peut-on régler le problème informatiquement avec un « petit » logiciel de paie dans ces conditions ? Et puis est-ce surtout « juste » au sens justice ? Alors que la règle est toute simple : si 2 jours de travail décomptent

5 jours ouvrés de congé (ou 6 ouvrables), 1 jour de travail = 5/2 soit 2,5 jours ouvrés (ou 6/2 soit 3 jours ouvrables) de congé. Une simple règle de trois ! Et c'est infiniment plus juste (au sens « justice »). Certains stagiaires me disent que c'est gênant que le nombre de jours déduit ne soit pas « rond ». Et alors, ça vous gêne que le nombre de jours acquis par mois de travail effectif ne soit pas « rond » lui non plus (2,083333333 ou 2,5) ? Le plus important c'est qu'à la fin de l'année (d'acquisition ou de prise), le total fasse un chiffre « rond ».

Surtout que cette règle marche dans tous les cas de figure. Reprenons l'exemple de la salariée qui ne travaille que les lundis, mardis, jeudis et vendredis et imaginons qu'elle ait une amie, également à 80 %, mais qui ne travaille que les lundis, mardis, mercredis et jeudis. Après avoir posé toutes les deux leurs deux semaines de congé consécutives qui leur décomptera à toutes les deux, 10 jours ouvrés quelle que soit la méthode appliquée (méthode « des jours ouvrables pour un temps plein » ou méthode « mathématique »), imaginons qu'elles souhaitent partir ensemble plusieurs lundis et mardis pour prolonger des week-ends entre amies. Dans l'entreprise « méthode jours ouvrables pour un temps plein », notre salariée se verra décompter à chaque fois 3 jours ouvrés alors que son amie n'en aura que 2 de décomptés. Notre salariée aura au final forcément moins de jours de congé que son amie. Est-ce « juste » au sens justice sociale ? Est-ce logique ? Comprendra-t-elle ? Alors que l'entreprise « méthode mathématique », à chaque congé de 2 jours, leur décomptera 2,5 jours (chaque jour de congé valant 5/4, soit 1,25 jour ouvré) à chacune d'entre elles. Elles pourront ainsi partir le même nombre de jours en congés payés. N'est-ce pas plus « juste » ? Plus logique ?

Ce qui nous amène tranquillement à notre énoncé d'exercice. Ici, notre salarié travaille 3 jours par semaine, les lundis, mardis et vendredis. S'il part en congé les lundi, mardi et vendredi de la même semaine, il faut comme d'habitude lui décompter 5 jours ouvrés (ou 6 jours ouvrables), chaque jour de congé lui étant décompté 1,66 jour ouvré (5/3) ou 2 jours ouvrables (6/3). Ici notre salarié est absent 4 lundis, 3 mardis, et 3 vendredis, soit 10 jours. Ces 10 jours × 1,66 font qu'**on lui décomptera donc 16,66 jours ouvrés** ou 20 jours ouvrables (10 jours × 6/3). Vous pourriez vous étonner que le 15 août ne compte pas pour ce salarié alors que s'il avait été à temps plein il aurait compté (et on ne lui aurait décompté dans ce cas que 15 jours ouvrés). Mais la règle est la même que pour un temps complet lorsque le 15 août tombe un dimanche (un jour ni ouvré, ni ouvrable et non travaillé pour la plupart des salariés).

9. Question identique au 8 mais s'il ne travaille que les lundis et mercredis ?

Exercice fait uniquement pour vérifier que vous avez bien compris l'exercice précédent.
Ici, l'impact du 15 août doit se faire sentir puisque c'est un jour travaillé.
Nous venons de voir que quand un salarié ne travaille que 2 jours sur 5, chaque jour de congé lui est décompté 2,5 jours ouvrés (5/2). Ici notre salarié est absent 4 lundis, 2 mercredis (le mercredi 15 août étant férié n'est pas compté), soit 6 jours. **Ces 6 jours × 2,5 lui seront décomptés 15 jours ouvrés**. CQFD : On retrouve le même calcul que pour un temps plein puisque le 15 août est un jour habituellement travaillé par notre salarié.

Corrigé 28 (Niveau 1 pour les 1) 2) Niveau 2 pour les 3) 4) Niveau 3 pour les 5) 6))

1. Ayant un congé principal de 25 jours ouvrés, ce salarié part en congés payés du lundi 31 juillet au lundi 21 août 2017 inclus. Combien de jours lui décomptez-vous ?

Ce salarié a pris 3 semaines et un jour (le lundi 21 août) ce qui représente 16 jours ouvrés. Mais, le jour férié du 15 août tombant un mardi, ce salarié se verra simplement décompter **15 jours ouvrés**.

2. Ayant un congé principal de 30 jours ouvrables, ce salarié part en congés payés du lundi 3 au lundi 24 juillet 2017 inclus. Combien de jours lui décomptez-vous ?

Ce salarié s'est donc absenté 3 semaines et un jour (le lundi 24 juillet). Selon l'exercice précédent, on devrait lui décompter 18 jours ouvrables + 1. Mais un jour férié (le vendredi 14 juillet) est inclus dans sa période de congés payés et celui-ci n'est donc pas compté. Le salarié se verra donc décompter **18 jours ouvrables**.

3. Ayant un congé principal de 25 jours ouvrés, ce salarié part en congés payés du mardi 2 au dimanche 28 mai 2017 inclus. Combien de jours lui décomptez-vous ?

C'était une très bonne période pour partir en vacances ! Sur les 4 semaines choisies par le salarié (du 2 au 28 mai 2017), il y a 2 jours fériés le lundi 8 (Victoire 1945), le jeudi 25 (Ascension) et même si le 1er mai ne « compte » pas dans ce décompte, je suppose que le salarié partira bien le vendredi 28 avril au soir. Donc, on va lui décompter tout simplement : 19 jours ouvrés – 2 jours fériés = **17 jours ouvrés** (pour un mois « plein » (départ le 28 avril au soir pour un retour en entreprise le 29 mai au matin) en congés payés, ce n'est pas cher payé !

4. Ayant un congé principal de 30 jours ouvrables, ce salarié part en congés payés du lundi 22 mai au dimanche 11 juin 2017 inclus. Sachant que l'entreprise donne le vendredi 26 mai en jour de pont, combien de jours lui décomptez-vous ?

Il y a les 2 jours fériés (le jeudi 25 mai (Ascension) et le lundi 5 juin (Pentecôte)). Mais l'entreprise donne le vendredi 26 mai en jour de pont. Si les deux jours fériés ne lui seront pas décomptés, l'attribution du pont n'est possible que pour les salariés censés travailler ce jour-là. On lui décomptera donc 18 jours ouvrables – les 2 jours fériés = **16 jours ouvrables**.

5. Ayant un congé principal de 25 jours ouvrés, ne travaillant pas les mercredis, ce salarié part en congés payés du lundi 3 au dimanche 23 juillet 2017 inclus. Combien de jours lui décomptez-vous ?

Comme nous l'avons déjà vu précédemment, quand un salarié ne travaille que 4 jours sur 5, chaque jour de congé lui est décompté 1,25 jour ouvré (5/4). Ici notre salarié est absent 3 lundis, 3 mardis, 3 jeudis, et 2 vendredis (le vendredi 14 juillet étant férié), soit 11 jours. Ces 11 jours × 1,25 font qu'on lui décomptera donc **13,75 jours ouvrés**. 13,75 est bien le bon nombre de jours à décompter : ne pas arrondir ce résultat ni à 13, ni à 14 sinon nous n'aurons jamais 25 jours à la fin de la période.

6. Ayant un congé principal de 30 jours ouvrables, ne travaillant pas les lundis et mardis, ce salarié part en congés payés du mercredi 2 au mardi 22 août 2017 inclus. Combien de jours lui décomptez-vous ?

En jours ouvrables, pour un salarié à temps partiel, quand un salarié ne travaille que 4 jours sur 6, chaque jour de congé lui est décompté 1,5 jour ouvrable (6/4). Ici notre salarié est absent 3 mercredis, 3 jeudis, 3 vendredis et 3 samedis, soit 12 jours ouvrables. Ces 12 jours × 1,5 font qu'on lui décomptera donc **18 jours ouvrables**. Pour un salarié à temps plein et la même période d'absence, on aurait décompté 18 jours ouvrables – 1 jour (le mardi 15 août), soit 17 jours. Notre salarié ne travaillant habituellement pas les mardis, il ne peut malheureusement pas bénéficier du jour férié.

9. Corrigé de l'exercice sur le fractionnement des congés payés

Corrigé 29 (Niveau 1 pour les 1) 2) 3) Niveau 2 pour les 4) 5) 6) Niveau 3 pour les 7) 8) 9))

1. Ayant un congé principal de 25 jours ouvrés, ce salarié part en congés payés du 21 juin au 18 juillet inclus. Combien de jours de fractionnement lui accordez-vous au 31 octobre ?

Ce salarié part donc en congés payés 19 jours ouvrés (le 14 juillet, tombant un mercredi, ne lui est pas décompté). Son congé principal étant de 25 jours ouvrés, il lui reste 6 jours ouvrés au 31 octobre. Sachant qu'il faut enlever la cinquième semaine au congé principal, sur les quatre semaines de droit principal, il lui reste donc 1 jour. En conséquence, ce salarié n'a droit à **aucun jour de fractionnement**.

2. Ayant un congé principal de 30 jours ouvrables, l'entreprise de ce salarié ferme du 2 au 22 août inclus. Combien de jours de fractionnement lui accordez-vous au 31 octobre ?

Du 2 au 22 août inclus, on lui a décompté 18 jours ouvrables. Sur les 24 jours correspondants aux quatre semaines de droit à fractionnement, il lui reste 6 jours ouvrables. On lui accorde donc : **2 jours de fractionnement.**

3. Ayant un congé principal de 30 jours ouvrables, ce salarié part en congés payés du 7 au 13 juin inclus, puis du 5 au 19 juillet inclus. Combien de jours de fractionnement lui accordez-vous au 31 octobre ?

Du 7 au 13 juin, on lui décompte 6 jours ouvrables. Du 5 au 19 juillet, on lui décompte 12 jours ouvrables de plus. Soit 18 jours ouvrables au total. Sur les 24 jours de droit à fractionnement, il lui reste 6 jours ouvrables. On lui accorde donc : **2 jours de fractionnement**.

4. Ayant un congé principal de 25 jours ouvrés, ce salarié part en congés payés du 28 juin au 18 juillet inclus, puis les 30 et 31 août. Combien de jours de fractionnement lui accordez-vous au 31 octobre ?

Du 28 juin au 18 juillet, on lui décompte 14 jours ouvrés (le mercredi 14 juillet, férié, n'est pas compté). Les 30 et 31 août, on lui décompte 2 jours ouvrés de plus. Ce qui porte son décompte à 16 jours ouvrés. Sur les 20 jours correspondants aux quatre semaines de droit à fractionnement, il lui reste 4 jours ouvrés. On lui accorde donc : **1 jour de fractionnement** à prendre obligatoirement entre le 1er novembre et le 30 avril de l'année suivante.

5. Ayant un congé principal de 25 jours ouvrés, ce salarié part en congés payés du 3 au 9 mai, puis du 16 juillet au 1er août inclus. Combien de jours de fractionnement lui accordez-vous au 31 octobre ?

Du 3 au 9 mai, on lui décompte 4 jours ouvrés (le samedi 8 mai lui permettant de « récupérer » un jour). Du 16 juillet au 1er août, on lui décompte 11 jours ouvrés de plus. Ce qui porte son décompte à 15 jours ouvrés. Sur les 20 jours correspondants aux quatre semaines de droit à fractionnement, il lui reste 5 jours ouvrés. On lui accorde donc : **2 jours de fractionnement**.

6. Ayant un congé principal de 28 jours ouvrés, ce salarié part en congés payés du 21 au 31 mai inclus, puis du 9 au 23 août inclus. Combien de jours de fractionnement lui accordez-vous au 31 octobre ?

Du 21 au 31 mai, on lui décompte 6 jours ouvrés (le lundi 24 mai est férié). Du 9 au 23 août, on lui décompte 11 jours ouvrés de plus. Ce qui porte son décompte à 17 jours ouvrés. Sur les 20 jours correspondants aux quatre semaines de droit à fractionnement, il lui reste 3 jours ouvrés. On lui accorde donc : **1 jour de fractionnement**.

7. Ayant un congé principal de 15 jours ouvrés, ce salarié part en congés payés du 9 au 22 août inclus. Combien de jours de fractionnement lui accordez-vous au 31 octobre ?

Rappel du livre : les jours de fractionnement sont accordés également aux salariés entrés en cours d'année dès lors qu'ils prennent des congés en dehors de la période légale. La prise de jours de congé par anticipation, en dehors de la période légale, ouvre droit aussi aux jours supplémentaires de fractionnement (Cass. soc. 7 mars 1990, n° 87-40 629, n° 1014 P, Société des plâtres Lafarge c/ Louchon : RJS 4/90 n° 309).

Si le salarié n'a « que » 15 jours de droit à congés payés c'est qu'il est entré dans l'entreprise en cours d'année. Comme la Cour le rappelle, il peut avoir droit aux congés de fractionnement s'il prend au moins 2 semaines dans la période légale. Du 9 au 22 août, on lui a décompté 10 jours ouvrés. Sur les 15 jours correspondants à 3/5e de congés pour un salarié présent toute la période, la 5e semaine (ne donnant pas droit à fractionnement) représente 3 jours. Donc sur les 12 jours de droit à fractionnement, il lui reste 2 jours ouvrés. On doit donc lui accorder **1 jour de fractionnement**.

8. Ayant un congé principal de 30 jours ouvrables, ce salarié part en congés payés du 18 octobre au 31 octobre inclus. Combien de jours de fractionnement lui accordez-vous au 31 octobre ?

Le salarié a bien pris au moins 2 semaines (12 jours ouvrables) consécutives pendant la période « légale ». On lui accordera donc : **2 jours de fractionnement**.

9. Ayant un congé principal de 30 jours ouvrables, ce salarié part en congés payés du 5 au 18 juillet et du 16 au 22 août inclus. Combien de jours de fractionnement lui accordez-vous au 31 octobre ?

Aucun ! En effet, ce salarié n'a pas pris au moins 12 jours ouvrables consécutifs (11 seulement du 5 au 18 juillet, car le jeudi 14 juillet est férié). C'est autant la faute du salarié que de l'entreprise, car c'est à cette dernière de bien vérifier d'être en conformité avec la loi et que chaque salarié a bien pris au moins 12 jours ouvrables (ou 10 jours ouvrés) consécutifs.

10. Corrigés des exercices sur l'indemnisation des congés payés

Corrigé 30 (Niveau 1)

La rémunération de ce salarié pour la période 2018-2019 est la suivante :

Mois	Année	Salaire brut	Brut pour calcul du 10e CP	Particularités
Juin	2018	1 500,00 €	**1 500,00 €**	
Juillet	2018	1 900,00 €	**1 500,00 €**	dont "prime de vacances" de 400 €
Août	2018	1 500,00 €	**1 500,00 €**	dont "congés payés" de 1000 €
Septembre	2018	2 000,00 €	**1 500,00 €**	dont "prime de rentrée scolaire" de 500 €
Octobre	2018	1 500,00 €	**1 500,00 €**	
Novembre	2018	1 500,00 €	**1 500,00 €**	dont "congés payés" de 300 €
Décembre	2018	3 000,00 €	**1 500,00 €**	Il y a un "13e mois"
Janvier	2019	1 600,00 €	**1 600,00 €**	Le salarié est augmenté
Février	2019	2 000,00 €	**1 600,00 €**	dont "prime de froid" de 400 €
Mars	2019	2 300,00 €	**1 600,00 €**	dont "prime exceptionnelle" de 700 €
Avril	2019	1 600,00 €	**1 600,00 €**	
Mai	2019	1 600,00 €	**1 600,00 €**	dont "congés payés" de 300 €
Total			**18 500,00 €**	

Ce salarié part en congés payés du lundi 5 au lundi 26 août 2019 inclus. La société dans laquelle il travaille raisonne en jours ouvrables.

1. Déterminer la rémunération brute totale (pour le calcul du 10e) 2018-2019.

En juin, rien de spécial, il suffit de prendre son salaire brut (1 500 €).
En juillet, la prime de vacances censée rémunérer les périodes de travail et de congés payés ne rentre pas dans la rémunération brute totale. On n'ajoute que 1 500 €.
En août, en revanche, l'indemnité de congés payés est comprise dans la RBT. On ajoute encore 1 500 €.
En septembre, la prime de rentrée scolaire ne rentre pas plus dans la RBT que la prime de vacances. On n'ajoute donc que 1 500 €.
En octobre, rien de spécial, il suffit d'ajouter son salaire brut (1 500 €).
En novembre, encore un peu de congés payés qui comme en août rentreront dans la RBT. On ajoute encore 1 500 €.
En décembre, en revanche, le 13e mois en est exclu. On n'ajoute donc que son brut habituel (1 500 €).
En janvier, il faut tenir compte de son nouveau salaire, compte tenu de son augmentation. On ajoute donc son nouveau salaire (1 600 €).
En février, faisant exceptionnellement froid, il a eu une prime de froid. Ce n'est pas pour autant qu'elle entre dans sa RBT car elle ne fait pas partie de sa rémunération habituelle. On n'ajoute encore que 1 600 €.
En mars, la prime exceptionnelle ne correspondant pas à du temps de travail effectif est exclue. On n'ajoute encore que 1 600 €.
En avril, rien de spécial, il suffit d'ajouter son salaire brut (1 600 €).
En mai, même solution qu'en août et novembre pour l'indemnité des CP qui entre dans la RBT. On ajoute donc pour le dernier mois de référence des CP encore 1 600 €.
Donc, **la rémunération brute totale** = ((1 500 × 7) + (1 600 × 5)) = **18 500 €.**

2. Déterminer le nombre de jours ouvrables d'absence congés payés.

Du lundi 5 au lundi 26 août 2019 inclus, on lui décompte **18 jours ouvrables** (le jeudi 15 août 2019 – jour férié – lui permettant de prolonger ses congés d'un jour).

3. Calculer le montant de l'absence de ces jours ouvrables de congés payés.

$$\frac{1\,600\ € \times 18\ \text{jours}}{26} = \mathbf{1\,107{,}69\ €}$$

Les congés payés étant donnés en jours ouvrables, il est logique de déduire du salaire cette absence en jours ouvrables (par rapport aux autres types de décompte : jours calendaires, jours ouvrés ou en heures). Ensuite on avait le choix de raisonner en jours moyens ou en jours réels. Puisqu'on va comparer cette somme au dixième de la rémunération brute totale (donc calculé sur une moyenne annuelle), il est évident qu'il faut également raisonner en moyenne. Le nombre de jours ouvrables moyens par mois étant de 26 (6 jours ouvrables par semaines × 52 semaines / 12 mois annuels) le diviseur est donc de 26.

4. Calculer le montant du paiement de cette absence.

- **Avec la règle du dixième.**

$$\frac{18\,500}{10} \times \frac{18}{30} = \mathbf{1\,110\ €}$$

Nous partons de la rémunération brute totale perçue par le salarié au cours de la période de référence : 18 500 €. Il faut en prendre le dixième : 18 500 / 10 = 1 850 €. Cette somme correspond au paiement des 30 jours ouvrables. Pour trouver la valeur des 18 jours ouvrables de congés payés parmi les 30 jours ouvrables donnés par la loi, on ajoute une opération : 1 850 × 18 / 30 = 1 110 €.

- **Avec la règle du maintien de salaire.**

Le montant des congés payés calculé avec la règle du dixième étant de 1 110 €, il faut maintenant comparer cette somme avec la règle du maintien de salaire. Le montant de l'absence de 18 jours ouvrables était de **1 107,69 €** donc le maintien de salaire serait égal à cette somme.
En conclusion, le calcul avec le dixième est le plus favorable pour le salarié et c'est donc cette somme (1 110 €) qui servira de paiement pour ces 18 jours ouvrables de congés payés.

5. Calculer son brut du mois d'août 2019 (salaire – abs CP + paiement CP = brut).

Pour trouver son brut du mois d'août 2019, on part de son dernier salaire connu (1 600 €) auquel on enlève le montant de l'absence (1 107,69 €) et auquel on rajoute le montant du paiement au dixième (1 110 €). Son brut sera alors = **1 602,31 €.**

Salaire	1 600,00
Absence C.P.	– 1 107,69
Paiement C.P.	+1 110,00
Total brut	1 602,31

CORRIGÉS Exercice 30

Corrigé 31 (Niveau 1)

Ce salarié a quitté (démission) l'entreprise le vendredi 5 avril 2019 au soir. Les droits à CP dans cette entreprise sont la durée légale plus 1 jour ouvré (soit 26 jours ouvrés pour une année). Il n'a pas de solde de congé de l'année écoulée.

1. Déterminer la rémunération brute totale (pour le calcul du 10e) 2018-2019.

En avril 2019, il y a 22 jours ouvrés et notre salarié en a travaillé 5.

Son salaire d'avril est donc : $2\,200 \times \frac{5}{22} =$ **500,00 €**

La rémunération de ce salarié pour la période 2018-2019 est la suivante :

Mois	Année	Salaire brut	Brut pour calcul du 10e CP	Particularités
Juin	2018	2 000,00 €	**2 000,00 €**	
Juillet	2018	2 500,00 €	**2 000,00 €**	dont "prime de vacances" de 500 €
Août	2018	2 250,00 €	**2 250,00 €**	dont "congés payés" de 1 250 €
Septembre	2018	2 000,00 €	**2 000,00 €**	
Octobre	2018	2 400,00 €	**2 400,00 €**	dont "heures supp." de 400 €
Novembre	2018	2 150,00 €	**2 150,00 €**	dont "congés payés" de 950 €
Décembre	2018	4 000,00 €	**2 000,00 €**	Il y a un "13e mois"
Janvier	2019	2 200,00 €	**2 200,00 €**	Le salarié est augmenté
Février	2019	2 200,00 €	**2 200,00 €**	
Mars	2019	2 200,00 €	**2 200,00 €**	
Avril	2019	500,00 €	**500,00 €**	Le salarié part le vendredi 5 avril 2019
Total			**21 900,00 €**	

Pour déterminer la rémunération brute totale, il suffit de cumuler ses bruts mensuels en enlevant en juillet la prime de vacances et en décembre son 13e mois. Ne pas oublier de lui rajouter son « petit » brut d'avril ! (500 €). Ce qui donne une rémunération brute totale de 21 900 €.

2. Déterminer le nombre de jours ouvrés de droits à congés payés.

Ce salarié n'ayant pas travaillé toute l'année, il faut compter le nombre de « mois » de présence du 1er juin 2018 au 5 avril 2019. Sachant qu'un « mois » est égal à 4 semaines calendaires (ou 28 jours calendaires, ou 24 jours ouvrables, ou encore 20 jours ouvrés), il faut calculer sur le calendrier ce nombre de périodes de 4 semaines. Il a été présent 44 semaines complètes + 1 jour, ou 309 jours calendaires, ou 265 jours ouvrables, ou 221 jours ouvrés. Mais, compte tenu de ses droits supplémentaires, il faut d'abord calculer combien de jours chaque période de 4 semaines lui donne droit. Soit : 26 / 12 = 2,1666 jours. Il a donc gagné : (221 / 20 × 2,1666) 23,94 jours obligatoirement arrondis à **24 jours ouvrés**. Comme d'habitude, on arrive au même résultat si on calcule en jours calendaires ou ouvrables.

Nous allons calculer une indemnité compensatrice de congés payés. La différence par rapport à l'exercice précédent, c'est qu'il n'y a pas d'absence à déduire. Il faut simplement calculer le montant que représentent ces 24 jours ouvrés avec les deux règles : celle du maintien ou celle du dixième, et on indemnisera ces jours avec la règle la plus favorable au salarié.

3. Calculer le montant de son indemnité compensatrice avec la règle du maintien de salaire.

Nous partons comme d'habitude de son dernier salaire connu (2 200 €) que l'on va diviser par 21,67 pour trouver la valeur d'une seule de ces journées. 21,67 est le nombre de jours ouvrés moyen par mois (5 jours ouvrés par semaine × 52 semaines / 12 mois). Même réflexion que pour l'exercice précédent, il serait incohérent d'indemniser ces jours avec la méthode des jours ouvrés réels car le montant de l'indemnité fluctuerait alors selon le mois de départ du salarié. Il suffit ensuite de multiplier la valeur journalière par le nombre de jours à indemniser (24 dans notre exercice). Ce qui donne le résultat suivant :

$$\frac{2\,200\text{ €} \times 24}{21{,}67} = \mathbf{2\,436{,}55\text{ €}}$$

4. Calculer le montant de son indemnité compensatrice avec la règle du dixième.

Pour la règle du dixième, nous partons de la rémunération brute totale (21 900 €) qu'on va bien sûr diviser par 10 pour en avoir le dixième (21 900 / 10 = 2 190 €). Comme notre salarié a un jour supplémentaire, il ne faut pas oublier de revaloriser ce montant pour en tenir compte en le multipliant par le nombre de jours donnés par l'entreprise (26) et en le divisant par le nombre de jours donnés par la loi (25). Ce qui donne le résultat suivant :

$$\frac{21\,900\text{ €}}{10} \times \frac{26}{25} = \mathbf{2\,277{,}60\text{ €}}$$

5. Calculer son brut du mois d'avril 2019.

Comme notre salarié avait été considérablement augmenté en cours d'année (de 5 %, ce qui au regard de notre économie actuelle est assez considérable !), c'est sans surprise avec la règle du maintien de salaire que le montant de l'indemnité compensatrice est le plus avantageux pour le salarié. Le brut du mois d'avril 2019 est donc de :

Salaire	500,00 €
ICCP	+ 2 436,55 €
	2 936,55 €

Corrigé 32 (Niveau 2)

Tableau récapitulatif de la rémunération 2018-2019 de cette salariée

Année	2018							2019				
Mois	J	J	A	S	O	N	D	J	F	M	A	M
Salaire de base	1 800,00	1 800,00	1 800,00	1 800,00	1 800,00	1 800,00	1 800,00	1 800,00	1 800,00	1 800,00	1 800,00	1 800,00
Pr. d'ancienneté	180,00	180,00	180,00	180,00	180,00	180,00	180,00	198,00	198,00	198,00	198,00	198,00
Pr. d'assiduité		120,00	120,00	120,00	120,00	120,00	120,00	120,00			120,00	120,00
Pr. d'équipe	32,00	44,00	4,00	40,00	46,00	42,00	40,00	44,00	40,00	42,00	32,00	40,00
Pr. de risque				80,00								
Pr. Exceptionnelle					1 000,00							
Pr. d'objectif		900,00										
Pr. de vacances		500,00										
Av. Nat. Nourriture	76,80	105,60	9,60	96,00	110,40	9,60				24,25	77,60	97,00
Abs. Congé Ss Solde	-471,43											
Abs. Maternité						-2 142,00	-2 140,00	-2 162,00	-1 475,79			
Abs. Maladie									-291,14	-1 579,35		
Paiem. Maladie									291,14	1 579,35		
Abs. Congés Payés			-1 938,46								-488,77	
Paiem. Congés Payés			1 938,46								815,54	
13e mois							1 800,00					
Av. Nat. Logement	103,80	264,80	138,40	138,40	219,00	74,00	103,80	75,00	75,00	140,20	175,00	140,20
Ind. de transport	37,60	37,60		37,60	37,60					37,60	37,60	37,60
Montant retenu :	1 617,37	3 149,60	2 113,60	2 236,00	2 256,40	2 151,60	2 140,00	2 162,00	1 746,86	484,90	2 554,37	2 255,00

La Rémunération Brute Totale = 24 867,69

1. Calculer sa rémunération brute totale (pour le calcul du dixième) 2018-2019.

Ne rentrent dans le montant retenu que le salaire de base + la prime d'ancienneté + la prime d'assiduité (constante) + la prime d'équipe (constante) + la prime objectif (montant individuel) + les avantages en nature nourriture (dont elle ne bénéficie pas pendant ses absences).
La prime de risque (circonstances particulières), la prime exceptionnelle (ne rémunérant pas un travail effectif), la prime de vacances (pas un travail effectif), le 13e mois (pas un travail effectif), les avantages en nature logement (dont elle profite toute l'année, même pendant ses congés payés) et l'indemnité de transport (remboursement de frais professionnels) ne rentrent pas dans la rémunération brute totale.
Il convient bien sûr, d'enlever les montants liés à ses absences congés sans solde et sa maladie (les congés pathologiques post-maternité sont de la maladie), même si elle est indemnisée par l'entreprise grâce à la convention collective (la maladie n'est jamais du travail effectif, sauf contre-indication de la part de la convention collective).
En revanche, il faut tenir compte de sa maternité (assimilée à du travail effectif) et ses périodes de congés payés (l'indemnité entre dans la RBT).

La rémunération brute totale est donc de 24 867,69 €.

2. Déterminer le nombre de jours ouvrables auxquels elle aura droit pour la période 2019-2020.

Si ses absences « Congés payés » et « Maternité » sont bien assimilées à du temps de travail effectif, ses absences « Congé sans solde » (1 semaine) et « Maladie » (4 semaines) devraient la pénaliser puisque ces 2 absences ne sont pas assimilées à du temps de travail effectif. Mais, 52 semaines + 1 jour (365 jours) – 5 semaines = 47 semaines et 1 jour, soit un droit à congés de 29,50 jours ouvrables obligatoirement arrondis à **30 jours ouvrables**.

Corrigé 33 (Niveau 2)

- Ce salarié est entré dans l'entreprise le 2 janvier 1995.
- Il quitte l'entreprise le vendredi 6 décembre 2019 au soir.
- Son salaire de base (151,67 heures) (inchangé depuis le 1er juin 2018) est de 2 020 €.
- Sa prime d'ancienneté (inchangée depuis le 1er juin 2018) est de 180 €.
- Ses droits aux congés payés sont de 25 jours ouvrés.
- Ses droits aux congés d'ancienneté sont de 2 jours ouvrés.
- Il a droit à un 13e mois (au prorata temporis) avec la paie de novembre.
- Il a droit aussi à une prime de vacances (au prorata temporis) de 450 €.
- Au moment de son départ, il lui reste 4 jours de congés (période 2018-2019).

Quel sera le montant total de ses indemnités de congés payés sur son solde de tout compte ?

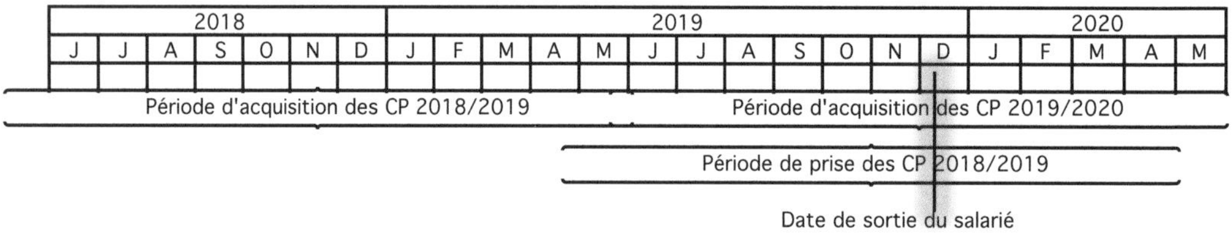

1. a) Déterminer sa rémunération brute totale (pour le calcul du dixième) 2018-2019.

De juin 2018 à mai 2019, sa rémunération brute totale CP est $(2\,020{,}00 + 180{,}00) \times 12 = 26\,400{,}00$ €
Comme dans les exercices précédents, il ne faut pas tenir compte ni du treizième mois, ni de la prime de vacances !

b) Déterminer son indemnité compensatrice 2018-2019.

- **Avec la règle du dixième.**

$$\frac{26\,400{,}00\text{ €}}{10} \times \frac{27}{25} \times \frac{4}{27} = \mathbf{422{,}40\text{ €}}$$

- **Avec la règle du maintien de salaire.**

$$\frac{2\,200\text{ €}}{21{,}67} \times 4 = 406{,}09\text{ €}$$

2. a) Déterminer sa rémunération brute totale (pour le calcul du dixième) 2019-2020.

Du 1er juin 2019 au 6 décembre 2019, sa rémunération brute totale CP est de :

$$[(2\,020{,}00 + 180{,}00) \times 6] + [(2\,020{,}00 + 180{,}00) \times \frac{5}{22}] = \mathbf{13\,700\text{ €}}$$

b) Déterminer son nombre de jours de CP 2019-2020 acquis.

Du 1er juin 2019 au 6 décembre 2019, il y a très exactement 189 jours calendaires. Comme vu précédemment, 189 jours / 28 × 2,08 = 14,04 obligatoirement arrondis à 15 jours ouvrés.

Attention : les jours d'ancienneté ne sont pas à prendre en considération car ils sont donnés (dans la majorité des conventions collectives) soit à date anniversaire, soit en fin de période de référence et bien évidemment ils ne se proratisent pas.

c) **Déterminer son indemnité compensatrice 2019-2020.**

- **Avec la règle du dixième.**

$$\frac{13\ 700\ €}{10} = 1\ 370\ € \text{ pour 15 jours ouvrés}$$

- **Avec la règle du maintien de salaire.**

$$\frac{2\ 200\ €}{21{,}67} \times 15 = \mathbf{1\ 522{,}84\ €}$$

Conclusion		indemnités compensatrices CP 2018-2019 =	422,40 €
	+	indemnités compensatrices CP 2019-2020 =	1 522,84 €
			1 945,24 €

Corrigé 34 (Niveau 2)

- Ce salarié est entré dans l'entreprise le 2 juillet 1989.
- Il passe à temps partiel (17,50 heures/semaine, 3,50 heures tous les matins) le 1er juin 2019.
- Sachant :
  - qu'il a 27 jours ouvrés de droit à CP ;
  - qu'il gagnait 2 300 € à temps complet ;
  - qu'il part en congés du lundi 1er au dimanche 21 juillet 2019 inclus,

Établir son brut du mois de juillet, en appliquant la règle la plus favorable.

1. Déterminer sa rémunération brute totale (pour le calcul du dixième) 2018-2019.

De juin 2018 à mai 2019, sa rémunération brute totale est de :

$$2\,300\ € \times \frac{35\ h}{35\ h} \times 12 = \mathbf{27\,600{,}00\ €}$$

2. Déterminer son nombre de jours d'absence CP.

Puisqu'il travaille tous les jours (5 jours sur 5), chaque jour d'absence CP ne vaut que 1 jour ouvré (comme ses collègues à temps plein). Du lundi 1er au dimanche 21 juillet 2019 inclus, il y a 15 jours ouvrés (le dimanche 14 juillet, jour férié, n'est cette année ni ouvré, ni ouvrable).

3. Déterminer le montant de l'absence CP.

$$2\,300\ € \times \frac{17{,}50\ h}{35\ h} \times \frac{15}{21{,}67} = \mathbf{796{,}03\ €}$$

4. Déterminer le montant de l'indemnité CP.

Avec la règle du dixième (bien penser à revaloriser le dixième à cause des jours supplémentaires) :

$$\frac{27\,600{,}00\ €}{10} \times \frac{27}{25} \times \frac{15\ \text{jours}}{27\ \text{jours}} = \mathbf{1\,656{,}00\ €}$$

5. Déterminer le brut du mois de juillet 2019 pour ce salarié.

+ Salaire =	1 150,00 €
– Absence CP 15 jours =	- 796,03 €
+ Paiement CP 15 jours =	+1 656,00 €
	2 009,97 €

Corrigé 35 (Niveau 3)

- Ce salarié est entré dans l'entreprise le 2 juillet 1990.
- Il passe à temps partiel (28 heures/semaine : L., M., M., J. 7 heures/jour) le 1er juin 2018.
- Le 1er février 2019, il change d'horaire en passant à 17,50 heures/semaine : chaque jour 3,50 heures.
- Le 1er juin 2019, il change encore d'horaire en passant à 21 heures/semaine : lundi, jeudi et vendredi, chaque jour 7 heures.
- Sachant :
  - qu'il a 27 jours ouvrés de droit à CP à temps plein ;
  - qu'il gagnait 1 800 € à temps complet ;
  - qu'il part en congés du lundi 5 au lundi 26 août 2019 inclus.

Établir son brut du mois d'août 2019, en appliquant la règle la plus favorable.

1. Déterminer sa rémunération brute totale (pour le calcul du dixième) 2018-2019.

De juin 2018 à janvier 2019, sa rémunération brute totale est de :

$$1\,800\text{ €} \times \frac{28\text{ h}}{35\text{ h}} \times 8\text{ mois} = \mathbf{11\,520{,}00\text{ €}}$$

De février 2019 à mai 2019, sa rémunération brute totale est de :

$$1\,800\text{ €} \times \frac{17{,}50\text{ h}}{35\text{ h}} \times 4\text{ mois} = \mathbf{3\,600{,}00\text{ €}}$$

Soit au total, un salaire de référence de : (11 520 + 3 600) **15 120,00 €**

2. Déterminer son nombre de jours d'absence CP.

Chaque jour d'absence vaut pour lui : 35/21 = 1,666 jour
Du 5 au 26 août 2019, il s'absente 9 jours (4 lundis, 2 jeudis et 3 vendredis).
Donc son absence vaut 9 × 1,666 = **15 jours de CP**.

3. Déterminer le montant de l'absence CP.

$$1\,800\text{ €} \times \frac{21\text{ h}}{35\text{ h}} \times \frac{15\text{ jours}}{21{,}67\text{ jours}} = \mathbf{747{,}58\text{ €}}$$

4. Déterminer le montant de l'indemnité CP.

Avec la règle du dixième :

$$\frac{15\,120{,}00\text{ €}}{10} \times \frac{27}{25} \times \frac{15}{27} = \mathbf{907{,}20\text{ €}}$$

5. Déterminer le brut de ce salarié en août 2019.

+ Salaire =	1 080,00 €
– Absence CP 15 jours =	- 747,58 €
+ Paiement CP 15 jours =	+ 907,20 €
	1 239,62 €

Corrigé 36 (Niveau 3)

- Ce salarié est entré dans l'entreprise le 4 septembre 2000.
- L'entreprise indemnise les absences CP au maintien toute l'année et régularise si besoin au dixième sur la paie de mai.
- Son salaire de base (151,67 heures) était de 2 100 € du 1er juin 2017 au 31 décembre 2018, puis est passé à 2 200 € le 1er janvier 2019.
- Ses droits conventionnels à congés payés sont de 28 jours ouvrés au 1er juin 2018.
- Il est parti en congés payés du lundi 6 au lundi 27 août 2018 inclus, puis il est parti du mercredi 26 décembre 2018 au mercredi 2 janvier 2019 inclus, et enfin du lundi 8 au lundi 22 avril 2019 inclus.

Quel est le montant de la rubrique « Régul. 10e » qui se déclenche sur la paie de mai 2019 ?

1. Déterminer sa rémunération brute totale (pour le calcul du dixième) 2017-2018.

Aucune difficulté pour cette question : 2 100 × 12 = 25 200 €

2. Déterminer le montant des absences « congés payés »

a) Du 6 au 27 août 2018

2 100 × 15 / 21,67 =	**1 453,62 €**

b) Du 26 décembre 2018 au 2 janvier 2019

2 100 × 4 / 21,67 =	**387,63 €**
2 200 × 1 / 21,67 =	**101,52 €**

c) du 8 au 20 avril 2019.

2 200 × 10 / 21,67 =	**1 015,23 €**
Montant total des absences « congés payés » :	**2 958,00 €**

3. Déterminer l'indemnité dixième totale.

(25 200 /10) × (30 / 25) = 3 024,00 €
Peut-être vous demandez-vous pourquoi le salarié s'est absenté 30 jours au total, alors que l'énoncé n'annonçait que 28 jours de droit ? La réponse est dans les jours de fractionnement bien sûr ! Puisque le salarié n'a pris que 15 jours ouvrés pendant la période d'été, il a droit à 2 jours de fractionnement. Son total de jours pris est donc 28 de droit principal + 2 de droit de fractionnement, soit 30 jours en tout.

4. Déterminer le montant de la régularisation dixième.

3 024 (total 10e) – 2 958 (total maintien) = 66,00 €

Il ne vous aura sans doute pas échappé que si l'entreprise avait payé, au moment de chaque prise de congés, le plus favorable entre le maintien et le dixième, l'entreprise aurait payé :
En août : 15 j × ([(25 200 / 10) × (30 / 25)] / 30) = 1 512,00 € (au 10e) par rapport à 1 453,62 € (maintien)
En décembre : 4 j × 100,80 € = 403,20 € (au 10e) par rapport à 387,63 € (maintien)
En janvier : 1 j à 101,52 € (au maintien) par rapport à 100,80 € (10e)
En avril : 10 j à 1 015,23 € (au maintien) par rapport à 1 008 € (10e)
Soit au total : 3 031,95 €, une somme supérieure de 7,95 € à ce que la loi impose, et ceci pour n'en tirer aucun avantage !

11. Corrigés des exercices sur la régularisation mensuelle progressive

Corrigé 37 (Niveau 1)

Remplir le tableau de régularisation mensuelle progressive avec les bruts mensuels indiqués.

Plafond 2019 : 3 377

Le brut cumulé est-il > ou < au plafond cumulé ?

Mois	Brut du mois	Brut cumulé	Tranche 1 cumulée	Tranche 1 du mois	>/<	Plafond SS cumulé	Tranche 2 cumulée	Tranche 2 du mois
Janvier	3 300	3 300	3 300	3 300	<	3 377		
Février	3 300	6 600	6 600	3 300	<	6 754		
Mars	3 300	9 900	9 900	3 300	<	10 131		
Avril	3 500	13 400	13 400	3 500	<	13 508		
Mai	3 300	16 700	16 700	3 300	<	16 885		
Juin	3 300	20 000	20 000	3 300	<	20 262		
Juillet	3 300	23 300	23 300	3 300	<	23 639		
Août	3 500	26 800	26 800	3 500	<	27 016		
Septembre	3 500	30 300	30 300	3 500	<	30 393		
Octobre	3 500	33 800	33 770	3 470	>	33 770	30	30
Novembre	3 500	37 300	37 147	3 377	>	37 147	153	123
Décembre	3 300	40 600	40 524	3 377	>	40 524	76	-77

Le brut cumulé doit sur chaque ligne être égal à la somme Tranche A cumulée + Tranche B cumulée

Le brut du mois doit sur chaque ligne être égal à la somme Tranche A du mois + Tranche B du mois

CORRIGÉS Exercice 37

Corrigé 38 (Niveau 1)

Remplir le tableau de régularisation mensuelle progressive avec les bruts mensuels indiqués.

Plafond 2019 : 3 377

Le brut cumulé est-il > ou < au plafond cumulé ? ⇒

Mois	Brut du mois	Brut cumulé	Tranche 1 cumulée	Tranche 1 du mois	>/<	Plafond SS cumulé	Tranche 2 cumulée	Tranche 2 du mois
Janvier	**3 400**	**3 400**	**3 377**	3 377	>	**3 377**	**23**	23
Février	**3 300**	**6 700**	**6 700**	3 323	<	**6 754**		-23
Mars	**3 400**	**10 100**	**10 100**	3 400	<	**10 131**		
Avril	**3 400**	**13 500**	**13 500**	3 400	<	**13 508**		
Mai	**3 400**	**16 900**	**16 885**	3 385	>	**16 885**	**15**	15
Juin	**3 400**	**20 300**	**20 262**	3 377	>	**20 262**	**38**	23
Juillet	**3 300**	**23 600**	**23 600**	3 338	<	**23 639**		-38
Août	**3 400**	**27 000**	**27 000**	3 400	<	**27 016**		
Septembre	**3 400**	**30 400**	**30 393**	3 393	>	**30 393**	**7**	7
Octobre	**3 400**	**33 800**	**33 770**	3 377	>	**33 770**	**30**	23
Novembre	**3 400**	**37 200**	**37 147**	3 377	>	**37 147**	**53**	23
Décembre	**6 800**	**44 000**	**40 524**	3 377	>	**40 524**	**3 476**	3 423

Le brut cumulé doit sur chaque ligne être égal à la somme Tranche A cumulée + Tranche B cumulée

Le brut du mois doit sur chaque ligne être égal à la somme Tranche A du mois + Tranche B du mois

Corrigé 39 (Niveau 1)

Remplir le tableau de régularisation mensuelle progressive avec les bruts mensuels indiqués.

Plafond 2019 : 3 377

Le brut cumulé est-il > ou < au plafond cumulé ?

Mois	Brut du mois	Brut cumulé	Tranche 1 cumulée	Tranche 1 du mois	>/<	Plafond SS cumulé	Tranche 2 cumulée	Tranche 2 du mois
Janvier	3 300	3 300	3 300	3 300	<	3 377		
Février	3 452	6 752	6 752	3 452	<	6 754		
Mars	3 614	10 366	10 131	3 379	>	10 131	235	235
Avril	3 300	13 666	13 508	3 377	>	13 508	158	-77
Mai	3 395	17 061	16 885	3 377	>	16 885	176	18
Juin	3 451	20 512	20 262	3 377	>	20 262	250	74
Juillet	3 326	23 838	23 639	3 377	>	23 639	199	-51
Août	3 351	27 189	27 016	3 377	>	27 016	173	-26
Septembre	3 395	30 584	30 393	3 377	>	30 393	191	18
Octobre	3 287	33 871	33 770	3 377	>	33 770	101	-90
Novembre	3 254	37 125	37 125	3 355	<	37 147		-101
Décembre	3 486	40 611	40 524	3 399	>	40 524	87	87

Le brut cumulé doit sur chaque ligne être égal à la somme Tranche A cumulée + Tranche B cumulée

Le brut du mois doit sur chaque ligne être égal à la somme Tranche A du mois + Tranche B du mois

Corrigé 40 (Niveau 2)

1. Un CDI, temps plein, devant percevoir 2 100 € de salaire mensuel, entre dans une entreprise le lundi 4 mars 2019.

Quels sont son brut et son plafond SS de ce mois ?

Calcul du brut

Le mois de mars 2019 comporte 21 jours ouvrés.
Soit 21 jours × 7 heures = 147 heures.
Du 4 au 31 mars, le salarié est présent 20 jours ouvrés, soit 140 heures.
Son brut de ce mois est donc égal à :

1 200 × 140 / 154 = 2 000 €

Calcul du plafond

Le mois de mars comporte 31 jours calendaires.
Du 4 au 31 mars, le salarié est présent 28 jours calendaires.

Son plafond de ce mois est donc égal à :

3 377 × 28 / 31 = 3 050,19 €

2. Un CDI, temps plein, percevant 2 730 € de salaire ayant les 11, 12 et 13 mars 2019 d'absence non rémunérée, quitte l'entreprise le 22 mars.

Quels sont son brut et son plafond SS de ce mois ?

Calcul du brut

Quittant l'entreprise le 22 mars, il faut lui enlever 35 heures d'entrée-sortie (7 heures les 25, 26, 27, 28, 29) et comme il a 3 jours d'absence non rémunérée, encore 21 heures (7 heures les 11, 12, 13). Il a donc travaillé : 147 – 35 – 21 = 91 h.
Son brut de ce mois est donc égal à :

2 730 × 91 / 147 = 1 690 €

Calcul du plafond

Étant présent du 1er au 22, il devrait avoir 22 31e de plafond. Mais, il a également 3 jours d'absence non rémunérée. Il aura donc au final : 22 – 3 = 19 31e de plafond.

Son plafond de ce mois est donc égal à :

3 377 × 19 / 31 = 2 069,77 €

3. Un CDD, temps partiel à 25 heures par semaine (5 heures par jour), entre dans une entreprise le 11 février 2019 pour un salaire de 1 800 €. Il a effectué 2 heures complémentaires lors de sa première semaine et 1 heure complémentaire lors de sa seconde semaine.

Quels sont son brut et son plafond SS de ce mois ?

Calcul du brut

Entrant dans l'entreprise le 11 février, il faut lui enlever 30 heures (5 heures les 1, 4, 5, 6, 7, 8). Le mois de février comportant 20 jours ouvrés, il aurait dû travailler 100 heures. Son brut avant HC est donc de : 1 800 × 70 / 100 = 1 260 €.
25 heures par semaine, fait 108,33 heures par mois (25 × 52 sem. / 12 mois). Son taux horaire est donc de 1 800 € / 108,33 h = 16,616 €. Ses 3 heures complémentaires lui seront payées majorées de 10 %, soit 18,277 €. Son brut final sera de 1 260 + (18,277 × 3) = 1 314,83 €.

Calcul du plafond

D'abord réduire son plafond pour entrée-sortie :

3 377 × 18 / 28 = 2 170,92 €

Puis pour son temps partiel :

2 170,92 × 111,33 / 151,67 = 1 593,52 €

111,33 est son nombre d'heures contractuelles + les 3 heures complémentaires.

4. Un CDI, employeurs multiples, entre dans une entreprise le lundi 2 septembre 2019. Il perçoit 1 000 € pour 12 heures. Ses autres emplois lui rapportent 2 000 € pour 23 heures.

Quels sont son brut et son plafond SS de ce mois dans cette entreprise ?

Calcul du brut

Le dimanche 1er septembre n'étant pas un jour ouvré, son brut est entier, soit :

1 000 € !

Calcul du plafond

En appliquant la formule, son plafond est égal à :

3 377 × 1 000 / 3 000 = 1 125,67 €

Corrigé 41 (Niveau 3)

Ce salarié non cadre perçoit **3 210,00 €** de salaire pour 151,67 heures par mois.
Nous sommes en l'année **2019** où le plafond du 1er Janvier au 31 Décembre est de **3 377 €**
Déterminer en régularisation progressive sa tranche 1 et sa tranche 2.

Le brut cumulé est-il <ou> au plafond cumulé ? ⇓

Mois	Brut du mois	**Brut Cumulé**	>/<	**Plafond Cumulé**	**Tranche 1 Cumulée**	Tranche 1 du mois	**Tranche 2 Cumulée**	Tranche2 du mois
<u>*Janvier*</u> Tps plein	3 210,00	**3 210,00**	<	**3 377,00**	**3 210,00**	3 210,00	**0,00**	0,00
<u>*Février*</u> : Congés ss solde à partir du 11	963,00	**4 173,00**	<	**4 583,07**	**4 173,00**	963,00	**0,00**	0,00
<u>*Mars*</u> : Congés ss solde	0,00	**4 173,00**	<	**4 583,07**	**4 173,00**	0,00	**0,00**	0,00
<u>*Avril*</u> : revient le 8 et demande un tps partiel	2 480,45	**6 653,45**	<	**7 172,10**	**6 653,45**	2 480,45	**0,00**	0,00
<u>*Mai*</u> : Le temps partiel est accepté à 60%	1 926,00	**8 579,45**	<	**9 198,26**	**8 579,45**	1 926,00	**0,00**	0,00
<u>*Juin*</u> : Prime vacances 1000 € (Mt id. tt pers.)	2 926,00	**11 505,45**	>	**11 224,42**	**11 224,42**	2 644,96	**281,04**	281,04
<u>*Juillet*</u> : Congés Payés de 3 semaines (maintien)	1 926,00	**13 431,45**	>	**13 250,57**	**13 250,57**	2 026,16	**180,88**	-100,16
<u>*Août*</u> : *6 heures complémentaires (10%)*	2 065,68	**15 497,13**	>	**15 410,32**	**15 410,32**	2 159,75	**86,82**	-94,07
<u>*Septembre*</u> : Prime de rentrée(1000 €/tps plein)	2 526,00	**18 023,13**	>	**17 436,47**	**17 436,47**	2 026,16	**586,66**	499,84
<u>*Octobre*</u> : 1 semaine de convenance personnelle	1 507,30	**19 530,43**	>	**19 005,11**	**19 005,11**	1 568,64	**525,32**	-61,34
<u>*Novembre*</u> : + 4 H.C. (pose dém. le 6 Déc.)	2 019,13	**21 549,56**	>	**21 120,33**	**21 120,33**	2 115,22	**429,23**	-96,09
<u>*Décembre*</u> : + 1200€ ind. CP et + 800€ 13è mois	2 437,73	**23 987,29**	>	**21 512,49**	**21 512,49**	392,16	**2 474,80**	2 045,57

Le Brut Cumulé doit sur chaque ligne être égal à la somme Tr. 1 Cumulée + Tr. 2 Cumulée

Le Brut du mois doit sur chaque ligne être égal à la somme : Tr. 1 du mois + Tr. 2 du mois

Quelques précisions : Les congés sans solde sont une absence autorisée non payée. Quand le salarié revient le lundi 8 avril, il fait une demande de temps partiel (60 %, mais 5 jours travaillés), qui sera acceptée au 1er mai. En juin, l'entreprise donne une prime de vacances de 1 000 € (dont le montant est identique à tout le personnel, même à temps partiel). En juillet, les congés payés sont au maintien de salaire. En août, le salarié effectue 6 heures complémentaires (majorées à 10 %). En septembre, la prime de rentrée scolaire est proratisée en fonction du temps de travail. La convenance personnelle d'une semaine (5 jours ouvrés) est également une absence autorisée non payée mais généralement plus courte que les congés sans solde. Enfin en novembre, notre salarié pose sa démission pour le 6 décembre et réalise 4 heures complémentaires. En décembre, le salarié aura sur son solde de tout compte 1 200 € d'indemnité compensatrice congés payés et 800 € de treizième mois (tous deux déjà calculés au prorata).

En février, le salaire = 3 210 / 20 (nombre de jrs ouvrés) × 6 (20 – 14 jrs d'absence) = 963,00

En février, le plafond = 3 377 × 10 (jours calendaires de présence) / 28 = 1 206,07

En mars, pas de salaire= > pas de plafond

En avril, le salaire = 3 210 / 22 (nombre de jours ouvrés) × 17 (jours de présence) = 2 480,45

En avril, le plafond = 3 377 × 23 (jours calendaires de présence) / 30 = 2 589,03

En mai, le plafond = 3 377 × 91 h / 151,67 = 2 026,16 (91 heures = 21 h/s × 52 sem. / 12 mois)

En juin, le plafond = 3 377 × 91 h / 151,67 = 2 026,16 (seules les heures comptent dorénavant)

En août, le salaire = 1 926 + (6 HC majorées à 10 %) 139,68 = 2 065,68

En août, le plafond = 3 377 × 97 (91 h contractuelles + 6 HC) / 151,67 = 2 159,75

En octobre, le salaire = 1 926 / 23 (jours ouvrés) × 18 (jours travaillés) = 1 507,30

En octobre, le plafond = 3 377 × 91 / 151,67 × 24 (jrs de prés.) / 31 (jrs cal. octobre) = 1 568,64

En novembre, le salaire = 1 926 + (4 HC majorées à 10 %) = 2 019,13

En novembre, le plafond = 3 377 × 95 (91 + 4) / 151,67 = 2 115,22

En décembre, le salaire = 1 200 + 800 + (1 926 × 5 / 22) = 2 437,73

En décembre, le plafond = 3 377 × 91 / 151,67 × 6 / 31 = 392,16

Corrigé 42 (Niveau 2)

Remplir le tableau de régularisation mensuelle progressive complète avec les bruts mensuels indiqués.

Plafond 2019 : 3 377

Le brut cumulé est-il > ou < au plafond cumulé ? ⇒

Le brut cumulé est-il > ou < au plafond 2 cumulé ? ⇒

Mois	Brut du mois	Brut cumulé	Tranche 1 cumulée	Tranche 1 du mois	>/<	Plafond SS cumulé	Tranche 2 cumulée	Tranche 2 du mois	>/<	Plafond SS x 8 cumulé	Tranche Non Soumise cumulée	Tranche Non Soumise du mois
Janvier	26 000	26 000	3 377	3 377	>	3 377	22 623	22 623	<	27 016		
Février	30 000	56 000	6 754	3 377	>	6 754	47 278	24 655	>	54 032	1 968	1 968
Mars	28 000	84 000	10 131	3 377	>	10 131	70 917	23 639	>	81 048	2 952	984
Avril	26 000	110 000	13 508	3 377	>	13 508	94 556	23 639	>	108 064	1 936	-1 016
Mai	26 000	136 000	16 885	3 377	>	16 885	118 195	23 639	>	135 080	920	-1 016
Juin	26 000	162 000	20 262	3 377	>	20 262	141 738	23 543	<	162 096		-920
Juillet	26 000	188 000	23 639	3 377	>	23 639	164 361	22 623	<	189 112		
Août	26 000	214 000	27 016	3 377	>	27 016	186 984	22 623	<	216 128		
Septembre	26 000	240 000	30 393	3 377	>	30 393	209 607	22 623	<	243 144		
Octobre	30 000	270 000	33 770	3 377	>	33 770	236 230	26 623	<	270 160		
Novembre	28 000	298 000	37 147	3 377	>	37 147	260 029	23 799	>	297 176	824	824
Décembre	26 000	324 000	40 524	3 377	>	40 524	283 476	23 447	<	324 192		-824

Le brut cumulé doit sur chaque ligne être égal à la somme Tranche 1 cumulée + Tranche 2 cumulée + Tranche Non Soumise cumulée

Le brut du mois doit sur chaque ligne être égal à la somme Tranche 1 du mois + Tranche 2 du mois + Tranche Non Soumise du mois

Corrigé 43 (Niveau 2)

Remplir le tableau de régularisation ass. maladie et alloc. fam. avec les bruts mensuels indiqués.

SMIC : **1 521,25 €**

		Le brut cumulé est-il < ou > à 3,5 SMIC cumulé ?												
		Le brut cumulé est-il < ou > à 2,5 SMIC cumulé ?												
Mois	Brut du mois	**Brut Cumulé**	**Maladie 7% Cumulée**	Maladie 7% du mois	>/<	**Maladie 13% Cumulée**	Maladie 13% du mois	**Montant 2,5 SMIC Cumulé**	**A.F. 3,5% Cumulée**	A.F. 3,5% du mois	>/<	**A.F. 5,25% Cumulée**	A.F. 5,25% du mois	**Montant 3,5 SMIC Cumulé**
Janvier	**3 000 €**	3 000 €	3 000 €	3 000 €	<	0 €	0 €	3 803,13 €	3 000 €	3 000 €	<	0 €	0 €	5 324,38 €
Février	**8 000 €**	11 000 €	0 €	-3 000 €	>	11 000 €	11 000 €	7 606,25 €	0 €	-3 000 €	>	11 000 €	11 000 €	10 648,75 €
Mars	**3 000 €**	14 000 €	0 €	0 €	>	14 000 €	3 000 €	11 409,38 €	14 000 €	14 000 €	<	0 €	-11 000 €	15 973,13 €
Avril	**3 000 €**	17 000 €	0 €	0 €	>	17 000 €	3 000 €	15 212,50 €	17 000 €	3 000 €	<	0 €	0 €	21 297,50 €
Mai	**3 000 €**	20 000 €	0 €	0 €	>	20 000 €	3 000 €	19 015,63 €	20 000 €	3 000 €	<	0 €	0 €	26 621,88 €
Juin	**3 000 €**	23 000 €	0 €	0 €	>	23 000 €	3 000 €	22 818,75 €	23 000 €	3 000 €	<	0 €	0 €	31 946,25 €
Juillet	**3 000 €**	26 000 €	26 000 €	26 000 €	<	0 €	-23 000 €	26 621,88 €	26 000 €	3 000 €	<	0 €	0 €	37 270,63 €
Août	**3 000 €**	29 000 €	29 000 €	3 000 €	<	0 €	0 €	30 425,00 €	29 000 €	3 000 €	<	0 €	0 €	42 595,00 €
Septembre	**19 000 €**	48 000 €	0 €	-29 000 €	>	48 000 €	48 000 €	34 228,13 €	0 €	-29 000 €	>	48 000 €	48 000 €	47 919,38 €
Octobre	**3 000 €**	51 000 €	0 €	0 €	>	51 000 €	3 000 €	38 031,25 €	51 000 €	51 000 €	<	0 €	-48 000 €	53 243,75 €
Novembre	**3 000 €**	54 000 €	0 €	0 €	>	54 000 €	3 000 €	41 834,38 €	54 000 €	3 000 €	<	0 €	0 €	58 568,13 €
Décembre	**3 000 €**	57 000 €	0 €	0 €	>	57 000 €	3 000 €	45 637,50 €	57 000 €	3 000 €	<	0 €	0 €	63 892,50 €

CORRIGÉS Exercice 43

12. Corrigés des exercices sur la réduction générale des charges patronales

Corrigé 44 (Niveau 1)

Quel est le montant de la réduction générale des charges patronales du mois d'avril 2019 pour un salarié embauché le lundi 1er avril 2019 en CDI à temps complet (151,67 heures) dans une entreprise de 100 salariés, toujours présent en fin de mois et qui a un brut de 2 000 € ?

Si le brut du mois =	**2 000,00**
et le nombre d'heures rémunérées =	**151,667**
(0,2849 / 0,6) =	**0,47483**
SMIC x nombre d'heures rémunérées =	**1 521,22**
1521,22 / 2000 =	**0,76061**
0,76061 x 1,6 =	**1,216976**
1,216976 -1 =	**0,216976**
0,216976 x 0,474833333333333 =	**0,103**
Le coefficient est donc =	**0,103**
Et la réduction (2000 x 0,103) =	**206,00**

Premier exercice sur la réduction générale des charges patronales très simple ; il suffit de remplacer la rémunération annuelle brute par 2 000 €. Au passage, pour un salarié qui entre le 1er avril sa rémunération annuelle à fin avril ne comporte que son brut d'avril et le total de ses heures travaillées correspond uniquement à ses heures d'avril. Ensuite, il suffit d'appliquer simplement la formule mathématique.

NB : Curieusement, le Smic à prendre en compte pour le calcul de l'allégement Fillon est 151,667 heures × 10,03 €, soit : 1 521,22 € (et non pas : 151,67 heures × 10,03 € = 1 521,25 €). En tout cas, pour cet exercice, qu'on ait pris 1 521,22 € ou 1 521,25 € ne change rien au résultat, mais ce ne sera pas toujours le cas.

Corrigé 45 (Niveau 2)

Exercice sur 3 mois consécutifs.
Un salarié est embauché le 2 janvier 2019 dans une entreprise de 100 salariés pour un **salaire de base de 1 800 €** à temps plein (151,67 heures). Il n'a ni absence ni heures supplémentaires.

1. Quel est le montant de la réduction générale des charges patronales de janvier 2019 ?

Si le brut de Janvier =	**1 800,00**
et le nombre d'heures rémunérées =	**151,667**
(0,2849 / 0,6) =	**0,47483**
SMIC x nombre d'heures rémunérées =	**1 521,22**
1521,22 / 1800 =	**0,845122**
0,8451222 x 1,6 =	**1,352196**
1,3521955 -1 =	**0,352196**
0,3521955 x 0,474833333333333 =	**0,1672**
Le coefficient est donc =	0,1672
Et la réduction (1800 x 0,1672) =	300,96

2. Quel est le montant de la réduction générale des charges patronales de février 2019 alors qu'il a 8 HS majorées à 25 % et 4 HS majorées à 50 % ?

Son salaire de base étant de 1 800 €, son taux horaire est de (1 800 € / 151,67 h) : 11,868 €.
8 heures supplémentaires majorées à 25 % = (8 × 11,868 € × 125 %) : 118,68 €.
4 heures supplémentaires majorées à 50 % = (4 × 11,868 € × 150 %) : 71,21 €.
Notre salarié a donc un brut pour février de 1 800 + 118,68 + 71,21 = 1 989,89 €.

Si le brut Janvier + Février =	**3 789,89**	
et le nombre d'heures rémunérées =	**315,334**	
(0,2849 / 0,6) =	**0,47483**	
SMIC x nombre d'heures rémunérées =	**3 162,80**	
3162,8 / 3789,89 =	**0,834536**	
0,8345361 x 1,6 =	**1,335258**	
1,3352578 -1 =	**0,335258**	
0,3352578 x 0,474833333333333 =	**0,1592**	
Le coefficient est donc =	0,1592	
Et la réduction (3789,89 x 0,1592) =	603,35	Moins la réduction de janvier (300,96) = 302,39

3. Quel est le montant de la réduction générale des charges patronales de mars 2019, alors qu'il a une prime trimestrielle d'assiduité de 200 € et une prime sur objectif de 500 € ?

Si le brut Janvier + Février + Mars =	**6 289,89**	
et le nombre d'heures rémunérées =	**467,001**	
(0,2849 / 0,6) =	**0,47483**	
SMIC x nombre d'heures rémunérées =	**4 684,02**	
4684,02 / 6289,89 =	**0,74469**	
0,7446903 x 1,6 =	**1,191505**	
1,1915045 -1 =	**0,191505**	
0,1915045 x 0,474833333333333 =	**0,0909**	
Le coefficient est donc =	0,0909	
Et la réduction (6289,89 x 0,0909) =	571,75	Moins janvier + février (300,96 +302,39) = -31,60

Le montant de la réduction des charges sociales Fillon en cumulé depuis janvier est de 571,75 €, mais l'entreprise déduisant la réduction Fillon tous les mois sur sa DSN, le montant à indiquer pour le mois de mars 2019 est bien de : -31,60 €. (« Moins 31,60 € » ; le salarié étant passé au-dessus de 1,6 Smic mensuel, il faut rembourser une partie de la réduction déduite les mois précédents).

Corrigé 46 (Niveau 3)

Ce salarié travaillait dans une entreprise de BTP (de plus de 100 salariés) au cours de l'année 2015 durant laquelle le Smic horaire était 9,61 € et la formule du coefficient pour calculer l'allégement Fillon était :

$$\text{Coefficient} = \left(\frac{0{,}2835}{0{,}6}\right) \times \left[\left(1{,}6 \times \frac{\text{Nombre annuel d'heures travaillées x SMIC horaire}}{\text{Rémunération annuelle brute}}\right) - 1\right]$$

Janvier

- Heures réellement travaillées : 151,667 – 5,50 (CP) = 146,167 heures.
- Brut du mois : 2 238,65 – 81,18 + 333,97 = 2 491,44 €.
- Brut servant de base aux cotisations : 2 491,44 – 10 % = 2 242,30 €
- Coefficient = (0,2835 / 0,6) × [({1,6 × 146,167 × 9,61} / 2 242,30) – 1] = 0,0011
- Montant de l'allégement = 2 242,30 × 0,0011 × 100 / 90 = 2,74 €

NB : Les absences payées, ne rentrent pas le calcul puisque, par définition, elles sont payées par l'entreprise.

Février

- Cumul des heures réellement travaillées : 146,167 (de janvier) + 151,667 – 1,00 (Absence non payée) = 296,834 heures.
- Cumul des bruts : 2 491,44 € (de janvier) + 2 238,65 – 14,76 + 93,43 = 4 808,76 €.
- Cumul des bruts servant de base aux cotisations : 4 808,76 – 10 % = 4 327,88
- Coefficient = (0,2835 / 0,6) × [({1,6 × 296,834 × 9,61} / 4 327,88) – 1] = 0,0258
- Montant de l'allégement = 4 327,88 × 0,0258 × 100 / 90 = 124,07 – 2 74 (de janvier) = 121,33 €

Mars

- Cumul des heures réellement travaillées : 296,834 (à fin février) + 151,667 = 448,501 heures.
- Cumul des bruts : 4 808,76 € (à fin février) + 2 238,65 + 98,38 = 7 145,79 €.
- Cumul des bruts servant de base aux cotisations : 7 145,79 – 10 % = 6 431,21
- Coefficient = (0,2835 / 0,6) × [({1,6 × 448,501 × 9,61} / 6 431,21) – 1] = 0,0342
- Montant de l'allégement = 6 431,21 × 0,0342 × 100 / 90 = 244,39 – 124,07 (à fin février) = 120,32 €

Avril

- Cumul des heures réellement travaillées : 448,501 (à fin mars) + 151,667 – 49,00 (Abs CP) = 551,168 heures.
- Cumul des bruts : 7 145,79 € (à fin mars) + 2 238,65 – 723,24 + 51,48 = 8 712,68 €.
- Cumul des bruts servant de base aux cotisations : 8 712,68 – 10 % = 7 841,41
- Coefficient = (0,2835 / 0,6) × [({1,6 × 551,168 × 9,61} / 7 841,41) – 1] = 0,0382
- Montant de l'allégement = 7 841,41 × 0,0382 × 100 / 90 = 332,82 – 244,39 (à fin mars) = 88,44 €

NB : Dans les entreprises de BTP, les absences de congés payés, ne sont pas payées par l'entreprise, mais par la Caisse des congés payés. Les heures de ces absences se déduisent donc des heures travaillées et le montant correspondant à cette absence est déduit du brut.
De mai à décembre, il suffit de continuer sur la même logique expliquée de janvier à avril.
Pour les montants de chaque mois, il suffit de les vérifier sur le tableau Excel de la page suivante.
Au passage, pour le « critique » qui croit que ces tableaux sont « impossibles à faire sur Excel », voici la preuve qu'il se trompe.

Tableau Excel complet pour la correction de l'exercice 46

	Salaire de base		Heures Supplémentaires		Abs Non Payées		Abs Payées		Abs. C.P.		Primes et Indemnités Diverses (Montant)	Nombre d'heures travaillées	Brut du mois	Brut -10% (base des cotisations)	Cumul Brut (base des cotisations)	Cumul des heures travaillées	Coefficient	Cumul de l'allègement	Montant mensuel allègement
	Nb d'heures	Montant	Nb d'heures	Montant	Nb d'heures	Montant	Nb d'heures	Montant	Nb d'heures	Montant									
Janvier	151,667	2 238,65					1,50	22,14	5,50	81,18	333,97	146,167	2 491,44	2 242,30	2 242,30	146,167	0,0011	2,74	2,74
Février	151,667	2 238,65			1,00	14,76					93,43	150,667	2 317,32	2 085,59	4 327,88	296,834	0,0258	124,07	121,33
Mars	151,667	2 238,65									98,38	151,667	2 337,03	2 103,33	6 431,21	448,501	0,0342	244,39	120,32
Avril	151,667	2 238,65							49,00	723,24	51,48	102,667	1 566,89	1 410,20	7 841,41	551,168	0,0382	332,82	88,44
Mai	151,667	2 238,65	2,00	36,90							68,64	153,667	2 344,19	2 109,77	9 951,18	704,835	0,0421	465,49	132,67
Juin	151,667	2 238,65	8,00	147,60							99,78	159,667	2 486,03	2 237,43	12 188,61	864,502	0,0428	579,64	114,14
Juillet	151,667	2 238,65							70,00	1 033,20	49,04	81,667	1 254,49	1 129,04	13 317,65	946,169	0,0437	646,65	67,01
Août	151,667	2 238,65	8,00	147,60					7,00	103,32	101,26	152,667	2 384,19	2 145,77	15 463,42	1 098,836	0,0438	752,55	105,91
Septembre	151,667	2 238,65	7,00	129,15					28,00	413,28	83,27	130,667	2 037,79	1 834,01	17 297,43	1 229,503	0,0439	843,73	91,18
Octobre	151,667	2 238,65									95,21	151,667	2 333,86	2 100,47	19 397,91	1 381,170	0,0448	965,58	121,85
Novembre	151,667	2 238,65			4,00	59,04					104,69	147,667	2 284,30	2 055,87	21 453,78	1 528,837	0,0452	1 077,46	111,87
Décembre	151,667	2 238,65							35,00	516,60	76,56	116,667	1 798,61	1 618,75	23 072,53	1 645,504	0,0456	1 169,01	91,55
Total	1 820,00	26 863,80	25,00	461,25	5,00	73,80	1,50	22,14	194,50	2 870,82	1 255,71								

Corrigé 47 (Niveau 1)

Ce salarié non cadre est employé en CDI depuis le 1er janvier 2018 à temps plein dans une grande entreprise parisienne (effectif de 150 salariés, taux de versement transport de 2,95 %) pour un salaire de base de 2 000 € brut pour 151,67 heures par mois. Sa rémunération n'a pas varié depuis son entrée. Le taux d'accident du travail pour cette entreprise est de 2,50 %. Le montant des cotisations prévoyance « Frais de santé » est de 100 € (50 % pour le salarié et 50 % pour l'employeur). L'entreprise bénéficie d'une couverture prévoyance incapacité, invalidité, décès dont les taux sont de 1 % pour le salarié et de 2 % pour l'employeur sur la tranche A. Son taux de prélèvement à la source est le taux neutre.

Établir son bulletin de paie d'avril 2019 à l'aide du tableau des charges.

Libellé des Rubriques	Base	Taux	Montant	Commentaires	
Salaire	151,67		**2 000,00**		
Total Brut			2 000,00		
Cotisations	**Base**	**Salariales**		**Patronales**	
		Taux	**Montant**	**Taux**	**Montant**
Santé					
Sécurité Sociale (Mal, Mat, Inv, Décès)	2 000,00			7,00	140,00
Incapacité, Invalidité, Capital Décès (Prév. Décès)	2 000,00	1,00	-20,00	2,00	40,00
Complémentaire Santé (Prév. Frais de Santé)	100,00	50,00	-50,00	50,00	50,00
Accident du Travail - Maladie Prof.	2 000,00			2,50	50,00
Retraite					
Sécurité Sociale (Vieillesse Plafonnée)	2 000,00	6,90	-138,00	8,55	171,00
Sécurité Sociale (Vieillesse Déplafonnée)	2 000,00	0,40	-8,00	1,90	38,00
Complémentaire (AGIRC-ARRCO + CEG /T1)	2 000,00	4,01	-80,20	6,01	120,20
Complémentaire (AGIRC-ARRCO + CEG /T2)					
Contribution d'Equilibre Technique (CET T1+T2)					
Famille	2 000,00			3,45	69,00
Assurance Chômage					
Chômage (Chômage + AGS / TA+TB)	2 000,00			4,20	84,00
APEC (Salarié Cadre TA+TB)					
Autres Contributions dues par l'employeur					125,12
C.S.G. Non Imposable	2 055,00	6,80	-139,74		
Réduction générale des charges patronales					-206,00
Total des cotisations et contributions			-435,94		**681,32**
Net fiscal			1 614,06		
RETENUES ET REMBOURSEMENTS DIVERS					
C.S.G. & C.R.D.S. Imposables	2 055,00	2,90	-59,60		
Total des Retenues et Remboursements			-59,60		
Net à payer avant prélèvement à la source			1 504,46		
dont évolution de la rémunération liée à la suppression des cotisations salariales chômage et maladie			*28,06*		
Prélèvement à la source	**1 614,06**	**2,50%**	-40,35		
		Net Payé en euros **1 464,11 €**		**Date de paiement** **30 avril 2019**	
		Total versé par l'employeur **2 681,32 €**		Allègement de cotisations **206,00 €**	

Pour ce premier exercice sur les cotisations, j'ai voulu faire un bulletin « simple » pour recadrer tout ce qui a été écrit sur les tranches, les taux de cotisations, la réduction des charges patronales et le prélèvement à la source. Un salaire tout rond pour le brut. Aucune absence, ni avantage en nature quelconque, aucune prime, aucune heure supplémentaire. Bref, on se concentre sur la logique des cotisations.

Le brut étant largement inférieur au plafond Sécurité sociale, il devient par conséquent la tranche 1 pour la retraite complémentaire Agirc/Arrco. Donc toutes les cotisations sur le brut et la tranche 1 sont assises sur la même somme (2 000 €) et bien sûr il n'y a pas de tranche 2. On « déroule » tranquillement toutes les cotisations énumérées dans le tableau récapitulatif avec comme base 2 000 €.

Les lignes des cotisations se décomposent ainsi :

- Santé SS = 2 000 × 7 % = **140,00 €**.
- Santé inc., inv., décès : 2 000 × 1 % = **20 €** en part salariale et 2 000 × 2 % = **40 €** en part patronale.
- Santé complémentaire santé : **50 €** en part salariale et **50 €** en part patronale.
- AT & maladie prof. = 2 000 × 2,50 % = **50,00 €**.
- Retraite SS plafonnée : 2000 × 6,90 % = **138,00 €** pour le salarié et : 2 000 × 8,55 % = **171,00 €** pour l'employeur.
- Retraite SS déplafonnée : 2000 × 0,40 % = **8,00 €** pour le salarié et : 2 000 × 1,90 % = **38,00 €** pour l'employeur.
- Ret. compl. : il faut cumuler les taux de la retraite Agirc-Arrco et de la contribution d'équilibre général ; soit : 2 000 × 4,01 % [3,15 % + 0,86 %] = **80,20 €** pour le salarié et 2 000 × 6,01 % [4,72 % + 1,29 %] = **120,20 €** pour l'employeur.
- Contribution d'équilibre technique étant réservée aux salaires supérieurs au plafond SS, elle n'est pas calculée dans notre cas.
- Famille (allocations familiales) : 2 000 × 3,45 % = **69,00 €**.
- Assurance chômage est pour l'employeur : 2 000 × (4,05 % + 0,15 % d'AGS) = **84,00 €**.

Quant aux autres charges, elles sont regroupées en une seule ligne. Ces charges sont :

- la taxe transport (2,95 % à Paris) ;
- l'effort construction (0,45 %) ;
- la taxe d'apprentissage (0,68 %) ;
- la formation professionnelle continue (1 %) ;
- la contribution au dialogue social (0,016 %) ;
- le FNAL (0,50 %),
- la Contribution solidarité autonomie (0,30 %), soit un total des taux de 5,896 %.

Mais, sur l'assurance santé complémentaire santé et l'assurance santé inv. décès va se calculer un « forfait social ». Il faut cumuler l'ensemble des cotisations patronales de la prévoyance « Décès » (40 €) et de la prévoyance « Frais de santé » (50 €) pour avoir la base du forfait social : soit 90 €. Ces 90 € sont soumis à un taux de 8 % qui viennent alourdir les charges patronales de 7,20 €. Le total des autres contributions dues par l'employeur est donc : ([2 000 × 5,896 % = 117,92 €) + 7,20 €] = **125,12 €**.

Pour le calcul de la base des CSG et de la CRDS, il faut prendre 98,25 % du brut (2 000 × 98,25 % = 1 965) et rajouter le montant des cotisations patronales des prévoyances « Décès » et « Frais de santé » (40 € + 50 €) : 1 965 + 90 = 2 055 €.

- La CSG non imposable est donc égale à : 2 055 × 6,80 % = **139,74 €**.
- Les CSG & CRDS imposables sont égales à 2 055 × (2,40 % + 0,50 %) = **59,60 €**.

Le montant de la réduction des charges patronales est celui trouvé à l'exercice 44, soit : **206,00 €**.

Le net fiscal est le brut (2 000 €) – le total des cotisations et contributions salariales déductibles des impôts (435,94 €) + le montant patronal de la prévoyance Frais de santé (50 €), soit : **1 614,06 €**.

Le net à payer avant PAS est le net fiscal (1 614,06 €) + le total des retenues et remboursements divers (-59,60 €) – le montant patronal de la prévoyance frais de santé (50 €), soit : **1 504,46 €**.

Le montant de la ligne « dont évolution… » = (2 000 × 3,15 %) – (2 055 × 1,7 %), soit : (63 – 34,94) **28,06 €**.

La base du PAS est comprise entre 1 551 € et 1 656 €. Le taux à appliquer est donc de 2,5 %.

Le prélèvement à la source est alors : 1 614,06 € × 2,5 % = **40,35 €**.

Et le **net à payer** est donc de (1 504,46 – 40,35) **1 464,11 €**

Le « Total versé par l'employeur » est simplement l'addition du brut (2 000 €) et du total des cotisations et contributions patronales (681,32 €), soit : **2 681,32 €**.

Corrigé 48 (Niveau 1)

Ce salarié, CDI, est cadre depuis le 5 octobre 2015 à temps plein dans une grande entreprise parisienne (effectif de 150 salariés, taux de versement transport de 2,95 %) pour un salaire forfaitaire de 6 000 € brut pour 151,67 heures par mois. Sa rémunération n'a pas varié depuis son entrée (6 000 € brut chaque mois).
Le taux d'accident du travail pour cette entreprise est de 2,50 %. Le montant des cotisations prévoyance « Frais de santé » est de 100 € (50 % pour le salarié et 50 % pour l'employeur). L'entreprise n'applique que le minimum de la prévoyance « Décès » obligatoire pour les cadres. Son taux de prélèvement à la source est le taux neutre.

Établir son bulletin de paie d'avril 2019 avec les taux de cotisations minimums de la feuille récapitulative.

Libellé des Rubriques	Base	Taux	Montant	Commentaires
Salaire	151,67		**6 000,00**	
Total Brut			**6 000,00**	

Cotisations	Base	Salariales		Patronales	
		Taux	Montant	Taux	Montant
Santé					
Sécurité Sociale (Mal, Mat, Inv, Décès)	6 000,00			13,00	780,00
Incapacité, Invalidité, Capital Décès (Prév. Décès)	3 377,00			1,50	50,66
Complémentaire Santé (Prév. Frais de Santé)			-50,00		50,00
Accident du Travail - Maladie Prof.	6 000,00			2,50	150,00
Retraite					
Sécurité Sociale (Vieillesse Plafonnée)	3 377,00	6,90	-233,01	8,55	288,73
Sécurité Sociale (Vieillesse Déplafonnée)	6 000,00	0,40	-24,00	1,90	114,00
Complémentaire (AGIRC-ARRCO + CEG /T1)	3 377,00	4,01	-135,42	6,01	202,96
Complémentaire (AGIRC-ARRCO + CEG /T2)	2 623,00	9,72	-254,96	14,57	382,17
Contribution d'Equilibre Technique (CET T1+T2)	6 000,00	0,14	-8,40	0,21	12,60
Famille	6 000,00			5,25	315,00
Assurance Chômage					
Chômage (Chômage + AGS / TA+TB)	6 000,00			4,20	252,00
APEC (Salarié Cadre TA+TB)	6 000,00	0,024	-1,44	0,036	2,16
Autres Contributions dues par l'employeur	6 000,00				361,81
C.S.G. Non Imposable	5 995,66	6,80	-407,70		
Réduction génrale des charges patronales					
Total des cotisations et contributions			-1 114,93		**2 962,09**
Net fiscal			**4 935,07**		
RETENUES ET REMBOURSEMENTS DIVERS					
C.S.G. & C.R.D.S. Imposables	5 995,66	2,90	-173,87		
Total des Retenues et Remboursements			-173,87		
Net à payer avant prélèvement à la source			**4 711,20**		
dont évolution de la rémunération liée à la suppression des cotisations salariales chômage et maladie			*87,07*		
Prélèvement à la source	**4 935,07**	**18,00%**	-888,31		

	Net Payé en euros **3 822,89 €**	**Date de paiement** **30 avril 2019**
	Total versé par l'employeur **8 962,09 €**	Allégement de cotisations **0,00 €**

Pour ce premier bulletin d'un cadre, j'ai encore voulu faire un bulletin « simple » pour bien visualiser les différences entre le bulletin précédent (non cadre) et celui-ci (cadre). Toujours pas de complications, on se concentre sur la logique des cotisations.

Le brut étant largement supérieur au plafond de la Sécurité sociale et ce depuis le début de l'année (pas encore de régularisation mensuelle progressive), la tranche A est égale au plafond SS.

Les cotisations sur brut, sur **Tr. 1 + 2** ou sur tranche A + B (Apec) sont assises sur la même somme (**6 000 €**).

Les cotisations sur **Tr. 2** sont assises sur la différence entre le brut et le plafond (6 000 – 3 377) = **2 623 €**.

Les lignes des cotisations se décomposent ainsi :

- Santé SS : 6 000 × 13 % (13 % car 6 000 € > 2,5 Smic) = **780,00 €**.
- Santé inc., inv., décès : 3 377 × 1,5 % = **50,66 €**.
- Santé complémentaire santé : **50 €** en part salariale et **50 €** en part patronale.
- AT – maladie prof. : 6 000 × 2,50 % = **150,00 €**.
- Retraite SS vieillesse plafonnée : 3 377 × 6,90 % = **233,01 €** pour le salarié et : 3 377 × 8,55 % = **288,73 €** pour l'employeur.
- Retraite SS vieillesse déplafonnée : 6 000 × 0,40 % = **24,00 €** pour le salarié et : 6 000 × 1,90 % = **114,00 €** pour l'employeur.
- Ret. compl. /T1 est l'addition des cotisations Agirc-Arrco + CEG sur Tr. 1, soit :
  - en part salariale : 3 377 × 4,01 % [3,15 % + 0,86 %] = **135,42 €** ;
  - en part patronale : 3 377 × 6,01 % [4,72 % + 1,29 %] = **202,96 €**.
- Ret. compl. /T2 est l'addition des cotisations Agirc-Arrco + CEG sur Tr. 2, soit :
  - en part salariale : 2 623 × 9,72 % [8,64 % + 1,08 %] = **254,96 €** ;
  - en part patronale : 2 623 × 14,57 % [12,95 % + 1,62 %] = **382,17 €**.
- La première difficulté est peut-être de bien penser à la CET qui ne se déclenche que pour les salaires supérieurs au plafond, soit : (6 000 × 0,14 %) = **8,40 €** en part salariale et (6 000 × 0,21 %) = **12,60 €** pour l'employeur.
- Il faut également bien penser à prendre le taux de 5,25 % pour les allocations familiales. En effet, notre cadre dépasse la base de 3,5 Smic mensuels. (10,03 € × 151,67 h × 3,5 = 5 324,38 €). Le montant est donc : 6 000 × 5,25 % = **315,00 €**.
- Le Chômage (TA + TB) est pour l'employeur : 6 000 × (4,05 % + 0,15 % d'AGS) = **252,00 €**.
- Puisque notre salarié est cadre, il faut également penser à déclencher l'Apec, soit : 6 000 × 0,024 % = **1,44 €** pour le salarié et 6 000 × 0,036 % = **2,16 €** pour l'employeur.
- **Les autres contributions dues par l'employeur** regroupent : la contribution solidarité autonomie : (6 000 × 0,30 %) = 18,00 €, le FNAL : (6 000 × 0,50 %) = 30,00 €, la contribution au dialogue social : (6 000 × 0,016 %) = 0,96 €, le versement transport : (6 000 × 2,95 %) = 177,00 €, La taxe d'apprentissage : (6 000 × 0,68 %) = 40,80 €, la Participation à la construction : (6 000 × 0,45 %) = 27,00 €, la participation à la formation : (6 000 × 1,00 %) = 60,00 €, somme à la laquelle il faut rajouter le Forfait Social qui est calculé sur la somme des contributions patronales aux prévoyances (50,66 € pour le décès + 50 € pour les frais de santé) à 8 %, soit : 100,66 × 8 % = 8,05 €. Soit un total de : 18 + 30 + 0,96 + 177 + 40,80 + 27 + 60 + 8,05 = **361,81 €**.
  Pour le calcul de la base des CSG et de la CRDS il faut prendre 98,25 % du brut (6 000 × 98,25 % = 5 895) et rajouter le montant des cotisations patronales des prévoyances décès et frais de santé (50,66 € + 50 €) : 5 895 + 50,66 + 50 = 5 995,66 €. La CSG Non imposable est donc égale à : 5 995,66 × 6,80 % = **407,70 €**. Les CSG & CRDS imposables sont égales à 5 995,66 × (2,40 % + 0,50 %) = **173,87 €**.
- Le cadre dépassant largement les 1,6 Smic, il n'y a pas de réduction de charges patronales.

Le net fiscal est le Brut (6 000 €) – le total des cotisations et contributions salariales déductibles des impôts (1 114,93 €) + le montant de la cotisation patronale de prévoyance Frais de santé (50 €), soit : **4 935,07 €**.

Le net à payer avant PAS est le net fiscal (4 935,07 €) + le total des retenues et remboursements divers (-173,87 €) – le montant patronal de la prévoyance Frais de santé (50 €), soit : **4 711,20 €**.

Le montant de la ligne « dont évolution… » = (6 000 × 3,15 %) – (5 995,66 × 1,7 %), soit : (189 – 101,93) **87,07 €**.

La base du PAS est comprise entre 4 830 € et 6 043 €. Le taux à appliquer est donc de 18 %.

Le PAS est alors : 4 935,07 € × 18 % = **888,31 €**.

Le net à payer est le Brut (6 000) – le total des cotisations salariales (1 114,93) – les CSG/CRDS imposables (173,87) – le PAS (888,31) soit : **3 822,88 €**.

Le « Total versé par l'employeur » = brut (6 000) + total des cotisations et contributions patronales (2 962,09), soit : **8 962,09 €**.

Corrigé 49 (Niveau 2)

Le salarié de l'exercice précédent a un collègue dans la même entreprise que lui, entré en CDI le même jour que lui, mais ce collègue est cadre supérieur pour un salaire forfaitaire de 30 000 € brut pour 151,67 heures par mois. Sa rémunération n'a pas varié non plus depuis son entrée (30 000 € brut chaque mois). Le taux d'accident du travail pour cette entreprise est toujours de 2,50 %. Le montant des cotisations prévoyance « Frais de santé » est encore de 100 € (50 % pour le salarié et 50 % pour l'employeur). L'entreprise n'applique que le minimum de la prévoyance « Décès » obligatoire pour les cadres. Son taux de prélèvement à la source est le taux neutre.

Établir son bulletin de paie d'avril 2019 avec les taux de cotisations minimums de la feuille récapitulative.

Libellé des Rubriques	Base	Taux	Montant	Commentaires	
Salaire	151,67		**30 000,00**		
Total Brut			30 000,00		
Cotisations	**Base**	**Salariales**		**Patronales**	
		Taux	**Montant**	**Taux**	**Montant**
Santé					
Sécurité Sociale (Mal, Mat, Inv, Décès)	30 000,00			13,00	3 900,00
Incapacité, Invalidité, Capital Décès (Prév. Décès)	3 377,00			1,50	50,66
Complémentaire Santé (Prév. Frais de Santé)			-50,00		50,00
Accident du Travail - Maladie Prof.	30 000,00			2,50	750,00
Retraite					
Sécurité Sociale (Vieillesse Plafonnée)	3 377,00	6,90	-233,01	8,55	288,73
Sécurité Sociale (Vieillesse Déplafonnée)	30 000,00	0,40	-120,00	1,90	570,00
Complémentaire (AGIRC-ARRCO + CEG /T1)	3 377,00	4,01	-135,42	6,01	202,96
Complémentaire (AGIRC-ARRCO + CEG /T2)	23 639,00	9,72	-2 297,71	14,57	3 444,20
Contribution d'Equilibre Technique (CET T1+T2)	27 016,00	0,14	-37,82	0,21	56,73
Famille	30 000,00			5,25	1 575,00
Assurance Chômage					
Chômage (Chômage + AGS / TA+TB)	13 508,00			4,20	567,34
APEC (Salarié Cadre TA+TB)	13 508,00	0,024	-3,24	0,036	4,86
Autres Contributions dues par l'employeur	30 000,00				1 776,85
C.S.G. Non Imposable	29 864,27	6,80	-2 030,77		
Réduction générale des charges patronales					
Total des cotisations et contributions			-4 907,97		13 237,33
Net fiscal			25 142,03		
RETENUES ET REMBOURSEMENTS DIVERS					
C.S.G. & C.R.D.S. Imposables	29 864,27	2,90	-866,06		
Total des Retenues et Remboursements			-866,06		
Net à payer avant prélèvement à la source			24 225,97		
dont évolution de la rémunération liée à la suppression des cotisations salariales chômage et maladie			*41,50*		
Prélèvement à la source	**25 142,03**	**38,00%**	-9 553,97		
		Net Payé en euros	**14 672,00 €**	**Date de paiement**	**30 avril 2019**
		Total versé par l'employeur	**43 237,33 €**	Allègement de cotisations	**0,00 €**

Pour ce deuxième bulletin d'un cadre, on commence les « complications ». En effet, cette fois, le brut est non seulement supérieur au plafond Sécurité sociale mais également au plafond 2.
Les cotisations assises sur brut sont sur les 30 000 €.
Les cotisations assises sur Tr. 1 sont sur le plafond SS, soit : **3 377 €**
Les cotisations assises sur Tr. 2 sont sur le plafond 2 (27 016) – le plafond SS (3 377), soit : **23 639 €**.
Les cotisations assises sur Tr. A + B sont sur la somme Tr. A (3 377) + Tr. B (10 131), soit : **13 508 €**.
Les cotisations assises sur Tr. 1 + 2 sont sur la somme Tr. 1 (3 377) + Tr. 2 (23 639), soit : **27 016 €**.

Les lignes des cotisations se décomposent ainsi :
- Santé SS : 30 000 × 13 % (13 % car 6 000 € > 2,5 Smic) = **3 900,00 €**.
- Santé inc., inv., décès : 3 377 × 1,5 % = **50,66 €**.
- Santé complémentaire santé : **50 €** en part salariale et **50 €** en part patronale.
- AT – maladie prof. : 30 000 × 2,50 % = **750,00 €**.
- Retraite SS vieillesse plafonnée : 3 377 × 6,90 % = **233,01 €** pour le salarié et : 3 377 × 8,55 % = **288,73 €** pour l'employeur.
- Retraite SS vieillesse déplafonnée : 30 000 × 0,40 % = **120,00 €** pour le salarié et : 30 000 × 1,90 % = **570,00 €** pour l'employeur.
- Ret. compl. /T1 est l'addition des cotisations Agirc-Arrco + CEG sur Tr. 1, soit :
  - en part salariale : 3 377 × 4,01 % [3,15 % + 0,86 %] = **135,42 €** ;
  - en part patronale : 3 377 × 6,01 % [4,72 % + 1,29 %] = **202,96** €.
- Ret. compl. /T2 est l'addition des cotisations Agirc-Arrco + CEG sur Tr. 2, soit :
  - en part salariale : 23 639 × 9,72 % [8,64 % + 1,08 %] = **2 297,71 €** ;
  - en part patronale : 23 639 × 14,57 % [12,95 % + 1,62 %] = **3 444,20** €.
- La CET /T1+T2 (30 000 € > 3 377 €) : (27 016 × 0,14 %) = **37,82 €** en part salariale et (27 016 × 0,21 %) = **56,73 €** pour l'employeur.
- Famille (allocations familiales) : 30 000 × 5,25 % = **1 575,00** €.
- Le chômage (TA + TB) est pour l'employeur : 13 508 × (4,05 % + 0,15 % d'AGS) = **567,34** €.
- Puisque notre salarié est cadre supérieur, il faut également penser à déclencher l'Apec, soit : 13 508 × 0,024 % = **3,24 €** pour le salarié et 13 508 × 0,036 % = **4,86 €** pour l'employeur.
- Le taux des **autres contributions dues par l'employeur** regroupées donnent 5,896 % (voir les explications des 2 exercices précédents). Ce taux de 5,896 % appliqué sur la base de 30 000 € donne un montant global de 1 768,80 €. Montant sur lequel on ajoute le Forfait Social (calculé sur la somme des contributions patronales aux prévoyances) : 100,66 × 8 % = 8,05 €. Soit un total de : 1 768,80 + 8,05 = **1 776,85 €**.

La « grosse complication » arrive avec le calcul de **la base des CSG et du CRDS**. En effet, le salaire dépasse le plafond B. Or, l'abattement de 1,75 % du brut est limité à ce plafond B. Il faut prendre 98,25 % du plafond B (13 508 € × 98,25 % = 13 271,61 €) et rajouter la différence entre le brut et ce plafond B (30 000 € – 13 508 € = 16 492 €) ainsi que le montant des charges patronales en prévoyance décès et frais de santé (50,66 + 50). Ce qui donne au final : 13 271,61 € + 16 492 € + 100,66 € = **29 864,27 €**.
- La CSG non imposable est donc égale à : 29 864,27 × 6,80 % = **2 030,77 €**.
- Les CSG & CRDS imposables sont égales à 29 864,27 × (2,40 % + 0,50 %) = **866,06 €**.
- Le cadre dépassant largement les 1,6 Smic, il n'y a pas de réduction de charges patronales.

Le net fiscal = brut (30 000 €) – le total des cotisations et contributions salariales déductibles des impôts (4 907,97 €) + le montant de la cotisation patronale de prévoyance Frais de santé (50 €), soit : **25 142,03 €**.

Le net à payer avant PAS = net fiscal (25 142,03 €) + le total des retenues et remboursements divers (-866,06 €) – le montant patronal de la prévoyance Frais de santé (50 €), soit : **24 225,97 €**.

Le montant de la ligne « dont évolution… » = (30 000 × 0,75 %) + (13 508 × 2,40 %) – (29 864,27 × 1,7 %), soit : (225 + 324,19 – 507,69) **41,50 €**.

La base du PAS est comprise entre 22 620 € et 47 717 €. Le taux à appliquer est donc de 38 %.

Le PAS = 25 142,03 € × 38 % = **9 553,97 €**.

Le net à payer est le brut (30 000) – le total des cotisations salariales (4 907,97) – les CSG/CRDS imposables (866,06) – le PAS (9 553,97) soit : **14 672,00 €**.

Le « Total versé par l'employeur » = brut (30 000) + le total des cotisations et contributions patronales (13 237,33), soit : **43 237,33 €**.

Corrigé 50 (Niveau 2)

Un salarié (CDI non cadre) entre le lundi 8 avril 2019 pour un salaire mensuel (151,67 heures) de 3 300 € dans une entreprise parisienne (ayant 150 salariés, donnant 27 jours ouvrés par an de congés payés et dont l'horaire de travail est de 7 heures par jour). Au mois de mai, il perçoit une prime exceptionnelle de 3 700 €. Néanmoins, Il rompt son contrat le vendredi 21 juin 2019 au soir avant la fin de sa période d'essai, L'entreprise paye les jours fériés quelle que soit l'ancienneté du salarié. Le taux d'accident du travail pour cette entreprise est toujours de 2,50 %. Le montant des cotisations prévoyance « Frais de santé » est de 100 € (50 % pour le salarié et 50 % pour l'employeur). L'entreprise a institué une prévoyance « Décès » obligatoire dont le taux est de 1 % pour le salarié et de 2 % pour l'employeur à appliquer sur la tranche A. Son taux de prélèvement à la source est le taux neutre.

Établir les bulletins de ces 3 mois en n'oubliant pas de faire la régularisation mensuelle progressive.

Mois d'avril 2019

Libellé des Rubriques	Base	Taux	Montant	Commentaires
Salaire	151,67		**3 300,00**	Plafond du mois : 2.589,03 €
Retenue Entrée-Sortie	35	21,429	-750,00	
Total Brut			**2 550,00**	

Cotisations	Base	Salariales Taux	Salariales Montant	Patronales Taux	Patronales Montant
Santé					
Sécurité Sociale (Mal, Mat, Inv, Déc.) (<2,5 SMIC)	2 550,00			7,00	178,50
Sécurité Sociale (Mal, Mat, Inv, Déc.) (>2,5 SMIC)					
Incapacité, Invalidité, Capital Décès (Prév. Décès)	2 550,00	1,00	-25,50	2,00	51,00
Complémentaire Santé (Prév. Frais de Santé)			-50,00		50,00
Accident du Travail - Maladie Prof.	2 550,00			2,50	63,75
Retraite					
Sécurité Sociale (Vieillesse Plafonnée)	2 550,00	6,90	-175,95	8,55	218,03
Sécurité Sociale (Vieillesse Déplafonnée)	2 550,00	0,40	-10,20	1,90	48,45
Complémentaire (AGIRC-ARRCO + CEG /T1)	2 550,00	4,01	-102,26	6,01	153,26
Complémentaire (AGIRC-ARRCO + CEG /T2)					
Contribution d'Equilibre Technique (CET T1+T2)					
Famille (< 3,5 SMIC)	2 550,00			3,45	87,98
Famille (> 3,5 SMIC)					
Assurance Chômage					
Chômage (Chômage + AGS / TA+TB)	2 550,00			4,20	107,10
Autres Contributions dues par l'employeur	2 550,00				158,43
C.S.G. Non Imposable	2 606,38	6,80	-177,23		
Total des cotisations et contributions			-541,14		**1 116,50**
Net fiscal			**2 058,86**		
RETENUES ET REMBOURSEMENTS DIVERS					
C.S.G. & C.R.D.S. Imposables	2 606,38	2,90	-75,59		
Total des Retenues et Remboursements			-75,59		
Net à payer avant prélèvement à la source			**1 933,27**		
dont évolution de la rémunération liée à la suppression des cotisations salariales chômage et maladie			***36,02***		
Prélèvement à la source	**2 058,86**	**7,50%**	-154,41		

Nombre d'heures travaillées :	119,00	Net Payé en euros	Date de paiement
		1 778,86 €	**30 avril 2019**
		Total versé par l'employeur	Allègement de cotisations
		3 666,50 €	**0.00 €**

Il y a 22 jours ouvrés, soit pour un horaire légal : 154 heures théoriques, or il a été absent 5 jours (35 heures) puisqu'il est entré dans l'entreprise le 8 avril. Sa retenue « Entrée-Sortie » est donc : 3 300 € / 154 h × 35 h = 750,00 €. (Si on raisonne en jours ouvrés réels, le résultat est identique (3 300 / 22 j × 5 j = 750,00 €). Soit un **total brut** = à (3 300,00 – 750,00) **2 550,00 €**.
En ce qui concerne **le plafond SS**, étant présent du 8 au 30 inclus, il est égal à 23/30e du plafond (3 377 € du 01/01/2019 au 31/12/2019), soit 3 377 € × 23 / 30 = **2 589,03 €**.
Le brut est donc inférieur au plafond et devient donc la tranche 1 et il n'y a pas de tranche 2.

Les lignes des cotisations se décomposent ainsi :

- Santé SS : 2 550 × 7 % (7 % car 2 550 € < 2 983,93 € [10,03 € × (154 h – 35 h) × 2,5]) = **178,50 €**.
- Santé inc., inv., décès : 2 550 × 1 % = 25,50 € en part salariale et 2 550 × 2 % = **51,00 €** en part patronale.
- Santé complémentaire santé : **50 €** en part salariale et 50 € en part patronale.
- AT – maladie prof. : 2 550 × 2,50 % = **63,75 €**.
- Retraite SS vieillesse plafonnée : 2 550 × 6,90 % = **175,95 €** pour le salarié et : 2 550 × 8,55 % = 218,03 € pour l'employeur.
- Retraite SS vieillesse déplafonnée : 2 550 × 0,40 % = **10,20 €** pour le salarié et : 2 550 × 1,90 % = 48,45 € pour l'employeur.
- Retraite complémentaire /T1 est l'addition des cotisations Agirc-Arrco + CEG sur Tr. 1, soit :
  - en part salariale : 2 550 × 4,01 % [3,15 % + 0,86 %] = **102,26 €** ;
  - en part patronale : 2 550 × 6,01 % [4,72 % + 1,29 %] = **153,26 €**.
- Famille (allocations familiales) : 2 550 × 3,45 % = **87,98 €**.
- Le chômage (TA + TB) est pour l'employeur : 2 550 × (4,05 % + 0,15 % d'AGS) = **107,10 €**.
- Les **autres contributions dues par l'employeur** regroupent : La contribution solidarité autonomie (0,30 %), le FNAL (0,50 %), la contribution au dialogue social (0,016 %), le versement transport (2,95 %), La Taxe d'apprentissage (0,68 %), la Participation à la construction (0,45 %), la participation à la formation (1,00 %). Ce qui donne un taux global de 5,896 % à appliquer sut le brut, soit : 2 550 × 5,896 % = 150,35 €, somme à la laquelle il faut rajouter le forfait social qui est calculé sur la somme des contributions patronales aux prévoyances (51 € pour le décès + 50 € pour les frais de santé) à 8 %, soit : 101 × 8 % = 8,08 €. Soit un total de : 150,35 + 8,08 = **158,43 €**.

La base des CSG et du CRDS est de 98,25 % du brut (2 550 € × 98,25 % = 2 505,38 €) auquel on rajoute les montants des charges patronales en prévoyance décès et frais de santé (51 + 50). Ce qui donne au final : 2 505,38 € + 101 € = **2 606,38 €.**

- La CSG non imposable est donc égale à : 2 606,38 × 6,80 % = **177,23 €**.
- Les CSG & CRDS imposables sont égales à 2 606,38 × (2,40 % + 0,50 %) = **75,59 €.**
- Le cadre dépassant largement les 1,6 Smic, il n'y a pas de réduction de charges patronales.

Le net fiscal est le brut (2 550 €) – le total des cotisations et contributions salariales déductibles des impôts (541,14 €) + le montant de la cotisation patronale de prévoyance Frais de santé (50 €), soit : **2 058,86 €**.

Le net à payer avant PAS est le net fiscal (2 058,86 €) + le total des retenues et remboursements divers (-75,59 €) – le montant patronal de la prévoyance Frais de santé (50 €), soit : **1 933,27 €**.

Le montant de la ligne « dont évolution… » = (2 550 × 3,15 %) – (2 606,38 × 1,7 %), soit : (80,33 – 44,31) **36,02 €**.

La base du PAS est comprise entre 1 988 € et 2 578 €. Le taux à appliquer est donc de 7,5 %.

Le prélèvement à la Source est alors : 2 058,86 € × 7,5 % = **154,41 €**.

Le net à payer est donc au final le net à payer avant PAS (1 933,27) – le PAS (154,41) soit : **1 778,86 €.**

Le « Total versé par l'employeur » = brut (2 550) + le total des cotisations et contributions patronales (1 116,50), soit : **3 666,50 €**.

Mois de mai 2019

Libellé des Rubriques	Base	Taux	Montant	Commentaires		
Salaire	151,67		**3 300,00**	Plafond du mois : 3.377,00 €		
Prime Exceptionnelle			3 700,00			
Total Brut			**7 000,00**			
Cotisations	**Base**	**Salariales**		**Patronales**		
		Taux	**Montant**	**Taux**	**Montant**	
Santé						
Sécurité Sociale (Mal, Mat, Inv, Déc.) (<2,5 SMIC)	-2 550,00			7,00	-178,50	
Sécurité Sociale (Mal, Mat, Inv, Déc.) (>2,5 SMIC)	9 550,00			13,00	1 241,50	
Incapacité, Invalidité, Capital Décès (Prév. Décès)	3 416,03	1,00	-34,16	2,00	68,32	
Complémentaire Santé (Prév. Frais de Santé)			-50,00		50,00	
Accident du Travail - Maladie Prof.	7 000,00			2,50	175,00	
Retraite						
Sécurité Sociale (Vieillesse Plafonnée)	3 416,03	6,90	-235,71	8,55	292,07	
Sécurité Sociale (Vieillesse Déplafonnée)	7 000,00	0,40	-28,00	1,90	133,00	
Complémentaire (AGIRC-ARRCO + CEG /T1)	3 416,03	4,01	-136,98	6,01	205,30	
Complémentaire (AGIRC-ARRCO + CEG /T2)	3 583,97	9,72	-348,36	14,57	522,18	
Contribution d'Equilibre Technique (CET T1+T2)	9 550,00	0,14	-13,37	0,21	20,06	
Famille (< 3,5 SMIC)	-2 550,00			3,45	-87,98	
Famille (> 3,5 SMIC)	9 550,00			5,25	501,38	
Assurance Chômage						
Chômage (Chômage + AGS / TA+TB)	7 000,00			4,20	294,00	
Autres Contributions dues par l'employeur	7 000,00				422,19	
C.S.G. Non Imposable	6 995,82	6,80	-475,72			
Total des cotisations et contributions			-1 322,30		3 658,52	
Net fiscal			**5 727,70**			
RETENUES ET REMBOURSEMENTS DIVERS						
C.S.G. & C.R.D.S. Imposables	6 995,82	2,90	-202,88			
Total des Retenues et Remboursements			-202,88			
Net à payer avant prélèvement à la source			**5 474,82**			
dont évolution de la rémunération liée à la suppression des cotisations salariales chômage et maladie			*101,57*			
Prélèvement à la source	**5 727,70**	**18,00%**	**-1 030,99**			
		Net Payé en euros **4 443,83 €**		**Date de paiement** **31 mai 2019**		
		Total versé par l'employeur **10 658,52 €**		**Allègement de cotisations** **0.00 €**		

Pour vous familiariser avec la régularisation mensuelle progressive et pour vérifier son impact sur les tranches de cotisations, j'ai rajouté une prime exceptionnelle de 3 700 €. Le brut est donc égal au salaire de base augmenté de la prime, soit : 7 000,00 €.
En ce qui concerne le plafond SS, étant présent tout le mois, il est entier, soit : 3 377,00 €.

Si c'était le premier mois de travail du salarié, il aurait une tranche A et une tranche 1 égalent au plafond puisque son brut du mois est supérieur au plafond du mois. Et la tranche 2 en serait la différence : 3 623 €.

Mais, comme c'est son deuxième mois de présence, il faut faire la régularisation mensuelle progressive :

- on cumule d'abord les bruts d'avril et de mai : 2 550,00 + 7 000,00 = 9 550,00 €.
- puis on cumule les plafonds d'avril et de mai : 2 589,03 + 3 377,00 = 5 966,03 €.
- le brut cumulé étant supérieur au plafond cumulé, la tranche 1 cumulée est donc égale au plafond cumulé et **la tranche 1 du mois est** égale à la nouvelle tranche 1 cumulée – la tranche 1 cumulée du mois précédent, soit 5 966,03 – 2 550,00 = **3 416,03 €**. Autrement dit, la tranche 1 du mois est supérieure au plafond théorique du mois (3 377 €). Quant à la tranche 2 cumulée, elle est égale à la différence entre le brut cumulé et le plafond cumulé : 9 550,00 – 5 966,03 = 3 583,97 € et **la tranche 2 du mois** est égale à ce nouveau cumul (3 583,97) – la tranche 2 cumulée du mois précédent (0), soit : 3 583,97 – 0 = **3 583,97 €**.

Mais, Il faut aussi se poser la question du dépassement des limites des 2,5 Smic cumulés de la Santé SS maladie et des 3,5 Smic cumulés de la cotisation famille par le brut cumulé de notre salarié.

En avril, les 2,5 Smic étaient égaux à : 119 heures × 10,03 € × 2,5 = 2 983,93 €.

En mai, les **2,5 Smic** sont égaux à : 151,67 heures × 10,03 € × 2,5 = 3 803,12 €. Soit **en cumul : 6 787,05 €**.

Le brut cumulé étant largement supérieur à cette somme, il faut rembourser la cotisation maladie du mois d'avril à 7 % et **déclencher une cotisation maladie à 13 %** sur le brut cumulé avril + mai (**9 550 €**).

En avril, les 3,5 Smic étaient égaux à : 119 heures × 10,03 € × 3,5 = 4 177,50 €.

En mai, les **3,5 Smic** sont égaux à : 151,67 heures × 10,03 € × 3,5 = 5 324,37 €. Soit **en cumul : 9 501,87 €**.

Le brut cumulé étant légèrement supérieur à cette somme, il faut rembourser la cotisation famille du mois d'avril à 3,45 % et **déclencher une cotisation famille à 5,25 %** sur le brut cumulé avril + mai (**9 550 €**).

Les lignes des cotisations se décomposent ainsi :

- Santé SS : – 2 550 × 7 % = **– 178,50 €**.
- Santé SS : 9 550 × 13 % = **1 241,50 €**.
- Santé inc., inv., décès : 3 416,03 × 1 % = **34,16 €** en part salariale et 3 416,03 × 2 % = **68,32 €** en part patronale.
- Santé complémentaire santé : **50 €** en part salariale et **50 €** en part patronale.
- AT – maladie prof. : 7 000 × 2,50 % = **175,00 €**.
- Retraite SS vieillesse plafonnée : 3 416,03 × 6,90 % = **235,71 €** pour le salarié et : 3 416,03 × 8,55 % = **292,07 €** pour l'employeur.
- Retraite SS vieillesse déplafonnée : 7 000 × 0,40 % = **28,00 €** pour le salarié et : 7 000 × 1,90 % = **133,00 €** pour l'employeur.
- Retraite complémentaire /T1 est l'addition des cotisations Agirc-Arrco + CEG sur Tr. 1, soit :
  - en part salariale : 3 416,03 × 4,01 % [3,15 % + 0,86 %] = **136,98 €** ;
  - en part patronale : 3 416,03 × 6,01 % [4,72 % + 1,29 %] = **205,30 €**.

- Contribution d'équilibre technique (CET). Si elle ne déclenchait pas en avril car le salaire cumulé était inférieur au plafond cumulé SS, ce mois elle doit se déclencher et en plus rattraper le montant non payé le mois dernier, soit : 9 550 × 0,14 % = **13,37 €** pour le salarié et : 9 550 × 0,21 % = **20,06 €** pour l'employeur.
- Famille (allocations familiales) : – 2 550 × 3,45 % = **– 87,98 €**.
- Famille (allocations familiales) : 9 550 × 5,25 % = **501,38 €**.
- Le chômage (TA + TB) est pour l'employeur : 7 000 × (4,05 % + 0,15 % d'AGS) = **294,00 €**.
- Les **autres contributions dues par l'employeur** : 7 000 × 5,896 % = 412,72 €, somme à la laquelle il faut rajouter le forfait social qui est calculé sur la somme des contributions patronales aux prévoyances (68,32 € pour le décès + 50 € pour les frais de santé) à 8 %, soit : 118,32 × 8 % = 9,47 €. Soit un total de : 412,72 + 9,47 = **422,19 €**.

La base des CSG et du CRDS = (7 000 € × 98,25 %) 6 877,50 € auquel on rajoute les montants des charges patronales en prévoyance décès et frais de santé, soit : 6 877,50 + 118,32 = **6 995,82 €**.

- La CSG Non imposable est donc égale à : 6 995,82 × 6,80 % = **475,72 €**.
- Les CSG & CRDS imposables sont égales à 6 995,82 × (2,40 % + 0,50 %) = **202,88 €**.

Le net fiscal est le brut (7 000 €) – le total des cotisations et contributions salariales déductibles des impôts (1 322,30 €) + le montant de la cotisation patronale de prévoyance frais de santé (50 €), soit : **5 727,70 €**.

Le net à payer avant PAS est le net fiscal (5 727,70 €) + le total des retenues et remboursements divers (- 202,88 €) – le montant patronal de la prévoyance frais de santé (50 €), soit : **5 474,82 €**.

Le montant de la ligne « dont évolution… » = (7 000 × 3,15 %) – (6 995,82 × 1,7 %), soit : (220,50 – 118,93) **101,57 €**.

La base du PAS est comprise entre 4 830 € et 6 043 €. Le taux à appliquer est donc de 18 %.

Le prélèvement à la source est alors : 5 727,70 € × 18 % = **1 030,99 €**.

Le net à payer est au final le net à payer avant PAS (5 474,82) – le PAS (1 030,99) soit : **4 443,83 €**.
Le « Total versé par l'employeur » = brut (7 000) + le total des cotisations et contributions patronales (3 658,52), soit : **10 658,52 €**.

Mois de juin 2019

Libellé des Rubriques	Base	Taux	Montant	Commentaires
Salaire	151,67		**3 300,00**	Plafond du mois : 2.363,90 €
Retenue Entrée-Sortie	35,00	23,571	**-825,00**	
Ind. Comp. Congés Payés période écoulée	5,00	152,284	761,42	
Ind. Comp. Congés Payés période en cours	2,00	152,284	304,57	
Total Brut			**3 540,99**	

Cotisations	Base	Salariales Taux	Salariales Montant	Patronales Taux	Patronales Montant
Santé					
Sécurité Sociale (Mal, Mat, Inv, Déc.) (<2,5 SMIC)					
Sécurité Sociale (Mal, Mat, Inv, Déc.) (>2,5 SMIC)	3 540,99			13,00	460,33
Incapacité, Invalidité, Capital Décès (Prév. Décès)	2 363,90	1,00	-23,64	2,00	47,28
Complémentaire Santé (Prév. Frais de Santé)			-50,00		50,00
Accident du Travail - Maladie Prof.	3 540,99			2,50	88,52
Retraite					
Sécurité Sociale (Vieillesse Plafonnée)	2 363,90	6,90	-163,11	8,55	202,11
Sécurité Sociale (Vieillesse Déplafonnée)	3 540,99	0,40	-14,16	1,90	67,28
Complémentaire (AGIRC-ARRCO + CEG /T1)	2 363,90	4,01	-94,79	6,01	142,07
Complémentaire (AGIRC-ARRCO + CEG /T2)	1 177,09	9,72	-114,41	14,57	171,50
Contribution d'Equilibre Technique (CET T1+T2)	3 540,99	0,14	-4,96	0,21	7,44
Famille (< 3,5 SMIC)	13 090,99			3,45	451,64
Famille (> 3,5 SMIC)	-9 550,00			5,25	-501,38
Assurance Chômage					
Chômage (Chômage + AGS / TA+TB)	3 540,99			4,20	148,72
Autres Contributions dues par l'employeur	3 540,99				216,56
C.S.G. Non Imposable	3 576,30	6,80	-243,19		
Total des cotisations et contributions			-708,26		**1 552,07**
Net fiscal			**2 882,73**		
RETENUES ET REMBOURSEMENTS DIVERS					
C.S.G. & C.R.D.S. Imposables	3 576,30	2,90	-103,71		
Total des Retenues et Remboursements			-103,71		
Net à payer avant prélèvement à la source			**2 729,02**		
dont évolution de la rémunération liée à la suppression des cotisations salariales chômage et maladie			*50,74*		
Prélèvement à la source	**2 882,73**	**10,50%**	-302,69		
		Net Payé en euros **2 426,33 €**		**Date de paiement** **21 juin 2019**	
		Total versé par l'employeur **5 093,06 €**		Allègement de cotisations **0,00 €**	

Il y a 20 jours ouvrés, soit pour un horaire légal : 140 heures théoriques, or il a été absent 5 jours (35 heures) puisqu'il est sorti de l'entreprise le 21 juin. Sa retenue « Entrée-Sortie » est donc : 3 300 € / 140 h × 35 h = 825,00 €. (Résultat identique si on raisonne en jours ouvrés réels : 3 300 € / 20 j × 5 j = 825,00 €).

Mais, puisque le salarié quitte l'entreprise et qu'il n'a pas pu prendre les congés payés qu'il avait gagnés grâce à sa présence effective, il nous faut les lui indemniser. Le petit problème est qu'il est entré au cours de la période d'acquisition 1er juin 2018-31 mai 2019 et qu'il sort en période d'acquisition 1er juin 2019-31 mai 2020. Ce qui signifie qu'il faut lui calculer deux indemnités compensatrices :

1. La première correspond à la période d'acquisition 2018-2019, appelée « période écoulée » ou simplement « 2 ». D'abord, cumuler ses gains de cette période : 2 550,00 + 3 300,00 = 5 850,00 € (la prime exceptionnelle n'étant pas du travail effectif). Puis regarder le plus favorable entre le dixième de cette somme et le maintien de son taux journalier.

   a) Pour le dixième, c'est simple : 5 850 / 10 × 27 / 25 = 631,80 €.

   b) Pour le maintien, il faut préalablement savoir combien de jours ouvrables il a gagné entre le 8 avril et le 31 mai. Si on se rappelle bien de l'exercice 25, il y a plusieurs méthodes pour calculer sa présence : en jours calendaires, ouvrables ou ouvrés. Ce qui donne respectivement : 54 jours calendaires, 47 jours ouvrables ou 40 jours ouvrés. Sachant qu'il gagne 2,25 jours ouvrés (27 jours / 12 mois) tous les 28 jours calendaires, 24 jours ouvrables ou 20 jours ouvrés, cela donne : 54 / 28 × 2,25 = 4,34 ou 47 / 24 × 2,25 = 4,41 ou 40 / 20 × 2,25 = 4,50 qui seront arrondis dans les 3 cas à **5 jours ouvrés**. Son taux journalier ouvré moyen est : 3 300 / 21,67 = 152,284 €. Donc ces 5 jours valent avec la règle du maintien : 5 × 152,284 = **761,42 €**. Ce montant au maintien étant plus favorable que celui calculé au dixième, c'est celui qui sert pour l'indemnisation de la période écoulée (ou « 2 »).

2. La seconde correspond à la période d'acquisition 2019-2020, appelée « période en cours » ou plus simplement « 1 ».

   a) Pour le dixième, c'est toujours aussi simple : (3 300 – 825) / 10 × 27 / 25 = 267,30 €.

   b) Pour le maintien, étant présent du 1er au 21 juin, il a 21 jours calendaires, ou 18 jours ouvrables ou 15 jours ouvrés de présence. Il a donc gagné : 21 / 28 × 2,25 = 1,69 ou 18 / 24 × 2,25 = 1,69 ou 15 / 20 × 2,25 = 1,69 obligatoirement arrondis dans les 3 cas à **2 jours ouvrés**, multipliés par son taux journalier ouvré moyen = (2 × 152,284) **304,57 €**. Ce qui est donc le montant retenu.

Soit un **total brut** = (3 300,00 – 825,00 + 761,42 + 304,57) **3 540,99 €**.

En ce qui concerne **le plafond SS**, étant présent du 1er au 21 inclus, il est égal à 21/30e du plafond (3 377 € du 01/01/2019 au 31/12/2019), soit 3 377 € × 21 / 30 = **2 363,90 €**.

Pour la régularisation mensuelle progressive, nous avons un cumul des bruts de avril à juin = 13 090,99 €, et un cumul des plafonds = 8 329,93 €. Le brut cumulé étant supérieur au plafond cumulé, la tranche 2 cumulée est égale à la différence entre ces deux montants : 13 090,99 – 8 329,93 = 4 761,06 € et la tranche 1 cumulée est égale au plus petit de ces deux montants, soit : 8 329,93 €.

La tranche 1 du mois est égale à la différence entre ce nouveau cumul et le cumul du mois précédent, soit : 8 329,93 – 5 966,03 = **2 363,90 €**. (Vous remarquerez que ce chiffre est également le montant du plafond du mois ; ce qui est logique puisque le brut cumulé est depuis 2 mois supérieur au plafond cumulé).

La tranche 2 du mois est égale à la différence entre son nouveau cumul et son cumul du mois précédent, soit : 4 761,06 – 3 583,97 = **1 177,09 €**.

Le brut cumulé est supérieur à 2,5 Smic cumulé (13 090,99 > 9 419,93 [10,03 € × (119 heures + 151,67 + 105) × 2,5]). La cotisation Santé SS maladie a donc le taux de 13 %.

Mais, le brut cumulé devient inférieur à 3,5 Smic cumulé (13 090,99 < 13 187,90 [10,03 € × (119 + 151,67 + 105) × 3,5]). Il faut donc rembourser la cotisation du mois précédent sur 9 550 € à 5,25 % et faire cotiser sur le total brut à 3,45 %.

Les lignes des cotisations se décomposent ainsi :

- Santé SS : 3 540,99 × 13 % = **460,33 €**.
- Santé inc., inv., décès : 2 363,90 × 1 % = **23,64 €** en part salariale et 2 363,90 × 2 % = **47,28 €** en part patronale.
- Santé complémentaire santé : **50 €** en part salariale et **50 €** en part patronale.
- AT – maladie prof. : 3 540,99 × 2,50 % = **88,52 €**.
- Retraite SS vieillesse plafonnée : 2 363,90 × 6,90 % = **163,11 €** pour le salarié et : 2 363,90 × 8,55 % = **202,11 €** pour l'employeur.
- Retraite SS vieillesse déplafonnée : 3 540,99 × 0,40 % = **14,16 €** pour le salarié et : 3 540,99 × 1,90 % = **67,28 €** pour l'employeur.
- Retraite complémentaire /T1 est l'addition des cotisations Agirc-Arrco + CEG sur Tr. 1, soit :
  - en part salariale : 2 363,90 × 4,01 % [3,15 % + 0,86 %] = **94,79 €** ;
  - en part patronale : 2 363,90 × 6,01 % [4,72 % + 1,29 %] = **142,07 €**.
- Retraite complémentaire /T2 est l'addition des cotisations Agirc-Arrco + CEG sur Tr. 2, soit :
  - en part salariale : 1 177,09 × 9,72 % [8,64 % + 1,08 %] = **114,41 €** ;
  - en part patronale : 1 177,09 × 14,57 % [12,95 % + 1,62 %] = **171,50 €**.
- Contribution d'équilibre technique (CET) : 3 540,99 × 0,14 % = **4,96 €** pour le salarié et : 3 540,99 × 0,21 % = **7,44 €** pour l'employeur.
- Famille (allocations familiales) : 13 090,99 × 3,45 % = **451,64 €**.
- Famille (allocations familiales) : – 9 550 × 5,25 % = **– 501,38 €**.
- Le chômage (TA + TB) est pour l'employeur : 3 540,99 × (4,05 % + 0,15 % d'AGS) = **148,72 €**.
- Les **autres contributions dues par l'employeur** : 3 540,99 × 5,896 % = 208,78 €, somme à la laquelle il faut rajouter le forfait social qui est calculé sur la somme des contributions patronales aux prévoyances (47,28 € pour le décès + 50 € pour les frais de santé) à 8 %, soit : 97,28 × 8 % = 7,78 €. Soit un total de : 208,78 + 7,78 = **216,56 €**.

La base des CSG et du CRDS = (3 540,99 € × 98,25 %) 3 479,02 € auquel on rajoute les montants des charges patronales en prévoyance décès et frais de santé, soit : 3 479,02 + 97,28 = **3 576,30 €**.

- La CSG non imposable est donc égale à : 3 576,30 × 6,80 % = **243,19 €**.
- Les CSG & CRDS imposables sont égales à 3 576,30 × (2,40 % + 0,50 %) = **103,71 €**.

Le net fiscal est le brut (3 540,99 €) – le total des cotisations et contributions salariales déductibles des impôts (708,26 €) + le montant de la cotisation patronale de prévoyance frais de santé (50 €), soit : **2 882,73 €**.

Le net à payer avant PAS est le net fiscal (2 882,73 €) + le total des retenues et remboursements divers (- 103,71 €) – le montant patronal de la prévoyance Frais de santé (50 €), soit : **2 729,02 €**.

Le montant de la ligne « dont évolution... » = (3 540,99 × 3,15 %) – (3 576,30 × 1,7 %), soit : (111,54 – 60,80) **50,74 €**.

La base du PAS est comprise entre 2 797 € et 3 067 €. Le taux à appliquer est donc de 10,5 %.

Le prélèvement à la source est alors : 2 882,73 € × 10,5 % = **302,69 €**.

Le net à payer est le brut (3 540,99) – le total des cotisations salariales (708,26) – les CSG/CRDS imposables (103,71) – le PAS (302,69) soit : **2 426,33 €**.

Le « Total versé par l'employeur » = brut (3 540,99) + le total des cotisations et contributions patronales (1 552,07), soit : **5 093,06 €**.

SMIC : 1 521,25 €

Le brut cumulé est-il < ou > à 3,5 SMIC cumulé ?

Le brut cumulé est-il < ou > à 2,5 SMIC cumulé ?

Mois	Brut du mois	Brut Cumulé	Maladie 7% Cumulée	Maladie 7% du mois	>/<	Maladie 13% Cumulée	Maladie 13% du mois	Montant 2,5 SMIC Cumulé	A.F. 3,45% Cumulée	A.F. 3,45% du mois	>/<	A.F. 5,25% Cumulée	A.F. 5,25% du mois	Montant 3,5 SMIC Cumulé
Avril	2 550 €	2 550 €	2 550 €	2 550 €	<	0 €	0 €	2 983,93 €	2 550 €	2 550 €	<	0 €	0 €	4 177,50 €
Mai	7 000 €	9 550 €	0 €	-2 550 €	>	9 550 €	9 550 €	6 787,05 €	0 €	-2 550 €	>	9 550 €	9 550 €	9 501,87 €
Juin	3 541 €	13 091 €	0 €	0 €	>	13 091 €	3 541 €	9 419,93 €	13 091 €	13 091 €	<	0 €	-9 550 €	13 187,90 €

13. Corrigé de l'exercice sur l'indemnité de précarité d'emploi (CDD seulement)

Corrigé 51 (Niveau 2)

Mois d'octobre 2019

Libellé des Rubriques	Base	Taux	Montant	Commentaires
Salaire	151,67		**3 300,00**	Plafond du mois : 1.176,48 €
Réduction Temps partiel	60,67	21,758	-1 320,00	
Retenue Entrée-Sortie	35,00	21,758	-761,54	
Total Brut			1 218,46	

Cotisations	Base	Salariales Taux	Salariales Montant	Patronales Taux	Patronales Montant
Santé					
Sécurité Sociale (Mal, Mat, Inv, Déc.) (<2,5 SMIC)	1 218,46			7,00	85,29
Sécurité Sociale (Mal, Mat, Inv, Déc.) (>2,5 SMIC)					
Incapacité, Invalidité, Capital Décès (Prév. Décès)	1 176,48	1,00	-11,76	2,00	23,53
Complémentaire Santé (Prév. Frais de Santé)			-50,00		50,00
Accident du Travail - Maladie Prof.	1 218,46			2,50	30,46
Retraite					
Sécurité Sociale (Vieillesse Plafonnée)	1 176,48	6,90	-81,18	8,55	100,59
Sécurité Sociale (Vieillesse Déplafonnée)	1 218,46	0,40	-4,87	1,90	23,15
Complémentaire (AGIRC-ARRCO + CEG /T1)	1 176,48	4,01	-47,18	6,01	70,71
Complémentaire (AGIRC-ARRCO + CEG /T2)	41,98	9,72	-4,08	14,57	6,12
Contribution d'Equilibre Technique (CET T1+T2)	1 218,46	0,14	-1,71	0,21	2,56
Famille (< 3,5 SMIC)	1 218,46			3,45	42,04
Famille (> 3,5 SMIC)					
Assurance Chômage					
Chômage (Chômage + AGS / TA+TB)	1 218,46			4,20	51,18
Autres Contributions dues par l'employeur	1 218,46				89,91
C.S.G. Non Imposable	1 270,67	6,80	-86,41		
Total des cotisations et contributions			-287,18		575,54
Net fiscal			981,28		
RETENUES ET REMBOURSEMENTS DIVERS					
C.S.G. & C.R.D.S. Imposables	1 270,67	2,90	-36,85		
Total des Retenues et Remboursements			-36,85		
Net à payer avant prélèvement à la source			894,43		
dont évolution de la rémunération liée à la suppression des cotisations salariales chômage et maladie			*16,78*		
Prélèvement à la source	**357,28**	**0,00%**	0,00		

Nombre d'heures travaillées :	56,00	**Net Payé en euros** **894,43 €**	**Date de paiement** **31 octobre 2019**
		Total versé par l'employeur **1 794,00 €**	Allègement de cotisations **0,00 €**

CORRIGÉS Exercice 51

Ce salarié travaille à 60 % (21 h/35 h). Il faut donc lui retenir 40 % en réduction temps partiel soit : (3 300 × 40 %) = 1 320 €. En octobre 2019, ne travaillant 7 heures que les lundis, mercredis et vendredis, il aurait dû travailler 91 heures (4 lundis + 5 mercredis+ 4 vendredis = 13 × 7). Or en commençant le 14 octobre, il lui manque 35 heures (M2 + V4 + L7 + M9 + V11, soit 5 jours × 7 heures).

Nous devons donc lui retenir en Entrée/Sortie : [(3 300 € – 1 320 €) × 35 h / 91 h] = 761,54 €.

Donc **le brut de** notre salarié est pour **ce mois** : 3 300 – 1 320 – 761,54 = **1 218,46 €**.

En ce qui concerne **le plafond SS**, il faut le réduire pour son temps partiel : 3 377 € × 91 h / 151,67 h = 2 026,16 €. Les 91 heures de la formule viennent de la mensualisation (21 heures par semaine × 52 semaines / 12 mois = 91 heures par mois). Puis, il faut le réduire une seconde fois pour l'entrée-sortie ; étant présent du 14 au 31 inclus, il est égal à 18/31e du plafond, soit 2 026,16 € × 18 / 31 = **1 176,48 €**.

La tranche 2 = brut – plafond, soit : 1 218,46 – 1 176,48 = **41,98 €**.

Les lignes des cotisations se décomposent ainsi :

- Santé SS : 1 218,46 × 7 % = **85,29 €**. (1 218,46 < 1 404,20 [56 heures × 10,03 € × 2,5]).
- Santé inc., inv., décès : 1 176,48 × 1 % = **11,76 €** en part salariale et 1 176,48 × 2 % = **23,53 €** en part patronale.
- Santé complémentaire santé : **50 €** en part salariale et **50 €** en part patronale.
- AT – maladie prof. : 1 218,46 × 2,50 % = **30,46 €**.
- Retraite SS vieillesse plafonnée : 1 176,48 × 6,90 % = **81,18 €** pour le salarié et : 1 176,48 × 8,55 % = **100,59 €** pour l'employeur.
- Retraite SS vieillesse déplafonnée : 1 218,46 × 0,40 % = **4,87 €** pour le salarié et : 1 218,46 × 1,90 % = **23,15 €** pour l'employeur.
- Retraite complémentaire /T1 est l'addition des cotisations Agirc-Arrco + CEG sur Tr. 1, soit :
  - en part salariale : 1 176,48 × 4,01 % [3,15 % + 0,86 %] = **47,18 €** ;
  - en part patronale : 1 176,48 × 6,01 % [4,72 % + 1,29 %] = **70,71 €**.
- Retraite complémentaire /T2 est l'addition des cotisations Agirc-Arrco + CEG sur Tr. 2, soit :
  - en part salariale : 41,98 × 9,72 % [8,64 % + 1,08 %] = **4,08 €** ;
  - en part patronale : 41,98 × 14,57 % [12,95 % + 1,62 %] = **6,12 €**.
- Contribution d'équilibre technique (CET) : 1 218,46 × 0,14 % = **1,71 €** pour le salarié et : 1 218,46 × 0,21 % = **2,56 €** pour l'employeur.
- Famille (allocations familiales) : 1 218,46 × 3,45 % = **42,04 €** (brut < 3,5 Smic).
- Le chômage (TA + TB) est pour l'employeur : 1 218,46 × (4,05 % + 0,15 % d'AGS) = **51,18 €**.
- Les **autres contributions dues par l'employeur** : 1 218,46 × 6,896 % = 84,03 € (le 5,896 % habituel + 1 % supplémentaire pour CDD) somme à la laquelle il faut rajouter le forfait social qui est calculé sur la somme des contributions patronales aux prévoyances (23,53 € pour le décès + 50 € pour les frais de santé) à 8 %, soit : 73,53 × 8 % = 5,88 €. Soit un total de : 84,03 + 5,88 = **89,91 €**.

La base des CSG et du CRDS = (1 218,46 € × 98,25 %) 1 197,14 € auquel on rajoute les montants des charges patronales en prévoyance décès et frais de santé, soit : 1 197,14 + 73,53 = **1 270,67 €**.

- La CSG non imposable est donc égale à : 1 270,67 × 6,80 % = **86,41 €**.
- Les CSG & CRDS imposables sont égales à 1 270,67 × (2,40 % + 0,50 %) = **36,85 €**.

Le net fiscal est le brut (1 218,46 €) – le total des cotisations et contributions salariales déductibles des impôts (287,18 €) + le montant de la cotisation patronale prévoyance frais de santé (50 €), soit : **981,28 €**.

Le net à payer avant PAS est le net fiscal (981,28 €) + le total des retenues et remboursements divers (-36,85 €) – le montant patronal de la prévoyance Frais de santé (50 €), soit : **894,43 €**.

Le montant de la ligne « dont évolution… » = (1 218,46 × 3,15 %) – (1 270,67 × 1,7 %), soit : (38,38 – 21,60) **16,78 €**.

Le salarié étant un CDD de 2 mois, la base du PAS est de 981,28 € – 624 € (50 % du Smic mensuel net), soit 357,28 €. Le taux à appliquer est donc de 0 % et il n'y a donc pas de PAS. **Le net à payer** est le Brut (1 218,46) – le total des cotisations salariales (287,18) – les CSG/CRDS imposables (36,85) – le PAS (0,00) soit : **894,43 €**. Le « Total versé par l'employeur » = brut (1 218,46) + le total des cotisations et contributions patronales (575,54), soit : **1 794,00 €**.

Mois de novembre 2019

Libellé des Rubriques	Base	Taux	Montant	Commentaires
Salaire	151,67		**3 300,00**	Plafond du mois : 2.026,16 €
Réduction Temps partiel	60,67	21,758	-1 320,00	
Total Brut			**1 980,00**	

Cotisations	Base	Salariales Taux	Salariales Montant	Patronales Taux	Patronales Montant
Santé					
Sécurité Sociale (Mal, Mat, Inv, Déc.) (<2,5 SMIC)	1 980,00			7,00	138,60
Sécurité Sociale (Mal, Mat, Inv, Déc.) (>2,5 SMIC)					
Incapacité, Invalidité, Capital Décès (Prév. Décès)	2 021,98	1,00	-20,22	2,00	40,44
Complémentaire Santé (Prév. Frais de Santé)			-50,00		50,00
Accident du Travail - Maladie Prof.	1 980,00			2,50	49,50
Retraite					
Sécurité Sociale (Vieillesse Plafonnée)	2 021,98	6,90	-139,52	8,55	172,88
Sécurité Sociale (Vieillesse Déplafonnée)	1 980,00	0,40	-7,92	1,90	37,62
Complémentaire (AGIRC-ARRCO + CEG /T1)	2 021,98	4,01	-81,08	6,01	121,52
Complémentaire (AGIRC-ARRCO + CEG /T2)	-41,98	9,72	4,08	14,57	-6,12
Contribution d'Equilibre Technique (CET T1+T2)	-1 218,46	0,14	1,71	0,21	-2,56
Famille (< 3,5 SMIC)	1 980,00			3,45	68,31
Famille (> 3,5 SMIC)					
Assurance Chômage					
Chômage (Chômage + AGS / TA+TB)	1 980,00			4,20	83,16
Autres Contributions dues par l'employeur	1 980,00				143,78
C.S.G. Non Imposable	2 035,79	6,80	-138,43		
Total des cotisations et contributions			-431,38		**897,13**
Net fiscal			**1 598,62**		
RETENUES ET REMBOURSEMENTS DIVERS					
C.S.G. & C.R.D.S. Imposables	2 035,79	2,90	-59,04		
Total des Retenues et Remboursements			-59,04		
Net à payer avant prélèvement à la source			**1 489,58**		
dont évolution de la rémunération liée à la suppression des cotisations salariales chômage et maladie			*27,76*		
Prélèvement à la source	**974,62**	**0,00%**	0,00		

Nombre d'heures travaillées :	91,00	**Net Payé en euros** **1 489,58 €**	**Date de paiement** **30 novembre 2019**
		Total versé par l'employeur **2 877,13 €**	Allègement de cotisations **0.00 €**

Comme en octobre, ce salarié travaille à 60 % (21 h/35 h, ou 91 h/151,67 h). Il faut donc lui retenir 60,67 heures en réduction temps partiel soit : 60,67 heures × 21,758 € [3 300 / 151,67] = 1 320 €.

Donc **le brut de** notre salarié est pour ce mois : 3 300 – 1 320 = **1 980,00 €**.

Le brut cumulé (octobre : 1 218,46 € + novembre : 1 980,00 €) = **3 198,46 €**.

Ensuite on réduit **le plafond SS** comme en octobre pour son temps partiel : 3 377 € × 91 h / 151,67 h = **2 026,16 €**. Ce qui donne un plafond cumulé (octobre : 1 176,48 € + novembre : 2 026,16 €) = 3 202,64 €.

La tranche 1 cumulée est donc égale à 3 198,46 et **la tranche 1 du mois est égale à** la tranche 1 cumulée de ce mois – la tranche 1 du mois précédent, soit : 3 198,46 – 1 176,48 = **2 021,98 €.**

Le brut cumulé étant inférieur au plafond cumulé, la tranche 2 cumulée est égale à zéro. En revanche, **la tranche 2 du mois est égale à** la différence entre ce nouveau cumul (0) et le cumul du mois précédent (41,98), soit : **- 41,98 €.**

Les lignes des cotisations se décomposent ainsi :

- Santé SS : 1 980,00 × 7 % = **138,60 €.** (1 980,00 < 2 281,83 [91 heures × 10,03 € × 2,5]).
- Santé inc., inv., décès : 2 021,98 × 1 % = **20,22 €** en part salariale et 2 021,98 × 2 % = **40,44 €** en part patronale.
- Santé complémentaire santé : **50 €** en part salariale et **50 €** en part patronale.
- AT – maladie prof. : 1 980,00 × 2,50 % = **49,50 €.**
- Retraite SS vieillesse plafonnée : 2 021,98 × 6,90 % = **139,52 €** pour le salarié et : 2 021,98 × 8,55 % = **172,88 €** pour l'employeur.
- Retraite SS vieillesse déplafonnée : 1 980,00 × 0,40 % = **7,92 €** pour le salarié et : 1 980,00 × 1,90 % = **37,62 €** pour l'employeur.
- Retraite complémentaire /T1 est l'addition des cotisations Agirc-Arrco + CEG sur Tr. 1, soit :
  - en part salariale : 2 021,98 × 4,01 % [3,15 % + 0,86 %] = **81,08 €** ;
  - en part patronale : 2 021,98 × 6,01 % [4,72 % + 1,29 %] = **121,52 €.**
- Retraite complémentaire /T2 est l'addition des cotisations Agirc-Arrco + CEG sur Tr. 2, soit :
  - en part salariale : – 41,98 × 9,72 % [8,64 % + 1,08 %] = **- 4,08 €** ;
  - en part patronale : – 41,98 × 14,57 % [12,95 % + 1,62 %] = **- 6,12 €.**
- Contribution d'équilibre technique (CET) : Le brut cumulé est devenu inférieur au plafond cumulé, il convient donc de rembourser les sommes prélevées précédemment, soit : - 1 218,46 × 0,14 % = **- 1,71 €** pour le salarié et : - 1 218,46 × 0,21 % = **- 2,56 €** pour l'employeur.
- Famille (allocations familiales) : 1 980,00 × 3,45 % = **68,31 €** (brut < 3,5 Smic).
- Le chômage (TA + TB) est pour l'employeur : 1 980,00 × (4,05 % + 0,15 % d'AGS) = **83,16 €.**
- Les **autres contributions dues par l'employeur** : 1 980,00 × 6,896 % = 136,54 €, somme à la laquelle il faut rajouter le forfait social qui est calculé sur la somme des contributions patronales aux prévoyances (40,44 € pour le décès + 50 € pour les frais de santé) à 8 %, soit : 90,44 × 8 % = 7,24 €. Soit un total de : 136,54 + 7,24 = **143,78 €.**

La base des CSG et du CRDS = (1 980,00 € × 98,25 %) 1 945,35 € auquel on rajoute les montants des charges patronales en prévoyance décès et frais de santé, soit : 1 945,35 + 90,44 = 2 035,79 €.

- La CSG Non imposable est donc égale à : 2 035,79 × 6,80 % = **138,43 €.**
- Les CSG & CRDS imposables sont égales à 2 035,79 × (2,40 % + 0,50 %) = **59,04 €.**

Le net fiscal est le Brut (1 980 €) – le total des cotisations et contributions salariales déductibles des impôts (431,38 €) + le montant de la cotisation patronale prévoyance frais de santé (50 €), soit : **1 598,62 €.**

Le net à payer avant PAS est le net fiscal (1 598,62 €) + le total des retenues et remboursements divers (- 59,04 €) – le montant patronal de la prévoyance frais de santé (50 €), soit : **1 489,58 €.**

Le montant de la ligne « dont évolution… » = (1 980,00 × 3,15 %) – (2 035,79 × 1,7 %), soit : (62,37 – 34,61) **27,76 €.**

La base du PAS est de 1 598,62 – 624 = 974,62. Le taux à appliquer est donc de 0 % et il n'y a pas de PAS.

Le net à payer est le Brut (1 980,00) – le total des cotisations salariales (431,38) – les CSG/CRDS imposables (59,04) – le PAS (0,00) soit : **1 489,58 €**. Le « **Total versé par l'employeur** » = brut (1 980,00) + le total des cotisations et contributions patronales (897,13), soit : **2 877,13 €**.

Mois de décembre 2019

Libellé des Rubriques	Base	Taux	Montant	Commentaires
Salaire	151,67		**3 300,00**	Plafond du mois : 849,68 €
Réduction Temps partiel	60,67	21,758	-1 320,00	
Retenue Entrée-Sortie	49,00	21,758	-1 066,15	
Indemnité Précarité Emploi	4 112,31	10,000	411,23	
Indemnité Compensatrice Congés Payés	6,00	76,154	456,92	
Total Brut			**1 782,00**	

Cotisations	Base	Salariales Taux	Salariales Montant	Patronales Taux	Patronales Montant
Santé					
Sécurité Sociale (Mal, Mat, Inv, Déc.) (<2,5 SMIC)	-3 198,46			7,00	-223,89
Sécurité Sociale (Mal, Mat, Inv, Déc.) (>2,5 SMIC)	4 980,46			13,00	647,46
Incapacité, Invalidité, Capital Décès (Prév. Décès)	853,86	1,00	-8,54	2,00	17,08
Complémentaire Santé (Prév. Frais de Santé)			-50,00		50,00
Accident du Travail - Maladie Prof.	1 782,00			2,50	44,55
Retraite					
Sécurité Sociale (Vieillesse Plafonnée)	853,86	6,90	-58,92	8,55	73,01
Sécurité Sociale (Vieillesse Déplafonnée)	1 782,00	0,40	-7,13	1,90	33,86
Complémentaire (AGIRC-ARRCO + CEG /T1)	853,86	4,01	-34,24	6,01	51,32
Complémentaire (AGIRC-ARRCO + CEG /T2)	928,14	9,72	-90,22	14,57	135,23
Contribution d'Equilibre Technique (CET T1+T2)	4 980,46	0,14	-6,97	0,21	10,46
Famille (< 3,5 SMIC)	1 782,00			3,45	61,48
Famille (> 3,5 SMIC)					
Assurance Chômage					
Chômage (Chômage + AGS / TA+TB)	1 782,00			4,20	74,84
Autres Contributions dues par l'employeur	1 782,00				128,26
C.S.G. Non Imposable	1 817,90	6,80	-123,62		
Total des cotisations et contributions			-379,64		1 103,66
Net fiscal			1 452,36		
RETENUES ET REMBOURSEMENTS DIVERS					
C.S.G. & C.R.D.S. Imposables	1 817,90	2,90	-52,72		
Total des Retenues et Remboursements			-52,72		
Net à payer avant prélèvement à la source			1 349,64		
dont évolution de la rémunération liée à la suppression des cotisations salariales chômage et maladie			*25,23*		
Prélèvement à la source	828,36	0,00%	0,00		

Nombre d'heures travaillées :	42,00	Net Payé en euros **1 349,64 €**	Date de paiement **13 décembre 2019**
		Total versé par l'employeur **2 885,66 €**	Allègement de cotisations **0,00 €**

On commence, comme les mois précédents, par la réduction de son salaire pour **temps partiel,** soit : ([151,67 – 91] × [3 300 / 151,67]) = **1 320 €.**

En décembre, il aurait dû travailler 13 jours (L2, M4, V6, L9, M11, V13, L16, M18, V20, L23, M25, V27, L30), soit 13 jours × 7 heures = 91 heures. Même si le mercredi 25 décembre, jour de Noël, est bien sûr férié et que notre salarié n'aurait pas travaillé ce jour-là, comme ce jour aurait été payé, il faut le compter dans le nombre de jours théoriquement travaillés en décembre. En quittant l'entreprise le 13 décembre au soir, il n'a travaillé que 6 jours, soit 42 heures. **Sa retenue entrée/sortie** sera donc de (91 – 42) × (3 300 / 151,67) x, soit **1 066,15 €**.

Comme le salarié est en CDD, il a droit à une **Indemnité de Précarité Emploi** égale à 10 % de tout ce qu'il a perçu, soit : (1 218,46 [brut d'octobre] + 1 980,00 [brut de novembre] + 3 300,00 [salaire de décembre] – 1 320 [réduction temps partiel] – 1 066,15 [retenue Entrée-Sortie], soit : 4 112,31 × 10 % = **411,23 €**.

Il a aussi droit à une **indemnité compensatrice de congés payés** qui (comparée au 10e du brut perçu, soit : [4 112,31 + 411,23] = 4 523,54 / 10 = 452,35 €) est calculée avec la règle du maintien de salaire ((3 300 -1 320) / 26 × 6 jours) = **456,92 €** (Étant présent 9 semaines, le salarié a droit à : 2,5 jours × 9 semaines / 4 semaines, soit 5,625 jours ouvrables, obligatoirement arrondis à 6 jours ouvrables).

Le brut de notre salarié **est donc pour ce mois** : 3 300 – 1 320 – 1 065,15 + 411,23 + 456,92 = **1 782,00 €**.

En ce qui concerne **le plafond SS**, il est réduit pour temps partiel, soit : 3 377 × 91 / 151,67 et pour entrée/sortie × 13 / 31, soit **849,68 €**.

Il y a une régularisation de la tranche 1 à faire : le salaire cumulé (1 218,46 + 1 980 + 1 782) 4 980,46 étant supérieur au plafond cumulé (1 176,48 + 2 026,16 + 849,68) 4 052,32, la tranche 1 cumulée est égale au plafond cumulé. La tranche 1 du mois est donc égale à la tranche 1 cumulée de ce mois (4 052,32) – la tranche 1 cumulée du mois précédent (3 198,46), soit : **853,86 €**.

Il y a aussi une régularisation de la tranche 2 à faire : le salaire cumulé (1 218,46 + 1 980 + 1 782) 4 980,46 – le plafond cumulé (1 176,48 + 2 026,16 + 849,68) 4 052,32 = la tranche 2 cumulée : 928,14. La tranche 2 cumulée du mois – la tranche 2 cumulée du mois précédent (0) = **la tranche 2 du mois : 928,14 €**.

Enfin, il faut vérifier si notre brut cumulé ne serait pas supérieur à 2,5 Smic. Les 56 heures travaillées d'octobre + les 91 de novembre et les 42 de décembre font un total de 189 heures travaillées. Les 2,5 Smic sont donc = 189 heures × 10,03 € × 2,5 = 4 739,18 €. Le cumul salaire (4 980,46 €) est donc supérieur aux 2,5 Smic et par conséquent il va falloir régulariser la cotisation patronale de Santé SS maladie !

Les lignes des cotisations se décomposent ainsi :

- Santé SS : - 3 198,46 × 7 % = **- 223,89 €**.
- Santé SS : 4 980,46 × 13 % = **647,46 €**.
- Santé inc., inv., décès : 853,86 × 1 % = **8,54 €** en part salariale et 853,86 × 2 % = **17,08 €** en part patronale.
- Santé complémentaire santé : **50 €** en part salariale et **50 €** en part patronale.
- AT – maladie prof. : 1 782,00 × 2,50 % = **44,55 €**.
- Retraite SS vieillesse plafonnée : 853,86 × 6,90 % = **58,92 €** pour le salarié et : 853,86 × 8,55 % = **73,01 €** pour l'employeur.

- Retraite SS vieillesse déplafonnée : 1 782,00 × 0,40 % = **7,13 €** pour le salarié et : 1 782,00 × 1,90 % = **33,86 €** pour l'employeur.
- Retraite complémentaire /T1 est l'addition des cotisations Agirc-Arrco + CEG sur Tr. 1, soit :
  – en part salariale : 853,86 × 4,01 % [3,15 % + 0,86 %] = **34,24 €** ;
  – en part patronale : 853,86 × 6,01 % [4,72 % + 1,29 %] = **51,32 €**.
- Retraite complémentaire /T2 est l'addition des cotisations Agirc-Arrco + CEG sur Tr. 2, soit :
  – en part salariale : 928,14 × 9,72 % [8,64 % + 1,08 %] = **90,22 €** ;
  – en part patronale : 928,14 × 14,57 % [12,95 % + 1,62 %] = **135,23 €**.
- Contribution d'équilibre technique (CET) : Le brut cumulé est redevenu supérieur au plafond cumulé, il convient donc de cotiser sur le brut cumulé, soit : 4 980,46 × 0,14 % = **6,97 €** pour le salarié et : 4 980,46 × 0,21 % = **10,46 €** pour l'employeur.
- Famille (allocations familiales) : 1 782,00 × 3,45 % = **61,48 €** (brut < 3,5 Smic).
- Le chômage (TA + TB) est pour l'employeur : 1 782,00 × (4,05 % + 0,15 % d'AGS) = **74,84 €**.
- Les **autres contributions dues par l'employeur** : 1 782,00 × 6,896 % = 122,89 €, somme à la laquelle il faut rajouter le forfait social qui est calculé sur la somme des contributions patronales aux prévoyances (17,08 € pour le décès + 50 € pour les Frais de santé) à 8 %, soit : 67,08 × 8 % = 5,37 €. Soit un total de : 122,89 + 5,37 = **128,26 €**.

La base des CSG et du CRDS = (1 782,00 € × 98,25 %) 1 750,82 € auquel on rajoute les montants des charges patronales en prévoyance décès et frais de santé, soit : 1 750,82 + 67,08 = **1 817,90 €**.

- La CSG non imposable est donc égale à : 1 817,90 × 6,80 % = **123,62 €**.
- Les CSG & CRDS imposables sont égales à 1 817,90 × (2,40 % + 0,50 %) = **52,72 €**.

Le net fiscal est le brut (1 782,00 €) – le total des cotisations et contributions salariales déductibles des impôts (379,64 €) + le montant de la cotisation patronale prévoyance frais de santé (50 €), soit : **1 452,36 €**.

Le net à payer avant PAS est le net fiscal (1 452,36 €) + le total des retenues et remboursements divers (-52,72 €) – le montant patronal de la prévoyance Frais de santé (50 €), soit : **1 349,64 €**.

Le montant de la ligne « dont évolution… » = (1 782,00 × 3,15 %) – (1 817,90 × 1,7 %), soit : (56,13 – 30,90) **25,23 €**.

La base du PAS est de 1 452,36 – 624 = 828,36 €. Le taux à appliquer est donc de 0 % et il n'y a pas de PAS.

Le net à payer est le Brut (1 782,00) – le total des cotisations salariales (379,64) – les CSG/CRDS imposables (52,72) – le PAS (0,00) soit : **1 349,64 €**.

Le « **Total versé par l'employeur** » = brut (1 782,00) + le total des cotisations et contributions patronales (1 103,66), soit : **2 885,66 €**.

Tableau de la régularisation « Maladie – allocations familiales »

SMIC : 1 521,25 €

Le brut cumulé est-il < ou > à 3,5 SMIC cumulé ?

Le brut cumulé est-il < ou > à 2,5 SMIC cumulé ?

Mois	Brut du mois	Brut Cumulé	Maladie 7% Cumulée	Maladie 7% du mois	>/<	Maladie 13% Cumulée	Maladie 13% du mois	Montant 2,5 SMIC Cumulé	A.F. 3,45% Cumulée	A.F. 3,45% du mois	>/<	A.F. 5,25% Cumulée	A.F. 5,25% du mois	Montant 3,5 SMIC Cumulé
Octobre	1 218,46 €	1 218,46 €	1 218,46 €	1 218,46 €	<	0,00 €	0,00 €	1 404,20 €	1 218,46 €	1 218,46 €	<	0,00 €	0,00 €	1 965,88 €
Novembre	1 980,00 €	3 198,46 €	3 198,46 €	1 980,00 €	<	0,00 €	0,00 €	3 686,08 €	3 198,46 €	1 980,00 €	<	0,00 €	0,00 €	5 160,51 €
Décembre	1 782,00 €	4 980,46 €	0,00 €	-3 198,46 €	>	4 980,46 €	4 980,46 €	4 739,23 €	4 980,46 €	1 782,00 €	<	0,00 €	0,00 €	6 634,92 €

Tableau de la régularisation « Tranche 1 – Tranche 2 »

Le brut cumulé est-il <ou> au plafond cumulé ?

Mois	Brut du mois	Brut Cumulé	>/<	Plafond Cumulé	Tranche 1 Cumulée	Tranche 1 du mois	Tranche 2 Cumulée	Tranche2 du mois
Octobre	1 218,46	1 218,46	>	1 176,48	1 176,48	1 176,48	41,98	41,98
Novembre	1 980,00	3 198,46	<	3 202,64	3 198,46	2 021,98	0,00	-41,98
Décembre	1 782,00	4 980,46	>	4 052,32	4 052,32	853,86	928,14	928,14

14. Corrigés des exercices sur la reconstitution du salaire brut à partir du salaire net

Corrigé 52 (Niveau 3)

Reconstituer, pour ce mois de juin 2019, le salaire brut d'un salarié cadre ayant un salaire net de 6 000 € pour 151,67 heures, avec un montant de prévoyance « Frais de santé » de 50 € pour le salarié et l'employeur, ainsi qu'une prévoyance « Décès » de 2 % sur la tranche 1 pour le salarié et de 3 % sur la tranche 1 pour l'employeur.

En appliquant les taux en vigueur, nous devrions avoir :

T1 = 6,90 % (Assurance vieillesse plafonnée) + 0,40 % (Assurance vieillesse déplafonnée) + 3,15 % (Retraite/tr. 1) + 0,86 % (CEG/tr. 1) + 0,14 % (CET/tr. 1) + 0,024 % (Apec/tr. 1) + 9,53025 % (CSG + CRDS (6,80 + 2,40 + 0,50) × 98,25 %) + 2,00 % (Prévoyance/tr. 1) + 0,291 % (Part patronale de prévoyance 3 % par le taux CSG+CRDS à 9,7 %) = 23,29525 %.

T2 = 0,40 % (Assurance vieillesse plafonnée) + 8,64 % (Retraite/tr. 2) + 1,08 % (CEG/tr. 2) + 0,14 % (CET/tr. 2) + 0,024 % (Apec/tr. 2) + 9,53025 % (CSG + CRDS) = 19,81425 %.

Le plafond SS = 3 377 €, donc **la tranche 1 = 3 377 €.**

Le montant salariale de la prévoyance « frais de santé » = 50 €.

La part des CSG/CRDS supplémentaires engendrée **par le montant patronal de la prévoyance « frais de santé »** = 50 € × 9,7 % = **4,85 €**.

En appliquant la formule, nous avons :

$$\textbf{Tr. 2} = \frac{(6\,000+50+4{,}85) - (3\,311 \times (1-0{,}2412525))}{1-0{,}1973425} = \frac{6\,054{,}85 - (3\,377 \times 0{,}7670475)}{0{,}8026575} = 4\,320{,}63\ €$$

Donc **le salaire brut** = 3 377 + 4 320,63 = **7 697,63 €**

Voir la démonstration ci-après.

Corrigé 52 (Niveau 3)

Bulletin de paie de juin 2019

Libellé des Rubriques	Base	Taux	Montant	Commentaires
Salaire			**7 697,63**	
Total Brut			7 697,63	

Cotisations	Base	Salariales		Patronales	
		Taux	Montant	Taux	Montant
Santé					
Sécurité Sociale (Mal, Mat, Inv, Décès)	7 697,63			13,00	1 000,69
Incapacité, Invalidité, Capital Décès (Prév. Décès)	3 377,00	2,00	-67,54	3,00	101,31
Complémentaire Santé (Prév. Frais de Santé)			-50,00		50,00
Accident du Travail - Maladie Prof.	7 697,63			2,50	192,44
Retraite					
Sécurité Sociale (Vieillesse Plafonnée)	3 377,00	6,90	-233,01	8,55	288,73
Sécurité Sociale (Vieillesse Déplafonnée)	7 697,63	0,40	-30,79	1,90	146,25
Complémentaire (AGIRC-ARRCO + CEG /T1)	3 377,00	4,01	-135,42	6,01	202,96
Complémentaire (AGIRC-ARRCO + CEG /T2)	4 320,63	9,72	-419,97	14,57	629,52
Contribution d'Equilibre Technique (CET T1+T2)	7 697,63	0,14	-10,78	0,21	16,17
Famille	7 697,63			5,25	404,13
Assurance Chômage					
Chômage (Chômage + AGS / TA+TB)	7 697,63			4,20	323,30
APEC (Salarié Cadre TA+TB)	7 697,63	0,024	-1,85	0,036	2,77
Autres Contributions dues par l'employeur	7 697,63				465,96
C.S.G. Non Imposable	7 714,23	6,80	-524,57		
Réduction des charges patronales					
Total des cotisations et contributions			-1 473,92		3 824,22
Net fiscal			6 273,71		
RETENUES ET REMBOURSEMENTS DIVERS					
C.S.G. & C.R.D.S. Imposables	7 714,23	2,90	-223,71		
Total des Retenues et Remboursements			-223,71		
Net à payer avant prélèvement à la source			**6 000,00**		
dont évolution de la rémunération liée à la suppression des cotisations salariales chômage et maladie			*111,33*		
Prélèvement à la source	**6 273,71**	**20,00%**	-1 254,74		

	Net Payé en euros	Date de paiement
	4 745,26 €	**30 juin 2019**
	Total versé par l'employeur	Allègement de cotisations
	11 521,85 €	**0,00 €**

Il se pourrait que votre entreprise ait aussi des prévoyances salariales et patronales sur tranche 2. Si tel était le cas, il faudrait penser à rajouter le taux salarial prévoyance sur tranche 2 + 9,7 % du taux patronal prévoyance au T2.

Corrigé 53 (Niveau 3)

Reconstituer, pour ce mois de juin 2019, le salaire brut d'un salarié non cadre ayant un salaire net de 1 600 € pour 151,67 heures, avec un montant de prévoyance « Frais de santé » de 50 € pour le salarié et l'employeur. Il y a aussi une prévoyance « Décès » de 1 % sur la tranche 1 pour le salarié et l'employeur.

En appliquant les taux en vigueur, nous devrions avoir :

T1 = 6,90 % (ass. vieil. plaf.) + 0,40 % (ass. vieil. déplaf.) + 3,15 % (retraite/tr. 1) + 0,86 % (CEG/tr. 1) + 1,00 % (Prév./tr. 1) + 9,53025 % (CSG+CRDS [6,80 + 2,40 + 0,50] × 98,25 %) + 0,097 % (1 % de prévoyance « décès » soumis aux CSG+CRDS à 9,7 %) = **21,93725 %**.

Le montant de la **prévoyance salariale** (PS) « Frais de santé » = 50 €. **La part des CSG/CRDS** supplémentaires engendrée par le montant **de la prévoyance patronale** (PP) = 50 € × 9,7 % = **4,85 €**.

En appliquant la formule, nous avons :

$$\textbf{Salaire brut} = \frac{\text{Net} + \text{PS} + (\text{PP} \times 9{,}7\ \%)}{1 - \text{T1}} = \frac{(1\,600 + 50 + 4{,}85)}{1 - 0{,}2193725} = \frac{1\,654{,}85}{0{,}7806275} = 2\,119{,}90\ €$$

Bulletin de démonstration

Libellé des Rubriques	Base	Taux	Montant	Commentaires	
Salaire			**2 119,90**		
Total Brut			**2 119,90**		
Cotisations	**Base**	**Salariales**		**Patronales**	
		Taux	**Montant**	**Taux**	**Montant**
Santé					
Sécurité Sociale (Mal, Mat, Inv, Décès)	2 119,90			7,00	148,39
Incapacité, Invalidité, Capital Décès (Prév. Décès)	2 119,90	1,00	-21,20	1,00	21,20
Complémentaire Santé (Prév. Frais de Santé)			-50,00		50,00
Accident du Travail - Maladie Prof.	2 119,90			2,50	53,00
Retraite					
Sécurité Sociale (Vieillesse Plafonnée)	2 119,90	6,90	-146,27	8,55	181,25
Sécurité Sociale (Vieillesse Déplafonnée)	2 119,90	0,40	-8,48	1,90	40,28
Complémentaire (AGIRC-ARRCO + CEG /T1)	2 119,90	4,01	-85,01	6,01	127,41
Famille	2 119,90			3,45	73,14
Assurance Chômage					
Chômage (Chômage + AGS / TA+TB)	2 119,90			4,20	89,04
Autres Contributions dues par l'employeur	2 119,90				130,69
C.S.G. Non Imposable	2 154,00	6,80	-146,47		
Réduction générale des charges patronales					-149,03
Total des cotisations et contributions			-457,43		**765,37**
Net fiscal			**1 712,47**		
RETENUES ET REMBOURSEMENTS DIVERS					
C.S.G. & C.R.D.S. Imposables	2 154,00	2,90	-62,47		
Total des Retenues et Remboursements			-62,47		
Net à payer avant prélèvement à la source			**1 600,00**		
dont évolution de la rémunération liée à la suppression des cotisations salariales chômage et maladie			*30,16*		
Prélèvement à la source	**1 712,47**	**3,50%**	**-59,94**		
		Net Payé en euros	**1 540,06 €**	**Date de paiement**	**30 juin 2019**
		Total versé par l'employeur	**2 885,27 €**	**Allègement de cotisations**	**149.03 €**

15. Corrigé de l'exercice sur le bulletin d'un apprenti

Corrigé 54 (Niveau 2)

Établir le bulletin du mois de janvier 2019 d'un apprenti né le 22 février 1999 dont c'est la troisième année d'apprentissage au sein d'une entreprise de la région parisienne qui comporte 100 salariés, taux AT de 2,50 %, « complémentaire santé » de 200 € (50 % salariale et 50 % patronale), à l'aide du bulletin ci-après.

Notre apprenti a 19 ans.
Puisque c'est sa troisième année d'apprentissage, **sa rémunération** est donc de 65 % du Smic soit : 10,03 € × 151,667 heures × 65 % = **988,81 €**.
Depuis ce mois de janvier 2019, l'employeur de cet apprenti ne bénéficie plus des anciennes minorations de charges en échange de la réduction générale des charges patronales. Donc, si le salarié bénéficie toujours de ses allégements de cotisations salariales (sur les taux minimums légaux), l'employeur cotise pour lui aux taux légaux et sur la base de son brut. La réduction générale des charges est calculée ainsi : 988,81 € × 0,2849 = **281,71 €** (le coefficient de 0,2849 est le coefficient maximum pour un salarié inférieur au Smic).
Enfin, pour la prévoyance « Frais de santé », son montant dépassant les 10 % de son brut, le salarié a demandé à en être dispensé (et l'employeur également, ainsi que du forfait social).

Bulletin de paie de l'apprenti

Libellé des Rubriques	Base	Taux	Montant	Commentaires	
Salaire			**988,81**		
Total Brut			988,81		
Cotisations	**Base**	**Salariales**		**Patronales**	
		Taux	**Montant**	**Taux**	**Montant**
Santé					
Sécurité Sociale (Mal, Mat, Inv, Décès)	988,81			7,00	69,22
Incapacité, Invalidité, Capital Décès (Prév. Décès)					
Complémentaire Santé (Prév. Frais de Santé)					
Accident du Travail - Maladie Prof.	988,81			2,50	24,72
Retraite					
Sécurité Sociale (Vieillesse Plafonnée)	988,81			8,55	84,54
Sécurité Sociale (Vieillesse Déplafonnée)	988,81			1,90	18,79
Complémentaire (AGIRC-ARRCO + CEG /T1)	988,81			6,01	59,43
Famille	988,81			3,45	34,11
Assurance Chômage					
Chômage (Chômage + AGS / TA+TB)	988,81			4,20	41,53
Autres Contributions dues par l'employeur	988,81				58,30
C.S.G. Non Imposable					
Réduction générale des charges patronales					-281,71
Total des cotisations et contributions			0,00		108,93
Net fiscal			988,81		
RETENUES ET REMBOURSEMENTS DIVERS					
C.S.G. & C.R.D.S. Imposables					
Total des Retenues et Remboursements			0,00		
Net à payer avant prélèvement à la source			988,81		
dont évolution de la rémunération liée à la suppression des cotisations salariales chômage et maladie			*0,00*		
Prélèvement à la source	**988,81**	**0,00%**	0,00		
		Net Payé en euros **988,81 €**		**Date de paiement** **31 janvier 2019**	
		Total versé par l'employeur **1 097,74 €**		**Allégement de cotisations** **281,71 €**	

CORRIGÉS Exercice 54

16. Corrigé de l'exercice sur le bulletin d'un contrat de professionnalisation

Corrigé 55 (Niveau 2)

Établir le bulletin du mois de février 2019 à l'aide du bulletin ci-après pour un salarié en contrat de professionnalisation, né le 18 mai 1988 qui, après son bac pro, prépare un examen supérieur au sein d'une entreprise de la région parisienne, ayant 100 salariés, un taux accident du travail de 1,01 %, une prévoyance « Frais de santé » de 43,64 € (50 % pour le salarié et 50 % pour l'employeur) et une prévoyance « Décès » sur la tranche A avec un taux de 0,95 % pour l'employeur. Le minimum conventionnel applicable dans cette entreprise est de 2 117,65 €.

Notre salarié a 30 ans. Il est donc payé 85 % du mini conventionnel soit **1 800,00 €**, base sur laquelle il cotisera « normalement » à toutes les cotisations obligatoires.

Les lignes des cotisations se décomposent ainsi :

- Santé SS : 1 800 × 7 % = **126,00 €.**
- Santé inc., inv., décès : 1 800 × 0,95 % = **17,10 €** en part patronale.
- Santé complémentaire santé : 43,64 × 50 % = **21,82 €** en part salariale ainsi qu'en part patronale.
- AT – maladie prof. : 1 800 × 1,01 % = **18,18 €**.
- Retraite SS vieillesse plafonnée : 1 800 × 6,90 % = **124,20 €** pour le salarié et : 1 800 × 8,55 % = **153,90 €** pour l'employeur.
- Retraite SS vieillesse déplafonnée : 1 800 × 0,40 % = **7,20 €** pour le salarié et : 1 800 × 1,90 % = **34,20 €** pour l'employeur.
- Retraite complémentaire /T1 est l'addition des cotisations Agirc-Arrco + CEG sur Tr. 1, soit :
  - en part salariale : 1 800 × 4,01 % [3,15 % + 0,86 %] = **72,18 €** ;
  - en part patronale : 1 800 × 6,01 % [4,72 % + 1,29 %] = **108,18 €**.
- Famille (allocations familiales) : 1 800 × 3,45 % = **62,10 €**.
- Le Chômage (TA + TB) est pour l'employeur : 1 800 × (4,05 % + 0,15 % d'AGS) = **75,60 €**.
- Les **autres contributions dues par l'employeur** : 1 800 × 5,896 % = 106,13 €, somme à la laquelle il faut rajouter le forfait social qui est calculé sur la somme des contributions patronales aux prévoyances (17,10 € pour le décès + 21,82 € pour les frais de santé) à 8 %, soit : 38,92 × 8 % = 3,11 €. Soit un total de : 106,13 + 3,11 = **109,24 €**.

La base des CSG et du CRDS = (1 800 € × 98,25 %) 1 768,50 € auquel on rajoute les montants des charges patronales en prévoyance décès et frais de santé, soit : 1 768,50 + 38,92 = **1 807,42 €**.

- La CSG non imposable est donc égale à : 1 807,42 × 6,80 % = **122,90 €**.
- Les CSG & CRDS imposables sont égales à 1 807,42 × (2,40 % + 0,50 %) = **52,42 €**.

La Réduction générale des charges sociale est égale à : 1 800 × 0,1672 = **300,96 €.**
Le coefficient de 0,1672 est obtenu avec la formule : (0,2849 / 0,6) × ([(10,03 × 151,667 × 1,6) / 1 800] – 1)

Le net fiscal est le brut (1 800 €) – le total des cotisations et contributions salariales déductibles des impôts (348,30 €) + le montant de la cotisation patronale de prévoyance Frais de santé (21,82 €), soit : **1 473,52 €**.
Le net à payer avant PAS est le net fiscal (1 473,52 €) + le total des retenues et remboursements divers (- 52,42 €) – le montant patronal de la prévoyance frais de santé (21,82 €), soit : **1 399,28 €**.

Le montant de la ligne « dont évolution… » = (1 800 × 3,15 %) – (1 807,42 × 1,7 %), soit : (56,70 – 30,73) **25,97 €**.

La base du PAS (1 473,52 €) est comprise entre 1 457 € et 1 551 €. Le taux à appliquer est donc de 1,5 %.

Le prélèvement à la source est alors : 1 473,52 € × 1,5 % = **22,10 €**.

Le net à payer est au final le net à payer avant PAS (1 399,28) – le PAS (22,10) soit : **1 377,18 €**.

Le « Total versé par l'employeur » = brut (1 800) + le total des cotisations et contributions patronales (425,36), soit : **2 225,36 €**.

Bulletin de paie du contrat de professionnalisation

Libellé des Rubriques	Base	Taux	Montant	Commentaires
Salaire	151,67		**1 800,00**	
Total Brut			**1 800,00**	

Cotisations	Base	Salariales		Patronales	
		Taux	Montant	Taux	Montant
Santé					
Sécurité Sociale (Mal, Mat, Inv, Déc.)	1 800,00			7,00	126,00
Incapacité, Invalidité, Capital Décès (Prév. Décès)	1 800,00			0,95	17,10
Complémentaire Santé (Prév. Frais de Santé)	43,64	50,00	-21,82	50,00	21,82
Accident du Travail - Maladie Prof.	1 800,00			1,01	18,18
Retraite					
Sécurité Sociale (Vieillesse Plafonnée)	1 800,00	6,90	-124,20	8,55	153,90
Sécurité Sociale (Vieillesse Déplafonnée)	1 800,00	0,40	-7,20	1,90	34,20
Complémentaire (AGIRC-ARRCO + CEG /T1)	1 800,00	4,01	-72,18	6,01	108,18
Famille (< 3,5 SMIC)	1 800,00			3,45	62,10
Assurance Chômage					
Chômage (Chômage + AGS / TA+TB)	1 800,00			4,20	75,60
Autres Contributions dues par l'employeur	1 800,00				109,24
C.S.G. Non Imposable	1 807,42	6,80	-122,90		
Réduction générale des charges sociales					-300,96
Total des cotisations et contributions			**-348,30**		**425,36**
Net fiscal			**1 473,52**		
RETENUES ET REMBOURSEMENTS DIVERS					
C.S.G. & C.R.D.S. Imposables	1 807,42	2,90	-52,42		
Total des Retenues et Remboursements			**-52,42**		
Net à payer avant prélèvement à la source			**1 399,28**		
dont évolution de la rémunération liée à la suppression des cotisations salariales chômage et maladie			*25,97*		
Prélèvement à la source	**1 473,52**	**1,50%**	**-22,10**		

Nombre d'heures travaillées :	151,67	**Net Payé en euros** **1 377,18 €**	**Date de paiement** **28 février 2019**
		Total versé par l'employeur **2 225,36 €**	**Allègement de cotisations** **300,96 €**

17. Corrigé de l'exercice sur le bulletin d'un stagiaire

Corrigé 56 (Niveau 2)

Établir le bulletin d'avril 2019 pour un stagiaire ingénieur effectuant un stage supérieur à 3 mois au sein d'une entreprise parisienne qui a un taux accident du travail de 2,50 %, un taux de transport de 2,95 %, une prévoyance « Frais de santé » de 50 € (part salariale et part patronale) et une prévoyance « Décès » de 1 % (salarié) et de 2 % (employeur) sur la tranche A. Son indemnité de stage est de 1 980 € par mois (de 22 jours travaillés). Il commence son stage ce lundi 8 avril 2019.

Il y a 17 jours travaillés du lundi 8 au mardi 30 avril 2019.

L'indemnité de stage est donc égale à 1 980 € / 154 heures (théoriquement travaillées en avril 2019) × 119 heures (réellement travaillées [119 = 17 jours travaillés × 7 heures par jour]), soit **1 530 €**.

La limite d'exonération pour **17 jours de travail** est fixée à 25 € × 15 % × (7 h × 17 j) = **446,25 €**.

Il faut donc soumettre aux cotisations Urssaf (Santé, vieillesse plafonnée, vieillesse déplafonnée, contribution solidarité autonomie, accident du travail – maladie professionnelle, Famille, FNAL, CSG et CRDS), l'excédent. Soit (1 530 – 446,25) : **1 083,75 €**.

Pour un stagiaire, il n'y a pas de prévoyance « frais de santé », ni de prévoyance « décès » (et pas de forfait social par conséquent), ni de retraite complémentaire, ni de cotisations chômage (un stagiaire n'est pas un salarié) et ni de réduction générale des charges.

Les lignes des cotisations se décomposent ainsi :
- Santé SS : 1 083,75 × 13 % = **140,89 €**.
- Accident du travail = 1 083,75 × 2,50 % = **27,09 €**.
- Retraite SS vieillesse plafonnée : 1 083,75 × 6,90 % = **74,78 €** pour le salarié et : 1 083,75 × 8,55 % = **92,66 €** pour l'employeur.
- Retraite SS vieillesse déplafonnée : 1 083,75 × 0,40 % = **4,34 €** pour le salarié et : 1 083,75 × 1,90 % = **20,59 €** pour l'employeur.
- Famille = 1 083,75 × 3,45 % = **37,39 €**.
- Les autres contributions dues par l'employeur ne sont finalement que le versement transport (1 083,75 × 2,95 % = 31,97 €) + la contribution solidarité autonomie (1 083,75 × 0,30 % = 3,25 €) + le FNAL (1 083,75 × 0,50 % = 5,42 €), soit : 31,97 + 3,25 + 5,42 = **40,64 €**.

La base des CSG et du CRDS = (1 083,75 × 98,25 %) : **1 064,78 €**.
- La CSG Non imposable est donc égale à : 1 064,78 × 6,80 % = **72,41 €**.
- Les CSG & CRDS imposables sont égales à 1 064,78 × (2,40 % + 0,50 %) = **30,88 €**.

Le net fiscal est le brut (1 530 €) – le total des cotisations et contributions salariales déductibles des impôts (151,53 €), soit : **1 378,47 €.**

Le net à payer avant PAS est le net fiscal (1 378,47 €) + le total des retenues et remboursements divers (- 30,88 €), soit : **1 347,59 €**.

Le montant de la ligne « dont évolution… » = (1 083,75 × 0,75 %) – (1 064,78 × 1,7 %), soit : (8,13 – 18,10) **– 9,97 €**. (Puisque le stagiaire n'était pas soumis à la cotisation chômage, l'augmentation de la CSG n'est compensée que par la suppression de la cotisation santé maladie, ce qui implique une hausse de ses cotisations et non pas la baisse attendue).

Le stagiaire n'étant pas soumis aux impôts dans la limite du Smic annuel, il n'y a pas de PAS.

Le net à payer est donc égal au net à payer avant PAS, soit : **1 347,59 €**.

Le « **Total versé par l'employeur** » = brut (1 530,00) + le total des cotisations et contributions patronales (359,26), soit : **1 889,26 €**.

Bulletin de paie du stagiaire

Libellé des Rubriques	Base	Taux	Montant	Commentaires
Indemnité de Stage	154,00		**1 980,00**	
Retenue Entrée/Sortie	35,00	12,857	-450,00	
Total Brut			1 530,00	

Cotisations	Base	Salariales		Patronales	
		Taux	Montant	Taux	Montant
Santé					
Sécurité Sociale (Mal, Mat, Inv, Déc.)	1 083,75			13,00	140,89
Incapacité, Invalidité, Capital Décès (Prév. Décès)					
Complémentaire Santé (Prév. Frais de Santé)					
Accident du Travail - Maladie Prof.	1 083,75			2,50	27,09
Retraite					
Sécurité Sociale (Vieillesse Plafonnée)	1 083,75	6,90	-74,78	8,55	92,66
Sécurité Sociale (Vieillesse Déplafonnée)	1 083,75	0,40	-4,34	1,90	20,59
Complémentaire (AGIRC-ARRCO + CEG /T1)					
Famille (< 3,5 SMIC)	1 083,75			3,45	37,39
Assurance Chômage					
Chômage (Chômage + AGS / TA+TB)					
Autres Contributions dues par l'employeur	1 083,75			3,75	40,64
C.S.G. Non Imposable	1 064,78	6,80	-72,41		
Total des cotisations et contributions			-151,53		359,26
Net fiscal			1 378,47		
RETENUES ET REMBOURSEMENTS DIVERS					
C.S.G. & C.R.D.S. Imposables	1 064,78	2,90	-30,88		
Total des Retenues et Remboursements			-30,88		
Net à payer avant prélèvement à la source			1 347,59		
dont évolution de la rémunération liée à la suppression des cotisations salariales chômage et maladie			-9,97		
Prélèvement à la source	1 378,47	0,00%	0,00		

Nombre d'heures travaillées :	119,00	Net Payé en euros	Date de paiement
		1 347,59 €	30 avril 2019
		Total versé par l'employeur	Allègement de cotisations
		1 889,26 €	0.00 €

18. Corrigé de l'exercice sur l'exonération de cotisations salariales des heures supplémentaires et complémentaires

Corrigé 57 (Niveau 1)

Établir le bulletin d'avril 2019 pour un salarié non cadre (35 heures par semaine) ayant un salaire de base contractuel de 2 275 € dans une entreprise parisienne (150 salariés, horaire de travail de 7 heures par jour).
- Dans la semaine du lundi 1er au dimanche 7 avril, il a réalisé 41 heures.
- Dans la semaine du lundi 8 au dimanche 14 avril, il a réalisé 45 heures.
- Dans la semaine du lundi 15 au dimanche 21 avril, il a réalisé 37 heures.

Le taux d'accident du travail pour cette entreprise est de **2,50 %**. Le taux de transport est de 2,95 %. **Le montant des cotisations prévoyance « Frais de santé » est de 100 €** (50 % pour le salarié et 50 % pour l'employeur). Son taux de prélèvement à la source est le taux neutre.

Dans la semaine du lundi 1er au dimanche 7 avril, le salarié a fait 6 HS majorées à 25 %.
Dans la semaine du lundi 8 au dimanche 14 avril, le salarié a fait 10 HS dont 8 majorées à 25 % et 2 à 50 %.
Dans la semaine du lundi 15 au dimanche 21 avril, le salarié a fait 2 HS majorées à 25 %.
Le taux horaire du salarié est de (2 275 / 151,67) : 15,00 €.
Les 18 heures supplémentaires valent : 18 × 15 = 270 €.
Les 16 heures supplémentaires majorées à 25 % valent : 16 × (15 × 0,25) = 60 €.
Les 2 heures supplémentaires majorées à 50 % valent : 2 × (15 × 0,5) = 15 €.
Soit un **brut** de cotisations égal à : (2 275 + 270 + 60 + 15) **2 620,00 €**.

Les lignes des cotisations se décomposent donc ainsi :
- Santé SS : 2 620 × 7 % = **183,40 €** pour l'employeur.
- Complémentaire santé : **50 €** pour le salarié et **50 €** pour l'employeur.
- Accident du travail = 2 620 × 2,50 % = **65,50 €**.
- Retraite SS vieillesse plafonnée : 2 620 × 6,90 % = **180,78 €** pour le salarié et : 2 620 × 8,55 % = **224,01 €** pour l'employeur.
- Retraite SS vieillesse déplafonnée : 2 620 × 0,40 % = **10,48 €** pour le salarié et : 2 620 × 1,90 % = **49,78 €** pour l'employeur.
- Famille = 2 620 × 3,45 % = **90,39 €** pour l'employeur.
- Chômage = 2 620 × 4,20 % = **110,04 €** pour l'employeur.
- Les autres contributions dues par l'employeur : (2 620 × 5,896 % = 154,48 €) + le forfait social (50 × 8 % = 4 €), soit : 154,48 + 4 = **158,48 €**.

La base des CSG et du CRDS = (2 275 × 98,25 %) : 2 235,19 € + la part patronale de la complémentaire santé (50 €), soit : 2 235,19 + 50 = **2 285,19 €**.
- La CSG Non imposable est donc égale à : 2 285,19 × 6,80 % = **155,39 €**.
- Les CSG & CRDS imposables sont égales à 2 285,19 × (2,40 % + 0,50 %) = **66,27 €**.
- Les CSG & CRDS imposables sur les H.S. sont égales à (345 × 98,25 %) × (9,70 %) = **32,88 €**.

La réduction générale des charges patronales est calculée comme suit : 2 620 × 0,0186 = **– 48,73**.
Le coefficient de 0,0186 étant obtenu avec l'opération suivante : (0,2849 / 0,6) × [([{151,67+18} × 10,03) / 2 620] × 1,6) – 1].
L'exonération des cotisations salariales sur les heures supplémentaires est égale à : (270 + 60 + 15) × 11,31 % = **– 39,02.**

Le Net fiscal est le Brut (2 620 €) – le total des cotisations et contributions salariales déductibles des impôts (485,74 €) – les heures supplémentaires (270 + 60 + 15) + le montant patronal de la complémentaire santé (50 €), soit : **1 862,31 €.**

Le net à payer avant PAS est le net fiscal (1 862,31 €) + le total des retenues et remboursements divers (- 76,10 €) – le montant patronal de la complémentaire santé (50 €), soit : **1 713,16 €.** Le montant de la ligne « dont évolution… » = (2 620 × 3,15 %) – (2 285,19 × 1,7 %), soit : (82,53 – 38,85) **43,68 €.** Le net fiscal (1 862,31) étant compris entre 1 769 et 1 864, le taux du P.A.S. est de 4,5 %.

Le prélèvement à la source est donc de 1 862,31 × 4,5 % = **83,80 €.**

Le net à payer est donc égal au Net à payer avant PAS (1 713,16) – le PAS (83,80) + le montant des heures supplémentaires (345), soit : **1 974,36 €.**

Le « **Total versé par l'employeur** » = brut (2 620) + le total des cotisations et contributions patronales (1 040,33), soit : **3 660,33 €.**

Bulletin d'avril 2019 avec les heures supplémentaires

Libellé des Rubriques	Base	Taux	Montant	Commentaires	
Salaire de base	151,67		**2 275,00**	Plafond du mois : 3.377 €	
Heures supplémentaires	18,00	15,000	**270,00**		
Heures supplémentaires majorées à 25%	16,00	3,750	**60,00**		
Heures supplémentaires majorées à 50%	2,00	7,500	**15,00**		
Total Brut			2 620,00		
Cotisations	**Base**	**Salariales**		**Patronales**	
		Taux	**Montant**	**Taux**	**Montant**
Santé					
Sécurité Sociale (Mal, Mat, Inv, Déc.) (<2,5 SMIC)	2 620,00			7,00	183,40
Sécurité Sociale (Mal, Mat, Inv, Déc.) (>2,5 SMIC)					
Incapacité, Invalidité, Capital Décès (Prév. Décès)					
Complémentaire Santé (Prév. Frais de Santé)			-50,00		50,00
Accident du Travail - Maladie Prof.	2 620,00			2,50	65,50
Retraite					
Sécurité Sociale (Vieillesse Plafonnée)	2 620,00	6,90	-180,78	8,55	224,01
Sécurité Sociale (Vieillesse Déplafonnée)	2 620,00	0,40	-10,48	1,90	49,78
Complémentaire (AGIRC-ARRCO + CEG /T1)	2 620,00	4,01	-105,06	6,01	157,46
Famille (< 3,5 SMIC)	2 620,00			3,45	90,39
Assurance Chômage					
Chômage (Chômage + AGS / TA+TB)	2 620,00			4,20	110,04
Autres Contributions dues par l'employeur	2 620,00				158,48
C.S.G. Non Imposable	2 285,19	6,80	-155,39		
Réduction générale des charges patronales					-48,73
Exonération cotisations salariales / Heures Sup.	345,00	11,31	39,02		
Total des cotisations et contributions			-462,69		1 040,33
Net fiscal			1 862,31		
RETENUES ET REMBOURSEMENTS DIVERS					
C.S.G. & C.R.D.S. Imposables	2 285,19	2,90	-66,27		
C.S.G. & C.R.D.S. Imposables sur les H.S.	338,96	9,70	-32,88		
Total des Retenues et Remboursements			-99,15		
Net à payer avant prélèvement à la source			1 713,16		
dont évolution de la rémunération liée à la suppression des cotisations salariales chômage et maladie			*43,68*		
Prélèvement à la source	**1 862,31**	**4,50%**	-83,80		
Nombre d'heures travaillées :	169,67	**Net Payé en euros** **1 974,36 €**		**Date de paiement** **30 avril 2019**	
		Total versé par l'employeur **3 660,33 €**		Allègement de cotisations **48,73 €**	

19. Corrigé des exercices sur le calcul des indemnités journalières de Sécurité sociale (IJSS) pour la maladie

Corrigé 58 (Niveau 1)

Première approche de la maladie par le calcul des IJSS. D'abord, 3 exercices simples à condition de se rappeler de la formule et de bien faire attention au montant maximum des IJSS (Smic mensuel × 1,8), globalement dans le deuxième exercice, et mois par mois dans le troisième exercice.

1. Un salarié ayant 10 ans d'ancienneté dans une entreprise perçoit un salaire inchangé depuis 1 an de 1 800,00 €.

Calculer le montant de ses IJSS brutes et nettes s'il est malade 15 jours ce mois de juin 2019.

Montant des IJSS brutes $= \frac{(1\,800{,}00 \times 3)}{91{,}25} \times 50\ \% \times (15\text{ j} - 3\text{ j de carence}) =$ **355,07 €**

CSG / 355,07 € = 355,07 € × 6,20 %= **22,01 €**

CRDS / 355,07 € = 355,07 € × 0,50 % = **1,78 €**

Montant des IJSS nettes = 355,07 € – 22,01 € – 1,78 € = **331,28 €**

Nota Bene : la CPAM pratique ainsi : une première ligne pour la CSG et une seconde pour la CRDS, les deux montants étant arrondis au centime supérieur.

2. Un salarié ayant 10 ans d'ancienneté dans une entreprise perçoit un salaire inchangé depuis 1 an de 3 500,00 €.

Calculer le montant de ses IJSS brutes et nettes s'il est malade 12 jours ce mois de juin 2019.

Montant des IJSS brutes $= \frac{(2\,738{,}20 \times 3)}{91{,}25} \times 50\ \% \times (15\text{ j} - 3\text{ j de carence}) =$ **405,09 €**

Puisque les salaires mensuels de 3 500 € dépassent tous les mois largement le 1,8 Smic mensuel, il faut limiter le brut de chaque mois à 1,8 Smic (soit : 10,03 € × 151,667 h × 1,8 = 2 738,20 €). À noter que le résultat aurait été le même si nous avions simplifié notre calcul en prenant directement le montant maximum des IJSS 2019 (45,01 €) × 9 jours.

CSG / 405,09 € = 405,09 € × 6,20 %= **25,12 €**

CRDS / 405,09 € = 405,09 € × 0,50 % = **2,03 €**

Montant des IJSS nettes = 405,09 € – 25,12 € – 2,03 € = **377,94 €**

3. Un salarié ayant 10 ans d'ancienneté dans une entreprise a perçu un salaire de 2 500,00 € en mars et avril et de 3 000 € en mai, suite à une prime trimestrielle. Son médecin lui fait un arrêt de travail pour maladie du 3 au 16 juin 2019 inclus.

Calculer le montant de ses IJSS pour ce mois de juin 2019.

Du 3 au 16 juin, il y a 14 jours. Attention, le lundi de Pentecôte (10 juin 2019) compte dans les jours à indemniser.

Montant des IJSS brutes = $\frac{(2\,500 + 2\,500 + 2\,738{,}20)}{91{,}25} \times 50\ \% \times (15\ \text{j} - 3\ \text{j de carence}) =$ **466,40 €**

CSG / 466,40 € = 466,40 € × 6,20 %= **28,92 €**
CRDS / 466,40 € = 466,40 € × 0,50 % = **2,33 €**
Montant des IJSS nettes = 466,40 € – 28,92 € – 2,33 € = **435,15 €**

20. Corrigé de l'exercice sur le calcul des indemnités journalières de Sécurité sociale pour la maternité

Corrigé 59 (Niveau 1)

Une salariée ayant 6 ans d'ancienneté dans une entreprise qui ne pratique pas la subrogation et percevant un salaire inchangé depuis 1 an de 3 800,00 € va s'absenter pour maternité (sachant qu'elle a déjà deux enfants à charge et qu'elle attend des jumeaux pour le 1er juillet 2019).

Avant de partir, elle vous demande de calculer le montant total des IJ maternité qu'elle va percevoir chez elle.

Suivant le tableau de la durée d'indemnisation de la part de la Sécurité sociale, cette salariée a droit à 12 semaines avant l'accouchement et à 22 semaines après. Soit 34 semaines au total.

Ces 34 semaines (soit 238 jours car 34 semaines × 7 jours = 238) seront indemnisées sur la base calculée avec son salaire de référence limité au plafond (sa rémunération mensuelle de 3 800 € est supérieure au plafond SS (3 377 € en 2019) diminué de 21 % (forfait global au titre des cotisations salariales) soit :

87,71 € × 238 jours = 20 874,98 – 6,7 % = **19 476,36 €**.

21. Corrigés des exercices sur la garantie conventionnelle (appelée aussi « régul. sur le net », « garantie du net », « maintien du net »)

Corrigé 60 (Niveau 2)

Pour ce mois de juin 2019, établir les deux bulletins de salaire d'un salarié ayant une rémunération de 2 400 € mensuelle (constante depuis plusieurs mois) pour 151,67 heures, le premier quand il a un arrêt maladie indemnisé à 100 % de 13 jours avec une garantie conventionnelle (à gauche) et le second quand il travaille normalement (à droite) pour vérifier que vous avez bien le même net à payer avant PAS. La prévoyance « Frais de santé » est de 100 € (50 % pour le salarié et 50 % pour l'employeur). La prévoyance « Décès » est de 1 % (part salariale) et de 2 % (part patronale) sur la tranche A.

	Salarié en absence maladie			Salarié présent sans maladie		
Libellé des Rubriques	**Base**	**Taux**	**Montant**	**Base**	**Taux**	**Montant**
Salaire	151,67		**2 400,00**	151,67		**2 400,00**
Absence Maladie	13,00	80,000	**-1 040,00**			
Paiement Maladie	13,00	80,000	**1 040,00**			
I.J.S.S. "Brutes"	10,00	39,450	**-394,50**			
Garantie Conventionnelle			**-77,59**			
Total Brut			**1 927,91**			**2 400,00**
Cotisations	**Base**	**Salariales Taux**	**Salariales Montant**	**Base**	**Salariales Taux**	**Salariales Montant**
Santé						
Inc., Inv., Capital Décès	1 927,91	1,00	-19,28	2 400,00	1,00	-24,00
Complémentaire Santé			-50,00			-50,00
Retraite						
S.S. (Vieillesse Plaf.)	1 927,91	6,90	-133,03	2 400,00	6,90	-165,60
S.S. (Vieillesse Déplaf.)	1 927,91	0,40	-7,71	2 400,00	0,40	-9,60
Complémentaire (/T1)	1 927,91	4,01	-77,31	2 400,00	4,01	-96,24
C.S.G. Non Imposable	1 982,73	6,80	-134,83	2 456,00	6,80	-167,01
Total des cotisations et contributions			-422,16			-512,45
Net fiscal			**1 555,75**			**1 937,55**
RETENUES ET REMBOURSEMENTS DIVERS						
C.S.G. & C.R.D.S. Imp.	1 982,73	2,90	-57,50	2 456,00	2,90	-71,23
I.J.S.S. "Nettes"	10,00	36,807	368,07			
Total des Retenues et Remboursements			310,57			-71,23
Net à payer avant prélèvement à la source			**1 816,32**	=		**1 816,32**

Il faut calculer le **T1** de la formule : 6,90 % (ass. vieil. plaf.) + 0,40 % (ass. vieil déplaf.) + 4,01 % (retraite compl.) + 1 % (prév. « décès ») + 9,7 % × 98,25 % [CSG (6,80 % + 2,40 %) + CRDS (0,50 %)] + 0,194 % [Part patronale de prévoyance « décès » (2 %) × le % total des CSG et CRDS (9,7 %) = 0,194 %] = 22,03425 %, soit : **0,2203425**.

Ensuite, il faut calculer **1 – T1** (1 – 0,2203425) = **0,7796575**.

Les IJSS brutes sont calculées comme vu précédemment [(([(2 400 € × 3) / 91,25] × 50 %) × (13 j – 3 j de carence)] = **394,50 €**.

Puis, on applique tout simplement la formule pour trouver **le montant de la garantie conventionnelle** :

$$394{,}50 \times \frac{0{,}2203425 - 0{,}067}{0{,}7796575} = \mathbf{77{,}59\ €}$$

Enfin, **les IJSS nettes** sont les IJSS – la CSG et la CRDS, soit : 394,50 € – 6,7 % = **368,07 €**.

Les deux montants du « net à payer avant prélèvement à la source » sont bien égaux !

Corrigé 61 (Niveau 2)

Pour ce mois de juin 2019, établir les deux bulletins de salaire d'un salarié cadre ayant une rémunération de 5 000 € mensuelle (constante depuis plusieurs mois) pour 151,67 heures, le premier quand il a un arrêt maladie indemnisé à 100 % de 15 jours avec une garantie conventionnelle (à gauche) et quand il travaille normalement (à droite) pour vérifier que vous avez bien le même net à payer avant PAS. La prévoyance « Frais de santé » est de 100 € (50 % pour le salarié et 50 % pour l'employeur). La prévoyance « Décès » est au strict minimum légal (1,5 % pour l'employeur sur tranche A).

	Salarié en absence maladie			Salarié présent sans maladie		
Libellé des Rubriques	**Base**	**Taux**	**Montant**	**Base**	**Taux**	**Montant**
Salaire	151,67		**5 000,00**	151,67		**5 000,00**
Absence Maladie	15,00	166,667	**-2 500,00**			
Paiement Maladie	15,00	166,667	**2 500,00**			
I.J.S.S. "Brutes"	12,00	45,010	**-540,12**			
Garantie Conventionnelle			**-88,33**			
Total Brut			**4 371,55**			**5 000,00**
Cotisations	**Base**	**Salariales**		**Base**	**Salariales**	
		Taux	**Montant**		**Taux**	**Montant**
Santé						
Complémentaire Santé			-50,00			-50,00
Retraite						
S.S. (Vieillesse Plaf.)	3 377,00	6,90	-233,01	3 377,00	6,90	-233,01
S.S. (Vieillesse Déplaf.)	4 371,55	0,40	-17,49	5 000,00	0,40	-20,00
Complémentaire (/T1)	3 377,00	4,01	-135,42	3 377,00	4,01	-135,42
Complémentaire (/T2)	994,55	9,72	-96,67	1 623,00	9,72	-157,76
CET (T1+T2)	4 371,55	0,14	-6,12	5 000,00	0,14	-7,00
APEC (TA+TB)	4 371,55	0,024	-1,05	5 000,00	0,024	-1,20
C.S.G. Non Imposable	4 395,70	6,80	-298,91	5 013,16	6,80	-340,89
Total des cotisations et contributions			**-838,67**			**-945,28**
Net fiscal			**3 582,88**			**4 104,72**
RETENUES ET REMBOURSEMENTS DIVERS						
C.S.G. & C.R.D.S. Imp.	4 395,70	2,90	-127,48	5 013,16	2,90	-145,39
I.J.S.S. "Nettes"	12,00	41,994	503,93			
Total des Retenues et Remboursements			**376,45**			**-145,39**
Net à payer avant prélèvement à la source			**3 909,33**	=		**3 909,33**

Il faut calculer le **T2** de la formule : 0,40 % (ass. vieil déplaf.) + 9,72 % (retraite compl./T2) + 0,14 % (CET/T1 + T2) + 0,024 % (Apec/TA + TB) + 9,7 % × 98,25 % (CSG (6,80 % + 2,40 %) + CRDS (0,50 %)) = 19,81425 % soit : **0,1981425**.

Ensuite, il faut calculer **1 – T2** (1 – 0,1981425) = **0,8018575**.

Les IJSS sont calculées comme vu précédemment [(45,01 € {Montant maximum pour les bruts dépassant 1,8 Smic mensuel} × (15 j – 3 j de carence)] = **540,12 €**.

Puis, on applique tout simplement la formule pour trouver **le montant de la garantie conventionnelle** :

$$540{,}12 \times \frac{0{,}1973425 - 0{,}067}{0{,}8018575} = \mathbf{88{,}33\ €}$$

Enfin, les IJSS nettes sont les IJSS – la CSG et la CRDS, soit : 540,12 € – 6,7 % = **503,93 €**.

Les deux montants du « net à payer avant prélèvement à la source » sont bien égaux !

Corrigé 62 (Niveau 3)

Pour ce mois de juin 2019, établir les deux bulletins de salaire d'un salarié cadre ayant une rémunération de 3 600 € mensuelle (constante depuis plusieurs mois) pour 151,67 heures, le premier quand il a un arrêt maladie indemnisé à 100 % de 12 jours avec une garantie conventionnelle (à gauche) et le second quand il travaille normalement (à droite) pour vérifier que vous avez bien le même net à payer avant PAS. La prévoyance « Frais de santé » est de 100 € (50 % pour le salarié et 50 % pour l'employeur). La prévoyance « Décès » est au strict minimum légal (1,5 % pour l'employeur sur tranche A).

	Salarié en absence maladie			Salarié présent sans maladie		
Libellé des Rubriques	**Base**	**Taux**	**Montant**	**Base**	**Taux**	**Montant**
Salaire	151,67		**3 600,00**	151,67		**3 600,00**
Absence Maladie	12,00	120,000	**-1 440,00**			
Paiement Maladie	12,00	120,000	**1 440,00**			
I.J.S.S. "Brutes"	9,00	44,340	**-399,06**			
Garantie Conventionnelle			**-74,90**			
Total Brut			**3 126,04**			**3 600,00**
Cotisations	**Base**	**Salariales**		**Base**	**Salariales**	
		Taux	**Montant**		**Taux**	**Montant**
Santé						
Complémentaire Santé			-50,00			-50,00
Retraite						
S.S. (Vieillesse Plaf.)	3 126,04	6,90	-215,70	3 377,00	6,90	-233,01
S.S. (Vieillesse Déplaf.)	3 126,04	0,40	-12,50	3 600,00	0,40	-14,40
Complémentaire (/T1)	3 126,04	4,01	-125,35	3 377,00	4,01	-135,42
Complémentaire (/T2)	0,00	9,72	0,00	223,00	9,72	-21,68
CET (T1+T2)	0,00	0,14	0,00	3 600,00	0,14	-5,04
APEC (TA+TB)	3 126,04	0,024	-0,75	3 600,00	0,024	-0,86
C.S.G. Non Imposable	3 168,22	6,80	-215,44	3 637,66	6,80	-247,36
Total des cotisations et contributions			**-619,74**			**-707,77**
Net fiscal			**2 556,30**			**2 942,23**
RETENUES ET REMBOURSEMENTS DIVERS						
C.S.G. & C.R.D.S. Imp.	3 168,22	2,90	-91,88	3 637,66	2,90	-105,49
I.J.S.S. "Nettes"	9,00	41,369	372,32			
Total des Retenues et Remboursements			**280,44**			**-105,49**
Net à payer avant prélèvement à la source			**2 786,74**	=		**2 786,74**

Il faut calculer le T1 de la formule : 6,90 % (Ass. Vieil. Plaf.) + 0,40% (Ass. Vieil Déplaf.) + 4,01 % (Retraite Compl./T1) + 0,024 % (APEC/TA) + 9,7% × 98,25% (CSG + CRDS) + (1,50 % (% de la cotisation patronale de prévoyance « Décès » obligatoire pour les cadres x 9,7 % (des CSG et CRDS) = 21,14975 % soit : **0,2100975**.

Ensuite, il faut calculer 1 – T1 (1 – 0,2100975) = **0,7899025**.

Puis le **T2** de la formule : 0,40 % (Ass. Vieil Déplaf.) + 9,72 % (Retr Compl./T2) + 0,024 % (APEC/TB) + 9,7 % × 98,25 % (CSG + CRDS) = 19,67425 % soit : **0,1967425**.

Les IJSS sont calculées avec l'IJ maxi de 2018, car les 3 mois précédant l'arrêt sont Octobre, Novembre et Décembre 2018 [44,34 € × (12j – 3j de carence)] = **399,06 €**.

Pour un salarié qui perçoit habituellement 3 600 €, **la tranche 2 est de** (3 600 € – 3 377 €) : **223 €**.
On applique la formule pour trouver **le montant de la garantie conventionnelle** :

$$\frac{399{,}06 \times (0{,}2100975 - 0{,}067) - 223 \times (0{,}2100975 - 0{,}1967425) + ([3\,600 - 399{,}06] \times 0{,}0014)}{0{,}7899025} = \mathbf{74{,}90\ €}$$

Enfin, **les I.J.S.S. nettes** sont les I.J.S.S. – la C.S.G et la C.R.D.S, soit : 399,06 € – 6,7% = **372,32 €**.

Les deux montants du « net à payer avant prélèvement à la source » sont bien égaux !

Corrigé 63 (Niveau 3)

Ce salarié CDI (non cadre) père de 4 enfants à charge, perçoit un salaire de base de 2 400 € mensuel. Il a droit à un treizième mois chaque année avec sa paie de décembre. Depuis plus d'un an, il n'a eu aucune absence particulière à signaler. Ce mois de février 2019, l'entreprise reçoit un arrêt de travail pour maladie non professionnelle débutant le 11 février. L'entreprise pratique la subrogation pendant 90 jours avant de passer le relais à la prévoyance.

Établir les bulletins de salaire pour les mois de février, mars et avril, sachant que :

- **le salarié n'a toujours pas repris son travail au 30 avril ;**
- **la prévoyance « Frais de santé » est de 100 € (50 % pour le salarié et 50 % pour l'employeur) ;**
- **la prévoyance « Décès » est de 1 % pour le salarié et de 2 % pour l'employeur, sur tranche A ;**
- **le taux d'accident du travail est de 2,50 % ;**
- **le taux de transport est 2,95 % ;**
- **le taux de prélèvement à la source est le taux neutre.**

Explications du bulletin de février 2019

Du 11 au 28 février 2019, il y a 18 jours d'absence maladie. Ces 18 jours sont décomptés avec le taux des jours calendaires réels, soit : 2 400 / 28 = 85,714 €. **Son absence maladie et son maintien** sont donc valorisés à : 18 jours × 85,714 € = **1 542,86 €.**

Pour calculer le taux des IJSS, il faut prendre le montant du brut des trois mois précédant l'arrêt, soit :

- Janvier : 2 400 €.
- Décembre : 2 738,20€. Ne pas oublier de limiter le brut de décembre (4 800 € à cause du treizième mois) à 1,8 Smic (10,03 € × 151,667 × 1,8 = 2 738,20 €).
- Novembre : 2 400 €.

Ce brut de 7 538,20 € (2 400 + 2 738,20 + 2 400) est ensuite divisé par 91,25, soit : 82,610 €.
Ce taux journalier est ensuite valorisé à 50 % pendant les 30 premiers jours, soit : 41,305 €.
Le montant des IJSS brutes est donc : (18 jours – 3 jours de carence) × 41,305 = **619,58 €.**

Puis, on applique tout simplement la formule pour trouver le montant de **la garantie conventionnelle** :

$$619{,}58 \times \frac{0{,}2203425 - 0{,}067}{0{,}7796575} = \mathbf{121{,}86\ €}$$

Le brut est donc de : 2 400 – 1 542,86 + 1 542,86 – 619,58 – 121,86 = **1 658,56 €.**

Les lignes des cotisations se décomposent comme vues précédemment.

Pour **la réduction générale des charges patronales**, il faut d'abord calculer celle de janvier, comme suit : 2 400 × 0,0067 = 16,08. Le coefficient de 0,0067 étant obtenu avec l'opération suivante : (0,2849 / 0,6) × [((151,667 × 10,03) / 2 400] × 1,6) – 1]. Puis, on calcule celle de février en cumulant le brut de janvier (2 400) et celui de février (1 658,56), soit un cumul brut de : 4 058,56 €. La formule devient donc : (0,2849 / 0,6) × [(([{303,334 × 10,03) × (4 058,56 / 4 800)} / 4 058,56] × 1,6) – 1]. Penser à réduire le Smic lors d'une absence partiellement rémunérée. Le coefficient est 0,0067. Le cumul brut (4 058,56) × 0,0067 = 27,19 €. La réduction cumulée – la réduction de janvier = 27,19 – 16,08 = **11,11 €.**

Le montant des IJSS nettes est le montant des IJSS brutes diminué de 6,70 % (CSG + CRDS), soit : 578,06 €. Le net fiscal est le brut (1 658,56 €) – le total des cotisations et contributions salariales déductibles des impôts (370,63 €) + le montant patronal de la complémentaire santé (50 €), soit : **1 337,93 €**.

Le net à payer avant PAS est le brut (1 658,56 €) – le total des cotisations et contributions salariales déductibles des impôts (370,63 €) + le total des retenues et remboursements divers (528,39 €), soit : **1 816,32 €**.

Le montant de la ligne « dont évolution… » = (1 658,56 × 3,15 %) – (1 712,71 × 1,7 %), soit : (52,24 – 29,11) 23,13 €.

La base du PAS est le net fiscal (1 337,93) augmenté du montant des IJSS brutes diminuées de 3,80 %, soit : 1 337,93 + (619,58 – 3,80 % = 596,04) = 1 933 97 €. Ce montant étant compris entre 1 864 et 1 988, le taux du PAS est de 6 %.

Le prélèvement à la source est donc de 1 933,96 × 6 % = **116,04 €**.

Le net à payer est donc égal au net à payer avant PAS (1 816,32) – le PAS (116,04), soit : **1 700,28 €**.

Bulletin de février 2019

Libellé des Rubriques	Base	Taux	Montant	Commentaires
Salaire	151,67		**2 400,00**	Plafond du mois : 3.377 €
Absence Maladie	18,00	85,714	-1 542,86	
Paiement Maladie	18,00	85,714	**1 542,86**	
.I.J.S.S. "Brutes"	15,00	41,305	-619,58	
Garantie Conventionnelle			-121,86	
Total Brut			**1 658,56**	

Cotisations	Base	Salariales Taux	Salariales Montant	Patronales Taux	Patronales Montant
Santé					
Sécurité Sociale (Mal, Mat, Inv, Déc.) (<2,5 SMIC)	1 658,56			7,00	116,10
Sécurité Sociale (Mal, Mat, Inv, Déc.) (>2,5 SMIC)					
Incapacité, Invalidité, Capital Décès (Prév. Décès)	1 658,56	1,00	-16,59	2,00	33,17
Complémentaire Santé (Prév. Frais de Santé)			-50,00		50,00
Accident du Travail - Maladie Prof.	1 658,56			2,50	41,46
Retraite					
Sécurité Sociale (Vieillesse Plafonnée)	1 658,56	6,90	-114,44	8,55	141,81
Sécurité Sociale (Vieillesse Déplafonnée)	1 658,56	0,40	-6,63	1,90	31,51
Complémentaire (AGIRC-ARRCO + CEG /T1)	1 658,56	4,01	-66,51	6,01	99,68
Complémentaire (AGIRC-ARRCO + CEG /T2)					
Contribution d'Equilibre Technique (CET T1+T2)					
Famille (< 3,5 SMIC)	1 658,56			3,45	57,22
Famille (> 3,5 SMIC)					
Assurance Chômage					
Chômage (Chômage + AGS / TA+TB)	1 658,56			4,20	69,66
Autres Contributions dues par l'employeur	1 658,56				104,44
C.S.G. Non Imposable	1 712,71	6,80	-116,46		
Réduction Générale des Charges Patronales					-11,11
Total des cotisations et contributions			-370,63		733,95
Net fiscal			1 337,93		
RETENUES ET REMBOURSEMENTS DIVERS					
C.S.G. & C.R.D.S. Imposables	1 712,71	2,90	-49,67		
I.J.S.S. "Nettes"	15,00	38,538	578,06		
Total des Retenues et Remboursements			528,39		
Net à payer avant prélèvement à la source			1 816,32		
dont évolution de la rémunération liée à la suppression des cotisations salariales chômage et maladie			*23,13*		
Prélèvement à la source	**1 933,97**	**6,00%**	-116,04		

Nombre d'heures travaillées :	151,67	**Net Payé en euros** **1 700,28 €**	**Date de paiement** **28 février 2019**
		Total versé par l'employeur **2 392,51 €**	Allègement de cotisations **11,11 €**

Explications du bulletin de mars 2019

Du 1er au 31 mars 2019, notre salarié étant toujours en arrêt maladie, il y a 31 jours d'absence maladie.
Ces 31 jours sont décomptés avec le taux des jours calendaires réels, soit : 2 400 / 31 = 77,419 €.
Son absence maladie et son maintien sont donc valorisés à : 31 jours × 77,419 € = **2 400 €.**

Le montant des IJSS est particulier ce mois-ci car, le salarié ayant au moins 3 enfants à charge, il faut prendre le taux des IJSS de février pendant encore 12 jours (41,305 €), mais à partir du 31e jour d'arrêt il faut prendre le taux de 66,66 % (et non plus le taux de 50 % des 30 premiers jours), soit : (82,610 × 66,66 %) 55,068 €.

Le mois de mars ayant 31 jours, **le montant des IJSS brutes** est donc de : (41,305 × 12) + (55,068 × 19), soit : 495,66 + 1 046,29 = **1 541,95 €**.

Le montant de la garantie conventionnelle : $1\,541{,}95 \times \frac{0{,}2203425 - 0{,}067}{0{,}7796575}$ = **303,27 €**

Le brut est donc de : 2 400 – 2 400 + 2 400 – 1 541,95 – 303,27 = **554,78 €**.

Les lignes des cotisations se décomposent comme vues précédemment.

Pour **la réduction générale des charges patronales**, on cumule le brut de janvier (2 400), de février (1 658,56) et de mars (554,78), soit un cumul brut de : 4 613,34 €. La formule devient donc : (0,2849 / 0,6) × [([({455 × 10,03) × (4 613,34 / 7 200)} / 4 613,34] × 1,6) – 1]. Le coefficient est 0,0067. Le cumul brut (4 613,34) × 0,0067 = 30,91 €. La réduction cumulée de mars – la réduction cumulée de février = 30,91 – 27,19 = 3,72 €.

Le montant des IJSS nettes est le montant des IJSS brutes diminué de 6,70 % (CSG + CRDS), soit : **1 438,64 €**.

Le net fiscal est le brut (554,78 €) – le total des cotisations et contributions salariales déductibles des impôts (159,52 €) + le montant patronal de la complémentaire santé (50 €), soit : **445,26 €**.

Le net à payer avant PAS est le brut (554,78 €) – le total des cotisations et contributions salariales déductibles des impôts (159,52 €) + le total des retenues et remboursements divers (1 421,06 €), soit : **1 816,32 €**.

Le montant de la ligne « dont évolution… » = (554,78 × 3,15 %) – (606,17 × 1,7 %), soit : (17,47 – 10,30) **7,17 €**.

La base du PAS est le net fiscal (445,26) augmenté du montant des IJSS brutes diminuées de 3,80 %, soit : 445,26 + (1 541,95 – 3,80 % = 1 438,64) = 1 928,62 €. Ce montant étant compris entre 1 864 et 1 988, le taux du PAS est de 6 %. **Le prélèvement à la source** est donc de 1 928,62 × 6 % = **115,72 €**.

Le net à payer est donc égal au net à payer avant PAS (1 816,32) – le PAS (115,72), soit : **1 700,60 €**.

Bulletin de mars 2019

Libellé des Rubriques	Base	Taux	Montant	Commentaires
Salaire	151,67		**2 400,00**	Plafond du mois : 3.377 €
Absence Maladie	31,00	77,419	-2 400,00	
Paiement Maladie	31,00	77,419	**2 400,00**	
I.J.S.S. "Brutes"	31,00		-1 541,95	
Garantie Conventionnelle			-303,27	
Total Brut			554,78	

Cotisations	Base	Salariales		Patronales	
		Taux	Montant	Taux	Montant
Santé					
Sécurité Sociale (Mal, Mat, Inv, Déc.) (<2,5 SMIC)	554,78			7,00	38,83
Sécurité Sociale (Mal, Mat, Inv, Déc.) (>2,5 SMIC)					
Incapacité, Invalidité, Capital Décès (Prév. Décès)	554,78	1,00	-5,55	2,00	11,10
Complémentaire Santé (Prév. Frais de Santé)			-50,00		50,00
Accident du Travail - Maladie Prof.	554,78			2,50	13,87
Retraite					
Sécurité Sociale (Vieillesse Plafonnée)	554,78	6,90	-38,28	8,55	47,43
Sécurité Sociale (Vieillesse Déplafonnée)	554,78	0,40	-2,22	1,90	10,54
Complémentaire (AGIRC-ARRCO + CEG /T1)	554,78	4,01	-22,25	6,01	33,34
Complémentaire (AGIRC-ARRCO + CEG /T2)					
Contribution d'Equilibre Technique (CET T1+T2)					
Famille (< 3,5 SMIC)	554,78			3,45	19,14
Famille (> 3,5 SMIC)					
Assurance Chômage					
Chômage (Chômage + AGS / TA+TB)	554,78			4,20	23,30
Autres Contributions dues par l'employeur	554,78				37,60
C.S.G. Non Imposable	606,17	6,80	-41,22		
Réduction Générale des Charges Patronales					-3,72
Total des cotisations et contributions			-159,52		281,43
Net fiscal			445,26		
RETENUES ET REMBOURSEMENTS DIVERS					
C.S.G. & C.R.D.S. Imposables	606,17	2,90	-17,58		
I.J.S.S. "Nettes"	31,00		1 438,64		
Total des Retenues et Remboursements			1 421,06		
Net à payer avant prélèvement à la source			**1 816,32**		
dont évolution de la rémunération liée à la suppression des cotisations salariales chômage et maladie			*7,17*		
Prélèvement à la source	**1 928,62**	**6,00%**	-115,72		

Nombre d'heures travaillées :	151,67	**Net Payé en euros** **1 700,60 €**	**Date de paiement** **31 mars 2019**
		Total versé par l'employeur **836,21 €**	Allègement de cotisations **3.72 €**

Explications du bulletin d'avril 2019

Du 1er au 30 avril 2019, notre salarié étant toujours en arrêt maladie, il y a 30 jours d'absence maladie.
Ces 30 jours sont décomptés avec le taux des jours calendaires réels, soit : 2 400 / 30 = 80 €.
Son absence maladie et son maintien sont donc valorisés à : 30 jours × 80 € = **2 400 €**.

Le montant des IJSS brutes est donc : 30 jours × 55,068 € = **1 652,04 €**. (Pour l'explication des 55,068 €, voir le mois de mars).

Le montant de la garantie conventionnelle : $1\,652{,}04 \times \dfrac{0{,}2203425 - 0{,}067}{0{,}7796575}$ = **323,92 €**

Le brut est donc de : 2 400 – 2 400 + 2 400 – 1 652,04 – 329,92 = **423,04 €**.

Les lignes des cotisations se décomposent comme vues précédemment.

Pour **la réduction générale des charges patronales**, on cumule le brut de janvier (2 400), de février (1 658,56), de mars (554,78) et d'avril (423,04), soit un cumul brut de : 5 036,38 €. La formule devient donc : (0,2849 / 0,6) × [([({606,667 × 10,03) × (5 036,38 / 9 600)} / 5 036,38] × 1,6) – 1]. Le coefficient est 0,0067. Le cumul brut (5 036,38) × 0,0067 = 33,74 €. La réduction cumulée d'avril – la réduction cumulée de mars = 33,74 – 30,91 = 2,83 €.

Le montant des IJSS nettes est le montant des IJSS brutes diminué de 6,70 % (CSG + CRDS), soit : **1 541,35 €**.

Le net fiscal est le brut (423,04 €) – le total des cotisations et contributions salariales déductibles des impôts (134,31 €) + le montant patronal de la complémentaire santé (50 €), soit : **338,73 €**.

Le net à payer avant PAS est le brut (423,04 €) – le total des cotisations et contributions salariales déductibles des impôts (134,31 €) + le total des retenues et remboursements divers (1 527,60 €), soit : **1 816,33 €**.

À noter que malgré l'absence maladie, les montants des IJSS et de la garantie conventionnelle différents sur les 3 mois consécutifs, le net à payer est toujours identique (à 1 centime près ce mois d'avril dû aux arrondis d'Excel), ce qui est bien sûr l'objectif de la garantie conventionnelle.

Le montant de la ligne « dont évolution… » = (423,04 × 3,15 %) – (474,10 × 1,7 %), soit : (13,33 – 8,06) **5,27 €**.

La base du PAS est le net fiscal (338,73) augmenté du montant de 11 IJSS brutes diminuées de 3,80 %, soit : 338,73 + ([11 × 55,068] – 3,80 % = 582,73) = 921 46 €. Ce montant étant inférieur à 1 404 €, le taux du PAS est de 0 %. Il n'y a donc **pas de prélèvement à la source**.

Il n'y a que 11 IJSS car si on additionne les 18 jours à partir de l'arrêt maladie de février aux 31 jours de maladie de mars, il ne faut plus que 11 jours pour arriver à la limite des 60 jours à réintroduire dans la base du PAS. Les 19 IJSS restantes ne sont donc pas soumises au PAS dans cette entreprise car leur soumission se fera directement par les CPAM.

Le net à payer est donc égal au net à payer avant PAS (1 816,33), soit : **1 816,33 €**.

Bulletin d'avril 2019

Libellé des Rubriques	Base	Taux	Montant	Commentaires
Salaire	151,67		**2 400,00**	Plafond du mois : 3.377 €
Absence Maladie	30,00	80,000	**-2 400,00**	
Paiement Maladie	30,00	80,000	**2 400,00**	
I.J.S.S. "Brutes"	30,00	55,068	**-1 652,04**	
Garantie Conventionnelle			**-324,92**	
Total Brut			**423,04**	

Cotisations	Base	Salariales		Patronales	
		Taux	Montant	Taux	Montant
Santé					
Sécurité Sociale (Mal, Mat, Inv, Déc.) (<2,5 SMIC)	423,04			7,00	29,61
Sécurité Sociale (Mal, Mat, Inv, Déc.) (>2,5 SMIC)					
Incapacité, Invalidité, Capital Décès (Prév. Décès)	423,04	1,00	-4,23	2,00	8,46
Complémentaire Santé (Prév. Frais de Santé)			-50,00		50,00
Accident du Travail - Maladie Prof.	423,04			2,50	10,58
Retraite					
Sécurité Sociale (Vieillesse Plafonnée)	423,04	6,90	-29,19	8,55	36,17
Sécurité Sociale (Vieillesse Déplafonnée)	423,04	0,40	-1,69	1,90	8,04
Complémentaire (AGIRC-ARRCO + CEG /T1)	423,04	4,01	-16,96	6,01	25,42
Complémentaire (AGIRC-ARRCO + CEG /T2)					
Contribution d'Equilibre Technique (CET T1+T2)					
Famille (< 3,5 SMIC)	423,04			3,45	14,59
Famille (> 3,5 SMIC)					
Assurance Chômage					
Chômage (Chômage + AGS / TA+TB)	423,04			4,20	17,77
Autres Contributions dues par l'employeur	423,04				29,62
C.S.G. Non Imposable	474,10	6,80	-32,24		
Réduction Générale des Charges Patronales					-2,83
Total des cotisations et contributions			-134,31		**227,43**
Net fiscal			**338,73**		
RETENUES ET REMBOURSEMENTS DIVERS					
C.S.G. & C.R.D.S. Imposables	474,10	2,90	-13,75		
I.J.S.S. "Nettes"	30,00	51,378	1 541,35		
Total des Retenues et Remboursements			1 527,60		
Net à payer avant prélèvement à la source			**1 816,33**		
dont évolution de la rémunération liée à la suppression des cotisations salariales chômage et maladie			*5,27*		
Prélèvement à la source	**921,46**	**0,00%**	0,00		

Nombre d'heures travaillées :	151,67	**Net Payé en euros** **1 816,33 €**	**Date de paiement** **30 avril 2019**
		Total versé par l'employeur **650,47 €**	Allègement de cotisations **2.83 €**

22. Corrigé de l'exercice sur le temps partiel thérapeutique

Corrigé 64 (Niveau 3)

Notre entreprise a un salarié **cadre** (10 ans d'ancienneté) qui a été absent pour maladie. Début janvier 2019, il est revenu en « **temps partiel thérapeutique** ». Ses horaires aménagés sont relativement simples : il ne vient travailler que les matins **3 heures et demi du lundi au vendredi**. Depuis son retour, il est très assidu et n'a eu aucune absence. Mais ce mois d'avril 2019, il a fait une petite rechute maladie d'une semaine (**du lundi 1er au dimanche 7**) et il a également pris **une semaine de congés payés (du lundi 15 au dimanche 21)**. Le lundi 22 avril est le lundi de Pâques. **Son salaire forfaitaire à temps plein est de 3 520 €**. La convention collective lui octroie une prime d'ancienneté de 10 % assise sur sa rémunération. Le taux accident du travail est de 2,50 %. Le taux Transport est de 2,95 %. La prévoyance « Frais de santé » est de 100 € (50 % pour le salarié et 50 % pour l'employeur). La prévoyance « Décès » est de 1 % pour le salarié et de 2 % pour l'employeur, sur la tranche A. L'entreprise maintient le salaire à 100 % sans carence et pratique la subrogation pendant la maladie (pendant 60 jours). Elle calcule les congés payés en jours ouvrés et applique la règle du maintien au moment de l'absence (le dixième étant éventuellement régularisé en fin de période de prise des congés payés). Voici le calendrier de ce mois :

2019		L	M	M	J	V	S	D
	Sem. 10	1	2	3	4	5	6	7
		Mal	Mal	Mal	Mal	Mal	Mal	Mal
	Sem. 11	8	9	10	11	12	13	14
	Sem. 12	15	16	17	18	19	20	21
		CP	CP	CP	CP	CP	CP	CP
	Sem. 13	22	23	24	25	26	27	28
		JF						
	Sem. 14	29	30	1	2	3	4	5

Établir son bulletin de salaire pour ce mois d'avril 2019.

Commençons par le début : **y a-t-il réduction du plafond pour temps partiel ?** Réponse : **non ! Son plafond du mois est** et reste **3 377 €** (et non pas 1 688,50 € comme l'aurait été celui pour un « vrai » temps partiel à mi-temps).

La première ligne est donnée : **Salaire Forfaitaire : 3 520 €**. Bien évidemment, le fait qu'il soit en « temps partiel thérapeutique » ne lui fait pas changer de salaire ! Il faut toujours prendre le même salaire contractuel. Il est également hors de question de lui changer de salaire à chaque changement d'aménagement d'horaire pour suivre son traitement médical.
La deuxième ligne n'est guère plus compliquée : **prime d'ancienneté** : 3 520 € × 10 % = **352 €.**

Arrive **l'absence pour son temps partiel thérapeutique** : Les jours de maladie, de congés payés et le jour férié (le lundi 22 avril 2019 est le lundi de Pâques) suspendant le TPT, le nombre de jours travaillés = 11. Soit 11 jours × 3 h 50 = 38,50 heures. Pour la valorisation de ces 38,50 heures, il faut prendre la méthode indiquée par la Cour de cassation (et expressément recommandée par la CPAM) : la méthode des heures réelles. Le mois d'avril 2019 comportant 22 jours théoriquement travaillés, donc il faut retenir par heures (3 520 + 352) / 154 heures (22 jours × 7 heures théoriquement travaillées), soit 25,143 €. Ces 38,50 heures réduisent donc le brut de (38,50 h × 25,143 €) : **968,00 €**.

Pour le jour férié (lundi de Pâques), peut-être que certaines entreprises ne le font pas figurer sur le bulletin de paie. Mais, je considère que c'est un montant qui doit être calculé pour le bon fonctionnement de la comptabilité analytique. Son calcul doit bien sûr s'effectuer en jours ouvrés moyens (21,67ème), le montant d'une journée payée ne pouvant pas fluctuer en fonction du nombre de jours théoriquement travaillés ce mois-là. Son absence jour férié, interrompant le TPT (il ne peut pas être « en reprise d'activité » et absent la journée entière), est valorisée à : ([3 520 € + 352 €] / 21,67) = **178,68 €**. Évidemment, cette absence lui est intégralement indemnisée sur la ligne suivante.

Pour les congés payés, on compte en jours ouvrés moyens (21,67ème). Son absence CP, interrompant le TPT (il ne peut pas être « en reprise d'activité » et absent toute une semaine !), est de 5 jours ouvrés, soit une absence valorisée à : 5 jours × ([3 520 €+ 352 €] / 21,67) = **893,40 €**. Si besoin était de le repréciser, un salarié en TPT a les mêmes droits en matière de congés payés qu'en salarié à temps plein. Pour le paiement, il suffit de repayer la même somme. (Le dixième étant éventuellement régularisé en fin de période de prise des congés payés, selon l'énoncé de cet exercice.)

Pour la maladie, il faut compter en jours calendaires (comme l'a ordonné le médecin), même s'il ne travaille pas les samedis et dimanches. Son absence est donc de 7 jours. Quant à son taux journalier, c'est la méthode des jours calendaires réels qu'il faut appliquer, soit (3 520 € + 352 €) / 30 (nombre de jours calendaires d'avril) : 129,067 €. Son absence et son paiement (puisque l'entreprise applique le maintien de salaire à 100 % sont donc valorisés à : 7 j × 129,067 € = **903,47 €**.

Pour les IJSS, l'entreprise a reconstitué son salaire brut à temps plein, soit : 3 872 € (3 520 € + 352 €). Notre salarié dépassant largement le 1,8 Smic mensuel, les IJSS sont donc calculées en prenant le montant maximum : 45,01 € par jour indemnisé par la CPAM. Soit [7 j – 3 j (carence)] × 45,01 € = **180,04 €**. À noter que c'est l'entreprise qui indemnise la maladie sans carence, la Sécurité sociale applique toujours les 3 jours de carence (sauf en cas de prolongation).

En revanche, **la garantie conventionnelle** est calculée sur un brut théorique de : (3 520 + 352 – 968) **2 904 €**. Ce brut théorique étant inférieur au plafond, il faut prendre la première formule de la garantie du net, mais en modifiant légèrement le calcul du T1 puisque le salarié est cadre. Le T1 = 6,90 % (ass. vieil. plaf.) + 0,40 % (ass. vieil. déplaf.) + 4,01 % (retraite compl.) + 1 % (prév. « décès ») + 9,7 % × 98,25 % [CSG (6,80 % + 2,40 %) + CRDS (0,50 %)] + 0,194 % [part patronale de prévoyance « décès » (2 %) × le % total des CSG et CRDS (9,7 %) = 0,194 %] + 0,024 (Apec) = 22,05825 % soit : **0,2205825**

Ensuite, il faut calculer 1 – T1 (1 – 0,2205825) = 0,7794175.

Puis, on applique tout simplement la formule pour trouver le montant de la régularisation sur le net :

$$180{,}04 \times \frac{0{,}2205825 - 0{,}067}{0{,}7794175} = \mathbf{35{,}48\ €}$$

La garantie conventionnelle est donc de **35,48 €**.

Le brut est donc de : (3 520 + 352 – 968 – 180,04 – 35,48) **2 688,48 €**.

Les cotisations assises sur le brut, la tranche 1 et la tranche A + B sont sur son brut du mois, soit : **2 688,48 €**.

Les lignes des cotisations se décomposent selon les modalités déjà vues précédemment.

Il ne vous avait pas échappé que le salarié est un cadre. Donc se déclenche la cotisation Apec en plus des autres cotisations habituelles.

Ne pas oublier, bien sûr, de lui « rendre » **les IJSS nettes**, soit : 180,04 € – 6,7 % = **167,98 €.**

Enfin, pour **la base du PAS**, comme pour l'exercice précédent, prendre le net fiscal augmenté du montant des IJSS maladie diminuées de 3,80 %, soit : 2 170,21 + (180,04 – 3,80 %) = **2 343,41 €.**

Voici le bulletin que notre salarié reçoit pour avril 2019 :

Libellé des Rubriques	Base	Taux	Montant	Commentaires
Salaire Forfaitaire	151,67		**3 520,00**	
Prime d'ancienneté	3 520,00	10,000	**352,00**	
Absence Temps Partiel Thérapeutique	38,50	25,143	**-968,00**	
Absence Jour Férié	1,00	178,680	**-178,68**	
Indemnité Jour Férié	1,00	178,680	**178,68**	
Absence Congés Payés	5,00	178,680	**-893,40**	
Indemnité Congés Payés	5,00	178,680	**893,40**	
Absence Maladie	7,00	129,067	**-903,47**	
Paiement Maladie	7,00	129,067	**903,47**	
I.J.S.S. "Brutes"	4,00	45,010	**-180,04**	
Garantie Conventionnelle			**-35,48**	
Total Brut			**2 688,48**	

Cotisations	Base	Salariales		Patronales	
		Taux	Montant	Taux	Montant
Santé					
Sécurité Sociale (Mal, Mat, Inv, Décès)	2 688,48			7,000	188,19
Incapacité, Invalidité, Capital Décès (Prév. Décès)	2 688,48	1,000	-26,88	2,000	53,77
Complémentaire Santé (Prév. Frais de Santé)			-50,00		50,00
Accident du Travail - Maladie Prof.	2 688,48			2,500	67,21
Retraite					
Sécurité Sociale (Vieillesse Plafonnée)	2 688,48	6,900	-185,51	8,550	229,87
Sécurité Sociale (Vieillesse Déplafonnée)	2 688,48	0,400	-10,75	1,900	51,08
Complémentaire (AGIRC-ARRCO + CEG /T1)	2 688,48	4,010	-107,81	6,010	161,58
Famille	2 688,48			3,450	92,75
Assurance Chômage					
Chômage (Chômage + AGS / TA+TB)	2 688,48			4,200	112,92
APEC (Salarié Cadre TA+TB)	2 688,48	0,024	-0,65	0,036	0,97
Autres Contributions dues par l'employeur	2 688,48				166,81
C.S.G. Non Imposable	2 745,20	6,800	-186,67		
Total des cotisations et contributions			**-568,27**		**1 175,15**
Net fiscal			**2 170,21**		
RETENUES ET REMBOURSEMENTS DIVERS					
C.S.G. & C.R.D.S. Imposables	2 745,20	2,900	-79,61		
I.J.S.S. "Nettes"	4,00	41,994	167,98		
Total des Retenues et Remboursements			**88,37**		
Net à payer avant prélèvement à la source			**2 208,58**		
dont évolution de la rémunération liée à la suppression des cotisations salariales chômage et maladie			*38,02*		
Prélèvement à la source	**2 343,41**	**7,50%**	**-175,76**		

	Net Payé en euros **2 032,82 €**	**Date de paiement** **30 avril 2019**
	Total versé par l'employeur **3 863,63 €**	Allègement de cotisations

23. Corrigés des exercices sur la saisie-arrêt

Corrigé 65 (Niveau 1)

1. Quel est le montant de la saisie-arrêt pour un salarié ayant 1 personne à charge, une dette de 2 000 € et une somme soumise à saisie-arrêt de 1 500 € ?

Il y a **deux façons de calculer** le montant de la saisie-arrêt de ce salarié :

a) Avec le tableau de simplification

Dans ce tableau, on se projette dans la partie « Avec une personne à charge ».
Ensuite on cherche le niveau où se situe la somme soumise à saisie-arrêt : 1 500 € se trouve sur la quatrième ligne entre 1 355,84 et 1 660,00. Dans la deuxième colonne, il est écrit que le montant de la saisie-arrêt sera de 189,70 € + 1/3 au-delà de 1 355,84 (et forcément jusqu'à 1 500 €). 1 500 – 1 355,84 = 144,16 €. On en prend donc le tiers (144,16 / 3 = **48,05 €**) qu'on rajoute à 189,70 €.
Le montant de la saisie-arrêt est donc de 189,70 + 48,05 = **237,75 €**.

b) En découpant la somme soumise à saisie-arrêt en tranches comme le demande l'administration fiscale

1 enfant à charge signifie qu'il faut augmenter la 1re tranche de 122,50 € (soit : 319,17 € + 122,50 € = 441,67 €) et laisser ensuite cette augmentation sur toutes les tranches.

De 0,01 à 441,67 € on prend 1/20 soit :	22,08 €
De 441,68 à 745,83 € on prend 1/10 soit :	30,42 €
De 745,84 à 1 051,66 € on prend 1/5 soit :	61,16 €
De 1 051,67 à 1 355,83 € on prend 1/4 soit :	76,04 €
De 1 355,84 à 1 500,00 € on prend 1/3 soit :	48,05 €
Total saisi :	237,75 €

2. Quel est le montant de la saisie-arrêt pour un salarié ayant 3 personnes à charge, une dette de 2 000 € et une somme soumise à saisie-arrêt de 2 000 € ?

Selon la méthode que vous avez choisie, vous devez trouver une saisie-arrêt d'un montant = **366,67 €**.

3. Quel est le montant de la saisie-arrêt pour un salarié sans personne à charge, une dette de 2 000 € et une somme soumise à saisie-arrêt de 2 500 € ?

Selon la méthode que vous avez choisie, vous devez trouver une saisie-arrêt d'un montant = **1 144,12 €**.

Corrigé 66 (Niveau 3)

Ce mois d'avril 2019, le service paie d'une grande entreprise parisienne vient de sortir les bulletins de paie « 1er jet » (c'est-à-dire : les bulletins à vérifier avant le passage définitif qui éditera les « vrais » bulletins de paie) quand la DRH l'informe qu'une saisie-arrêt d'un montant de 3 000 € concernant un salarié (avec 2 personnes à charge) vient d'arriver.

Déterminer la somme soumise à saisie-arrêt et le montant de sa saisie-arrêt pour ce mois d'avril 2019.

Selon l'art. L. 3252-3, al. 1 du C. du trav., « Pour la détermination de la fraction insaisissable, il est tenu compte du montant de la rémunération, de ses accessoires ainsi que, le cas échéant, de la valeur des avantages en nature, après déduction des cotisations sociales obligatoires ».
Sa rémunération habituelle est de 3 000 € (salaire) + 150 € (prime d'ancienneté) = **3 150 €.**

Ce mois, il est malade mais l'entreprise pratiquant le maintien de salaire à 100 % (et la subrogation avec le maintien du net), il faut rester sur son brut habituel. En effet, si on partait de son brut de ce mois (2 613,61 €) la saisie-arrêt se trouverait diminuée du fait de ses IJSS Or, la circulaire du 23/12/1992 indique clairement qu'entrent dans le champ de la saisie « les prestations ayant vocation à remplacer le salaire (allocations de chômage, indemnités journalières de maladie et de maternité, indemnités journalières de l'incapacité temporaire due à un accident de travail) ».

Il faut donc déduire « **les cotisations sociales obligatoires** » de son brut de 3 150 €. Grâce au tableau des cotisations sociales nous connaissons le taux applicable en tranche 1 (et A) : 20,84 % + le 1 % de la prévoyance « décès », soit : 21,84 %. Les 2 % employeur de la prévoyance « décès » entrent également dans le calcul des CSG / CRDS, soit : 2 % × 9,7 % = 0,194 %. Le taux global devient donc : 2**2 034 %**. Si on applique ce taux global de cotisations à sa rémunération brute, on trouve un montant de cotisations (3 150 € × 22,034 %) = 694,07 €. Montant auquel on ajoute la part patronale de la prévoyance qui est de 50 € à 9,7 % = 4,85 €, soit : (694,07 € + 4,85 €) 698,92 €. Enfin, il faut encore ajouter le montant de la part salariale de la prévoyance « frais de santé » de 50 €. Ce qui nous amène au montant total de (698,92 + 50) : **748,92 €.**

On pourrait en déduire que la fraction saisissable est : 3 150 € – 748,92 € = 2 401,08 €. Mais il y a encore un point qui ne vous a pas échappé : notre salarié a en plus une pension alimentaire prélevée directement sur son salaire de 250 €. Or cette pension alimentaire est insaisissable (Cass. civ. du 22/05/1995 n° 93-13941, inédit) car elle est la première dette du salarié. Il faut donc retirer ces 250 € des 2 401,08 € pour enfin trouver **la fraction saisissable**. Soit : 2 401,08 € – 250 € = **2 151,08 €**.

Bien sûr, il y a une autre méthode plus simple : du net à payer avant PAS (1 651,07 €) on rajoute l'acompte (500 €), soit : 1 651,07 € + 500 € = **2 151,07 €** (Toujours ce satané centime d'écart lié aux arrondis d'Excel !).

Pour connaître **le montant de sa saisie-arrêt**, comme vu précédemment, on se reporte au tableau « avec 2 personnes à charge ». Sur la dernière ligne (puisque les 2 151,08 € dépassent les 2 092,50 €), on prend 503,87 € + (2 151,08 € – 2 092,50 €), soit : 503,87 € + 58,58 € = **562,45 €**.

24. Corrigé de l'exercice sur le solde de tout compte d'un CDD

Corrigé 67 (Niveau 3)

Un salarié non cadre âgé de 30 ans est embauché en CDD pour surcroît temporaire d'activité le lundi 4 mars 2019 dans une entreprise parisienne (taux de transport : 2,95 %) de 100 salariés. Son salaire de base mensuel est de 2 730 € pour 151,67 heures (7 heures par jour). Ses droits à congés payés sont de 27 jours ouvrés par année civile. Il acquiert 0,5 jour de RTT toutes les 4 semaines. Il a droit à des titres-restaurants d'une valeur faciale de 10 € pour une participation salariale de 3,00 €. Les jours fériés sont non travaillés mais lui sont payés normalement. L'entreprise a un taux accident du travail de 2,50 %, une prévoyance mensuelle « Frais de santé » de 100 € (50 % en part salariale et 50 % en part patronale) ainsi qu'une prévoyance « Décès » basée sur la tranche A au taux de 1 % pour le salarié et de 2 % pour l'employeur. Son contrat se termine le soir du vendredi 26 avril 2019. Le taux du PAS est le taux neutre.

Faire les deux bulletins de paie avec les modèles suivants.

Bulletin de paie de mars 2019

Libellé des Rubriques	Base	Taux	Montant	Commentaires	
Salaire	151,67		**2 730,00**		
Retenue Entrée-Sortie	1,00	130,00	-130,00		
Avantage Nature Titres-Restaurant	20,00	7,00	**140,00**		
Total Brut			2 740,00		
Cotisations	Base	Salariales		Patronales	
		Taux	Montant	Taux	Montant
Santé					
Sécurité Sociale (Mal, Mat, Inv, Décès)	2 740,00			7,00	191,80
Incapacité, Invalidité, Capital Décès (Prév. Décès)	2 740,00	1,00	-27,40	2,00	54,80
Complémentaire Santé (Prév. Frais de Santé)			-50,00		50,00
Accident du Travail - Maladie Prof.	2 740,00			2,50	68,50
Retraite					
Sécurité Sociale (Vieillesse Plafonnée)	2 740,00	6,90	-189,06	8,55	234,27
Sécurité Sociale (Vieillesse Déplafonnée)	2 740,00	0,40	-10,96	1,90	52,06
Complémentaire (AGIRC-ARRCO + CEG /T1)	2 740,00	4,01	-109,87	6,01	164,67
Famille	2 740,00			3,45	94,53
Assurance Chômage					
Chômage (Chômage + AGS / TA+TB)	2 740,00			4,20	115,08
Autres Contributions dues par l'employeur	2 740,00				197,33
C.S.G. Non Imposable	2 796,85	6,80	-190,19		
Réduction générale des charges patronales					
Total des cotisations et contributions			-577,48		1 223,04
Net fiscal			2 212,52		
RETENUES ET REMBOURSEMENTS DIVERS					
C.S.G. & C.R.D.S. Imposables	2 796,85	2,90	-81,11		
Reprise Avantage Nature Titres-Restaurant	20,00	7,000	-140,00		
Retenue Titres-Restaurant	20,00	3,000	-60,00	7,00	140,00
Total des Retenues et Remboursements			-281,11		140,00
Net à payer avant prélèvement à la source			1 881,41		
dont évolution de la rémunération liée à la suppression des cotisations salariales chômage et maladie			*38,76*		
Prélèvement à la source	1 588,52	2,50%	-39,71		
		Net Payé en euros 1 841,70 €		Date de paiement 31 mars 2019	
		Total versé par l'employeur 3 963,04 €		Allègement de cotisations 0,00 €	

Explications du bulletin de mars 2019

Première difficulté : **la retenue « entrée/sortie »** : il faut lui retenir une journée (le vendredi 1er mars), soit 7 heures sur les 147 heures (21 jours ouvrés × 7 heures par jour) théoriquement travaillées ce mois de mars 2019. Le nombre d'heures travaillées par jour étant toujours le même (7 heures), on peut également raisonner en jours ouvrés. Mais, quel que soit votre raisonnement, la retenue « entrée/sortie » est égale à : 2 730 / 147 × 7 (ou 2 730 / 21 × 1) = **130,00 €.**

Deuxième difficulté : il faut vous souvenir de la logique des titres-restaurants (abordée lors de l'exercice 12), car **le montant de la participation patronale aux titres-restaurants**, étant supérieur à la fois à 60 % de la valeur faciale et à 5,52 € (valeur 2019), **est à intégrer en avantage en nature**. Étant entré dans l'entreprise le 4 mars, le salarié n'a « que » 20 titres-restaurants (21 jours ouvrés – 1 jour ouvré d'entrée/sortie). **L'avantage en nature titre-restaurant est donc de : 20 j × 7 € = 140** €.

Troisième difficulté : **le plafond SS** : il est égal à 28 jours de présenc calendaires sur 31 jours calendaires de mars, soit : 3 377 € × 28 / 31 = **3 050,19 €.**

Le brut du salarié (2 730 – 130 + 140 = 2 740 €) étant inférieur au plafond (3 050,19 €), c'est ce brut qui est la tranche 1 (ou A), et il n'y a évidemment pas de tranche 2 (ou B).

Les lignes des cotisations se décomposent comme vu précédemment.

À noter que le brut du mois (2 740 €) est inférieur à 2,5 Smic (10,03 € × 140 heures travaillées × 2,5) 3 510,50 €) et bien évidemment à 3,5 Smic (4 914,70 €) et que par conséquent les taux en Santé SS maladie et Famille sont respectivement de 7 % et de 3,45 %.

Le salarié ayant un brut supérieur à 1,6 Smic ne peut **pas** faire bénéficier l'entreprise de la **réduction générale des charges**.

Ne pas oublier, bien sûr, de « **reprendre** » **les avantages en nature titres-restaurants** : **– 140,00 €**.
Ni de **retenir la part salariale des titres-restaurants** : 3 € × 20 jours = **60 €.** On en profite pour **indiquer le montant de la participation patronale des titres-restaurants** (7 € × 20 jours = **140,00 €**).

Le salarié étant un CDD inférieur à 2 mois, il bénéficie de **l'abattement de 50 % du Smic net sur la base du PAS**, soit : 2 212,52 € (le net fiscal) – 624 € (50 % du Smic net) = **1 588,52 €.**
La base du prélèvement à la source étant comprise entre 1 551 € et 1 656 €, le taux est de 2,5 %.
Le montant du prélèvement à la source est donc : 1 588,52 € × 2,5 % = **39,71 €.**

Le Net Payé est donc le net à payer avant le PAS – le PAS, soit : 1 881,41 € – 39,71 € = **1 840,70 €.**

Le Total versé par l'employeur est le brut + le total des charges patronales + le total des retenues et remboursements, soit : 2 740 + 1 223,04 = **3 963,04 €.**

Bulletin de paie d'avril 2019

Libellé des Rubriques	Base	Taux	Montant	Commentaires
Salaire	151,67		**2 730,00**	
Retenue Entrée-Sortie	2,00	124,09	**-248,18**	
Avantage Nature Titres-Restaurant	19,00	7,00	**133,00**	
Indemnité Compensatrice RTT	1,00	125,98	**125,98**	
Indemnité Précarité Emploi	5 480,80	10,00	**548,08**	
Indemnité Compensatrice Congés Payés			**651,12**	
Total Brut			**3 940,00**	

Cotisations	Base	Salariales		Patronales	
		Taux	Montant	Taux	Montant
Santé					
Sécurité Sociale (Mal, Mat, Inv, Décès)	3 940,00			7,00	275,80
Incapacité, Invalidité, Capital Décès (Prév. Décès)	3 236,92	1,00	-32,37	2,00	64,74
Complémentaire Santé (Prév. Frais de Santé)			-50,00		50,00
Accident du Travail - Maladie Prof.	3 940,00			2,50	98,50
Retraite					
Sécurité Sociale (Vieillesse Plafonnée)	3 236,92	6,90	-223,35	8,55	276,76
Sécurité Sociale (Vieillesse Déplafonnée)	3 940,00	0,40	-15,76	1,90	74,86
Complémentaire (AGIRC-ARRCO + CEG /T1)	3 236,92	4,01	-129,80	6,01	194,54
Complémentaire (AGIRC-ARRCO + CEG /T2)	703,08	9,72	-68,34	14,57	102,44
Contribution d'Equilibre Technique (CET T1+T2)	6 680,00	0,14	-9,35	0,21	14,03
Famille	3 940,00			3,45	135,93
Assurance Chômage					
Chômage (Chômage + AGS / TA+TB)	3 940,00			4,20	165,48
Autres Contributions dues par l'employeur	3 940,00				241,48
C.S.G. Non Imposable	3 985,79	6,80	-271,03		
Réduction générale des charges patronales					
Total des cotisations et contributions			**-800,00**		**1 694,56**
Net fiscal			**3 190,00**		
RETENUES ET REMBOURSEMENTS DIVERS					
C.S.G. & C.R.D.S. Imposables	3 985,79	2,90	-115,59		
Reprise Avantage Nature Titres-Restaurant	19,00	7,00	-133,00		
Retenue Titres-Restaurant	19,00	3,00	-57,00	7,00	133,00
Total des Retenues et Remboursements			**-305,59**		**133,00**
Net à payer avant prélèvement à la source			**2 834,41**		
dont évolution de la rémunération liée à la suppression des cotisations salariales chômage et maladie			*56,35*		
Prélèvement à la source	**2 566,00**	**7,50%**	**-192,45**		

Net Payé en euros **2 641,96 €**	**Date de paiement** **26 avril 2019**
Total versé par l'employeur **5 634,56 €**	Allègement de cotisations **0,00 €**

Explications du bulletin d'avril 2019

La retenue Entrée/Sortie est de 2 jours (le 29 et le 30 avril) sur 22 théoriquement travaillés. Son taux est de 2 730 € / 22 = 124,091 €. (Idem en raisonnant en heures réelles avec la formule : 2 730 × 14 heures d'absence entrée/sortie / 154 heures théoriquement travaillées). Donc, la retenue E/S = **248,18 €**.

Pour **les Avantages en nature des titres-restaurants**, même logique qu'en mars (22 jours ouvrés – 2 jours de retenue E/S – le jour férié [le lundi 22 avril étant le lundi de Pâques cette année]) : 19 jours. Ces 19 jours × 7 € (montant de la participation patronale) = **133 €**.

Si le salarié a droit à 0,5 jour de RTT toutes les 4 semaines, étant présent 8 semaines, **son indemnité compensatrice RTT** sera d'1 jour calculée avec la méthode des jours ouvrés moyens (21,67). Soit : 2 730 € / 21,67 × 1 = **125,98 €**.

Le montant de l'indemnité Précarité Emploi est tout simplement 10 % de tout ce qu'il gagné depuis le 4 mars. Soit : (2 740 + 2 730 – 248,18 + 133 + 125,98) × 10 % = **548,08 €**.

Quant à **l'indemnité compensatrice de congés payés**, il a droit à (27 jours ouvrés / 12) 2,25 jours ouvrés par période de 4 semaines. Étant présent 8 semaines, ce salarié a droit à : 2,25 jours × 2 = 4,50 arrondis à **5 jours ouvrés**.
Avec la règle du dixième (qui comprend l'indemnité de précarité emploi) cela aurait fait : [2.740 + 2.730 – 248,18 + 133 + 125,98 + 548,08] x 10% x 27 / 25 = 651,12 €.
Avec la règle du maintien, nous avons : (2 730 / 21,67 × 5) 629,90 €.
Le dixième est plus avantageux, donc **l'ICCP = 651,12 €**.

Le brut d'avril est donc : 2 730 – 248,18 + 133 + 125,98 + 548,08 + 651,12 = **3 940,00 €**.

Étant présent du 1er au 26 avril, **le plafond SS** est bien sûr de 26/30e de 3 377 €, soit **2 926,73 €**.

Le cumul plafond est : (3 050,19 € de mars + 2 926,73 € d'avril) 5 976,92 €.
Le cumul brut est : (2 740 € de mars + 3 940,00 € d'avril) 6 680,00 €.
Le cumul brut étant supérieur au cumul plafond, le cumul plafond devient notre tranche 1 cumulée.
La tranche 1 d'avril est donc égale à la différence entre notre tranche 1 cumulée – la tranche 1 du mois de mars, soit : 5 976,92 – 2 740 = **3 236,92 €**.
La tranche 2 cumulée est égale à la différence entre le cumul brut – le cumul plafond, soit : 6 680,00 – 5 976,92 = 703,08 €. Puisqu'il n'y avait pas de tranche 2 le mois dernier, **la tranche 2 d'avril** est donc égale à **703,08 €**.

Le cumul brut (6 680,00 €) est inférieur à 2,5 Smic cumulés sur les 2 mois (7 021 €), donc le taux de la maladie reste à 7 % (et celui de famille à 3,45 %).

Le reste du bulletin est « classique », à condition de ne pas oublier l'abattement de 624 € (50 % du Smic net) sur la base du PAS.

25. Corrigé de l'exercice sur le solde de tout compte d'un CDI

Corrigé 68 (Niveau 3)

Un salarié non cadre a été embauché en CDI le 1er octobre 2003 dans une entreprise parisienne de 100 salariés. Son licenciement pour motif économique lui a été notifié le 1er juillet 2019. Il doit bénéficier de 3 mois de préavis mais il est dispensé par son employeur de l'effectuer à partir du 1er août. Son salaire de base depuis le 1er janvier 2018 est de 2 300 €. Depuis cette date, il n'a eu aucune absence et hormis la prime de vacances (équivalente à salaire de base) habituellement versée fin juillet, il n'a bénéficié d'aucune autre prime. Au 1er juillet 2019, suite à des négociations salariales signées en avril, son salaire de base passe à 2 400 €. Son entreprise donne 2 jours ouvrés de plus que la loi. Au moment de son départ (le 31 juillet), ses droits aux congés payés 2018-2019, calculés en jours ouvrés, n'étaient pas consommés. Le taux AT est de 2,50 %. Le taux Transport est de 2,95 %. La prévoyance « Frais de santé » est de 100 € par mois (50 % pour le salarié et 50 % pour l'entreprise). La prévoyance Décès est de 1 % pour le salarié et de 2 % pour l'employeur sur la tranche 1). Le taux du PAS est le taux neutre.

Calculer son indemnité de licenciement et faire son bulletin de paie « solde de tout compte » de juillet 2019 à l'aide du modèle suivant.

Bulletin de paie « solde de tout compte » de juillet 2019

Libellé des Rubriques	Base	Taux	Montant	Commentaires
Salaire	151,67		**2 400,00**	
Prime de Vacances			**2 400,00**	
Préavis Non Effectué Payé	2,00	2400,00	**4 800,00**	
Indemnité Comp. Congés Payés "écoulés"	27,00	110,752	**2 990,31**	
Indemnité Comp. Congés Payés "en cours"	10,00	110,752	**1 107,52**	
Total Brut			13 697,83	

Cotisations	Base	Salariales		Patronales	
		Taux	Montant	Taux	Montant
Santé					
Sécurité Sociale (Mal, Mat, Inv, Décès)	13 697,83			7,00	958,85
Incapacité, Invalidité, Capital Décès (Prév. Décès)	13 697,83	1,00	-136,98	2,00	273,96
Complémentaire Santé (Prév. Frais de Santé)			-150,00		150,00
Accident du Travail - Maladie Prof.	13 697,83			2,50	342,45
Retraite					
Sécurité Sociale (Vieillesse Plafonnée)	13 697,83	6,90	-945,15	8,55	1 171,16
Sécurité Sociale (Vieillesse Déplafonnée)	13 697,83	0,40	-54,79	1,90	260,26
Complémentaire (AGIRC-ARRCO + CEG /T1)	13 697,83	4,01	-549,28	6,01	823,24
Complémentaire (AGIRC-ARRCO + CEG /T2)	0,00	9,72	0,00	14,57	0,00
Contribution d'Equilibre Technique (CET T1+T2)	0,00	0,14	0,00	0,21	0,00
Famille	13 697,83			3,45	472,58
Assurance Chômage					
Chômage (Chômage + AGS / TA+TB)	13 697,83			4,20	575,31
Autres Contributions dues par l'employeur	13 697,83				841,54
C.S.G. Non Imposable	13 882,08	6,80	-943,98		
Réduction générale des charges patronales					382,26
Total des cotisations et contributions			-2 780,18		**6 251,61**
Net fiscal			11 067,65		
RETENUES ET REMBOURSEMENTS DIVERS					
C.S.G. & C.R.D.S. Imposables	13 882,08	2,90	-402,58		
Indemnité de licenciement			11 700,00		
Total des Retenues et Remboursements			11 297,42		
Net à payer avant prélèvement à la source			22 215,07		
dont évolution de la rémunération liée à la suppression des cotisations salariales chômage et maladie			*195,49*		
Prélèvement à la source	**11 067,65**	**28,00%**	-3 098,94		

Net Payé en euros	Date de paiement
19 116,13 €	**31 juillet 2019**
Total versé par l'employeur	Allègement de cotisations
19 949,44 €	-382,26 €

L'augmentation de son salaire ayant été négociée bien avant son départ, notre salarié doit bien sûr en bénéficier. **Son salaire de base** est donc : **2 400 €**

Chaque année, avec la paie de juillet, il a droit à une prime de vacances dont le montant est égal à son salaire de base. La deuxième ligne du bulletin est donc : **prime de vacances** d'un montant de **2 400 €**.

Son entreprise le dispense d'effectuer ses 2 derniers mois de préavis, mais il faut les lui payer. La troisième ligne est donc : **Préavis non effectué payé** avec le montant des 2 mois. Soit : 2 400 € × 2 = **4 800 €**.

Devant certainement partir en congés payés à partir du mois d'août, ses droits sont entiers, soit les 27 jours ouvrés prévus. Avec la règle du maintien, chaque jour de congé = (2 400 / 21,67) 110,752 €. Les 27 jours représentent donc : 27 j × 110,752 € = 2 990,31 €. Avec la règle du dixième, ils valent : [(2 300 € × 12) /10] × (27 / 25) = 2 980,80 €. (La prime de vacances n'est pas du travail effectif et ne rentre pas par conséquent dans la rémunération brute totale servant au calcul. Ne pas oublier aussi la revalorisation du dixième, compte tenu des jours supplémentaires de CP). La règle du maintien de salaire étant plus favorable, **l'indemnité compensatrice des congés payés « période écoulée » = 2 990,31 €**.

Le fait qu'il soit en préavis non effectué payé, lui fait « gagner » des droits à congés jusqu'à sa date « réelle » de sortie des effectifs, soit jusqu'au 30 septembre 2019. Il y a 122 jours calendaires du 1er juin au 30 septembre. Ses droits à congés en cours d'acquisition sont donc de : [(27/25) × 2,08] × (122/28) = 9,80 jours arrondis obligatoirement à 10 jours. Ces 10 jours calculés avec la règle du maintien donnent : 10 j × 110,752 € = 1 107,52 € et avec la règle du dixième : [2 300 € (juin) + 2 400 € (juillet) + 2 400 € (août) + 2 400 € (septembre)] /10 × (27/25) = 1 026 €. La règle du maintien de salaire étant plus favorable, **l'indemnité compensatrice des congés payés « période en cours » = 1 107,52 €.**

Son total brut est donc de : (2 400 € + 2 400 € + 4 800 € + 2 990,31 € + 1 107,52 €) **13 697,83 €.**

Il est l'heure de se poser la question à propos du plafond : les 2 mois de préavis non effectué payé sont considérés comme du travail effectif et doivent bénéficier d'un plafond SS chacun. **Le plafond du mois de juillet** est donc dans ce cas : 3 377 € × 3 (juillet + août + septembre) = **10 131 €**. Est-ce que pour autant, notre salarié a une tranche 2 ? Le tableau de régularisation mensuelle progressive nous répond : **non !**

Le brut cumulé est-il <ou> au plafond cumulé ?
⇓

Mois	Brut du mois	**Brut Cumulé**	>/<	Nb 30èmes	Plafond du mois	**Plafond Cumulé**	**Tranche 1 Cumulée**	Tranche 1 du mois	**Tranche 2 Cumulée**	Tranche 2 du mois
Janvier	2 300,00	2 300,00	<	30,00	3 377,00	3 377,00	2 300,00	2 300,00	**0,00**	0,00
Février	2 300,00	4 600,00	<	30,00	3 377,00	6 754,00	4 600,00	2 300,00	**0,00**	0,00
Mars	2 300,00	6 900,00	<	30,00	3 377,00	10 131,00	6 900,00	2 300,00	**0,00**	0,00
Avril	2 300,00	9 200,00	<	30,00	3 377,00	13 508,00	9 200,00	2 300,00	**0,00**	0,00
Mai	2 300,00	11 500,00	<	30,00	3 377,00	16 885,00	11 500,00	2 300,00	**0,00**	0,00
Juin	2 300,00	13 800,00	<	30,00	3 377,00	20 262,00	13 800,00	2 300,00	**0,00**	0,00
Juillet	13 697,83	27 497,83	<	90,00	10 131,00	30 393,00	27 497,83	13 697,83	**0,00**	0,00

Le montant de **la prévoyance « Frais de santé »** est également triplé : 50 € × 3 = **150 €**.
Pendant les 6 premiers mois de l'année, notre salarié bénéficiait de **la réduction générale des charges** pour un montant mensuel de 63,71 €. Le total brut annuel pour le calcul de l'allégement à fin juillet est [(2 300 × 6) + 2 400 + 2 400 + 4 800] = 23 400 €. Le 1,6 Smic annuel est = (10,03 € × [151,667 × 9] × 1,6) = 21 905,57 €. Il faut donc rendre : 63,71 € × 6 mois, soit : **382,26 €**.

Pour l'indemnité de licenciement, il faut faire deux calculs et prendre le plus favorable entre, soit le douzième de la rémunération des 12 derniers mois précédant le licenciement, soit le tiers des 3 derniers mois. Calcul du salaire brut moyen des 3 derniers mois : 1/3 × [(2 400 × 3) + (3/12 × 2 400)] = 2 600 €. Calcul du salaire brut moyen des 12 derniers mois : 1/12 × (2 300 × 13) = 2 491,67 €. Donc le salaire brut moyen des 3 derniers mois est celui qu'il faut prendre. Enfin, ce salarié a 16 ans d'ancienneté le 30 septembre. Il a donc droit à 10 ¼ de mois par année d'ancienneté plus un supplément de 6 tiers de mois par année d'ancienneté au-delà de 10 ans. Cela donne : (2,5) + (6 / 3), soit 4,5 mois de salaire. **Son indemnité de licenciement** est donc de 2 400 € × 4,5 = **10 800 €**. Cette indemnité étant calculée sur la base des règles du Code du travail (indemnité légale), elle est exonérée de cotisations sociales, de CSG et CRDS et est exonérée d'impôt sur le revenu. Elle apparaît donc en bas de bulletin.

Nota Bene : Suite à une demande d'un lecteur et pour être tout à fait complet sur ce sujet, il faut savoir que la Cour de cassation dans un unique arrêt (Cass. soc., 11 mars 2009, n° 07-40 146, inédit) semblait indiquer qu'il ne faudrait pas tenir compte de l'indemnité compensatrice de préavis dans l'assiette de calcul de l'indemnité de licenciement.
Jusqu'à cet arrêt, les règles étaient claires ; « traditionnellement » on prenait le brut des 12 derniers mois précédant la notification de licenciement, ou bien celui des trois derniers mois précédant la sortie de l'effectif si ce dernier calcul était plus favorable pour le salarié, comme le précisait l'ancien article R. 1234-4 du C. trav..
De plus, en cas de réduction du salaire au cours de la période de référence de calcul (exemple : la maladie), l'employeur doit toujours retenir le salaire théorique qui aurait été perçu en l'absence de cessation ou réduction d'activité et non le salaire réduit (Cass. soc. 3 novembre 1993, n° 92-40365 D).
En effet, **l'article L. 1234-5 du C. trav. indique que** « *l'inexécution du préavis, notamment en cas de dispense par l'employeur, n'entraîne aucune diminution des salaires et avantages que le salarié aurait perçus s'il avait accompli son travail jusqu'à l'expiration du préavis, indemnité de congés payés comprise.* ***L'indemnité compensatrice de préavis se cumule avec l'indemnité de licenciement*** *et avec l'indemnité prévue à l'article L. 1235-2.* »

Afin d'être exhaustif, d'autres jurisprudences confirmaient également que :
- le préavis non effectué est du temps de travail effectif (Cass. soc., 24 nov. 1992, n° 90-42.764) ;
- il doit être pris en compte dans le calcul de l'ancienneté du salarié pour la détermination du nombre de mois ;
- il doit être pris en compte dans le calcul des congés payés ;
- il doit être pris en compte pour l'acquisition de jour de RTT (Cass. soc., 8 avril 2009, n° 07-44.068) ;
- et il n'entraîne pas automatiquement la disparition des avantages en nature dont bénéficiait le salarié (Cass. soc., 25 octobre 2007, n° 04-43.320 D).

Alors comment expliquer rationnellement que le préavis ne serait plus du temps de travail effectif pour le calcul du brut perçu par le salarié afin de déterminer le montant de son indemnité de licenciement ?

Depuis cette jurisprudence du 11 mars 2009, le C. trav. a été modifié le 25 septembre 2017 et met définitivement fin à la polémique puisqu'il précise bien dans son nouvel article R.1234-4 :
« *Le salaire à prendre en considération pour le calcul de l'indemnité de licenciement est, selon la formule la plus avantageuse pour le salarié :*

- ***soit le douzième de la rémunération des douze derniers mois précédant le licenciement*** *ou si la durée de service est inférieure à 12 mois, la moyenne mensuelle de la rémunération de l'ensemble des mois précédant le licenciement ;*
- ***soit le tiers des trois derniers mois.*** *Dans ce cas, toute prime ou gratification de caractère annuel ou exceptionnel, versée au salarié pendant cette période, n'est prise en compte que dans la limite d'un montant calculé à due proportion.* »

Donc il ne peut plus y avoir de litige !

Les lignes des cotisations se décomposent comme vues précédemment.

Et pour finir, le prélèvement à la source ne se calcule que sur le net fiscal (11 048,47 €), le montant de cette indemnité de licenciement (11 700 €) n'étant pas soumis aux impôts. 11 048,47 € étant compris entre 10 562 € et 14 795 €, le taux du PAS est de 28 %.

26. Corrigé de l'exercice sur l'indemnité contractuelle de licenciement

Corrigé 69 (Niveau 9)

Un salarié **cadre**, embauché le 1er septembre 2008 dans une entreprise parisienne (taux de transport : 2,95 %, taux de prévoyance « Décès » de 5 % réparti en 40 % pour le salarié, 60 % pour l'employeur, montant de prévoyance « Frais de santé » de 100 € réparti en 50 % pour le salarié et 50 % pour l'employeur, taux accident du travail : 2,50 %), a été licencié le 30 octobre 2018. Suite à un accord, il a soldé tous ses congés payés à prendre au cours des deux premiers mois de préavis effectués du 1er novembre au 31 décembre 2018. En janvier 2019, il effectue son dernier mois de préavis. **Son salaire forfaitaire est de 3 600 € par mois** depuis le 1er janvier 2017. Il n'a bénéficié d'aucune prime *(soit une rémunération brute annuelle 2018 = 43 200 €)*. Son indemnité de licenciement conventionnelle est d'un mois de salaire par année complète d'ancienneté. Une indemnité transactionnelle lui a été accordée en supplément *(de son indemnité de licenciement conventionnelle)* pour un montant de 45 800 €.

Établir son bulletin de paie « solde de tout compte » de janvier 2019 à l'aide du modèle suivant.

Avant de voir le bulletin corrigé, quelques explications :

Son indemnité de licenciement conventionnelle est de 3 600 × 10 (ans) = 36 000 €.
D'abord calculer la limite fiscale. Il faut prendre le plus élevé entre :

- soit 50 % du montant versé au salarié (36 000 € + 45 800 € = 81 800 €), soit 81 800 × 50 % = 40 900 € ;
  ou 2 fois la rémunération annuelle brute perçue par le salarié l'année civile précédant la rupture (43 200 € × 2) = 86 400 € ;
- soit le montant de l'indemnité légale ou conventionnelle, 36 000 €.

La limite fiscale retenue est de 86 400 € et donc **l'indemnité totale** (36 000 € + 45 800 € = 81 800 €) **est exonérée d'impôt.** C'est pourquoi, on retrouvera la partie soumise à cotisations Sécurité sociale entre le Total des cotisations et le net fiscal. Cette ligne est assez inhabituelle et c'est sans doute la raison pour laquelle certains logiciels de paie déduisent directement cette partie soumise du net fiscal, mais je trouve que c'est moins compréhensible pour le salarié.

Ensuite calculer la limite sociale. Il faut prendre la plus petite des limites suivantes :

- soit la limite fiscale retenue (86 400 €) ;
- soit deux plafonds annuels de Sécurité sociale, soit 81 048 €.

La limite sociale d'exonération retenue est donc 81 048 € et sa différence avec le montant total des indemnités est **soumise à cotisations**, soit : 86 400 – 81 048 = 5 352 €.

Enfin, la limite d'exonération des CSG/CRDS. Il faut prendre la plus petite des limites suivantes :

- soit la limite sociale retenue (81 048 €) ;
- soit le montant de l'indemnité légale ou conventionnelle de licenciement (36 000 €).

La limite d'exonération des CSG/CRDS est donc 36 000 € et sa différence avec le montant total des indemnités est **soumise à CSG/CRDS**, soit : 81 800 – 36 000 = **45 800 €**.

Pour les lignes de cotisations, il faut prendre le montant du préavis (3 600 €) et le montant des indemnités soumises à cotisations (5 352 €), soit : 8 952 €.
Celles sur la tranche 1 sont sur 3 377 € et celles sur la tranche 2 sont sur 5 575 €.

Pour la CSG déductible (à 6,80 %), il faut la diviser en deux lignes :

- la première porte sur le salaire (3 600 € × 98,25 %), montant augmenté du montant patronal des prévoyances (frais de santé : 50 € et décès : 101,31 €), soit : 3 537 + 50 + 101,31 = 3 688,31 € ;
- la seconde porte uniquement sur la partie de l'indemnité soumise à cotisations (5 352 €) à 100 %.

Il faut appliquer la même logique à la CSG et la CRDS non déductibles.

Enfin, la CSG/CRDS à 9,7 % porte sur (45 800 € – 5 352 €) 40 448 € et est intégralement non déductible, même pour la partie qui l'est habituellement (5 352 € à 6,80 %).

Bulletin de paie « solde de tout compte » de janvier 2019

Libellé des Rubriques	Base	Taux	Montant	Commentaires
Salaire Frofaitaire	151,67		**3 600,00**	
Indemnités de rupture soumises à cotisations			**5 352,00**	
Total Brut			**8 952,00**	

Cotisations	Base	Salariales Taux	Salariales Montant	Patronales Taux	Patronales Montant
Santé					
Sécurité Sociale (Mal, Mat, Inv, Décès)	8 952,00			13,00	1 163,76
Incapacité, Invalidité, Capital Décès (Prév. Décès)	3 377,00	2,00	-67,54	3,00	101,31
Complémentaire Santé (Prév. Frais de Santé)			-50,00		50,00
Accident du Travail - Maladie Prof.	8 952,00			2,50	223,80
Retraite					
Sécurité Sociale (Vieillesse Plafonnée)	3 377,00	6,90	-233,01	8,55	288,73
Sécurité Sociale (Vieillesse Déplafonnée)	8 952,00	0,40	-35,81	1,90	170,09
Complémentaire (AGIRC-ARRCO + CEG /T1)	3 377,00	4,01	-135,42	6,01	202,96
Complémentaire (AGIRC-ARRCO + CEG /T2)	5 575,00	9,72	-541,89	14,57	812,28
Contribution d'Equilibre Technique (CET T1+T2)	8 952,00	0,14	-12,53	0,21	18,80
Famille	8 952,00			5,25	469,98
Assurance Chômage					
Chômage (Chômage + AGS / TA+TB)	8 952,00			4,20	375,98
APEC (Salarié Cadre TA+TB)	8 952,00	0,024	-2,15	0,036	3,22
Autres Contributions dues par l'employeur	8 952,00				539,91
C.S.G. Non Imposable (sur salaire)	3 688,31	6,80	-250,81		
C.S.G. Non Imposable (sur Ind. Rupture)	5 352,00	6,80	-363,94		
Total des cotisations et contributions			-1 329,16		4 420,83
Reprise Ind. de rupture soumises à cotisations			-5 352,00		
Net fiscal			**2 320,84**		
RETENUES ET REMBOURSEMENTS DIVERS					
C.S.G. & C.R.D.S. Imposables (sur salaire)	3 688,31	2,90	-106,96		
C.S.G. & C.R.D.S. Imposables (sur Ind. Rupture)	5 352,00	2,90	-155,21		
C.S.G. & C.R.D.S. Imposables (sur Ind. Rupture)	40 448,00	9,70	-3 923,46		
Indemnités de rupture (soumises à cotisations)			5 352,00		
Indemnités de rupture (non soumises à cotisations)			76 448,00		
Total des Retenues et Remboursements			77 614,37		
Net à payer avant prélèvement à la source			**79 885,21**		
dont évolution de la rémunération liée à la suppression des cotisations salariales chômage et maladie			*219,29*		
Prélèvement à la source	**2 320,84**	**7,50%**	**-174,06**		

	Net Payé en euros **79 711,15 €**	**Date de paiement** **31 janvier 2019**
	Total versé par l'employeur **95 172,83 €**	Allègement de cotisations

27. Corrigé du jeu des 15 erreurs sur un bulletin

Corrigé 70 (Niveau 1, ou 2, ou 3, ou 9)

Dernier exercice correspondant au travail du personnel du service paie avant l'édition des bulletins définitifs. M. Marcel Dupont, sans personne à charge, non cadre, comptable dans l'entreprise STEC (Profilage à froid par formage ou pliage de l'acier, comportant 120 salariés et calculant les congés payés en jours ouvrés) a un salaire de base de 3 300 €, une prime d'ancienneté de 10 % de son salaire depuis ses 10 ans d'ancienneté, des titres-restaurants (valeur faciale de 8,00 €, participation patronale de 5,52 €). Ce mois de mars 2019, il a pris une semaine de congés payés la semaine du lundi 11 au dimanche 17 et fait une journée de grève le vendredi 22.

Niveau 1 : Trouvez 7 erreurs dans ce bulletin.

Niveau 2 : Trouvez 10 erreurs dans ce bulletin.

Niveau 3 : Trouvez 13 erreurs dans ce bulletin.

Niveau 9 : Trouvez 15 erreurs dans ce bulletin.

Établir à l'aide du bulletin vierge suivant, le bulletin tel qu'il aurait dû être.

Bulletin juste

BULLETIN DE PAIE

Période du 1er mars 2019 au 31 mars 2019

Employeur	Salarié
Raison Sociale : STEC Provence	**Nom** : DUPONT **Prénom** : Marcel
Adresse : ZAC Les Rives Bleues, 130015 Marseille	**Adresse** : 12 allée des cerisiers, 13001 Marseille
N° SIRET : 381 524 629 00020 **Code NAF** : 2423Z	**N° SS** : 1690513356589
URSSAF : 20 av. Viton, 13009 Marseille **N° de cotisant** : 130015879123	**Emploi** : Comptable **Classif.** : N2E2
Convention collective : Industries métallurgiques des Bouches du Rhône	**Date d'ancienneté** : 01/06/2008

Libellé des Rubriques	Base	Taux	Montant	Commentaires
Salaire	151,67		**3 300,00**	
Prime d'ancienneté	3 300,00	10,000	**330,00**	
Absence Non Payée	7,00	24,694	-172,86	
Avantage Nature Titres-Restaurant	15,00	0,720	**10,80**	
Absence Congés Payés	5,00	167,513	-837,56	
Paiement Congés Payés	5,00	167,513	**837,56**	
Total Brut			**3 467,94**	

Cotisations	Base	Salariales		Patronales	
		Taux	Montant	Taux	Montant
Santé					
Sécurité Sociale (Mal, Mat, Inv, Décès)	3 467,94			7,00	242,76
Incapacité, Invalidité, Capital Décès (Prév. Décès)	3 377,00	1,00	-33,77	2,00	67,54
Complémentaire Santé (Prév. Frais de Santé)			-50,00		50,00
Accident du Travail - Maladie Prof.	3 467,94			2,50	86,70
Retraite					
Sécurité Sociale (Vieillesse Plafonnée)	3 377,00	6,90	-233,01	8,55	288,73
Sécurité Sociale (Vieillesse Déplafonnée)	3 467,94	0,40	-13,87	1,90	65,89
Complémentaire (AGIRC-ARRCO + CEG /T1)	3 377,00	4,01	-135,42	6,01	202,96
Complémentaire (AGIRC-ARRCO + CEG /T2)	90,94	9,72	-8,84	14,57	13,25
Contribution d'Equilibre Technique (CET T1+T2)	3 467,94	0,14	-4,86	0,21	7,28
Famille	3 467,94			3,45	119,64
Assurance Chômage					
Chômage (Chômage + AGS / TA+TB)	3 467,94			4,20	145,65
Autres Contributions dues par l'employeur	3 467,94				213,87
C.S.G. Non Imposable	3 524,79	6,80	-239,69		
Réduction générale des charges patronales					
Total des cotisations et contributions			-719,46		**1 504,27**
Net fiscal			**2 798,48**		
RETENUES ET REMBOURSEMENTS DIVERS					
C.S.G. & C.R.D.S. Imposables	3 524,79	2,90	-102,22		
Reprise Avantage Nature Titres-Restaurant	15,00	0,72	-10,80		
Retenue Titres-Restaurant	15,00	2,48	-37,20	5,52	82,80
Indemnités de Transport			55,00		55,00
Saisie-Arrêt			-1 340,38		
Total des Retenues et Remboursements			-1 435,60		**137,80**
Net à payer avant prélèvement à la source			**1 312,88**		
dont évolution de la rémunération liée à la suppression des cotisations salariales chômage et maladie			*49,32*		
Prélèvement à la source	**2 798,48**	**10,50%**	-293,84		

Congés Payés du 11 au 17 Mars 2019	**Net Payé en euros** **1 019,04 €**	**Date de paiement** **31 mars 2019**
	Total versé par l'employeur **5 099,21**	Allègement de cotisations **0,00 €**

CUMULS depuis le 1er Janvier 2019		
Heures : 455	Brut S.S. : 10.758,18 €	Net Fiscal : 8,801,50 €

Dans votre intérêt, conservez ce bulletin de salaire sans limitation de durée, il peut vous aider à faire valoir vos droits,
Pour plus d'explications sur les différents termes utilisés, voir la rubrique dédiée au bulletin de paie sur le portail du service-public.

Erreur n° 1 : Emploi
L'article R. 3243-1 le mentionne dans son 4e paragraphe : l'emploi du salarié doit être précis. Le terme « agent administratif » est trop vague pour un comptable. Pourquoi ne pas indiquer tout simplement « comptable » à côté de « Emploi » ?

Erreur n° 2 : Les dates des congés payés
L'article R. 3243-1 énonce (dans le point n° 11) que les dates de congé doivent être indiquées sur le bulletin de paie. Dans un arrêt de la Cour de cassation (Cass. soc. 23 octobre 2013 n° 11-26.318 n° 1734 FS-D, B. c/ Sté Pan Européenne : RJS 1/14 n° 65), il est rappelé qu'« il appartient à l'employeur de prendre les mesures propres à assurer au salarié la possibilité d'exercer effectivement son droit à congé, et, en cas de contestation, de justifier qu'il a accompli à cette fin les diligences qui lui incombent légalement ». Il faut donc mettre les dates des congés payés sur le bulletin, par exemple en commentaires (certaines entreprises peuvent indiquer ces dates dans le libellé des rubriques d'absence et de paiement selon leur logiciel de paie).

Erreur n° 3 : Les mentions obligatoires en bas de bulletin (celle incitative à conserver le bulletin et celle pour les explications)
L'article R. 3243-5 demande que le bulletin de paie comporte en caractères apparents une mention incitant le salarié à le conserver sans limitation de durée. L'article R. 3243-1 15° demande la mention de la rubrique dédiée au bulletin de paie sur le portail www.service-public.fr.

Erreur n° 4 : Le mot « Grève »
L'article R. 3243-4 interdit toute mention du mot « grève » sur un bulletin de paie. L'absence grève est souvent remplacée par des termes plus flous tels que « absence non autorisée non payée » ou plus simplement « absence non payée ». C'est cette dernière solution que j'ai choisie sur le bulletin corrigé.

Erreur n° 5 : Le taux de l'absence « Grève »
De plus, elle doit être calculée selon la méthode des heures réelles (Cass. soc. 11 février 1982, n° 80-40.359), et non pas avec la méthode des heures moyennes.

Erreur n° 6 : Il manque l'avantage en nature des titres-restaurants
Si la valeur faciale du TR est de 8 € et que l'employeur participe bien à la hauteur de la limite autorisée en euros (5,52 €) pour cette année 2019, il dépasse néanmoins le pourcentage autorisé de 60 %. Puisque 60 % de 8 € = 4,80 €, il convient de soumettre à cotisations cette différence (5,52 – 4,80 = 0,72 €). L'avantage en nature est donc d'un montant de 15 jours (21 jours ouvrés de mars – 1 jour de grève – 5 jours de congés payés) × 0,72 € = 10,80 €. Montant qu'il faudra reprendre en bas de bulletin.

Erreur n° 7 : Le taux de l'absence et du paiement des congés payés
Puisque le salarié a pris une semaine de congés payés et qu'on lui décompte 5 jours, cela signifie que l'entreprise décompte les congés payés en jours ouvrés. Or son absence est décomptée en trentième ! Il faut prendre un taux journalier ouvré moyen, soit 21,67. L'absence devient donc : 5 × (3 630 / 21,67=) 167,513 = 837,56 €. Comme l'entreprise paie le dixième éventuel en fin de période, le paiement des congés payés est du même montant.

Erreur n° 8 : Le taux de la santé SS (maladie)
Le brut cumulé (3 630 € de janvier + 3 630 € de février + 3 467,94 € de mars = 10 727,94 €) étant inférieur à 2,5 Smic cumulé (10,03 × 151,667 × 3 × 2,5 = 11 409,15 €) le taux est de 7 % et non pas de 13 %.

Erreur n° 9 : La base des CSG et CRDS
Elle n'est calculée que sur le brut à 98,25 % + le montant de la cotisation patronale de la complémentaire santé, alors qu'on doit rajouter 100 % de la cotisation patronale de prévoyance décès (incapacité, invalidité, capital décès). Le bon montant devient donc : (3 467,94 × 98,25 %) + 50 + 67,54 = 3 524,79 €.

Erreur n° 10 : Le net fiscal
Le net fiscal se détermine en partant du total brut (3 467,94) auquel on enlève le total des cotisations et contributions (719,46 €) et auquel on ajoute le montant de la cotisation patronale de la complémentaire santé (50 €). Le bon montant est donc : 3 467,94 – 719,46 + 50 = 2 798,48 €.

Erreur n° 11 : Le nombre de titres-restaurants
Si le mois de mars 2019 comporte bien 21 jours de travail théoriques, il y a néanmoins une journée de grève et une semaine (5 jours ouvrés) de congés payés. Le bon nombre de titres-restaurants est donc 21 – 1 – 5 = 15.

Erreur n° 12 : Le montant de la saisie-arrêt
Le calcul de la saisie-arrêt est assez complexe. C'est un barème fiscal qui tient compte à la fois de la situation familiale du salarié (nombre de personnes à charge) et de son brut (dont on déduit les cotisations et les CSG et CRDS). On divise le résultat obtenu en tranches (déterminées par le barème) et on applique un pourcentage de retenue sur chacune de ces tranches. Dans notre cas, la somme soumise à saisie-arrêt est le net fiscal duquel on déduit les CSG & CRDS imposables (2 798,48 – 102,22 = 2 696,26 €). Puisque notre salarié est sans personne à charge, on prend le premier tableau et la dernière ligne : 2 696,26 – 1 847,50 + 491 62. Résultat : 1 340,38 €.

Erreur n° 13 : Le taux du prélèvement à la source
Le net fiscal (2 798,48 €) étant compris entre 2 797 € et 3 067 €, le taux neutre à prendre est 10,5 %

Erreur n° 14 : Le Total versé par l'employeur
Il faut prendre le total brut (3 467,94 €) – l'avantage en nature des TR (10,80 €) + le total des charges (1 504,27 €) + la participation patronale des TR (82,80 €) + l'indemnité de transport remboursée (55 €), soit : 3 467,94 – 10,80 + 1 504,27 + 82,80 + 55 = 5 099,21 €.

Erreur n° 15 : Les cumuls brut SS et net fiscal depuis le 1er janvier 2019
Enfin, les plus sagaces (et les plus patients) d'entre vous auront refait le calcul de ces deux cumuls. Si le salarié a bien un brut de janvier de [3 300 + 330 + (22 × 0,72 en avantage en nature TR) 15,84] 3 645,84 € et de février de [3 300 + 330 + (20 × 0,72) 3 644,40 € et si on ajoute celui de mars nous devrions avoir un cumul brut SS depuis le 1er janvier de (3 645,84 + 3 644,40 + 3 467,94) : 10 758,18 €.
Selon les mêmes taux de cotisations, ce brut cumulé de 10 758,18 donne un net fiscal de : 8 801,50 €.

34/38, rue Camille-Pelletan - 92309 Levallois-Perret cedex
Imprimerie La Sepec - 01960 Péronnas - 10803190501
Imprimé en France - 2e trimestre 2019

Service éditorial : Marjorie Champetier, Benjamin Dias Pereira, Joanna Lebailly, Deborah Lopez, Lucie Préault

Conception graphique : Loïc Pennanéac'h

Dépôt légal à parution
ISBN 978-2-7590-4042-1

PEFC 10-31-1470 / Certifié PEFC / Ce produit est issu de forêts gérées durablement et de sources contrôlées. / pefc-france.org